实务精要系列

保理合同实务精要

规范基础与适用指引

李阿侠 / 著

中国法制出版社
CHINA LEGAL PUBLISHING HOUSE

前　言

《中华人民共和国民法典》（以下简称《民法典》）将保理合同纳入典型合同，是我国保理立法的里程碑。拙作《保理合同原理与裁判精要》乘借《民法典》的东风在2020年出版。《保理合同原理与裁判精要》成稿于《民法典》出台之前，且主要是从解释论的视角对《民法典》保理合同章的法律适用问题进行探讨。《民法典》出台后，笔者在调研和办案过程中，时常感到仅依靠保理合同章有限的法律条文是不够的，往往还需要结合总则编、物权编、合同编相关条款进行体系化理解，方能找到一些问题的解决思路。对于一些专业的法律概念，甚至还需要借助部门规章与行政规范性文件来理解。因此，笔者萌生了对我国保理立法进行体系化研究的想法。经过几年的思考、总结，创作了这本《保理合同实务精要：规范基础与适用指引》，希望能为法律实务提供一点参考和借鉴。总结起来，本书有以下几大特色：

一是具有较强的创新性。本书应是专门关于保理立法体系化研究的成果。研究对象涵盖我国保理立法的方方面面，不仅包括法律、行政法规、部门规章、司法解释等正式法律渊源，还包括行政规范性文件、行业自治文件、司法政策、商业习惯等非正式法律渊源。此外还关注到保理国际公约及惯例。第二章从宏观层面研究了我国保理立法的“大体系”。第三章、第四章分别从微观层面揭示了《民法典》中无追索权保理与有追索权保理法律规范的“隐藏体系”。第五章则探究了国际保理规范的双层体系。

二是具有较强的理论性。本书运用法理学、合同法的基本原理研究我国保理法律规范体系的形成、结构、优势及不足。在写作思路上，是以立法论为基础，同时杂糅了解释论。解释论服务于立法论。在揭示《民法典》中无追索权保理与有追索权保理的“隐藏体系”时，就运用了解释论的方法。在解决保理法律规范与债权让与、应收账款质押法律规范的互鉴与冲突时，解释论也必不可少。

三是具有较强的实践性。本书坚持以“抓前端、治未病”为导向，聚焦保理领域立法、司法、执法、守法四大环节，可以为立法机关提升保理立法的科学化水平，司法机关公正审判保理合同纠纷案件，金融监管部门严格履行监管职责，保理企业依法合规经营提供决策参考。其中，公正司法是笔者最为关注的问题。本书坚持理论联系实践，选取不少具有典型意义的司法案例辅以阐释，试图为保理合同纠纷案件的审理提供规范指引。

尽管上述特色是笔者在写作过程中力求追求的目标，然而由于水平、能力所限，难免存在纰漏，错谬之处，恳请大家批评指正。本书的最终面世，离不开中国法制出版社韩璐玮、贺鹏娟两位编辑认真细致的审阅、校对和编辑工作。她们对本书的修订提出了许多宝贵建议，让本书增色不少，特此感谢！

李阿侠

2023 年 10 月 16 日于天津

缩略语表

法律性质	序号	简　称	全　称
法律	1	《民法典》	《中华人民共和国民法典》（2020年5月28日第十三届全国人民代表大会第三次会议通过）
	2	《合同法》	《中华人民共和国合同法》（1999年3月15日第九届全国人民代表大会第二次会议通过，已废止）
	3	《物权法》	《中华人民共和国物权法》（2007年3月16日第十届全国人民代表大会第五次会议通过，已废止）
	4	《担保法》	《中华人民共和国担保法》（1995年6月30日第八届全国人民代表大会常务委员会第十四次会议通过，已废止）
	5	《民法通则》	《中华人民共和国民法通则》（1986年4月12日第六届全国人民代表大会第四次会议通过，根据2009年8月27日第十一届全国人民代表大会常务委员会第十次会议《关于修改部分法律的决定》修正，已废止）
	6	《涉外民事关系法律适用法》	《中华人民共和国涉外民事关系法律适用法》（2010年10月28日第十一届全国人民代表大会常务委员会第十七次会议通过）

续表

法律性质	序号	简　称	全　称
法律	7	《民事诉讼法》	《中华人民共和国民事诉讼法》 （1991年4月9日第七届全国人民代表大会第四次会议通过，根据2007年10月28日第十届全国人民代表大会常务委员会第三十次会议《关于修改〈中华人民共和国民事诉讼法〉的决定》第一次修正，根据2012年8月31日第十一届全国人民代表大会常务委员会第二十八次会议《关于修改〈中华人民共和国民事诉讼法〉的决定》第二次修正，根据2017年6月27日第十二届全国人民代表大会常务委员会第二十八次会议《关于修改〈中华人民共和国民事诉讼法〉和〈中华人民共和国行政诉讼法〉的决定》第三次修正，根据2021年12月24日第十三届全国人民代表大会常务委员会第三十二次会议《关于修改〈中华人民共和国民事诉讼法〉的决定》第四次修正，根据2023年9月1日第十四届全国人民代表大会常务委员会第五次会议《关于修改〈中华人民共和国民事诉讼法〉的决定》第五次修正）
	8	《立法法》	《中华人民共和国立法法》 （2000年3月15日第九届全国人民代表大会第三次会议通过，根据2015年3月15日第十二届全国人民代表大会第三次会议《关于修改〈中华人民共和国立法法〉的决定》第一次修正，根据2023年3月13日第十四届全国人民代表大会第一次会议《关于修改〈中华人民共和国立法法〉的决定》第二次修正）
司法解释	9	《民法典总则编解释》	《最高人民法院关于适用〈中华人民共和国民法典〉总则编若干问题的解释》（法释〔2022〕6号）
	10	《民法典合同编通则解释》	《最高人民法院关于适用〈中华人民共和国民法典〉合同编通则若干问题的解释》（法释〔2023〕13号）
	11	《民法典担保制度解释》	《最高人民法院关于适用〈中华人民共和国民法典〉有关担保制度的解释》（法释〔2020〕28号）
	12	《民法典时间效力规定》	《最高人民法院关于适用〈中华人民共和国民法典〉时间效力的若干规定》（法释〔2020〕15号）
	13	《民间借贷规定》	《最高人民法院关于审理民间借贷案件适用法律若干问题的规定》（法释〔2015〕18号，2020年修正）

续表

法律性质	序号	简　称	全　称
司法解释	14	《民间借贷司法解释批复》	《最高人民法院关于新民间借贷司法解释适用范围问题的批复》（法释〔2020〕27号）
	15	《合同法解释（一）》	《最高人民法院关于适用〈中华人民共和国合同法〉若干问题的解释（一）》（法释〔1999〕19号，已废止）
	16	《合同法解释（二）》	《最高人民法院关于适用〈中华人民共和国合同法〉若干问题的解释（二）》（法释〔2009〕5号，已废止）
	17	《担保法解释》	《最高人民法院关于适用〈中华人民共和国担保法〉若干问题的解释》（法释〔2000〕44号，已废止）
	18	《买卖合同解释》	《最高人民法院关于审理买卖合同纠纷案件适用法律问题的解释》（法释〔2012〕8号，2020年修正）
	19	《民事诉讼法解释》	《最高人民法院关于适用〈中华人民共和国民事诉讼法〉的解释》（法释〔2015〕5号，2022年修正）
司法文件	20	《天津高院保理纪要（一）》	《天津市高级人民法院关于审理保理合同纠纷案件若干问题的审判委员会纪要（一）》（津高法〔2014〕251号）
	21	《天津高院保理纪要（二）》	《天津市高级人民法院关于审理保理合同纠纷案件若干问题的审判委员会纪要（二）》（津高法〔2015〕146号）
	22	《深圳前海法院保理合同案件裁判指引》	《深圳前海合作区人民法院关于审理前海蛇口自贸区内保理合同纠纷案件的裁判指引（试行）》

目 录
CONTENTS

第一章　保理基础法律概念

第二章　国内保理法律规范体系及法律适用

第三章 无追索权保理的体系定位与法律适用

第四章 有追索权保理的体系定位及法律适用

第五章 国际保理法律规范体系及法律适用

第六章 我国保理法律规范体系的效益、启示及完善

第一章　保理基础法律概念

一般认为，法的系统是由法律概念、法律原则、法律规范和法律技术组成。我国有学者将法的概念定义为“法律规范”的系统。法律规范是构成法律体系的要素。法律规范直接反映法律调整的特点，实现法律调整的功能，无疑是法的系统中最重要的要素。在法理学上，法律概念是构成法律的最基本要素，是表达法律规范的基础。魏德士认为，法律概念是“法律规范和法律制度的建筑材料”“解决法律问题所必需的和必不可少的工具。没有限定严格的专门概念，我们便不能清楚和理性地思考法律问题”[①]。可见，法律概念在法律规范中具有重要作用。它将各种法律现象加以整理归类，再通过法律技术连接、组合以形成法律规范。因此，要探究我国保理法律规范的体系构成，一项必不可少的基础性工作就是厘定保理相关法律概念，并在此基础上理解现有保理法律规范进而发现其内在的逻辑体系和法律适用路径。

第一节　保理的概念演变

从哲学上讲，概念是认识事物过程中形成的思维形式，是认识之网上的纽结。考夫曼认为，“概念，最简单的思维方式，是一种思维上的，亦即抽象地—精神上地对客体（不必是实体上的客体）作描述”[②]。法律概念是对各种有关法律的事物、状态、行为进行概括形成的具有法律意义的描述。法律概念是人们了解、认识和表达法律的基石。马克思主义提出“从具体到抽象”的方法论原则，主张把法学作为一个概念、范畴的系统来看待，揭示各个概

---

① 〔德〕魏德士：《法理学》，丁晓春、吴越译，法律出版社2005年版，第91页。

② 〔德〕考夫曼：《法律哲学》，刘幸义等译，法律出版社2003年版，第95页。

念、范畴和原理之间的联系、转化以及由简单到复杂的过程。保理、保理合同及保理法律关系是三个内涵不同但存在紧密联系且可以相互转化的一组法律概念。对这些法律概念进行文义和逻辑上的分析是明晰法律规范内涵与外延的基础。

一、保理的起源

保理是舶来品。早在五千年前的古巴比伦王朝就出现了保理的雏形，那时人们使用贸易赊账产生的欠款换取金银，这种行为就被称为“保理”。从语义学的角度考证，保理是从英文“factoring”一词翻译而来。factoring 的本义是代理他人做事。作为专业从事保理业务的保理人则是从“factor”一词翻译而来。英国《牛津简明词典》将“factor”解释为“以折扣方式购买生产商的发票并负责在到期后催收的公司（a company that buys a manufacturer's invoices at a discount and takes responsibility for collecting the payment due on them）”。现代保理业起源于 19 世纪美国的商务代理活动。在 19 世纪后半叶，国际贸易促进了美国东海岸经济发展与进口需求，由代理商为买卖合同特别是国际货物买卖提供融资的商业服务需求逐渐旺盛起来，现代保理业应运而生。保理人不再像过去一样扮演代为销售货物的角色，而是转变为纯粹针对客户应收账款的金融服务提供者。20 世纪 60 年代，现代保理传入欧洲，逐步发展成为全球金融活动中一种独特的综合性金融业务模式。

在国际贸易中，出口商可以委托进口商所在国的代理人以寄售的方式代为销售货物，以规避进口国的市场风险。受托的代理人就被称为保理人。后来，保理人的服务范围不再局限于代为销售货物，而是逐渐扩展至向出口商提供预付款融资、应收账款管理、催收和坏账担保等服务。保理人提供上述保理服务的前提条件是受让出口商的应收账款。出口商于是将应收账款直接转让给相应的保理人以获取其期待的保理服务，于此出口商降低了不能收回应收账款的风险，保理人也从中获取收益，符合双方利益。现代保理业由此蓬勃发展起来。

何谓现代保理？《金融和投资辞典》将保理定义为“公司将其应收账款以无追索权地销售或转让给保理公司，由其作为主债权人而非代理人的一种金融服务方式。应收账款以无追索权方式售出，保理公司在不能收回账款时不能向出卖方追索”。上述定义将保理仅限于无追索权保理这一种形式，并不能覆盖后来兴起的有追索权保理，故该定义并不全面。《国际贸易金融大辞典》则将保理定义为“金融机构直接买进出口商对进口商的应收账款债权，而承担进口商的信用风险、进口国的政治风险及转移风险的出口融资业务”。美国业界普遍接受的保理定义为“保理业务是指承做保理的一方同以赊销方式出售商品或提供服务的一方达成一个带有持续性的协议，由承做保理方针对由出售的商品和提供的服务而产生的应收账款提供以下服务：（1）以即付方式买下所有应收账款；（2）负责有关应收账款的会计分录及其他记账工作；（3）到期收回账款；（4）承担债务人资不抵债的风险”。[①] 依据上述两种定义，保理人一旦签订协议买下应收账款，其提供的会计分录、记账、催收、坏账担保等服务都是保理人作为应收账款受让人的分内之事，系为自己服务，而非为应收账款债权人服务。出口商在签订保理协议后便从应收账款债权债务关系中脱身，在法效果上与债权转让无异。在欧洲，有部分国家接受上述美国业界的定义，但大部分国家认为上述定义过于严格，且认为只要保理人能够承担两项或两项以上美国保理定义中的服务职能，就可视为保理。英国《牛津简明词典》将保理简洁定义为“从他人手中以比较低的价格买下属于该人的债权，并负责收回此账款并从中盈利的行为”。英国保理专家弗瑞迪·萨林格批评认为，上述定义亦较为狭窄，完全是站在保理人的角度看待保理而没有涉及卖方（即应收账款债权人），没有反映出卖方为什么要出卖债权，是为了获得服务，还是为了在债权到期日之前提前收回账款从而得到资金周转上的便利，故其将保理定义为，“保理是指以提供融资便利，或使卖方免去管理上的麻烦，或使卖方免除坏账风险，或以上任何两种或全部为目的而承购应收账款的行为（债务人因私人或家庭成员消费所产生的及长期付款或分期付款的应收账款除外）”[②]。该定义较为全面地揭示了保理的核心特征：（1）保理人要从卖方处购买应收账款；（2）购买的目的在于向卖方提供融资、应收账款管理或坏账担保服务；（3）保理人须提供上述两项或两项以上服务。

---

① 李珂丽：《国际保理法律机制研究》，知识产权出版社 2014 年版，第 2 页。

② 〔英〕弗瑞迪·萨林格：《保理法律与实务》，刘园、叶志壮译，对外经济贸易大学出版社 1995 年版，第 2 页。

弗瑞迪·萨林格对保理的定义在世界范围内产生重要影响，从后来国际公约和国内法对保理的定义来看，无不深受其定义的影响。

二、保理的功能

出于企业发展需要，我国中小微企业具有巨大的融资需求。艾瑞咨询网发布的《2021 年中国中小微企业融资发展报告》数据显示，我国中小微企业贷款余额规模自 2016 年的 27.7 万亿元增长到了 2020 年的 43.2 万亿元，年复合增长率达 12.2%，预计未来 5 年还将继续保持高速增长。① 如何增加中小企业的融资渠道，降低其融资成本是金融服务实体经济需要考虑的重点问题。

应收账款融资是拓宽中小企业融资渠道的有效手段之一。在现代贸易中，赊销成为一种比较普遍的付款方式，在经济往来中企业赊销的比例日益提高。赊销导致企业的应收账款规模越来越大。国家统计局发布的数据显示，截至 2022 年 12 月，全国规模以上工业企业应收账款余额共计 21.65 万亿元，同比增长 12.3%，占企业流动资产的比重为 26.08%。② 由于大量的应收账款未能及时收回，很多中小企业的负债率（杠杆率）和财务风险有攀升之势，可能会对企业造成致命伤害（如资金链断裂、破产倒闭等）。如何降低企业应收账款比例并盘活应收账款关系到很多中小企业的生死存亡。

保理则为企业盘活应收账款、降低财务风险提供了一种解决渠道。为了提前收回应收账款或加强对应收账款的管理和催收，应收账款的债权人与保理人签订保理合同，将应收账款转让给保理人，由保理人为其提供融资、应收账款管理、催收、资信调查和坏账担保等金融服务中的一项或几项，以增加企业现金流，缓解融资难题。③ 实践证明，保理已成为我国中小企业融资的有效手段之一。根据清华大学经管学院中国金融研究中心等机构于 2018 年 2 月 2 日发布的我国首份“中国社会融资成本指数”来看，保理在我国社会融

① 《2021 年中国中小微企业融资发展报告》，载艾瑞咨询网，https：//www.iresearch.com.cn/Detail/report？id=3877&isfree=0，2023 年 6 月 10 日访问。

② 《2022 年全国规模以上工业企业利润下降 4.0%》，载国家统计局，https：//www.stats.gov.cn/xxgk/sjfb/zxfb2020/202301/t20230131_1892601.html，2023 年 7 月 20 日访问。

③ 商务部国际贸易经济合作研究院信用研究所、中国服务贸易协会商业保理专业委员会编著：《全球保理行业概览——中外比较、前沿趋势、案例分析》，中国商务出版社 2018 年版，第 248 页。

资渠道中占比 0.44%。[①] 另中国人民银行发布的《中国普惠金融指标分析报告（2020）》数据显示，2020 年，中国人民银行应收账款融资服务平台促成小微企业应收账款融资 1.2 万亿元，同比增长 45.6%。[②]《民法典》首次以国家立法的形式将保理合同制度化，为中小微企业融资提供了坚实的立法保障，符合国家促进金融服务实体经济发展的政策要求。

反过来，中小企业的巨大融资需求又客观上促进了我国保理业的迅猛发展。我国保理业大致经过萌芽起步期（1993—2001 年）、快速发展期（2002—2012 年）、蓬勃发展期（2013 年以后）三个阶段。据中国服务贸易协会商业保理专业委员会《中国商业保理行业发展报告（2022—2023）》统计，2012 年以来，我国注册的商业保理公司数量与注册资金均呈快速增长态势。商业保理公司已遍布全国 31 个省（自治区、直辖市）。2013 年前，我国注册的商业保理企业总计 136 家。截至 2022 年 12 月，全国存续的商业保理法人企业及分公司共计 6716 家（不含 2022 年已注销、吊销或迁出企业 1108 家、转行企业 197 家）。2018 年，我国的保理业务量为 4115.37 亿欧元，跃居世界首位，占全球保理业务总量 14.9%。[③] 国际保理商联合会（Factor Chain International, FCI）在 2018 年的年报中甚至用“巨龙的觉醒”一语来形容我国保理业的迅猛发展以及给全球保理业务作出的贡献。[④] 据中国服务贸易协会商业保理专业委员会《中国商业保理行业发展报告（2022—2023）》统计，2022 年，我国商业保理业务量为 2.24 万亿元人民币，同比增长 11.06%；中国银行业协会保理专业委员会全体成员单位保理业务量为 4.24 万亿元人民币，同比增长 21%。从发展速度和体量上看，我国已成为名副其实的保理大国。在加快

---

① 《我国首份社会融资成本指数显示企业融资成本依然偏高》，载中国金融新闻网，http://www.financialnews.com.cn/hg/201802/t20180202_132598.html，2023 年 6 月 2 日访问。

② 《央行发布〈中国普惠金融指标分析报告（2020 年）〉 全方位高质量多层次 小微企业普惠金融服务体系日臻完善》，载中国金融新闻网，https://www.financialnews.com.cn/ncjr/focus/202109/t20210916_228707.html，2023 年 6 月 5 日访问。

③ 商业保理专委会：《〈中国商业保理行业发展报告 2021〉暨中国商业保理行业发展十周年（2012-2022）系列庆祝活动启动会成功举行》，载微信公众号“商业保理专委会”2022 年 6 月 28 日。邓莎莎：《〈民法典〉下我国保理业务的机遇与挑战》，载《中国外汇》2020 年第 18 期。中国银行业协会：《中国银行业协会发布〈中国保理产业发展报告（2021-2022）〉》，载微信公众号“中国银协”2022 年 11 月 22 日。

④ FCI, *FCI Annual Review 2018*, FCI（1 June. 2023）, https://fci.nl/en/annual-review，2023 年 9 月 10 日访问。

形成以国内大循环为主体、国内国际双循环互相促进的新发展格局下，国家高度关注中小微企业的融资问题和供应链金融的发展，近年来陆续制定并发布相关政策，① 促进保理为供应链中处于相对弱势地位的中小微企业融资提供资金来源。2020 年 6 月，工业和信息化部联合中国人民银行等部门出台了《关于进一步强化中小微企业金融服务的指导意见》，支持中小微企业开展供应链融资服务，鼓励发展订单、仓单、存货、应收账款融资等供应链金融产品。2022 年 1 月，最高人民法院也发布相关指导意见，助力中小微企业通过保理等方式拓宽融资渠道。最高人民法院发布的《关于充分发挥司法职能作用助力中小微企业发展的指导意见》（法发〔2022〕2 号）第 10 条规定："助力拓宽中小微企业融资渠道。严格依照民法典及有关司法解释的规定，依法认定生产设备等动产担保，以及所有权保留、融资租赁、保理等非典型担保债权优先受偿效力，支持中小微企业根据自身实际情况拓宽融资渠道……"相信在国家各项政策的大力支持下，我国保理业必将迎来新的发展机遇。

三、保理的国内定义

20 世纪 80 年代末，保理作为一种商业活动被引入我国。出于行政管理需要，相关行政管理部门在其制定的规范性文件中也对保理进行了定义。

在国家层面，最早关于保理的定义出现在国家外汇管理局《关于出口保付代理业务项下收汇核销管理有关问题的通知》（汇发〔2003〕79 号）这一行政规范性文件之中。该通知对出口保理作如下定义："本通知所称出口保付代理业务（以下简称出口保理）系指外汇指定银行（出口保理人）为出口单位（出口商）的短期信用销售提供应收账款管理与信用风险控制、收账服务与坏账担保以及贸易融资等至少两项的综合性结算、融资服务的业务。"尽管上述通知于 2012 年废止，② 但其对后来商务部和原银监会出台的规范性文件

① 近年来，国家陆续制定《小微企业应收账款融资专项行动工作方案（2017-2019 年）》《关于开展供应链创新与应用试点的通知》《关于加强金融服务民营企业的若干意见》《关于促进中小企业健康发展的指导意见》等政策。

② 根据国家外汇管理局、海关总署、国家税务总局于 2012 年 6 月 27 日发布的《关于货物贸易外汇管理制度改革的公告》（国家外汇管理局、海关总署、国家税务总局公告 2012 年第 1 号），该通知自 2012 年 8 月 1 日起废止。

产生了重要影响。

商务部于2012年下发的《商务部关于商业保理试点有关工作的通知》（商资函〔2012〕419号）虽未直接对保理作出定义，但其第1条将“为企业提供贸易融资、销售分户账管理、客户资信调查与评估、应收账款管理与催收、信用风险担保等服务”列为商业保理公司的营业范围。通知中所列举的服务种类自然应包括在保理定义之中。原中国银行业监督管理委员会（以下简称银监会）①于2013年下发的《关于加强银行保理融资业务管理的通知》（银监发〔2013〕35号）则是国内首次对保理进行定义的行政规范性文件。该通知第1条规定：“保理业务是指以债权人转让其应收账款为前提，集银行融资、应收账款催收、管理及坏账担保于一体的综合性金融服务。债权人将其应收账欲转让给银行，不论是否融资，由银行向其提供应收账款催收、应收账款管理和坏账担保中的至少一项服务。”

随后，原银监会于2014年出台的《商业银行保理业务管理暂行办法》（中国银行业监督管理委员会2014年第5号）基本借鉴吸收了上述通知内容，其第6条规定：本办法所称保理业务是以债权人转让其应收账款为前提，集应收账款催收、管理、坏账担保及融资于一体的综合性金融服务。债权人将其应收账款转让给商业银行，由商业银行向其提供下列服务中至少1项的，即为保理业务：（1）应收账款催收；（2）应收账款管理；（3）坏账担保；（4）保理融资。以应收账款为质押的贷款，不属于保理业务范围。不难发现，原银监会2014年的暂行办法与2013年的通知一脉相承，只不过在表述方式上进行了调整，逻辑层次更为清晰。需要强调的是，《商业银行保理业务管理暂行办法》是国内首部专门针对保理的部门规章，其对保理业务的定义具有较强的权威性。

2018年商业保理的监管职能由商务部统一划归原中国银行保险监督管理委员会（以下简称银保监会）之后，原银保监会办公厅于2019年出台的《关于加强商业保理企业监督管理的通知》（银保监办发〔2019〕205号）中关于

① 2018年3月，第十三届全国人民代表大会第一次会议批准了《国务院机构改革方案》，将中国银行业监督管理委员会和中国保险监督管理委员会的职责整合，组建中国银行保险监督管理委员会，作为国务院直属事业单位。不再保留中国银行业监督管理委员会、中国保险监督管理委员会。2023年3月，中共中央、国务院印发《党和国家机构改革方案》，组建国家金融监督管理总局。不再保留中国银行保险监督管理委员会。下文对此类似情况不再进行提示。

商业保理之定义亦深受暂行办法的影响，二者大同小异。该通知第 1 条第 3 款规定："商业保理业务是供应商将其基于真实交易的应收账款转让给商业保理企业，由商业保理企业向其提供的以下服务：（1）保理融资；（2）销售分户（分类）账管理；（3）应收账款催收；（4）非商业性坏账担保。商业保理企业应主要经营商业保理业务，同时还可经营客户资信调查与评估、与商业保理相关的咨询服务。"与原银监会出台的暂行办法相比，2019 年的通知在表述上略有变化：将应收账款管理改为销售分户（分类）账管理；将坏账担保改为非商业性坏账担保；此外还扩大了保理服务的种类，将客户资信调查与评估、相关咨询服务也纳入其中。可见，上述通知与暂行办法除在表述上微有不同外，并无实质性差异，至此银行保理与商业保理的定义趋于一致。

在地方层面，多地政府也都出台管理规定试图对保理进行定义。上海和天津作为商务部首批批准开展商业保理试点的两大城市，其出台的规定尤受瞩目，也更具代表性。上海市人民政府 2014 年出台的《上海市商业保理试点暂行管理办法》（沪府办〔2014〕65 号）和天津市地方金融监督管理局 2021 年出台的《天津市商业保理公司监督管理暂行办法》（津金监规范〔2021〕3 号）也都分别对商业保理进行了定义。《上海市商业保理试点暂行管理办法》第 3 条规定："本办法所称的商业保理业务，是指供应商与商业保理商（非银行机构）通过签订保理协议，供应商将现在或将来的应收账款转让给商业保理商，从而获取融资，或获得保理商提供的分户账管理、账款催收、坏账担保等服务。"《天津市商业保理公司监督管理暂行办法》第 2 条第 2 款规定："本办法所称商业保理业务，是指供应商将其基于真实交易的应收账款转让给商业保理公司，由商业保理公司向其提供保理融资、销售分户（分类）账管理、应收账款催收、非商业性坏账担保等服务。"

通过比较国家外汇管理局、原银保监会（包括原银监会）、商务部和上海、天津的规定可以发现，行政管理部门对保理的定义基本形成了共识，但在一些具体细节问题上还略有差别。共同之处在于：（1）均强调保理要以应收账款转让为前提。（2）均将保理融资功能摆在突出位置。各部门的规定都无一例外地将保理的融资功能摆在首要位置，足见保理融资的重要地位。（3）均列明了应收账款管理和催收服务，只不过商务部、原银保监会和天津的管理规定将应收账款管理表述为销售分户账管理。（4）均列明了坏账担保服务。

不同之处在于：（1）关于将来应收账款可否叙做保理的问题，除上海对此明确肯定外，其他地方（部门）的规定均不明确。（2）保理服务范围并不完全一致。对于信用风险控制和资信调查、评估两项服务是否属于保理服务范畴这一问题，并未达成一致意见。仅有国家外汇管理局规定了信用风险控制以及商务部规定了资信调查与评估，其他地方（部门）规定均未列明。（3）关于保理人提供的服务种类这一问题，除国家外汇管理局规定“至少两项”以及原银监会要求“至少一项”外，其他地方（部门）均未作数量上的要求。

第二节　保理合同的定义

保理合同是由保理延伸出来的下位概念。“保理合同”比“保理”多出的“合同”两字即赋予了其合同法上的法律意义。如果宽泛地谈保理，人们可能更多的是将其看作一种商业现象，而不会去探究其背后的法律含义。保理只有落实在具体的合同文本中，才会在当事人之间产生实实在在的保理法律关系。因此，以法学的视角来看，研究保理合同显然比研究保理更具理论意义和实务价值。

一、保理合同的域外定义

在国际私法上，国际公约和惯例并未对保理进行任何定义，而是直接对保理合同作出定义。国际统一私法协会（The International Institute for the Unification of Private Laws）制定的《国际保理公约》（The Convention on International Factoring）第1条即开宗明义地对保理合同进行了定义：“保理合同系指一方当事人（供应商）与另一方当事人（保理人）之间所订立的合同，根据该合同：（1）供应商可以或将要向保理人转让供应商与其客户（债务人）订立的货物销售合同产生的应收账款，但是主要供债务人个人、家人或家庭使用的货物的销售所产生的应收账款除外；（2）保理人应至少履行两项下述职能：a. 为供应商融通资金，包括贷款和预付款；b. 管理与应收账款有关的账户（销售分户账）；c. 托收应收账款；d. 对债务人的拖欠提供坏账担保。

（3）应收账款转让的通知必须送交债务人。”国际保理商联合会制定的《国际保理通则》（General Rules for International Factoring）第1条也对保理合约进行了定义，与《国际保理公约》的定义存在一定差别。《国际保理通则》第1条规定：“保理合约是指一项契约，供应商将可能或将要的应收账款转让给保理人。不论其目的是否为了获得融资，至少要满足以下职能之一：（1）应收账款分户账管理；（2）应收账款催收；（3）坏账担保。”

在比较法上，《俄罗斯联邦民法典》第824条第1款作出了几乎相同的规定。

二、保理合同的国内定义

在我国，对保理合同的认识存在“行政→司法→立法”的嬗变过程。如前所述，保理的定义多见于行政规范性文件。通过多地法院的立案情况可看出，保理合同纠纷案件的立案案由难谓统一，有的将保理合同纠纷视为金融借款合同纠纷①，有的视为债权转让合同纠纷②，有的笼统地将其视为合同纠纷③等。

为了解决认识上的分歧，曾有地方法院尝试借鉴行政规范性文件中关于保理之定义对保理合同进行司法上的定义。司法实践中，天津市高级人民法院很早对保理合同进行了关注并在其制定的《天津高院保理纪要（一）》中对保理合同进行了较为完整的定义。该纪要第2条第1款规定：“保理合同是指债权人与保理人之间签订的，约定将现在或将来的、基于债权人与债务人订立的销售商品、提供服务、出租资产等基础合同所产生的应收账款债权转让给保理商，由保理商向债权人提供融资、销售分户账管理、应收账款催收、资信调查与评估、信用风险控制及坏账担保等至少一项服务的合同。”不难看出，天津市高级人民法院对保理合同的定义只不过是将行政管理部门对保理

① 参见最高人民法院（2014）民一终字第187号民事判决书、福建省福州市中级人民法院（2014）榕民初字第376号民事判决书、福建省福州市中级人民法院（2013）榕民初字第1287号民事判决书、浙江省杭州市西湖区人民法院（2012）杭西商初字第751号民事判决书。如无特别说明，本书所引案例均源自中国裁判文书网或为笔者所在法院审理的案件。下略。

② 参见浙江省杭州市中级人民法院（2015）浙杭商终字第502号民事判决书。

③ 参见江西省高级人民法院（2014）赣民二终字第32号民事判决书。

的定义与合同这一民事法律行为更紧密地结合起来。

随后，深圳前海合作区人民法院于2016年出台的《深圳前海法院保理合同案件裁判指引》亦对保理合同进行了定义。该裁判指引第2条规定："保理是指债权人将其现在或未来的应收账款转让给保理商，保理商在受让应收账款的前提下，为债权人提供如下一项或多项服务的综合性金融服务：（1）应收账款融资；（2）应收账款管理；（3）应收账款催收；（4）销售分户账管理；（5）信用风险担保；（6）其他可认定为保理性质的金融服务。"该裁判指引在表述上虽对行政规范性文件有多处借鉴，但笔者认为，其在内容表述上仍有可商榷之处：一则，看似是对保理的定义但实际上是对保理合同的定义。二则，综观保理国际公约、惯例以及国内行政管理规定，均是采取融资或保理融资的表述方式，而该指引却表述为应收账款融资，似不符合行业表述习惯。三则，应收账款管理与销售分户账管理本质上系同一事物，但该指引却分列两项，似显得重复冗余。四则，该指引采取信用风险担保而非坏账担保的表述方式，似亦与习惯不符。

一个不容忽视的事实是，在先的行政规范性文件与司法文件对后来的保理立法产生了重要影响。《民法典》第761条在充分借鉴吸收已有的行政规范性文件与司法实践成果的基础上对保理合同进行了如下定义："保理合同是应收账款债权人将现有的或者将有的应收账款转让给保理人，保理人提供资金融通、应收账款管理或者催收、应收账款债务人付款担保等服务的合同。"可以看出，立法允许将有的应收账款转让明显是对《上海市商业保理试点暂行管理办法》《天津高院保理纪要（一）》《深圳前海法院保理合同案件裁判指引》的借鉴；立法规定的"资金融通、应收账款管理或者催收、应收账款债务人付款担保等服务"则是对行政规范性文件与司法政策有选择性的借鉴吸收。

基于立法定义，保理合同的法律内涵包括以下四个方面：（1）保理合同的当事人仅包括保理人和应收账款债权人，应收账款债务人不属于保理合同的当事人。（2）应收账款范围包括现有的和将有的应收账款两种类型。（3）应收账款债权人的主要合同义务是将应收账款转让给保理人。（4）保理人的主要合同义务是向应收账款债权人提供融资、应收账款管理或催收、应收账款债务人付款担保等服务。

需要指出的是，《民法典》第 761 条是对保理合同的概括定义。实际上，《民法典》采取“两分法”：第 766 条、第 767 条将保理合同区分为有追索权保理与无追索权保理两种类型。关于有追索权保理，《民法典》第 766 条规定：“当事人约定有追索权保理的，保理人可以向应收账款债权人主张返还保理融资款本息或者回购应收账款债权，也可以向应收账款债务人主张应收账款债权。保理人向应收账款债务人主张应收账款债权，在扣除保理融资款本息和相关费用后有剩余的，剩余部分应当返还给应收账款债权人。”关于无追索权保理，《民法典》第 767 条规定：“当事人约定无追索权保理的，保理人应当向应收账款债务人主张应收账款债权，保理人取得超过保理融资款本息和相关费用的部分，无需向应收账款债权人返还。”在立法技术上，立法者没有再行对上述两种保理合同分别定义，而是通过规定权利义务关系的方式间接实现了定义效果。

《民法典》第 761 条为第 766 条、第 767 条的公约数，前后系总分关系。根据上述三条法律规定，不难得出以下结论：在符合第 761 条规定的基础上，有追索权保理合同，是指保理人可以向应收账款债权人主张返还保理融资款本息或者回购应收账款债权，也可以向应收账款债务人主张应收账款债权但应将取得超过保理融资款本息和相关费用的部分返还给应收账款债权人的保理合同；而无追索权保理合同，是指保理人仅能向应收账款债务人主张应收账款债权并无须将取得超过保理融资款本息和相关费用的部分返还给应收账款债权人的保理合同。

有追索权保理合同与无追索权保理合同存在以下三个方面的主要区别：一是涉及的主体不同。有追索权保理合同涉及保理人、应收账款债权人、债务人三方的权利义务关系，而无追索权保理仅涉及保理人和应收账款债务人双方的权利义务关系，与应收账款债权人无关。二是能否向应收账款债权人追索不同。此为二者最根本的差异。有追索权保理合同中保理人可向应收账款债权人追索保理融资款本息，而无追索权保理合同中的保理人则不能。三是收回的应收账款超出保理融资款本息部分是否应予退还不同。有追索权保理合同中保理人从应收账款债务人处收回的应收账款要进行清算分配，超出保理融资款本息及相关费用的部分归属于应收账款债权人，应予返还，而无追索权保理合同中则无须返还。

案例01 有追索权保理与无追索权保理之辨析[①]

基本案情

2013年4月24日，为联合开展面向甲公司供应商的融资及结算服务，甲公司（甲方）、某银行（乙方）及乙公司（丙方）三方签订《供应链合作框架协议》，约定：乙方将为甲方供应商提供量身定做的融资工具及配套的专属服务体系，此金融产品品牌名称为“南×赢”供应链融资产品。鉴于甲方为丙方的子公司，为确保甲方与乙方在“南×赢”保理业务的顺利执行，丙方同意为甲方向其供应商在乙方申请“南×赢”保理业务的连带责任保证提供再担保，担保方式为连带责任保证；甲方不履行保证责任义务的，乙方有权要求丙方承担保证责任。保证范围包括但不限于甲方履行担保责任应支付的款项，甲方应承担的违约金、损害赔偿金以及乙方实现债权的费用。

2013年4月27日，某银行（保理银行）与甲公司的供货方丙公司（客户）签订《保理协议书》，约定：鉴于客户与买方已经或者即将签署购销合同或服务，由客户向买方提供商品或者劳务，并由此已经或即将形成其在交易合同项下对买方的应收账款；客户同意将前述应收账款以本协议约定的方式转让给保理银行，保理银行同意按照本协议规定的条件和方式受让相关应收账款。2.1客户在向保理银行转让对买方的应收账款之前应已同保理银行就该买方的保理额度及交易条件签署保理额度及交易条件通知书的回单，明确对该买方应收账款保理的交易条件。4.1对回购保理业务，保理银行不承担买方的任何信用风险，客户应无条件承担相关融资的到期还款义务。6.1在相关应收账款到期日之前，客户可以按照签署的保理额度及交易条件通知书以及保理融资申请书向保理银行申请融资。6.2有融资比例要求的，对于单张发票的融资不能超过融资比例。

2013年4月28日，丙公司向某银行提交保理融资申请：买方名称：甲公司，融资金额400万元整，保理业务类型：回购，融资年利率7.8%，逾期罚息利率11.7%，担保描述：担保人为甲公司、丙公司、陈某，担保方式为质

---

① 一审：武汉市中级人民法院（2014）鄂武汉中民商初字第00859号民事判决书；二审：湖北省高级人民法院（2015）鄂民二终字第00246号民事判决书。

押、保证。2013年4月27日，某银行向丙公司发出《保理额度及交易条件通知书》，载明：鉴于贵司的保理申请及2013年4月27日与我行签订的《保理协议书》，我行作出如下决定：买方名称：甲公司，卖方融资额度：400万元，单张发票融资比例：80%，融资利率：按签订保理融资协议书为准，额度有效期至2014年4月18日，账期360天，逾期罚息利率：执行利率上浮50%，利息收取方式：后收，费用收取方式：融资时收，结息周期：利随本清。丙公司对该《保理额度及交易条件通知书》予以确认。同日，丙公司向甲公司出具《应收账款转让通知书》，根据"南×赢"保理融资协议将丙公司对甲公司的应收账款债权550万元转让给某银行，甲公司出具《买方确认函》对该应收账款予以确认。同日，某银行与丙公司签订《应收账款转让登记协议》，约定丙公司将《保理协议书》项下约定的应收账款转让给某银行并按照有关规定办理转让登记手续。同日，某银行在中国人民银行征信中心对上述应收账款办理了转让登记。

2013年4月28日，某银行向丙公司发放保理融资款400万元，并收取丙公司2万元融资手续费。2014年4月23日，该保理融资到期，债务人及保证人均未履行义务。

某银行向法院提起诉讼，请求判令：丙公司向某银行偿还逾期贷款本金400万元、期内利息312000元及罚息（以400万元为本金按年利率11.7%自2014年4月24日计算至本息实际清偿之日止）；某银行对丙公司提供质押的应收账款享有优先受偿权。

裁判结果

一审法院判决：1. 丙公司应在本判决生效之日起十日内向某银行偿还保理融资款本金400万元、期内利息312000元及罚息（以400万元为本金按年利率11.7%自2014年4月24日起计算至本金付清之日止）；2. 驳回某银行的其他诉讼请求。

丙公司不服一审判决，提起上诉。二审法院判决：驳回上诉，维持原判。

裁判理由①

一审判决认为，某银行与丙公司签订的《保理协议书》、某银行向丙公司发出的《保理额度及交易条件通知书》、丙公司出具的《客户确认函》，均系各方真实意思表示，未违反法律、行政法规的相关规定，应确认有效。某银行根据《保理协议书》《保理融资申请书》《保理额度及交易条件通知书》向丙公司发放保理融资款400万元，履行了保理融资义务。2014年4月23日，该保理融资到期，因丙公司与某银行约定的保理融资类型为回购型保理业务，某银行不承担买方的信用风险，丙公司应承担融资到期的还款义务。故丙公司应依约向某银行偿还保理融资款400万元及按照合同约定的利率计算的利息、罚息。

因某银行没有提交与丙公司的质押合同以及应收账款质押登记协议，现无证据表明丙公司在本案中的应收账款已经质押给某银行，故某银行要求行使应收账款优先受偿权的诉讼请求，不予支持。

丙公司上诉称，1. 依照《商业银行保理业务管理暂行办法》第十条及《中国银行业保理业务规范》第五条、第六条规定，有追索权保理是指在应收账款到期无法从债务人处收回时，银行可以向债权人反转让应收账款，要求债权人回购应收账款或归还融资。本案保理融资的第一还款来源为甲公司，只有融资款无法从甲公司收回，某银行才可向丙公司主张权利。2.《保理协议书》中均为格式条款，且免除某银行义务，加重丙公司责任，显失公平，应为无效。协议中关于某银行不承担买方的信用风险，客户承担相关融资到期还款义务的约定与协议第四条第四款关于买断型保理中发生约定情形，客户才偿还融资本息两项约定，存在矛盾，属不明约定，应作出对丙公司有利的解释。

某银行辩称，《保理额度及交易条件通知书》中已明确本案保理协议为回购型保理。依《保理协议书》第四条第一项约定，某银行有权要求丙公司无条件承担融资到期还款义务。《保理协议书》系双方真实意思表示，不违反法律法规强制性规定，条款语义不存在歧义，合法有效。

---

① 本书【案例】适用的法律法规等条文均为案件裁判当时有效，下文不再对此进行提示。

二审判决认为，丙公司与某银行签订的《保理协议书》系双方当事人真实意思表示，内容不违反法律法规禁止性规定，应为合法有效。《保理协议书》内容中既有回购型保理事项约定，也有买断型保理事项约定，故该协议应为集回购型保理和买断型保理事项约定于一体的通用型保理协议示范合同。协议第四条第一项与第四条第四项分别约束回购型保理和买断型保理，内容明确，并无矛盾。该协议还约定：在应收账款到期前，客户可按照签署的保理额度及交易条件通知书以及保理融资申请书向保理银行申请融资。客户与保理银行确认或签署的所有保理额度及交易条件通知书、申请文件系协议不可分割的组成部分，签发之日生效。本案中，无论丙公司向某银行提交的《保理融资申请书》，还是某银行向丙公司送达的《保理额度及交易条件通知书》，均确认双方办理的保理业务类型为回购型保理，故应依据《保理协议书》第四条第一项关于"对回购保理业务，银行不承担买方任何信用风险，客户应无条件承担相关融资的到期还款义务"的约定，确定丙公司合同义务，而排除适用《保理协议书》第四条第四项买断型保理约定。《商业银行保理业务管理暂行办法》第十条，《中国银行业保理业务规范》第五条、第六条均规定：按照商业银行在债务人破产、无理拖欠或无法偿付应收账款时，是否可以向债权人反转让应收账款、要求债权人回购应收账款或归还融资，分为有追索权保理和无追索权保理。有追索权保理是指在应收账款到期无法从债务人处收回时，商业银行可以向债权人反转让应收账款、要求债权人回购应收账款或归还融资。有追索权保理又称回购型保理。结合前述划分标准规定，有追索权保理中关于"无法从债务人处收回"，应指融资到期后债务人未向保理银行清偿债务的现实情况，而非指保理银行需完成向债务人追索债权的前置程序。丙公司对该条款理解有误，且该种理解亦与《保理协议书》第四条第一项约定不符。丙公司关于协议条款存在矛盾导致约定不明及应先由甲公司清偿融资本息的上诉理由缺乏合同及事实依据。

第三节 保理法律关系

法律关系是由法派生出来的现象，是指一定主体之间的权利义务关系。

权利义务是法律关系的核心内容，也是法学的核心概念，可以说，法学就是权利义务之学。权利义务贯穿于法律现象中具有逻辑联系的各个环节、法律的一切部门和法律运行的全部过程。法律规范是法律关系产生的前提。没有法律规范的存在，就不可能产生法律关系。权利义务是法律规范的核心内容。权利义务是从法律规范到法律关系再到法律责任的具有逻辑联系的各个环节的构成要素。一个行为标准之所以被称为法律规范，在于它授予人们一定权利，告诉人们怎样的主张和行为是合法正当的，或者给人们设定某种义务，指示人们怎样的行为是禁止的或被国家取缔。我国的法学理论体系正是以权利和义务为中心范畴构建的。[①]

民事法律关系是民法学的基本概念和基础理论。传统民法理论认为，民事法律关系是由主体、内容和客体三要素组成。主体是指参与民事法律关系，享有民事权利和承担民事义务的“人”；内容是指民事法律关系主体所享有的民事权利和承担的民事义务；客体是指民事法律关系的主体享有的民事权利和承担的民事义务所共同指向的对象。[②] 具体到合同法律关系中，主体是指法律权利的享有者和法律义务的承担者；客体是指债的内容所要求的债务人的行为（给付行为）；内容即为债权债务。[③] 民事法律规范是民事法律关系发生的根据，通过民事法律规范，民法的功能才能得到实现。[④] 保理法律关系的主体、内容和客体三方面内涵则蕴含在《民法典》相关法律规范之中。

一、主体：保理人、应收账款债权人与债务人

应收账款债权人与债务人为基础交易合同的缔结主体。应收账款债权人与保理人是保理合同的缔结主体。应收账款债权人是两份合同的连接点，具有双重身份，亦即，其既为基础交易合同中有权收取应收账款的债权人（如买卖合同中的出卖人、租赁合同中的出租人、服务合同中的服务提供者等），又为保理合同项下的债务人（负有向保理人返还保理融资款本息或回购应收

---

① 张文显主编：《法理学》，高等教育出版社、北京大学出版社2018年版，第128~129页。
② 马俊驹、余延满：《民法原论》，法律出版社2010年版，第51~65页。
③ 韩世远：《合同法总论》，法律出版社2018年版，第12页。
④ 魏振瀛编：《民法》，北京大学出版社、高等教育出版社2021年版，第31页。

账款的义务）。应收账款债务人则是负有支付基础合同项下应收账款义务的付款义务人。在应收账款债权转让未通知债务人时，应收账款债务人为基础交易合同项下的债务人；在通知之后，则成为保理合同项下的债务人。与之相对，保理人是保理合同中的债权人，在受让应收账款债权且通知应收账款债务人后又同时成为基础交易合同中的债权人。理解应收账款债权人与债务人并无障碍，较难理解的是保理人这一法律概念。

保理人是《民法典》首次提出的一个全新法律概念。在我国之前的民事立法中，从未出现过保理人这一种民事主体（之前的行政管理性规定或司法政策文件中一般习惯称之为保理商，包括商业银行和商业保理公司）。从字面来理解，保理人应专指从事保理业务的一种特殊民事主体。那么，根据《民法典》总则编将民事主体划分为自然人、法人和非法人组织的分类方法，是否意味着上述三种民事主体都可以成为立法所指的保理人？答案显然不是。由于保理是近年来供应链金融中发展出来的一种金融创新模式，与普通民商事活动相比，其具有资金需求量大、专业性强、金融风险较大等特点，故有必要对保理人这一法律概念的外延加以限制。

保理的主要功能在于为企业提供融资，属于资金密集型与技术密集型行业。保理业对资金的需求量是普通自然人难以企及的。从我国现有的商业保理公司的注册资本来看，普通自然人显然难以达到与保理业相匹配的资金能力。退一步讲，即便少数自然人具备这样的资金能力，其往往也达不到保理人的专业服务能力。因为除提供资金外，保理人还可能会提供应收账款管理、催收、资信调查与评估等服务内容。这就要求保理人必须同时具备较强的专业服务能力，否则无法正常开展业务。这显然超出了普通自然人的能力范围，故自然人难以成为保理人。此外，根据《民法典》第 102 条规定，非法人组织只是不具有法人资格，但是能够依法以自己的名义从事民事活动。非法人组织包括个人独资企业、合伙企业、不具有法人资格的专业服务机构等。故非法人组织在理论上有可能会成为保理人。基于上述分析，保理人应仅限于法人和非法人组织这两种民事主体，自然人应被排除在外。实践中，我国从事保理业的主体是商业银行和商业保理公司，尚未出现非法人组织这一种组织形式。

当然，保理人无论是哪种组织形式，都应当具备相应的经营资质。保理还会涉及信用险控制与坏账担保等业务，具有较强的金融属性，潜伏着一定的金融风险，这就要求保理人必须具备较强的风险处置和抵御能力，否则就可能会危及国家金融安全。正因如此，中央和地方行政管理部门均重视对保理业的监管，商业保理公司的设立不仅需要经过主管部门事前审批，在设立之后还要受到地方金融监管部门和原银保监会的严格监管。商业保理公司的设立须符合出资人、注册资本、专业人员、业绩、经验等多方面的条件，具有较高的准入门槛。

以上海市的商业保理公司设立为例。《上海市商业保理公司监督管理暂行办法》第12条规定："申请在本市设立商业保理公司、试点开展商业保理业务，应当符合下列条件：（1）注册资本不低于五千万元人民币（或等值外币），全部以货币资金出资，并且有明确、合理的实缴到位计划；（2）已制定健全的公司章程及财务管理、风险控制等主要内控制度；（3）有明确的发展战略、清晰的盈利及风险控制模式；（4）股东为企业法人或其他经济组织（控股股东一般为设立满一年的企业法人；符合条件的投资者通过其全资子公司投资设立商业保理公司的，相关子公司可不要求存续满一年），信用良好，无重大违法违规行为，最近三年无重大不良信用记录；至少有一个股东（或其关联主体）具有贸易融资、供应链管理等相关行业背景；（5）各股东入股资金均为自有货币资金，资金来源真实合法，不得以银行贷款等债务资金、他人委托资金等非自有资金投资；控股股东财务状况良好，具备与拟开展商业保理业务相应的资产规模和资金实力；（6）控股股东（或实际控制人）承诺三年内（其他股东承诺一年内）不直接或变相转让所持有的股权（份），并在商业保理公司章程中载明；（7）拟任董事、监事、高级管理人员信用良好，无重大违法违规行为，最近三年无重大不良信用记录；拟任高级管理人员熟悉经济金融工作，从事商业保理或相关金融企业运营管理工作三年以上，或从事相关行业工作五年以上；（8）拟设商业保理公司应当在注册地设立实际经营场所；在中国（上海）自由贸易试验区内设立的商业保理公司，至少应当在注册地所在区设立实际经营场所；（9）国家金融监管部门规定的其他条件。"

非经行政主管部门批准的法人或非法人组织开展保理业务属于违反金融管理秩序的行为，应予规制。主流观点认为，保理人必须是依照国家规定，经过有关部门批准可以开展保理业务的商业银行和商业保理公司，[①] 并将保理人主体是否适格作为认定保理法律关系的一项考量因素。[②] 对保理人的主体资格进行管控的目的在于限制市场上保理金融总额，保持金融市场稳定。[③] 对于无保理经营资质的法人或非法人组织签订的保理合同的性质与效力，存在不同观点。

第一种观点认为，保理人是否具有经营资质，不影响保理合同的性质和效力。《民法典》第 761 条并未对当事人的资质设限。决定合同性质者，乃合同内容，除非有名合同规范将具有某种特定资格明文列为该种合同的构成要件。若公法对合同主体有特别管制，至多影响合同效力，但不改变合同定性。合法保理人以外主体从事保理业务是否将导致保理合同无效，系另一问题，即便认为该事由足以影响保理合同效力，其法律后果亦无非是保理合同无效，而非不构成保理合同。就现行法而言，保理商以外主体从事保理交易的，不影响保理合同效力。现无任何法律、行政法规、部门规章对保理业实行许可主义。《商业银行保理业务管理暂行办法》仅规范银行业金融机构的保理业务（第 35 条），不涉及其他主体从事保理业务的资格。原银保监会办公厅《关于加强商业保理企业监督管理的通知》亦未禁止商业保理企业以外主体从事保理业务。该文件并非部门规章，不得设定行政许可与行政处罚。近年来陆续颁行的各种地方性法规倾向于将商业保理公司定性为地方金融组织，但通常未专设行政许可，而是引致性地规定应依法律、行政法规和国家规定取得许可。但因无法律、行政法规和国家规定对保理业设置行政许可，故迄今未有保理业资格的强行性规定。保理人以外主体从事保理业务，自无违法无效可言；因保理业务无关公序良俗，亦无背俗无效之余地。即便将来有法律、行政法规对保理业实行许可主义，违反其规定也非必然导致保理合同无效。[④]

第二种观点认为，不构成保理法律关系，保理合同是否无效仍需根据

---

① 钱海玲：《保理法律关系的认定及疑难问题解决对策》，载《人民法院报》2015 年 2 月 4 日；江苏省高级人民法院民二庭课题组：《国内保理纠纷相关审判实务问题研究》，载《法律适用》2015 年第 10 期；《天津高院保理纪要（一）》第 1 条。

② 关丽、丁俊峰、包晓丽：《保理合同纠纷中基础交易合同债务人拒绝付款的司法认定》，载《法律适用》2019 年第 23 期。

③ 詹诗渊：《保理合同客体适格的判断及效力展开》，载《环球法律评论》2021 年第 5 期。

④ 李宇：《保理法的再体系化》，载《法学研究》2022 年第 6 期。

《民法典》总则编民事法律行为有效要件及合同编有关规定进行判断。[①] 比如，有法院判决认为，经营商业保理业务必须获得相应的行政许可，融资租赁公司不具有经营保理的经营资质，故其和应收账款债权人之间的融资关系性质属于民间借贷。[②]

第三种观点认为，此类保理合同应直接认定无效。[③] 笔者赞同第三种观点。对保理人施加经营资质的限制，这不仅有利于保护和规范保理行业持续健康发展，避免市场无序竞争，也有利于加强金融监管，防范金融风险。[④] 第三种观点比第二种观点否定得更为彻底。法院不用再纠结于对是否构成保理法律关系进行评价，而是直接对合同效力予以否定，然后按照合同无效规则处理，更为简单直接。

二、内容：三方当事人的权利义务

内容是民事法律关系的核心。近代私法已从“义务本位”过渡到“权利本位”。“正是权利，才是整个民法共通的、最基本的事项。”[⑤] 法律权利是指法律关系主体依法所享有的权能与利益。法律义务是指法律关系主体依法应承担的必须作出或者不作出某种行为的责任。[⑥] 法正是以权利义务作为机制调整人的行为和社会关系的。权利与义务是相对而言的。正如马克思所言，“一个人有责任不仅为自己本人，而且为每一个履行自己义务的人要求人权和公民权。没有无义务的权利，也没有无权利的义务”[⑦]。《民法典》合同编通则及保理合同章的规范内容为保理法律关系中保理人、应收账款债权人、债务人三方权利义务的根据。

---

① 丁俊峰：《民法典保理合同章主要条文的适用》，载《人民司法》2021 年第 4 期。

② 参见上海市高级人民法院（2019）沪民终 469 号民事判决书、上海市第一中级人民法院（2017）沪 01 民初 835 号民事判决书。

③ 高佳运：《“立法真空期”的探索：破解保理合同纠纷“无法可依”的困境》，载贺荣：《司法体制改革与民商事法律适用问题研究》，人民法院出版社 2015 年版，第 1039 页。

④ 李阿侠：《保理合同原理与裁判精要》，人民法院出版社 2020 年版，第 71~73 页。

⑤ 〔日〕山本敬三：《民法讲义Ⅰ》，解亘译，北京大学出版社 2012 年版，第 17 页。

⑥ 卓泽渊：《法学导论》，法律出版社 2015 年版，第 140 页。

⑦ 中共中央马克思恩格斯列宁斯大林著作编译局编：《马克思恩格斯全集》（第 21 卷），人民出版社 2003 年版，第 17 页。

（一）保理人的权利义务

在保理法律关系中，保理人享有以下两项重要的权利：

一是针对应收账款债务人的收取权。根据《民法典》第 766 条、第 767 条规定，无论是在有追索权保理还是在无追索权保理中，保理人都可以自己的名义向应收账款债务人收取应收账款，只不过在有追索权保理中保理人应将超出保理融资款本息及费用的部分返还给应收账款债权人，而在无追索权保理中无须返还。

二是针对应收账款债权人的追索权。需要注意区分的是，保理中的追索权与票据中的追索权虽然名称相同，但性质根本不同。票据中的追索权为法定权利。依据《中华人民共和国票据法》规定，票据追索权为第二次请求权，在第一次请求权（持票人要求票据主债务人或其他付款义务人按票据上记载的金额付款的权利）得不到满足时，权利人才行使追索权。[①] 而保理合同中多会将“债务人未依约支付应收账款”或“应收账款到期无法收回”约定为追索权行使的前提。在保理合同约定的追索条件成就时，保理人便可向债权人行使追索权。

追索权仅限于有追索权保理之中。在应收账款债务人到期不能偿还应收账款时，保理人便可向应收账款债权人追索保理融资款本息。《民法典》第 766 条虽未对追索权作出明确定义，但通过比较第 766 条有追索权保理与第 767 条无追索权保理之区别可以发现，保理人在有追索权保理中可以“向应收账款债权人主张返还保理融资款本息或者回购应收账款债权”，而在无追索权保理中无此规定。因此，追索权的内涵包括返还保理融资款本息请求权与回购应收账款请求权两种。

收取权与追索权虽然权利名称、权利基础、行权对象、行权方式不一样，但二者相互依赖，相辅相成，目标一致，即确保保理人收回保理融资款本息。在司法实践中，保理人可以主张收取权和追索权，也可以分别单独行使。《民法典担保制度解释》第 66 条第 2 款规定：“在有追索权的保理中，保理人以应收账款债权人或者应收账款债务人为被告提起诉讼，人民法院应予受理；

---

① 谢怀栻：《票据法概论》，法律出版社 2006 年版，第 67 页。

保理人一并起诉应收账款债权人和应收账款债务人的，人民法院可以受理。”

保理人在受让应收账款后即负有向应收账款债权人提供保理合同约定的保理服务义务。至于保理人究竟是提供资金融通、应收账款管理或催收、应收账款债务人付款担保等保理服务中的哪一项或哪几项服务，取决于保理人和应收账款债权人之间的约定。

（二）应收账款债权人的权利义务

作为保理人的合同相对方，获取保理人提供的保理服务是应收账款债权人最重要的权利。相应地，应收账款债权人获取保理服务则以履行应收账款转让义务为前提并以返还保理融资款本息为对价。

一方面，应收账款转让包括主义务、从义务和附随义务。《民法典》第599条规定了买卖合同中出卖人交付有关单证和资料的从给付义务。在应收账款转让后，应收账款债权人应向保理人移交债权证明文件，并应告知行使债权所必要的一切情形。此外，《民法典》第509条第2款规定：“当事人应当遵循诚信原则，根据合同的性质、目的和交易习惯履行通知、协助、保密等义务。”

另一方面，应收账款债权人须向保理人承担返还保理融资款或回购应收账款的兜底还款义务。我国《民法典》第766条规定，在有追索权保理中，若应收账款债务人到期不向保理人偿付应收账款，应收账款债权人则须向保理人返还保理融资款本息或回购应收账款。返还保理融资款本息与返还借款本息类似，不难理解。根据《天津高院保理纪要（二）》对回购的定义，“回购义务，是指债权人向保理人转让应收账款后，当发生保理合同约定的情形时，债权人应依约从保理人处购回所转让的应收账款债权”。上述定义殊值赞同。由于回购通常发生在应收账款债务人到期不履行应收账款清偿义务的场景，故有必要加上回购的适用场景。回购义务，是指当应收账款到期后保理人不能从债务人处收回或不能足额收回应收账款时，应收账款债权人负有按约定的回购价格从保理人处购回应收账款的义务。

那么，返还保理融资款本息义务与回购义务是何种关系？立法者采用“或者”一词连接二者具有两层含义。一是表明保理人只能二选一，要么选择前者要么选择后者，不可能同时选择。二是二者应是同等关系，不存在先后优劣之分，否则立法规定“或者”就没有意义，保理人肯定会选择对其有利的行权方式而将另一种方式架空。笔者认为，虽然返还本息义务与回购义务的内涵有所差异，但二者是辩证统一关系，无论应收账款债权人采取哪种方式，其目的都在于确保保理人收回保理融资款本息。事实上，实践操作中返还保理融资款本息与回购应收账款的对价是一致的，保理人常常要求应收账款债权人以支付保理融资款本息的方式实现应收账款回购目的，比如，《深圳前海法院保理合同案件裁判指引》第 27 条规定：“在有追索权保理纠纷中，保理人要求债权人以支付保理融资款本息和相关费用的方式履行应收账款回购义务的，人民法院予以支持。”因此，无论是返还本息义务还是回购义务，对当事人的权利义务并不会产生实质性影响。

（三）应收账款债务人的权利义务

应收账款债务人的主要合同义务在于支付应收账款。上述付款义务来源于基础交易合同。基础交易合同与保理合同虽有牵连，但属于两份独立的合同。在基础交易合同合法有效的情况下，应收账款债务人就要承担合同项下的付款义务。至于付款对象，则因应收账款转让是否已经通知债务人而异。在通知债务人之前，应收账款债务人负有向基础合同项下债权人支付应收账款的义务。如果应收账款债权人向保理人转让了应收账款但未通知应收账款债务人，债务人对转让事实并不知情，其按照基础交易合同的约定继续向应收账款债权人清偿属于正当履行合同义务。例如，《法国民法典》第 1691 条规定：“债务人如在收到让与人或受让人关于转让的通知前，已向让与人清偿其债务者，其所负义务即有效免除”。《联合国国际贸易中应收款转让公约》第 17 条规定：“债务人通过付款解除义务：（1）债务人在收到转让通知前，有权根据原始合同付款而解除其义务。（2）债务人收到转让通知后，除本条第 3 款至第 8 款的情况外，债务人仅可通过向受让人付款而解除其义务；转让通知中另有指示的，或受让人此后在债务人收到的书面通知中另有指示的，债务人须按该付款指示付款而解除其义务”。国际统一私法协会制定的《国际商事合同通则》第 9. 1. 10 条规定：“通知债务人（1）在收到让与人或受让人发出的转让通知以前，债务人可通过向让与人清偿来解除债务。（2）在收到该通知后，债务人只有通过向受让人清偿才能解除债务”。在应收账款转让通知债务人之后，债务人则负有向保理人支付应收账款的义务。这是由“基础交易合同+债权转让效力规则”共同决定的。根据《民法典》第546条第1款之规定，债权转让通知债务人后即对债务人发生法律效力。此时，原债权人退出基础交易关系，新的债权人取而代之成为基础交易合同项下新的债权人。债务人有义务向新的债权人——保理人付款，不应再向原债权人付款。应收账款债务人只有向保理人支付应收账款才能消除其在基础交易合同项下的付款义务。

案例02　应收账款债务人未按通知要求付款的，应承担违约责任①

基本案情

2014年6月25日，某银行（乙方）与甲公司（甲方）签订《国内保理业务合同（融资类，有追索权）》。合同约定由某银行向甲公司发放融资款，甲公司将其对乙公司的应收账款转让给某银行，作为保理合同项下债务的第一还款来源。在甲公司未回购全部交易债权并支付全部回购价款的情况下，某银行的追索权同时包括对债务人和甲公司的追索权，某银行是否行使一种追索权并不影响对另一种追索权的行使。

2014年6月至11月，甲公司向某银行出具《应收账款转让申请书》，确认将其对乙公司的应收账款转让给某银行。2014年6月9日，某银行派员叶某某等2人去乙公司核保，后者派员接待，且在核保的《专用印鉴卡》加盖发票专用章，确认用该专用章作为签收甲公司的发票。

甲公司开具给乙公司的增值税发票备注栏注明“本发票项下应收账款已转让予某银行，回款账户如下：户名：甲公司，账号：74×××51”。乙公司收到发票后，加盖“发票专用章”向甲公司出具了对应的《发票收妥确认函》，确认将按照相关约定付款，并将款项付至甲公司账户，开户行：某银行，账号：74×××51。除此之外，某银行、甲公司没有另行通知过乙公司债权转让。2015年2月，某银行向乙公司发出《某银行保理融资催收通知书》，告知乙

① 一审：广东省江门市蓬江区人民法院（2016）粤0703民初1685号民事判决书；二审：广东省江门市中级人民法院（2016）粤07民终3014号民事判决书；再审：广东省高级人民法院（2020）粤民再46号民事判决书。

公司，甲公司委托某银行催收应收账款，并将相关款项支付至前述尾数51的账号。对于某银行起诉所附的《转让应收账款明细》附表中的增值税发票，乙公司确认收妥。

自2014年1月起，乙公司通过银行转账支付货款到甲公司在某银行账号74×××90。对于某银行起诉所附的《转让应收账款明细》附表的增值税发票对应的货款15200591元，乙公司转账付款给甲公司合计15315002元，比某银行主张的15200591元多114411元，原因是某银行漏计了增值税发票号13092500的69184元、增值税发票号09441664的45227元，这两张发票也备注了债权转让事项，金额合计为114411元。

2015年5月28日，佛山市禅城区人民法院受理某银行对甲公司等人提起的金融借款合同纠纷诉讼，该院于2016年7月1日作出（2015）佛城法民三初字第1747号民事判决书，判令甲公司偿还贷款本金21999879.41元及利息、罚息，判令甲公司偿还银行承兑汇票垫款本金14975346.46元及罚息等等。

某银行向本案一审法院起诉请求判令乙公司立即支付货款15200591元及违约金（以货款为本金，分9笔自到期日起以中国人民银行同期同类人民币贷款基准利率为基础，按逾期罚息利率标准计算，计至实际清偿之日）给某银行。在诉讼中某银行增加诉讼请求：若法院不支持上述诉讼请求，则判令乙公司在应收账款15200591元及违约金范围内，对甲公司不能清偿《国内保理业务合同（融资类，有追索权）》项下的保理融资款承担补充赔偿责任。

另查明，某银行曾向佛山市禅城区人民法院对借款人甲公司及其他担保人及应收账款债务人乙公司等提起诉讼【案号：（2015）佛城法民三初字第1747号】，对乙公司提起诉讼是要求乙公司对甲公司向某银行借款的21999879.41元本息在应收账款15200591元及违约金范围内承担连带赔偿责任。后广东省佛山市中级人民法院（以下简称佛山中院）以某银行对乙公司的起诉属于债权转让纠纷为由，驳回了某银行对乙公司的起诉，裁定佛山禅城法院仅是对涉及借款人和担保人的借款担保合同关系进行审理。佛山禅城法院于2016年7月1日作出（2015）佛城法民三初字第1747号民事判决：1. 甲公司在判决发生法律效力之日起十日内向某银行偿还流动资金贷款本金21999879.41元及利息、罚息（利息、罚息暂计算至2016年3月16日合计为2223833.49元；从2016年3月17日至实际清偿之日止的罚息按年利率8.4%

计算)；2. 甲公司在判决发生法律效力之日起十日内向某银行偿还银行承兑汇票垫款本金14975346.46元及罚息（暂计至2016年3月16日罚息为2714934.72元；从2016年3月17日至实际清偿之日止的罚息按日万分之五计算)；第三项至第九项判项涉及担保人等责任表述，在此不再赘述。现该判决已发生法律效力，某银行已向佛山禅城法院申请执行。某银行就本案可能存在双重受偿的问题向二审法院提交一份情况说明：本案中，某银行主张的债权，与（2015）佛城法民三初字第1747号民事判决第一项确定的某银行的债权属同一债权。对该债权负有履行义务的任何债务人履行该债务的，均相应减轻其他债务人的等额债务。

裁判结果

一审法院判决：1. 乙公司在本判决发生法律效力之日起十日内赔偿384938元给某银行；2. 驳回某银行其他的诉讼请求。

某银行不服一审判决，提起上诉。二审法院判决：1. 撤销一审判决；2. 乙公司应在其所负的债务本金15200591元及逾期利息（从2016年3月28日起至实际清偿之日止按中国人民银行同期同类贷款利率上浮30%计付）范围内，对佛山禅城法院（2015）佛城法民三初字第1747号民事判决第一项判项确定的债务向某银行承担连带清偿责任；3. 驳回某银行的其他诉讼请求。

乙公司不服二审判决，申请监督。再审法院判决：维持广东省江门市中级人民法院（2016）粤07民终3014号民事判决。

裁判理由

一审判决认为，保理业务是以债权人转让其应收账款债权为前提，集应收账款催收、管理、坏账担保及融资于一体的综合性金融服务。某银行提起的本案诉讼，与在佛山市禅城区人民法院提起的诉讼法律关系不同、当事人不同、诉讼请求不同，两案可以分别起诉，分别审理。某银行提出诉讼请求后，又增加了形式上属于或然性的诉讼请求，在庭审中明确表示主张的是合同之债。本院认为，某银行在庭审中确认主张的是合同之债。某银行增加的诉讼请求与原有诉讼请求实质上是同一诉讼标的，两个诉讼请求均是违约责任之诉，实际上也只是要求乙公司承担一个责任，其诉讼请求明确具体，符合受理条件，不宜以或然性诉讼请求为由割裂处理，可以在本案中一并审理，且不需要另行交纳受理费用。

根据债权转让的原理，本案的争议焦点有两个：一、某银行、甲公司是否通知了乙公司债权转让的具体事宜；二、乙公司向甲公司旧账号付款清偿债务是否需要承担违约责任。

关于第一个焦点问题。在保理合同的履行过程中，与债权转让这一待证事实直接相关的证据为《专用印鉴卡》《发票收妥确认函》，其他的诸如《国内保理业务合同（融资类，有追索权）》《应收账款转让申请书》，由于乙公司不是合同签订主体，也没有在申请书上签章，根据合同的相对性原理，该合同及申请书对乙公司不产生直接的约束力。《专用印鉴卡》备注注明，备案的发票专用章专用于乙公司确认签收甲公司提交的发票，并有核保人签名。《专用鉴定卡》备案的发票专用章也确实在后续的交收中用于《发票收妥确认函》签收了发票。虽然《专用印鉴卡》没有任何文字上的表述证实某银行或者甲公司通知乙公司转让了债权，但某银行派员到乙公司核保，乙公司派员接洽，可以据此判定某银行或者甲公司口头通知了乙公司转让债权，至于保理及债权转让的具体通知程度，则是进一步判定各方责任的依据，下文再作评述。

《发票收妥确认函》的主要内容为乙公司向甲公司确认收到了货物及发票，尚未付款，承诺将货款付至甲公司在某银行开户的尾数为51的账号。该确认函虽无债权转让通知内容，但如前所述，结合《专用印鉴卡》可以推定乙公司收到了债权转让通知。

从某银行提供的证据来看，能够进一步推定乙公司知道债权转让一事的是增值税专用发票，发票右下角的备注栏注明了相应的应收账款已转让予某银行。《合同法》第八十条并没有规定通知应当采取什么形式，可以从宽把握，据此可以认定甲公司在发票上备注通知乙公司转让了债权。

关于第二个焦点问题。债权转让的核心内容是让与人转让债权，并由债务人向受让人清偿，此债权此后与让与人无关。本案中，让与人（甲公司）在发票中备注称债权转让给了某银行，但却通知债务人（乙公司）向自己清偿，而不是向某银行清偿，也没有提供某银行的授权委托书授权甲公司收取货款，此外再无其他书面文件解释为何如此操作，这显然与债权转让的制度相悖。在推定乙公司知道了债权转让的前提下，勉强可以再次推定乙公司也知道了某银行委托甲公司代收货款。然而，这个推定是有重大瑕疵的，因为某银行于2015年2月（也即所有货款已经付清之后）向乙公司发出《某银行保理融资催收通知书》，该通知首次明确告知乙公司某银行与甲公司签订了保理合同，甲公司委托某银行催收货款，而不是某银行委托甲公司收款。由此可见，在整个债权转让过程中，某银行、甲公司并没有尽到谨慎、准确、及时、详尽的通知义务，应承担绝大部分的过错责任。

无论是依据债权转让前的基础交易合同，还是债权转让后的发票指示要求，乙公司的主要义务均是支付货款给甲公司。乙公司习惯上付款到甲公司的旧账号，现甲公司指定了收款的新账号，乙公司仍然照旧付款至旧账号，乙公司虽然没有给甲公司造成任何经济损失，但确实存在轻微违约行为。

在整个保理合同履行过程中，某银行没有明确告知乙公司有关保理合同的具体内容，没有告知乙公司其依赖利益所在，没有向乙公司告知不向新账号付款的责任与后果，某银行应对自己行为的缺失负主要责任。甲公司的新旧账号均是在某银行处开立，所有的款项出入某银行都是经办单位，根据保理合同的约定足以监控资金流转。乙公司未收到《某银行保理融资催收通知书》之前，依据《发票收妥确认函》及发票，难以臆测是某银行委托甲公司收取货款，还是甲公司委托某银行收取货款。乙公司付款给甲公司期间，某银行、甲公司与乙公司之间应适用委托合同法律关系处理，根据《合同法》第四百零一条、第四百零四条的规定，甲公司收到货款后，应当向某银行报告，并将货款交转给该分行。本案中，受托人甲公司不将取得的财产转交给委托人某银行，即使乙公司存在轻微过错，也应由委托人某银行、受托人甲公司承担主要责任，相对人乙公司根据其过错程度负次要责任。

2014年6月17日，乙公司首次收到《发票收妥确认函》及涉案增值税发票，涉案发票金额为2532999元。对于该批货物，乙公司于2014年6月12日已经支付630258元、2014年6月16日支付317383.50元、2014年6月19日支付634116元、2014年6月19日支付649009.50元、2014年6月20日支付302232元，合计支付2532999元。由此可见，乙公司签收《发票收妥确认函》后，首次付款的时间为2014年6月19日的两笔付款，次日又支付了一笔货款，之后的付款则迟至2014年6月26日。甲公司收到2014年6月19日的付款后即应向某银行报告，并转交收到的货款，其不转交是造成某银行没有收到款项的主要原因。由于乙公司不按新账号付款，又确实是违反了约定，事实上造成了损害他人利益的后果，根据依赖利益与公平原则，即使过错轻微，也应依其过错承担小部分责任。由于2014年6月19日有两笔付款，两笔付款即使有时间差，相距也很小，在整体上这两笔付款应视为第一次不按指定账号的付款，本院酌情判定乙公司需要对2014年6月19日的这两笔付款承担30%的过错违约赔偿责任，即应赔偿某银行384938元（1283125.50×30%）。对于签收《发票收妥确认函》之前的付款，乙公司不应承担违约责任。对于2014年6月26日之后的付款，付款笔数多，时间跨度长，由于某银行、甲公司均没有对付款方式提出异议，根据《合同法》第四十九条的规定，乙公司有理由相信其后续的付款得到某银行及甲公司的认可，该院不予认定乙公司对此部分的付款行为需承担违约赔偿责任。

综上所述，某银行诉请乙公司支付货款15200591元及违约金于法无据，证据不足，本院不予支持；诉请乙公司在应收账款15200591元及违约金的范围内承担赔偿责任，本院根据各方当事人在履行合同过程中的过错程度，酌定部分支持其诉求。

二审判决认为，本案是基于银行保理融资业务所引发的纠纷，本案甲公司与某银行签订的是有追索权保理合同，按照银监会《商业银行保理业务管理暂行办法》第六条、第十条关于保理业务及有追索权保理的界定，保理业务是以债权人转让其应收账款为前提，集应收账款催收、管理、坏账担保及融资于一体的综合性金融服务；有追索权保理则是指在应收账款到期无法从债务人处收回时，商业银行可以向应收账款原债权人反转让应收账款、要求原债权人回购应收账款或归还融资。关于有追索权保理所涉法律关系，包含了金融借贷和债权转让关系。其一，有追索权保理的融资方向保理银行获取融资款，并转让其对买方应收账款，当应收账款无法收回时，卖方负有回购义务并应向保理银行承担还本付息的责任，卖方对于保理融资款仍负有最终的还款责任，故保理融资本质上是卖方与商业银行之间的资金借贷。有追索权保理的另一法律关系则具有债权让与担保性质，有追索权保理的保理银行虽受让了卖方对买方的应收账款债权，但保理银行受让应收账款后代为管理并收取应收账款。此外，保理银行收取款项若超过保理融资款及相应利息，余款亦应当退还卖方。当保理银行因应收账款无法收回而要求卖方承担还款责任，在卖方未偿清保理融资款前，保理银行仍有权向买方收取应收账款用以偿还主债权。综上，应收账款转让的目的在于清偿主债务或担保债务得到清偿，故有追索权保理所涉及的债权转让关系具有债权让与担保性质。鉴于本案仅是涉及处理债权转让法律关系内容，该部分属于保理合同不可分割的组成内容，而《合同法》及其他法律法规并没有将银行保理融资合同确定为一种具有典型性的有名合同，故应将保理融资合同归入无名合同的范畴，应适用《合同法》第一百二十四条的规定，故一审法院以保理合同所涉法律关系确定本案案由为合同纠纷正确，本院予以维持。

1. 某银行、甲公司是否已向乙公司通知了涉案应收账款转让事宜。乙公司上诉主张某银行和甲公司并没有正式通知乙公司应收账款转让事宜，应收账款转让对乙公司并不产生效力。对此，本院认为，《合同法》第八十条并没有明确规定债权转让通知应采取何种方式，但也未禁止当事人可通过自行约定方式进行通知。本案中现无证据显示乙公司与甲公司对债权转让通知方式有明确约定，而某银行与甲公司签订的《国内保理业务合同（融资类，有追索权）》明确约定了债权转让通知方式是以某银行在甲公司向主债务人（即乙公司）开出的发票原件上注明发票下应收账款转让予某银行的事实以及回款账户，主债务人出具的《发票收妥确认函》方式进行通知。在本案中甲公司交付给乙公司的发票中明确载明发票项下的应收账款已经转让给某银行，并注明回款账户户名及账号，乙公司盖章确认的《发票收妥确认函》中亦明确载明乙公司同意支付至甲公司在某银行开设的账户，该收款账户与发票中载明的收款账户一致，虽然发票中载明的转让事宜字体比较小，但已明确记载了应收账款转让主体及收款账户等内容，内容已明确包含了债权转让主体及债权转让范围、收款账户等债权转让通知的基本相关事项，且内容明确具体，无歧义，转让通知方式也与某银行和甲公司在保理合同中约定应收账款转让通知方式相一致。乙公司抗辩发票中并未披露保理合同内容并明确告知未支付至新账户将产生法律后果，亦未注明新账户是唯一账户，但上述内容并非债权转让通知事宜的必备事项，上述内容的缺失也并不影响应收账款转让通知是否对乙公司发生效力的认定。根据双方关于签收发票的过程陈述及相关证据可知，某银行派员到乙公司核保及乙公司派员接洽并于2014年6月

9日在《专用印鉴卡》预留发票专用章用于签收甲公司发票，后《专用印鉴卡》备案的发票专用章也确实用于签收甲公司交付的发票。另乙公司与甲公司提交的证据显示，在乙公司收取甲公司交付的标注有应收账款转让事宜的发票之前，乙公司一直与甲公司存在涉案应收账款之外的其他应收账款往来并收取甲公司发票的情形，乙公司理应充分注意到其所收的注明应收账款转让事宜的发票与未注明转让事宜的发票之区别。结合发票载明事项和《发票收妥确认函》内容及核保过程，本院依法认定甲公司已经通知乙公司涉案应收账款转让事宜，乙公司上诉主张某银行和甲公司未通知债权转让事宜，涉案应收债权转让对其不发生效力理据不足，本院不予支持。

2. 关于乙公司是否应承担相应责任问题。某银行上诉主张乙公司在收到债权转让通知后，仍向甲公司非保理账户付款行为存在重大过错，乙公司应承担向某银行支付涉案应收账款15200591元或在15200591元应收账款及违约金范围内赔偿某银行的损失。乙公司则上诉抗辩其已经履行全部付款义务，某银行的债权已经因清偿而消灭，其并不存在过错行为，乙公司无须承担任何责任，某银行主张的损失应自行承担或向甲公司主张。对此，本院认为，甲公司将债权转让给某银行并通知乙公司后，根据《合同法》第八十条的规定，自乙公司收到应收账款转让通知后，债权转让即已发生效力，乙公司与某银行之间形成新的债权债务关系，根据合同相对性原则，乙公司应当直接向债权受让人某银行履行给付义务。《商业银行保理业务管理暂行办法》第十七条规定："商业银行办理单保理业务时，应当在保理合同中原则上要求卖方开立用于应收账款回笼的保理专户等相关账户。商业银行应当指定专人对保理专户资金进出情况进行监控，确保资金首先用于归还银行融资。"本案中甲公司在发票和《发票收妥确认函》载明的收款账户为甲公司在某银行开设的保理专户，甲公司在债权转让通知书以其在某银行开设的保理专户作为应收账款债务人即乙公司支付应收账款的回款账户亦符合上述法律规定，该回款专户虽以原应收账款债权人甲公司名义开设，但实质上按某银行和甲公司保理合同约定是受到某银行监控管理，法律亦未禁止在债权转让时不得指定原债权人账户作为收款账户，故发票中注明回款账户为原债权人甲公司账户并不表明某银行委托甲公司收取货款或通知乙公司直接向甲公司清偿，一审法院认定某银行委托甲公司代收货款不当。本案中，乙公司在收到发票和《发票收妥确认函》后，并未按照发票和《发票收妥确认函》中要求的付款账户付款，而是不经核实仍然向甲公司旧账户付款的行为，不能构成其作为债务人对债权受让人某银行的有效还款。同时双方提交的证据显示，乙公司与甲公司长期存在交易往来，除本案涉及的15200591元应收账款货款外，乙公司还与甲公司存在应收账款之外的其他经济往来，那么不排除乙公司支付给甲公司的款项是支付其他应收账款之外的货款，即使甲公司在一审中确认乙公司支付的15315002元货款即是支付涉案转让应收账款，但甲公司的上述确认并不能当然认定甲公司有权代表某银行进行事后追认，事实上某银行亦不予追认乙公司向甲公司的还款构成对其还款。甲公司在一审中确认其并未将收取的乙公司支付的涉案应收账款款项偿还给某银行，亦未履行还款义务或代替乙公司还款。因此，乙公司向甲公司旧账户的还款行为不构成其向某银行履行义务的行为，乙公司上诉主张涉案应收账款因清偿而消灭理据不足，本院不予支持。

综上，本院依法确认某银行对乙公司享有应收账款15200591元债权本金，对于某银行主张的违约金，因本案并无证据显示双方对于违约金及逾期利息有相应约定，某银行亦未提供相应违约金计算依据，故本院依法确定以应收账款15200591元为基数，利息自某银行起诉之日即2016年3月28日至实际清偿之日止按中国人民银行同期同类贷款利率上浮30%计算。因某银行与甲公司签订的《国内保理业务合同（融资类，有追索权）》第32条约定，甲公司未回购全部交易债权并支付全部回购价款，某银行的追索权同时包括对债务人和甲公司的追索权，在任何时候，某银行行使其中一种追索权并不影响对另一种追索权的行使。即在甲公司未清偿保理融资款或回购融资债务时，某银行仍有权向乙公司收取应收账款，以清偿甲公司对某银行所负债务，故乙公司对某银行负有还款责任。因某银行已就保理融资及贷款法律关系起诉甲公司及担保人，本案某银行主张应收账款15200591元是在甲公司向某银行保理融资款21999879.41元本息债务范围内所承担的责任，某银行在两案中基于不同事由分别起诉借款人和乙公司承担相应责任，民事责任虽有不同，但实质系因同一合同、同一基础法律关系产生的纠纷，包含相同给付内容，核心诉求都是要求乙公司和甲公司同时承担债务，共同归还所欠款项。而佛山禅城法院已对甲公司关于保理融资贷款21999879.41元本息所涉责任作出相应判决，某银行在本案中虽对乙公司享有应收账款债权，但某银行享有的债权额并不是21999879.41元保理融资款与应收账款15200591元债务本金的累加，而本案中某银行虽要求乙公司承担直接支付责任但同时另一诉讼请求实质亦包含要求乙公司对甲公司不能清偿保理融资款所负债务承担相应补充赔偿责任，故结合某银行与乙公司保理合同的约定及鉴于涉案债权转让法律关系具有债权让与担保性质，乙公司在收到债权转让通知后仍继续向甲公司旧账户支付货款，存在主观恶意，其向甲公司支付货款的行为不构成对某银行债权的清偿，仍应继续向某银行承担责任，故本院依法确定乙公司在所负债务本金15200591元及逾期利息（从2016年3月28日起至实际清偿之日止按中国人民银行同期同类贷款利率上浮30%计付）范围内，对（2015）佛城法民三初字第1747号民事判决第一项判项确定的甲公司所负债务承担连带清偿责任。一审判决以乙公司存在轻微过错、甲公司和某银行存在主要过错为由判决乙公司赔偿384938元给某银行不当，本院予以纠正。

再审判决认为，本案再审双方的主要争议是，乙公司应否向某银行承担清偿责任。对此，分析如下：

关于涉案应收账款是否已经转让给某银行以及转让事宜是否已经通知乙公司的问题。从已查明的事实可知，本案与某银行、甲公司之间因保理业务产生的纠纷直接相关。所谓保理，是以债权人转让其应收账款为前提，集应收账款催收、管理、坏账担保及融资于一体的综合性金融服务。债权人将其应收账款转让给保理银行，由保理银行向其提供上述服务中至少一项的，即为保理。保理业务的核心环节是债权转让，而在《民法典》颁布之前，我国在立法和司法解释层面并没有关于保理合同的具体规定，故关于债权转让问题应当适用《合同法》的规定。该法第七十九条规定："债权人可以将合同的权利全部或者部分转让给第三人，但有下列情形之一的除外：（一）根据合同性质不得转让；（二）按照当事人约定不得转让；（三）依照法律规定不得转让。"第八十条第一款规定："债权人转让权利的，应当通知债务人。未经通知，该转让对债务人不发生效力。"就本案而言，某银行与甲公司签订《国内保理业务合同（融资类，有追索权）》，已经明确将甲公司对乙公司享有的应收账款转让给某银行。甲公司开具的发票备注部分载明："本发票项下应收账款已转让予某银行，回款账户如下：户名：甲公司，账号：74××××51"，所表述的内容是清晰、无疑义的。而且，乙公司出具了加盖该公司公章的《发票收妥确认函》，确认已收到发票，发票所对应的货款尚未支付，并保证按约定将货款付至发票载明的账户。由此可见，甲公司已将应收账款转让给某银行并将转让事宜通知了债务人乙公司。《中国银行业保理业务规范》第六条规定："……公开型保理应将应收账款转让的事实通知债务人，通知方式包括但不限于：向债务人提交银行规定格式的通知书，在发票上加注银行规定格式的转让条款……"据此可知，在发票上注明债权转让的具体内容，也是保理业务中常用的债权转让通知方式。发票的开具对象是乙公司，而非该公司的财务人员，该公司主张发票的接收对象是财务人员并据此否定通知效力，理由不成立。虽然再审查明6张发票原件并没有在备注部分注明债权转让的内容，但乙公司同一批签收的发票共有25张，其余19张发票均有债权转让的内容，且该批发票统一对应一份《发票收妥确认函》，而该份确认函已经载明乙公司保证按约定将该批次的所有货款付至74×××51的账号，结合乙公司一审时对某银行提交的发票真实性不持异议等情况，该公司主张没有收到债权转让通知，理由不成立，本院不予采纳。

关于乙公司主张本案属于重复起诉、保理合同未实际履行、其已向甲公司付款而某银行存在过错等理由能否成立问题。第一，本案中，某银行与甲公司签订的是有追索权保理合同。在此类保理合同中，保理银行对应收账款转让方享有追索权，既有权基于债权转让的事实向应收账款的债务人主张权利，也可以依据保理合同的约定向应收账款债权人追索。如应收账款的债权人或债务人履行了义务，则另一方免除相应的责任。实际上，某银行本是一并起诉乙公司和甲公司，但由于佛山中院以某银行对乙公司的起诉属于债权转让纠纷为由驳回了该项起诉，故而分案处理。因此，某银行虽然已对甲公司取得了胜诉判决，但并不影响其另行起诉乙公司。乙公司提出本案属于重复起诉的意见，理由不成立。第二，甲公司与某银行之间因保理合同产生的纠纷，已由佛山禅城法院进行审理并作出（2015）佛城法民三初字第1747号民事判决。该判决判令甲公司承担还款付息责任，且已经发生法律效力。在该案中，某银行、甲公司对保理合同的履行事实均无异议。因此，本案的审理应受到上述生效判决既判效力的羁束，乙公司主张保理合同未实际履行并据此提出抗辩，理由亦不成立。第三，乙公司提出其已向甲公司74×××90的账号付款，某银行未能尽到对该账号的监管义务、未能及时催收。然而，74×××90 的账号虽然是在某银行开立，但该行对这一账号没有监管义务，也不可能对乙公司、甲公司之间的金钱往来实时监控并逐项加以核实。而且，从二审判决查明的情况来看，某银行已进行了催收。因此，乙公司据此主张某银行存在过错，理由不成立。应当指出的是，根据《合同法》第八十二条规定，债务人对让与人的抗辩，可以向债权受让人主张，即乙公司可以提出的抗辩，应当是指其与甲公司之间因买卖合同关系产生的抗辩理由，而本案中乙公司既没有提出基于买卖合同的履行情况其享有不支付或者延迟支付货款的正当理由，亦未能举证加以证明。根据上述三点分析可知，乙公司的抗辩理由均不成立，本院不予采纳。

关于乙公司应承担何种责任的问题。在债权转让法律关系中，对债务人而言，一经通知，债权让与即对其发生法律效力，债务人应当向新债权人履行债务。而且，如果仅从《发票收妥确认函》的名称来看，是用于确认收妥发票，但从具体载明的内容来看，该函还包含了乙公司承诺向指定账户付款的意思表示。由于 74×××90 的账号并非债权转让通知中所指定的回款账号，因此，即使乙公司向该账号付款，也无法产生向新债权人某银行清偿债务的法律效果。况且，某银行在确认乙公司收到应收账款转让通知后已向甲公司提供了保理融资款。无论乙公司是基于何种理由向甲公司的非指定账号付款，均不能对抗新债权人某银行。从《商业银行保理业务管理暂行办法》第十七条规定可知，以应收账款债权人（卖方）名义开立保理专户作为收款账号，是保理业务的一种常见做法。保理专户受银行监控，与债权人名下的其他账号明显不同，且某银行从未向乙公司作出委托甲公司收款的意思表示，故乙公司主张向甲公司付款即产生债务消灭的法律效果，既与保理业务、保理专户的特性和债权已经转让的事实相悖，亦缺乏相应的法律依据。鉴于涉案应收账款转让事宜已经通知乙公司，而该公司未能依约履行付款义务，二审判决判令乙公司在应收账款的本息范围内对甲公司的融资款本息承担连带清偿责任，并无不当。如甲公司清偿保理融资款，则乙公司的责任相应减轻，故乙公司主张二审判决适用法律错误等，理由不成立，本院不予采纳。

应收账款债务人享有的最重要两项权利是针对保理人的抗辩权与抵销权。《民法典》第五百四十八条规定："债务人接到债权转让通知后，债务人对让与人的抗辩，可以向受让人主张。”第五百四十九条规定：“有下列情形之一的，债务人可以向受让人主张抵销：（1）债务人接到债权转让通知时，债务人对让与人享有债权，且债务人的债权先于转让的债权到期或者同时到期；（2）债务人的债权与转让的债权是基于同一合同产生。”

三、客体：转让应收账款与提供保理服务

（一）转让应收账款

应收账款转让是保理合同的基础。《民法典》第 761 条对保理合同定义时即强调“应收账款债权人将现有的或者将有的应收账款转让给保理人”。根据《商业银行保理业务管理暂行办法》第 8 条规定，应收账款是指权利人因买卖、服务、出租合同产生的要求债务人付款的权利以及依法享有的其他付款请求权，不包括因票据或其他有价证券而产生的付款请求权。国内部门规章和行政规范性文件采取负面清单的方式将“因票据或其他有价证券而产生的付款请求权，以及法律、行政法规禁止转让的付款请求权”排除在应收账款范围之外，如《商业银行保理业务管理暂行办法》第 8 条、《动产和权利担保统一登记办法》第 3 条、《中国银行业保理业务规范》第 4 条第 1 款、《关于加强商业保理企业监督管理的通知》第 1 条。

值得注意的是，《民法典》第 761 条将应收账款区分为“现有的应收账款”与“将有的应收账款”两种类型。前者是指在签订保理合同时基础交易合同项下债权人已经履行完毕给付义务（如已提供商品、劳务等），客观上已经形成的应收账款。而后者是指在签订保理合同时尚未形成但具有一定确定性的未来应收账款。《商业银行保理业务管理暂行办法》第 13 条第 2 款规定：“未来应收账款是指合同项下卖方义务未履行完毕的预期应收账款。”依上述定义，“卖方义务履行完毕”是现有应收账款与未来应收账款的分界线。如卖方义务已履行完毕，则为现有应收账款，如未履行完毕，则为将有的应收账款。试举例说明。买方甲通过赊销方式和卖方乙签订了一份《货物销售协议》，协议约定乙于 8 月 1 日把货物交付给甲，甲于 8 月 30 日向乙支付货款。那么，8 月 1 日乙是否向甲交付货物为应收账款能否产生的要件。在交货之

前，乙针对这笔应收账款就是将有的应收账款，在8月1日交货后到8月30日收到货款这段时间就是现有的应收账款。

应收账款债权人向保理人转让应收账款，具有以下三方面重要意义：

第一，应收账款债权人转让应收账款是保理合同成立的要件，也是其区别于其他合同的根本特征。[①] 应收账款转让是保理国际条约、惯例以及国内行政管理规定对保理定义的核心要件。有学者提出，“不转让，非保理”。[②] 立法者亦认为，“保理合同必须具备的要素是应收账款债权的转让，没有应收账款转让就不能构成保理合同”。[③] 司法实践中对此问题也已形成共识。[④] 比如，有司法裁判认为，应收账款必须是转让而不能是质押。保理人与应收账款债权人签订的保理合同虽名为保理合同，但双方当事人在履行合同过程中，债权人并未转让应收账款，而是以其进行质押担保贷款。该转让行为并未生效，保理合同缺乏生效的必要条件，已转变为金融借款合同。[⑤] 虽然保理人与应收账款债权人签订了保理合同，但由于事实上并未发生应收账款转让，故保理合同核心要件并不具备，不构成保理合同。[⑥] 可见，若应收账款转让这一关键环节缺失，保理人向应收账款债权人提供保理融资、应收账款管理、催收及付款担保等服务则可能被认定为借款、委托、服务或担保等法律关系。[⑦]

第二，应收账款转让是保理人提供融资、应收账款管理、催收和坏账担保等服务的对价。保理人没有获取应收账款，则无提供保理服务的义务。保理人有权行使同时履行抗辩权或先履行抗辩权。

第三，应收账款转让还是保理人收回保理融资款本息的保证。保理人只有在受让应收账款之后才可以名正言顺地从应收账款债务人处收取应收账款。一旦应收账款债务人无清偿能力，保理人就有权要求应收账款债权人回购应

---

① 李良峰：《应收账款转让未通知债务人情形下保理合同案件的裁判思路》，载《人民司法·案例》2016年第32期。

② 李宇：《保理合同立法论》，载《法学》2019年第12期。

③ 黄薇主编：《中华人民共和国民法典合同编释义》，法律出版社2020年版，第601页。

④ 参见《天津高院保理纪要（一）》第1条、《深圳前海法院保理案件裁判指引》第2条以及江苏省高级人民法院民二庭课题组：《国内保理纠纷相关审判实务问题研究》，载《法律适用》2015年第10期。

⑤ 参见湖北省鄂州市中级人民法院（2014）鄂州中民二初字第00008号民事判决书。

⑥ 参见北京市石景山区人民法院（2016）京0107民初6092号民事判决书。

⑦ 李志刚：《〈民法典〉保理合同章的三维视角：交易实践、规范要旨与审判实务》，载《法律适用》2020年第15期。

收账款，即获得对应收账款债权人的追索权。如果没有应收账款转让，保理人的上述两项请求权就丧失了行权基础。

案例 03 应收账款债权人未转让应收账款的，不构成保理法律关系[①]

基本案情

2016 年 8 月 16 日，某保理公司（乙方）与甲公司（甲方）签订《国内保理业务合同》，约定甲方将应收账款转让给乙方；本合同项下的保理为有追索权保理，甲方已按乙方要求提供转让文件及其他根据约定或乙方要求提交的资料，经乙方审核通过，且甲方已按本合同第 3 条、第 5 条、第 6 条以及双方其他约定完成特定义务后，乙方可以根据审核情况在不高于本合同第 12 条约定额度内向甲方提供保理融资；（第 12 条）本合同项下的保理融资本金为人民币 10 万元，有效期为合同生效之日起 180 日（第 180 日为到期日）；乙方对提供给甲方的保理融资收取保理服务费，收费标准为每日 0.1%；甲方应付保理服务费之日为从甲方收到保理融资之日起每满 30 日的当日，以及到期日当日；甲方存在违约情形的，乙方有权要求甲方支付违约金，违约金计算标准为：以本合同第 12 条约定的保理融资本金为基数，每日按千分之五标准计算，从违约时起计算至违约影响消除、乙方各项权利均得到实现为止。

某保理公司称因工作人员失误未经审核即向甲公司发放融资款，甲公司实际并未向某保理公司转让应收账款。经查，某保理公司于 2016 年 8 月 25 日向甲公司转账给付 10 万元，摘要为保理款，注明起息日为 2016 年 8 月 25 日。

某保理公司称合同履行过程中，甲公司未支付 12 月费用 3000 元，某保理公司于 2016 年 12 月 30 日向其发送《违约告知函》，后甲公司补交该费用。融资到期后，甲公司未偿还融资款本金及最后一个月费用 3000 元，某保理公司于 2017 年 3 月 1 日向甲公司发送《再次违约告知函》，被告至今未予偿还本金，亦未支付费用。某保理公司向本院提出诉讼，请求判令甲公司偿还借款 10 万元及相应的利息、违约金。

---

① 参见北京市朝阳区人民法院（2017）京 0105 民初 23441 号民事判决书。

裁判结果

法院判决：1. 甲公司于本判决生效后七日内偿还某保理公司借款10万元及利息、违约金。2. 驳回某保理公司其他诉讼请求。

裁判理由

法院判决认为，原告与被告签订合同名为保理合同，但事实上双方并未发生应收账款转让，故保理合同核心要件并不具备。考虑双方之间实际发生了融资，原告以民间借贷为由起诉并无不当。合同约定融资款本金即为借款本金，保理服务费实为利息，违约金为逾期利息。

被告未按约定偿还借款，原告诉请被告还款本院予以支持。借贷双方约定利息超过年利率36%，超过部分的约定无效。原告主张利息超过法律规定上限，本院结合被告支付情况对借款期间内尚欠部分予以支持。借贷双方对借款利息有约定的，从其约定，但以不超过年利率24%为限。原告主张违约金超过法律规定的部分本院不予支持。

（二）保理人提供保理服务

提供保理服务是保理人受让应收账款的对价。如果只有应收账款债权人转让应收账款，而无保理人提供相应的保理服务，则与债权转让无异。根据《民法典》第761条，保理服务包括资金融通、应收账款管理或催收、应收账款债务人付款担保等内容。对于上述四项保理服务的具体内涵，《民法典》未予言明。目前比较权威的解释为原银监会2014年出台的《商业银行保理业务管理暂行办法》第6条之规定，其有助于我们把握保理服务的内涵。根据该暂行办法第6条之定义，保理融资是指以应收账款合法、有效转让为前提的银行融资服务；应收账款管理是指商业银行根据债权人的要求，定期或不定期向其提供关于应收账款的回收情况、逾期账款情况、对账单等财务和统计报表，协助其进行应收账款管理；应收账款催收是指商业银行根据应收账款账期，主动或应债权人要求，采取电话、函件、上门等方式或运用法律手段等对债务人进行催收；坏账担保是指商业银行与债权人签订保理协议后，为债务人核定信用额度，并在核准额度内，对债权人无商业纠纷的应收账款提供约定的付款担保。需要说明的是，《民法典》中所称的“应收账款债务人付款担保”与暂行办法所称的“坏账担保”应系同一含义，只是表述方式不同而已。

四、保理、保理合同与保理法律关系

从保理的发展脉络可以看出，保理最初只是从业者创造出来的一种商业用语，并非一个严格的法律概念。由于这种商业活动逐渐兴起且导致参与主体之间形成典型的权利义务关系而被赋予特别的法律含义。

保理合同是由保理延伸出来的法律概念，是指由保理人与应收账款债权人因开展保理业务而订立的一种协议。保理合同只是开展保理业务的一个环节。除保理合同之外，当事人还可能会签订其他合同。一笔完整的保理业务是围绕保理合同构建的法律关系集合体，涉及保理人、应收账款债权人、债务人等多方主体。通常由以下几份合同或文件组成：应收账款债权人和债务人签订的基础交易合同及相关凭据、保理人和应收账款债权人签订的保理合同、应收账款转让协议、应收账款转让通知书、债权确认书或承诺函等文件。

在商业实践中，依保理人是否具有追索权不同，保理合同可分为有追索权保理合同与无追索权保理合同两种类型。有追索权保理合同与无追索权保理合同是保理合同的下位概念。《民法典》第766条、第767条规定的有追索权保理与无追索权保理均要符合《民法典》第761条保理合同的定义要求。

保理合同与保理法律关系则是形式与实质的关系。保理合同是保理法律关系的载体。保理法律关系是由保理合同派生出来的民事法律关系。保理法律关系是三方主体（保理人、应收账款债权人、债务人）因两份合同（保理合同和基础交易合同）的缔结而形成的权利义务关系。其中，保理合同是保理法律关系的核心。[①]

---

① 关于保理合同与保理法律关系之辨析，可参见李志刚：《〈民法典〉保理合同章的三维视角：交易实践、规范要旨与审判实务》，载《法律适用》2020年第15期。

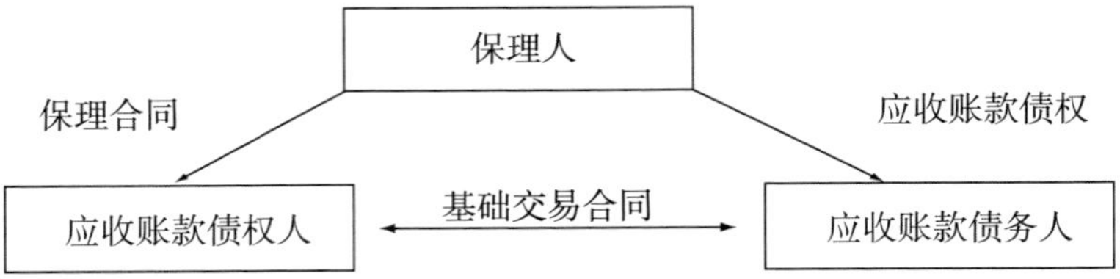

图 1-1 保理法律关系图

由图 1-1 可见，保理、保理合同与保理法律关系三个概念既存在相通之处又存在细微差别。从概念的内涵与外延来说，三者呈递减关系，前者包括后者，内涵不断缩小。保理合同有效是构成保理法律关系的充分必要条件。一旦保理合同归于无效，则保理法律关系不能成立。司法实践中部分保理合同存在"名不副实"的问题，即一些当事人签订的合同虽名为保理合同，但合同约定的权利义务及实际履行情况与保理法律关系的特点严重不符，如保理人与应收账款债权人通过故意签订保理合同的形式来掩盖双方真实借款之目的。依据《民法典》第 146 条所确立的规则，保理人与应收账款债权人以虚假的意思表示（保理合同）实施的民事法律行为无效，故保理合同为虚假行为，应归于无效，保理法律关系不能成立；而以保理合同的形式隐藏的民事法律行为（借贷合同）的法律效力则需要依照借贷法律规定进行认定。

保理合同与保理法律关系之辨析带给我们的启示是：当事人之间的权利义务是法律关系最直接的体现。司法者和执法者在识别交易本质时不应被合同表象所迷惑，而是应秉持实事求是的态度，通过查明当事人的真实权利义务来认定真实的法律关系。这也是近年来人民法院强调"穿透式"审判思维的应有之义。2019 年 7 月 3 日，最高人民法院审判委员会专职委员刘贵祥在《在全国法院民商事审判工作会议上的讲话》中提出，"……四是要树立穿透式审判思维。商事交易如融资租赁、保理、信托等本来就涉及多方当事人的多个交易，再加上当事人有时为了规避监管，采取多层嵌套、循环交易、虚伪意思表示等模式，人为增加查明事实、认定真实法律关系的难度。妥善审理此类案件，要树立穿透式审判思维，在准确揭示交易模式的基础上，探究当事人真实交易目的，根据真实的权利义务关系认定交易的性质与效力。在仅有部分当事人就其中的某一交易环节提起诉讼，如在融资性买卖中，当事人仅就形式上的买卖合同提起诉讼的情况下，为方便查明事实、准确认定责任，人民法院可以依职权追加相关当事人参加诉讼。”① 对于当事人签订的名为保理合同但实际不构成保理法律关系的，应按照其实际构成的法律关系处理。

---

① 最高人民法院民事审判第二庭编著：《全国法院民商事审判工作会议纪要理解与适用》，人民法院出版社 2019 年版，第 68 页。

第二章　国内保理法律规范体系及法律适用

马克思主义经典作家将法阐释为由国家制定或认可并由国家强制力保证实施的规范体系。“潘德克顿”（Pandekten）法学派认为，法律是一个金字塔式的封闭体系，即由一系列有严密定义的分层次的概念组成的体系。人们可从简单的推理中得出逻辑上正确的法律规则。这些正确的，也是公正的规则可使整个体系达到完善而严谨。若从宏观上观察，一国现行所有法律部门所构成的有机联系的统一整体可视为该国的法律体系，如我国已形成中国特色社会主义法律体系；若从中观上观察，每一个法律部门又可以独成体系，如民法有民法的体系，行政法有行政法的体系；若从微观上观察，每个法律部门下面的一个分支也可以形成一个小体系，如民法中的合同法和物权法就各成体系。本文研究的对象——保理合同虽是民法部门中的一个小分支，但其却与行政法有着千丝万缕的联系。因此单就保理而言，其既在民法内部形成了一套独立体系，也存在跨法律部门的多层复合体系。

法律包括广泛的渊源。法律渊源有正式渊源与非正式渊源之分。美国法学家博登海默认为，“所谓‘法律’这一术语，我们乃指运用法律过程中的法律渊源的集合体与统一体，其中包括这些渊源间的相互联系与关系……将法律渊源分为两大类，亦即被我们所称之为的正式渊源与非正式渊源。”① 保理法律规范及其内在体系就或明或暗地体现在这些纷繁复杂的正式与非正式法律渊源之中。在厘定保理的基础法律概念后，探究我国保理法律规范体系的另一项重要工作就是要对涉及保理的各种法律规范的渊源加以梳理并进行规范性质辨析。这就离不开类型化思维的运用。类型化是体系化的基础。“体系化和类型化是一个硬币的两面。凡是我们在进行类型区分时，一定同时也是

---

① 〔美〕E. 博登海默：《法理学——法哲学及其方法》，邓正来等译，华夏出版社1987年版，第395～396页。

在完成一个体系的建构。而所有体系建构也一定都是建立在类型区分的基础之上。”① 从方法论的角度看，法律渊源是法律人适用法律、构建大前提的起点。识别法律渊源并解决它们内部可能存在的冲突是体系化的应有之义。本章首先从第一个层次识别我国保理的正式与非正式法律渊源，然后再从第二个层次来探索法律渊源之间的内部关系以及冲突解决机制。

第一节　国内保理的正式法律渊源

在博登海默看来，正式法律渊源是指那些可以从体现于官方法律文本中的明确条文形式得到的渊源，如宪法、法规、行政命令、条例等。② 在我国，正式渊源一般是指由国家制定或认可的法律，包括法律、行政法规、部门规章、地方性法规、司法解释等。综观我国的保理立法，大体可分为保理交易法与保理业法。前者是指以《民法典》为核心的私法规范，也包括其他关于买卖、借款、信托等法律规范。后者是指公法性的保理业务监管规范，如各级行政主管部门制定的规章及各种行政规范性文件。③ 它们共同构成了我国保理立法的法律渊源。

一、法律：《民法典》

在我国，法律可分为基本法律与基本法律之外的法律。前者是指由全国人大制定和修改的比较全面地规定国家及社会生活某一方面的基本社会关系的法律；后者是指由全国人大常委会制定和修改的通常规定和调整由基本法律调整之外的比较具体的社会关系的法律。《民法典》是规定民事基本制度的基础性、综合性法律，经我国第十三届全国人民代表大会第三次会议于 2020 年 5 月 28 日审议通过，属于基本法律无疑。《民法典》在合同编增设了保理

① 王轶：《〈民法典〉合同编理解与适用的重点问题》，载《法律适用》2020 年第 19 期。

② 〔美〕E. 博登海默：《法理学——法哲学及其方法》，邓正来等译，华夏出版社 1987 年版，第 395~396 页。

③ 李宇：《保理法的再体系化》，载《法学研究》2022 年第 6 期。

合同章（第 761 条至第 769 条）共九条法律规定则是调整保理合同关系的基本法律规范。

表 2-1 《民法典》保理合同章法律规范

法条	规范要旨	规范内容	规范性质
第 761 条	保理合同定义	保理合同是应收账款债权人将现有的或者将有的应收账款转让给保理人，保理人提供资金融通、应收账款管理或者催收、应收账款债务人付款担保等服务的合同。	任意性规范
第 762 条	保理合同内容和形式	保理合同的内容一般包括业务类型、服务范围、服务期限、基础交易合同情况、应收账款信息、保理融资款或者服务报酬及其支付方式等条款。保理合同应当采用书面形式。	任意性规范与强制性规范混合
第 763 条	虚构应收账款的法律后果	应收账款债权人与债务人虚构应收账款作为转让标的，与保理人订立保理合同的，应收账款债务人不得以应收账款不存在为由对抗保理人，但是保理人明知虚构的除外。	任意性规范
第 764 条	保理人表明身份义务	保理人向应收账款债务人发出应收账款转让通知的，应当表明保理人身份并附有必要凭证。	任意性规范
第 765 条	无正当理由变更或者终止基础交易合同行为对保理人的效力	应收账款债务人接到应收账款转让通知后，应收账款债权人与债务人无正当理由协商变更或者终止基础交易合同，对保理人产生不利影响的，对保理人不发生效力。	任意性规范
第 766 条	有追索权保理	当事人约定有追索权保理的，保理人可以向应收账款债权人主张返还保理融资款本息或者回购应收账款债权，也可以向应收账款债务人主张应收账款债权。保理人向应收账款债务人主张应收账款债权，在扣除保理融资款本息和相关费用后有剩余的，剩余部分应当返还给应收账款债权人。	任意性规范
第 767 条	无追索权保理	当事人约定无追索权保理的，保理人应当向应收账款债务人主张应收账款债权，保理人取得超过保理融资款本息和相关费用的部分，无需向应收账款债权人返还。	任意性规范

续表

法条	规范要旨	规范内容	规范性质
第 768 条	多重保理的清偿顺序	应收账款债权人就同一应收账款订立多个保理合同，致使多个保理人主张权利的，已经登记的先于未登记的取得应收账款；均已经登记的，按照登记时间的先后顺序取得应收账款；均未登记的，由最先到达应收账款债务人的转让通知中载明的保理人取得应收账款；既未登记也未通知的，按照保理融资款或者服务报酬的比例取得应收账款。	强制性规范
第 769 条	适用债权转让规定	本章没有规定的，适用本编第六章债权转让的有关规定。	强制性规范

根据法律规范的基础分类方法，法律规范可分为强制性规范和任意性规范两大类。第 761 条是对保理合同的定义，其允许应收账款债权人和保理人在法律范围内自行确定权利义务，具有一定的伸缩空间，应属于任意性规范。第 762 条则要一分为二来看待：第 1 款是规定保理合同一般应具备的要素，主要是为当事人缔约提供指导，显然不具有强制性，应属任意性规范；第 2 款规定保理合同应当为书面形式，不允许当事人采取其他形式，具有强制性，应属强制性规范。第 763 条规定了虚构应收账款的法律后果，由于该条仅关涉当事人之间的权利义务关系，应收账款债权人和保理人完全可以约定排除该条的适用，相当于保理人放弃了部分抗辩权，故该条规范应属任意性规范。第 764 条虽然规定保理人应当在通知时表明身份，但是这种义务不是法定的强制义务，而是一种任意义务，仅关系到保理人自身权利的实现，保理人是否履行该项义务可由其自行决定。若保理人表明身份，则应收账款债务人应向保理人付款，否则应收账款债务人有权拒绝向保理人付款。故该条属于任意性规范。第 765 条关于基础合同变更、终止的效力规定亦不具有强制性，当事人同样可以约定排除。如保理人与应收账款债权人约定基础合同变更、终止对保理人发生效力的，该约定并不具有违法性。故该条属于任意性规范。第 766 条是关于有追索权保理中保理人行使请求权的规定，其采取“可以……也可以……”的表述结构表明该条亦不具有强制性，当事人可自由约定，故属任意性规范。同理，第 767 条关于无追索权保理中保理人请求权的规定亦

属任意性规范，当事人可约定排除该条的适用，亦即，若保理人与应收账款债权人约定保理人取得超过保理融资款本息和相关费用的部分应向应收账款债权人返还的，该约定亦属有效。第768条关于应收账款多重转让的优先顺位规则与《民法典》第414条规定的抵押权优先清偿顺位规则相似，属于物权法定的范畴，不允许当事人任意约定或变更，否则会影响整个动产与权利担保优先顺位规则的统一性，故该条属于强制性规范。第769条是准用性规范，不允许当事人排除约定，亦属强制性规范。

二、行政法规

我国尚未制定保理业的专门行政法规，但与保理直接相关的行政法规——《地方金融监督管理条例》正在紧锣密鼓地制定，且已取得重大立法进展。中国人民银行自2018年6月牵头启动《地方金融监督管理条例》起草工作以来，多次通过实地调研、召开专题座谈会、书面征求意见等方式听取有关部门、各省（区、市）地方政府、人民银行分支机构、地方金融监督管理部门、部分地方金融组织的意见和建议，于2021年12月正式向全社会公开发布《地方金融监督管理条例》（草案征求意见稿）①。条例共五章四十条，按照“中央统一规则、地方实施监管，谁审批、谁监管、谁担责”的原则，将地方各类金融业态纳入统一监管框架，强化地方金融风险防范化解和处置。主要内容包括：

一是明确地方金融监管职责，加强央地协调配合。国务院金融监督管理部门制定地方金融组织监管规则，对地方金融监督管理部门予以业务指导。省级人民政府履行对地方金融组织的监督管理和风险处置职责，承担地方法人金融机构的风险处置属地责任，对辖区内防范和处置非法集资工作负总责，维护属地金融稳定。建立中央与地方金融监管协调双机制，加强统筹协调，强化中央和地方的监督管理协作和信息共享。

二是明确地方金融组织定义和监管规则。地方金融组织是指依法设立的

---

① 参见《中国人民银行关于〈地方金融监督管理条例（草案征求意见稿）〉公开征求意见的通知》，载中国人民银行网，http://www.pbc.gov.cn/rmyh/105208/4436903/index.html，2023年12月5日访问。

小额贷款公司、融资担保公司、区域性股权市场、典当行、融资租赁公司、商业保理公司、地方资产管理公司以及法律、行政法规和国务院授权省级人民政府监督管理的从事地方金融业务的其他机构。强调地方金融组织持牌经营，设立区域性股权市场应当经省级人民政府公示，并报国务院证券监督管理机构备案，设立其他地方金融组织应经省级地方金融监督管理部门批准并颁发经营许可证。地方金融组织应当服务本地，原则上不得跨省开展业务。跨省级行政区域开展业务的规则由国务院或授权国务院金融监督管理部门制定。

三是赋予地方金融监督管理部门履职手段，加大对违法违规行为的处罚力度。明确地方金融监督管理部门开展现场检查和非现场监管，依法采取监督管理措施。建立地方金融风险监测预警机制，视情按程序对地方金融组织采取暂停业务、限制资产转让与资金运用、责令控股股东转让股权等风险处置措施。分情形设置处罚标准，按照过罚相当原则可实施“双罚”制，对长期多次从事同类金融违法行为可逐次处罚。

四是明确地方对四类机构的监管要求。明确地方各类交易场所、开展信用互助的农民专业合作社、投资公司、社会众筹机构等四类机构不得开展的业务类型。对地方各类交易场所要严格准入，引导农民专业合作社规范开展信用互助业务，对不符合批设或备案条件的投资公司以及社会众筹机构提出限期清理要求。四类机构的风险防范、处置和处罚，参照条例规定执行。

五是明确对非法金融活动的监测、认定、处置原则。明确国务院金融管理部门和地方金融监督管理部门应当加强对非法金融活动的监测、认定和处置。对区域性非法金融活动和全国性重大非法金融活动提出认定和处置安排。

六是设置过渡期安排，确保平稳过渡。对条例施行前设立的地方金融组织，在地方金融监督管理部门规定的期限内达到规定条件。已跨省级行政区域开展业务且需要整改的，由国务院金融监督管理部门明确过渡期安排。

草案征求意见稿最大的特色在于明确将商业保理公司定位于地方金融组织从而将商业保理活动纳入条例监管范围之中。换言之，商业保理公司开展经营活动须遵守整部管理条例的规定。其中，与保理直接相关的条文共有以下三条规定：

第 9 条规定：本条例所称地方金融组织，是指依法设立的小额贷款公司、融资担保公司、区域性股权市场、典当行、融资租赁公司、商业保理公司、地方资产管理公司以及法律、行政法规和国务院授权省级人民政府监督管理的从事地方金融业务的其他机构。

第 12 条规定：未经批准，任何单位和个人不得设立地方金融组织、从事或者变相从事本条例规定的地方金融业务，不得在名称和经营范围中使用“金融”“贷”“融资担保”“股权交易”“典当”“融资租赁”“商业保理”“地方资产管理”“交易所”“交易中心”“理财”“财富管理”“股权众筹”“资金互助”“信用互助”等字样及其他类似显示金融活动特征的字样。

第 25 条第 3 款规定：违反本条例规定，未经批准在名称和经营范围中使用“金融”“贷”“融资担保”“股权交易”“典当”“融资租赁”“商业保理”“地方资产管理”“交易所”“交易中心”“理财”“财富管理”“股权众筹”“资金互助”“信用互助”等字样及其他类似显示金融活动特征的字样的，由地方金融监督管理部门责令限期改正；逾期不改正的，处 5 万元以上 10 万元以下的罚款，有违法所得的，没收违法所得。

需要说明的是，根据第十三届全国人民代表大会第一次会议批准的《国务院机构改革方案》，“将中国银行业监督管理委员会和中国保险监督管理委员会拟订银行业、保险业重要法律法规草案和审慎监管基本制度的职责划入中国人民银行”。该条例虽是由中国人民银行牵头，但只是受国务院委托起草法规草案。事实上，中国人民银行并无制定“条例”的权限，该条例如果最终以国务院的名义发布，其规范性质当属行政法规。

三、部门规章：《商业银行保理业务暂行管理办法》与《动产和权利担保统一登记办法》

（一）《商业银行保理业务暂行管理办法》

原银监会于 2014 年制定出台的《商业银行保理业务暂行管理办法》（中国银行业监督管理委员会令 2014 年第 5 号）是目前保理领域唯一的部门规章。从制定程序来看，该管理办法符合《规章制定程序条例》（中华人民共和国国务院令第 695 号）的程序性要求。从规范内容来看，该管理办法明确了保理业务的定义及应收账款的内涵，涉及客户准入、合作机构准入、专户管理、业务审查、融资产品、融资期限、融资比例以及信息披露等多方面内容，有利于督促商业银行健全和完善保理业务管理制度，强化内部控制，做好风险防控。

（二）《动产和权利担保统一登记办法》

中国人民银行于2021年制定出台的《动产和权利担保统一登记办法》（中国人民银行令〔2021〕第7号）是与保理紧密联系的另一部重要部门规章。《民法典》编纂的一项重要目标是进一步完善我国担保物权制度，建立动产与权利担保统一登记制度。《民法典》第768条虽规定了保理登记制度，但对该制度如何落实未置明文。2020年12月，国务院发布《关于实施动产和权利担保统一登记的决定》（国发〔2020〕18号），明确自2021年1月1日起在全国范围内实施动产和权利担保统一登记，并将保理纳入统一登记范围。为配套动产和权利担保统一登记制度的实施，更好地引导市场主体开展动产和权利担保登记与查询活动，中国人民银行依据《民法典》《关于实施动产和权利担保统一登记的决定》，对之前的《应收账款质押登记办法》（中国人民银行令〔2019〕第4号）进行重大修订，制定了《动产和权利担保统一登记办法》。该登记办法规定了动产和权利担保统一登记范围、登记机构及职责、细化登记内容，优化登记和查询操作流程等几方面内容。由于保理在统一登记之列，故该登记办法可作为保理登记的法律依据。从制定程序来看，《动产和权利担保统一登记办法》符合部门规章的制定程序，且《动产和权利担保统一登记办法》是从《应收账款质押登记办法》这一部门规章修订而来，故其规范性质应属部门规章。

事实上，在《民法典》出台之前，部门规章在一定程度上还起到“代替”立法的作用，成为法院裁判文书说理的依据。比如，有法院判决以《商业银行保理业务暂行管理办法》第6条关于保理的定义作为是否构成保理法律关系的判断依据；[①] 另有法院判决以该管理办法中银行的审查义务作为判断银行是否存在过失的依据；[②] 也有法院判决以该管理办法第 8 条关于应收账款的定义为依据得出票据付款请求权不能作为适格应收账款的结论；[③] 还有法院判决以该管理办法第 17 条关于应收账款回款账户之规定作为认定保理专户的论理依据。[④]

四、地方性法规

制定地方性法规是《立法法》授予省、自治区、直辖市人民代表大会及其常务委员会的一项重要立法权。根据《立法法》第 80 条规定，省、自治区、直辖市的人民代表大会及其常务委员会根据本行政区域的具体情况和实际需要，在不同宪法、法律、行政法规相抵触的前提下，可以制定地方性法规。地方性法规是依照法定程序审议通过或批准的并以地方国家强制力作为保障，在本行政区域内具有普遍约束力的规范性文件。当前，我国并没有省、自治区和直辖市的地方立法机关专门针对保理制定地方性法规。然而，地方立法机关如火如荼开展的金融监管立法对保理行业产生重要影响。在国家加强金融监管的大背景下，多省、自治区和直辖市立法机关也都通过制定本地区地方性法规的方式加强对本地区金融组织的监管。从目前各地金融监管立法情况来看，商业保理公司因具有金融属性而被归类为地方金融组织从而被纳入统一监管范围之中。据笔者统计，截至 2023 年 2 月底，全国已有 18 省（自治区、直辖市）出台了地方金融（监管）条例，另有广东省的地方金融（监管）条例正处于征求社会意见阶段。具体如表 2-2 所示。

---

① 参见广东省深圳市中级人民法院（2015）深中法商终字第 2992 号民事判决书；湖南省郴州市中级人民法院（2019）湘 10 民再 79 号民事判决书；最高人民法院（2018）最高法民终 31 号民事判决书；最高人民法院（2018）最高法民终 128 号民事判决书；湖北省随州市曾都区人民法院（2018）鄂 1303 民初 3460 号民事判决书；云南省昆明市官渡区人民法院（2018）云 0111 民初 7649 号民事判决书。

② 参见湖南省郴州市中级人民法院（2019）湘 10 民再 79 号民事判决书。

③ 参见广东省深圳前海合作区人民法院（2018）粤 0391 民初 3800 号民事判决书。

④ 参见广东省江门市中级人民法院（2016）粤 07 民终 3014 号民事判决书。

表 2-2 涉保理地方金融（监管）条例

省（自治区、直辖市）	公布时间	制定主体	法规名称	主要内容
山东	2016 年 3 月	山东省第十二届人民代表大会常务委员会第二十次会议通过（山东省人民代表大会常务委员会公告第 129 号）	山东省地方金融条例	分总则、金融服务、金融发展、金融监管、法律责任、附则 6 章，共计 58 条。 第 2 条第 2 款：本条例所称地方金融组织，是指依法设立，从事相关地方金融活动的小额贷款公司、融资担保公司、民间融资机构、开展权益类交易和介于现货与期货之间的大宗商品交易的交易场所、开展信用互助的农民专业合作社、私募投资管理机构和国务院及其有关部门授权省人民政府监督管理的从事金融活动的其他机构或者组织等。
河北	2017 年 12 月	河北省第十二届人民代表大会常务委员会第三十三次会议通过（河北省第十二届人民代表大会常务委员会公告第 127 号）	河北省地方金融监督管理条例	分总则、地方金融服务经营、金融风险防范、监督管理、法律责任、附则 6 章，共计 44 条。 第 3 条：本条例所称地方金融组织，是指依法设立，从事相关地方金融活动的小额贷款公司、各类交易场所、地方金融控股企业、地方资产管理公司、融资担保公司、典当行、融资租赁公司、商业保理公司以及法律、行政法规规定和国务院授权省人民政府监督管理的其他组织等。
四川	2019 年 3 月	四川省第十三届人民代表大会常务委员会第十次会议通过（四川省第十三届人民代表大会常务委员会公告第 30 号）	四川省地方金融监督管理条例	分总则、地方金融组织、服务与发展、风险防范、法律责任、附则 6 章，共计 45 条。 第 3 条：本条例所称地方金融组织，是指国家授权地方人民政府及其有关部门监督管理的小额贷款公司、融资担保公司、区域性股权市场、典当行、融资租赁公司、商业保理公司、地方资产管理公司、开展信用互助的农民专业合作社、从事权益类或者大宗商品类交易的交易场所（以下统称交易场所）等。

续表

省（自治区、直辖市）	公布时间	制定主体	法规名称	主要内容
天津	2019年5月	天津市第十七届人民代表大会常务委员会第十一次会议通过（天津市人民代表大会常务委员会公告第25号）	天津市地方金融监督管理条例	分总则、地方金融组织、监督管理、风险防控、法律责任、附则6章，共计44条。 第2条第2款：本条例所称地方金融组织，是指本市行政区域内的小额贷款公司、融资担保公司、区域性股权市场、典当行、融资租赁公司、商业保理公司、地方资产管理公司等国家授权本市监督管理的开展金融业务活动的组织。 第19条：商业保理公司应当建立与开展保理业务相应的管理制度，健全业务流程和操作规范，确保风险资产符合规定、应收账款初始权属清晰确定、历次转让凭证完整，防范发生经营风险。商业保理公司不得专门从事或者受托开展催收业务，不得从事吸收存款、发放贷款以及违反国家规定的其他活动。
上海	2020年4月	上海市第十五届人民代表大会常务委员会第二十次会议通过（上海市人民代表大会常务委员会公告第34号）	上海市地方金融监督管理条例	分总则、地方金融组织行为规范、监督管理措施、风险防范与处置、法律责任、附则6章，共计43条。 第2条第3款：本条例所称地方金融组织，包括小额贷款公司、融资担保公司、区域性股权市场、典当行、融资租赁公司、商业保理公司和地方资产管理公司，以及法律、行政法规和国务院授权地方人民政府监督管理的具有金融属性的其他组织。

续表

省（自治区、直辖市）	公布时间	制定主体	法规名称	主要内容
浙江	2020年5月	浙江省第十三届人民代表大会常务委员会第二十一次会议通过（浙江省第十三届人民代表大会常务委员会公告第26号）	浙江省地方金融条例	分总则、地方金融组织监督管理、金融风险防范与处置、金融服务实体经济、法律责任、附则6章，共计52条。 第2条第2款：本条例所称地方金融组织，是指依法设立的、从事相关金融业务的小额贷款公司、融资担保公司、典当行、融资租赁公司、商业保理公司、地方资产管理公司、区域性股权市场和其他地方各类交易场所、农民专业合作社、民间融资服务企业，以及法律、行政法规规定和国务院授权省人民政府监督管理的从事金融业务的其他组织。 第9条：小额贷款公司、融资担保公司、典当行、融资租赁公司、商业保理公司、地方资产管理公司、区域性股权市场和其他地方各类交易场所、农民专业合作社以及法律、行政法规规定和国务院授权省人民政府监督管理的其他地方金融组织从事相关金融业务，应当依照法律、行政法规以及国家有关金融监督管理规定，取得相应行政许可或者办理备案。

续表

省（自治区、直辖市）	公布时间	制定主体	法规名称	主要内容
内蒙古自治区	2020年9月	内蒙古自治区第十三届人民代表大会常务委员会第二十二次会议通过（内蒙古自治区第十三届人民代表大会常务委员会公告第39号）	内蒙古自治区地方金融监督管理条例	分总则、经营规范、监督管理、风险防范与处置、促进与发展、法律责任、附则7章，共计53条。 第2条第2款：本条例所称地方金融组织，包括依法设立的小额贷款公司、融资担保公司、典当行、融资租赁公司、商业保理公司、地方资产管理公司、区域性股权市场以及法律、行政法规和国务院授权地方人民政府监督管理的具有金融属性的其他组织及其分支机构。 第10条：地方金融组织的设立、合并、分立、确定经营范围和区域、减少注册资本金等，应当依法取得相应行政许可或者按照国家和自治区有关规定取得试点资格。 未经许可或者未取得试点资格，任何单位和个人不得从事或者变相从事地方金融活动，不得在名称和经营范围中使用“小额贷款”“融资担保”“典当”“融资租赁”“商业保理”“资产管理”等与地方金融相关的字样。
广西壮族自治区	2020年9月	广西壮族自治区第十三届人民代表大会常务委员会第十八次会议通过（广西壮族自治区人大常委会公告〔13届〕第38号）	广西壮族自治区地方金融监督管理条例	分总则、地方金融组织、监督管理职责、金融发展、风险防范与处置、法律责任、附则7章，共计46条。 第2条第2款：本条例所称地方金融组织，是指依法设立、从事相关金融业务的小额贷款公司、融资担保公司、区域性股权市场、典当行、融资租赁公司、商业保理公司、地方资产管理公司，以及法律、行政法规规定和国务院授权自治区监督管理的从事金融业务的其他组织。

续表

省（自治区、直辖市）	公布时间	制定主体	法规名称	主要内容
江西	2020年11月	江西省第十三届人民代表大会常务委员会第二十五次会议通过（江西省第十三届人民代表大会常务委员会公告第78号）	江西省地方金融监督管理条例	分总则、地方金融组织行为规范、地方金融组织监督管理、金融风险防范与处置、地方金融服务与发展、法律责任、附则7章，共计54条。 第2条第2款：本条例所称地方金融组织，包括小额贷款公司、融资担保公司、典当行、融资租赁公司、商业保理公司、地方资产管理公司、区域性股权市场和地方各类交易场所、开展信用互助的农民专业合作社，以及法律、行政法规规定和国务院授权省人民政府监督管理的从事相关金融业务的其他组织。
江苏	2021年3月	江苏省第十三届人民代表大会常务委员会第二十二次会议日通过（江苏省人大常委会公告第56号）	江苏省地方金融条例	分总则、地方金融组织、地方金融监督管理、金融风险防范与化解、非法金融活动防范与处置、金融发展和服务、法律责任、附则8章，共计65条。 第2条第2款：本条例所称地方金融组织，是指依法设立的小额贷款公司、融资担保公司、区域性股权市场、典当行、融资租赁公司、商业保理公司、地方资产管理公司以及法律、行政法规和国务院授权由地方人民政府实施监督管理的从事金融业务的其他组织。 第41条第1款：登记主管机关应当依法加强对企业、个体工商户名称和经营范围等商事登记管理。除法律、行政法规和国家另有规定外，企业、个体工商户名称和经营范围中不得包含“金融”、“交易所”、“交易中心”、“理财”、“财富管理”、“股权众筹”、“贷”、“典当”、“融资担保”、“融资租赁”、“商业保理”等字样或者内容。 第43条第2款：为借贷、投资、保证、租赁、保理、买卖、赠与等活动提供咨询顾问、信息撮合等中介业务，开展内部信用互助，通过预收款、保证金等方式提供商品或者服务的非金融组织或者个人，应当规范经营、诚实守信，依法接受监督，不得变相从事金融业务。

续表

省（自治区、直辖市）	公布时间	制定主体	法规名称	主要内容
北京	2021 年 4 月	北京市第十五届人民代表大会常务委员会第三十次会议通过（北京市人民代表大会常务委员会公告第 48 号）	北京市地方金融监督管理条例	分总则、地方金融组织、地方金融组织监督管理、地方金融风险防范和处置、法律责任、附则 6 章，共计 57 条。 第 2 条第 3 款：本条例所称地方金融组织，是指国家授权由地方实施监督管理的小额贷款公司、融资担保公司、区域性股权市场、典当行、融资租赁公司、商业保理公司、地方资产管理公司、地方交易场所以及国家授权地方监督管理的其他金融组织。 第 15 条：地方金融组织应当使用经登记的名称。未经登记不得在名称和经营范围中使用小额贷款、融资担保、股权交易、典当、融资租赁、商业保理、资产管理、交易所（中心）等显示金融业务活动特征的字样。
湖北	2021 年 4 月	湖北省第十三届人民代表大会常务委员会第二十二次会议通过（湖北省人民代表大会常务委员会公告第 291 号）	湖北省地方金融条例	分总则、地方金融组织、地方金融发展与服务实体经济、风险防范与处置、监督管理、法律责任、附则 7 章，共计 55 条。 第 2 条第 2 款：本条例所称地方金融组织，是指依法设立的小额贷款公司、融资担保公司、区域性股权市场、典当行、融资租赁公司、商业保理公司、地方资产管理公司以及法律、行政法规和国务院授权地方人民政府监督管理的从事金融业务活动的其他组织及其分支机构。
吉林	2021 年 7 月	吉林省第十三届人民代表大会常务委员会第二十九次会议通过（吉林省第十三届人民代表大会常务委员会公告第 66 号）	吉林省地方金融监督管理条例	分总则、地方金融组织规范、监督管理、金融风险防范与处置、法律责任、附则 6 章，共计 51 条。 第 2 条第 2 款：本条例所称地方金融组织，包括小额贷款公司、融资担保公司、区域性股权市场、典当行、融资租赁公司、商业保理公司、地方资产管理公司以及法律、行政法规和国务院授权地方政府监督管理的具有金融属性的其他组织。

续表

省（自治区、直辖市）	公布时间	制定主体	法规名称	主要内容
贵州	2021 年 9 月	贵州省第十三届人民代表大会常务委员会第二十八次会议通过（贵州省人民代表大会常务委员会公告 2021 第 19 号）	贵州省地方金融监督管理条例	分总则、地方金融组织、监督管理、地方金融风险防范处置、法律责任、附则 6 章。共计 53 条。 第 3 条：本条例所称地方金融组织，是指依法设立的从事相关金融业务的小额贷款公司、融资担保公司、区域性股权市场、典当行、融资租赁公司、商业保理公司、地方资产管理公司，以及法律、行政法规和国务院授权省人民政府监督管理的从事金融业务的其他组织。本条例所称地方金融监督管理机构是指县以上地方金融监督管理机构或者市州、县级人民政府确定的履行地方金融监督管理职责的机构。 第 12 条：地方金融组织应当依法登记，并在名称中标明行业类别。未经登记不得在名称或者经营范围中使用小额贷款、融资担保、股权交易、典当、融资租赁、商业保理、资产管理以及具有金融属性的交易场所、交易所、交易中心等字样。省地方金融监督管理机构应当和省市场监管部门建立名称和经营范围登记管理会商机制。
陕西	2022 年 3 月	陕西省第十三届人民代表大会常务委员会第三十二次会议表决通过（陕西省人民代表大会常务委员会公告〔13 届〕第 72 号）	陕西省地方金融条例	分总则、地方金融组织、发展服务、监督管理、风险防范处置、法律责任、附则 7 章，共计 62 条。 第 2 条第 2 款：本条例所称地方金融组织，是指依法设立的小额贷款公司、融资担保公司、区域性股权市场、典当行、融资租赁公司、商业保理公司、地方资产管理公司以及法律、行政法规和国家授权地方监督管理的从事地方金融业务的其他组织。 第 8 条第 4 款：未经许可或者批准，任何单位和个人不得从事或者变相从事地方金融组织的业务活动，不得在名称和经营范围中使用“贷款”“典当”“融资担保”“股权交易”“融资租赁”“商业保理”“资产管理”等与金融活动特征类似的字样。

续表

省（自治区、直辖市）	公布时间	制定主体	法规名称	主要内容
福建	2022年5月	福建省第十三届人民代表大会常务委员会第三十三次会议通过（福建省人民代表大会常务委员会公告〔13届〕第78号）	福建省地方金融监督管理条例	分总则，地方金融组织，监督管理，金融风险防范、化解与处置，法律责任，附则6章，共计51条。 第3条：本条例所称地方金融组织，包括小额贷款公司、融资担保公司、区域性股权市场、典当行、融资租赁公司、商业保理公司、地方资产管理公司、从事权益类和大宗商品类交易的交易场所以及法律、行政法规和国务院授权地方人民政府监督管理的从事金融活动的其他组织。
湖南	2022年7月	湖南省第十三届人民代表大会常务委员会第三十二次会议表决通过（湖南省第十三届人民代表大会常务委员会公告第96号）	湖南省地方金融条例	分总则、地方金融组织、监督与管理、风险防范与处置、地方金融服务实体经济、法律责任、附则7章，共计50条。 第2条第2款：本条例所称地方金融组织，是指依法设立的小额贷款公司、融资担保公司、区域性股权市场、典当行、融资租赁公司、商业保理公司、地方资产管理公司以及法律、行政法规和国务院授权省级人民政府监督管理的从事金融业务的其他组织。 第8条第2款：未经批准，任何单位或者个人不得设立地方金融、从事或者变相从事金融业务，不得在名称或者经营范围中使用“小额贷款”“融资担保”“股权交易”“典当”“融资租赁”“商业保理”“资产管理”等显示金融业务特征的字样。 第38条：县级以上人民政府应当支持地方金融组织与产业链供应链核心企业、第三方专业机构等加强信息共享，构建上下游一体化、数字化、智能化信息系统和信用评估、风险管理体系，提升产业链供应链金融服务水平。

续表

省（自治区、直辖市）	公布时间	制定主体	法规名称	主要内容
安徽	2022 年 7 月	安徽省第十三届人民代表大会常务委员会第三十五次会议表决通过（安徽省人民代表大会常务委员会公告第 70 号）	安徽省地方金融条例	分总则、地方金融组织、地方金融监督管理、金融风险防范与处置、非法金融活动防范与处置、地方金融发展、法律责任、附则 8 章，共计 62 条。 第 2 条第 2 款：本条例所称地方金融组织，是指依法设立、从事相关金融业务的小额贷款公司、融资担保公司、典当行、融资租赁公司、商业保理公司、地方资产管理公司和区域性股权市场，以及法律、行政法规和国务院授权地方人民政府监督管理的从事金融业务的其他组织。

从表2-2中各地监管条例立法内容来看，虽然法规的名称和篇章安排稍有不同，但内容大同小异，均是从行政监管角度对包括商业保理公司在内的众多地方金融组织的从业行为提出具体监管要求。在关于商业保理公司的行业属性问题上，除山东以外，其他地方立法高度一致，均在定义地方金融组织范围时明确将商业保理公司纳入其中。此外，还有多地立法专门强调经营保理业务必须要经过行政许可，且普通商事主体不得在经营范围中标注“保理”字样。这些地方立法为地方金融监督部门行使监管权提供了法律依据。不过，地方立法采取的是大而全的“块”状立法模式，保理只是其中一个很小的分支，专门针对保理的法条有限（少则一条，多则三条），监管效果有待观察。

五、司法解释：保理相关司法解释

在我国，法律解释也属于正式的法律渊源。法律解释是通过对法律、法规等法律文件或其部分条文、概念、术语的说明，揭示立法者的意志和法的精神，进一步明确法定权利和义务及其界限或补充现行法律规定的一种国家立法活动。① 广义的法律解释包括立法解释、行政解释和司法解释三种。法定国家机关如全国人大常委会、最高人民法院、最高人民检察院、国务院及其主管部门，省、自治区、直辖市和较大的市的人大常委会，省、自治区、直辖市和较大的市的人民政府及其主管部门都有权对法律、法规、规章作出具有普遍约束力的解释。而狭义的法律解释仅指立法解释，即国家和地方立法机关对其所立之法所作的解释。我国的法律解释以司法解释为主，立法解释和行政解释很少。司法解释大多是最高司法机关在法律适用过程中抽象出来的法律规则，与法律规范类似。迄今为止，我国并没有关于保理的立法解释或行政解释。最高人民法院也没有针对保理制定过专门的司法解释，只是在其他司法解释中或多或少地涉及保理，由此导致关于保理的司法解释呈分散化、零碎化的特点。

第一，保理具有融资功能，与借贷法律关系十分相近，实践中对于保理

---

① 张文显编：《法理学》，高等教育出版社、北京大学出版社2018年版，第293页。

合同能否适用民间借贷司法解释存在较大争议。对此，2021 年 1 月 1 日开始施行的《民间借贷司法解释批复》明确澄清，保理合同不适用民间借贷司法解释的规定。

第二，有追索权保理具有担保功能，故其涉及担保功能发生的纠纷可适用担保制度司法解释。2021 年 1 月 1 日开始施行的《民法典担保制度解释》有两条规定直接涉及保理。该解释第 1 条明确保理涉及担保功能发生的纠纷可以适用该解释；第 66 条则明确同一笔应收账款同时存在保理、应收账款质押和债权转让时的优先顺位规则。

第三，保理合同是《民法典》新增的典型合同，对于保理合同纠纷能否溯及适用《民法典》的问题，引发较大关注。2021 年 1 月 1 日开始施行的《民法典时间效力规定》对此予以明确，即《民法典》施行前订立的保理合同发生争议的，人民法院可以适用《民法典》合同编保理合同章规定进行裁判。

第四，《民法典》第 769 条规定："本章没有规定的，适用本编第六章债权转让的有关规定。"据此，保理合同章没有规定的，合同编通则部分债权转让的相关规定可以适用。最高人民法院对合同编通则部分所作的司法解释中与债权转让相关的规定自然地可以适用于保理合同。

表 2-3 涉保理相关司法解释规定

司法解释名称	文号	具体内容
《民间借贷司法解释批复》	法释〔2020〕27 号	关于适用范围问题。经征求金融监管部门意见，由地方金融监管部门监管的小额贷款公司、融资担保公司、区域性股权市场、典当行、融资租赁公司、商业保理公司、地方资产管理公司等七类地方金融组织，属于经金融监管部门批准设立的金融机构，其因从事相关金融业务引发的纠纷，不适用新民间借贷司法解释。

续表

司法解释名称	文号	具体内容
《民法典担保制度解释》	法释〔2020〕28号	第1条：因抵押、质押、留置、保证等担保发生的纠纷，适用本解释。所有权保留买卖、融资租赁、保理等涉及担保功能发生的纠纷，适用本解释的有关规定。 第66条：同一应收账款同时存在保理、应收账款质押和债权转让，当事人主张参照民法典第768条的规定确定优先顺序的，人民法院应予支持。 在有追索权的保理中，保理人以应收账款债权人或者应收账款债务人为被告提起诉讼，人民法院应予受理；保理人一并起诉应收账款债权人和应收账款债务人的，人民法院可以受理。 应收账款债权人向保理人返还保理融资款本息或者回购应收账款债权后，请求应收账款债务人向其履行应收账款债务的，人民法院应予支持。
《民法典时间效力规定》	法释〔2020〕15号	第12条：民法典施行前订立的保理合同发生争议的，适用民法典第三编第十六章的规定。
《民法典合同编通则解释》	法释〔2023〕13号	第47条：债权转让后，债务人向受让人主张其对让与人的抗辩的，人民法院可以追加让与人为第三人。 债务转移后，新债务人主张原债务人对债权人的抗辩的，人民法院可以追加原债务人为第三人。 当事人一方将合同权利义务一并转让后，对方就合同权利义务向受让人主张抗辩或者受让人就合同权利义务向对方主张抗辩的，人民法院可以追加让与人为第三人。 第48条：债务人在接到债权转让通知前已经向让与人履行，受让人请求债务人履行的，人民法院不予支持；债务人接到债权转让通知后仍然向让与人履行，受让人请求债务人履行的，人民法院应予支持。 让与人未通知债务人，受让人直接起诉债务人请求履行债务，人民法院经审理确认债权转让事实的，应当认定债权转让自起诉状副本送达时对债务人发生效力。债务人主张因未通知而给其增加的费用或者造成的损失从认定的债权数额中扣除的，人民法院依法予以支持。 第49条：债务人接到债权转让通知后，让与人以债权转让合同不成立、无效、被撤销或者确定不发生效力为由请求债务人向其履行的，人民法院不予支持。但是，该债权转让通知被依法撤销的除外。 受让人基于债务人对债权真实存在的确认受让债权后，债务人又以该债权不存在为由拒绝向受让人履行的，人民法院不予支持。但是，受让人知道或者应当知道该债权不存

续表

司法解释名称	文号	具体内容
《民法典合同编通则解释》	法释〔2023〕13号	在的除外。 第50条：让与人将同一债权转让给两个以上受让人，债务人以已经向最先通知的受让人履行为由主张其不再履行债务的，人民法院应予支持。债务人明知接受履行的受让人不是最先通知的受让人，最先通知的受让人请求债务人继续履行债务或者依据债权转让协议请求让与人承担违约责任的，人民法院应予支持；最先通知的受让人请求接受履行的受让人返还其接受的财产的，人民法院不予支持，但是接受履行的受让人明知该债权在其受让前已经转让给其他受让人的除外。 前款所称最先通知的受让人，是指最先到达债务人的转让通知中载明的受让人。当事人之间对通知到达时间有争议的，人民法院应当结合通知的方式等因素综合判断，而不能仅根据债务人认可的通知时间或者通知记载的时间予以认定。当事人采用邮寄、通讯电子系统等方式发出通知的，人民法院应当以邮戳时间或者通讯电子系统记载的时间等作为认定通知到达时间的依据。

第二节 国内保理的非正式法律渊源

事实上，在研究一国法律规范体系时若仅将目标锁定在正式法律渊源上并不足够。“法律规范和其他的规范都是共同被规定在某个特定法领域中，它们共同形成了一个‘体系’。”① 从体系思维的角度看，由于法律渊源会发挥法律体系的吸纳作用，附条件地把其他社会规范（如非正式法律渊源）也拟制为“法”，对融贯正式法律规范与其他社会规范，实现正式法律规范与其他社会规范的有效衔接有莫大助益。② 博登海默将尚未在正式法律文件中得到明文阐述但又具有法律意义的资料，如公共政策、道德信念、习惯法等视为非

① 〔德〕英格伯格·普珀：《法学思维小学堂：法律人的6堂思维训练课》，蔡圣伟译，北京大学出版社2011年版，第56页。

② 陈金钊、吴冬兴：《〈民法典〉阐释的“体系”依据及其限度》，载《上海师范大学学报（哲学社会科学版）》2021年第2期。

正式法律渊源。[①] 在我国，非正式法律渊源主要是指非国家主体创造或发展的各种规范。在我国保理立法的空白期，保理合同还依靠非正式法律渊源进行调整，主要包括行政规范性文件、司法政策和行业章程三大类。它们往往成为执法、司法和守法的重要依据，并对后来《民法典》保理合同章立法产生重要影响。

一、保理相关行政规范性文件

首先需要说明的是，国务院部委或省级人民政府制定、发布的规定并不都是部门规章或地方政府规章等正式立法，更多的是属于行政规范性文件。行政规范性文件是国家行政机关为了实施法律和执行政策，依法定权限和法定程序制定的除行政法规和规章以外的决定、命令等普遍性行为规则的总称。[②]

行政规范性文件与部门规章有以下几方面区别：（1）从制定主体来看，各级行政机关均有权制定规范性文件，而规章只有国务院部委、中国人民银行、审计署和具有行政管理职能的直属机构以及省、自治区、直辖市和设区的市、自治州的人民政府才有权制定。（2）从表现形式来看，规章的名称一般为“规定”“办法”，而规范性文件一般称“意见”“通知”“通告”等。与此同时，公布规章的命令应当载明该规章的制定机关、序号、规章名称、通过日期、施行日期、部门首长或者省长、自治区主席、市长、自治州州长署名以及公布日期。规范性文件的题头则无此要求。（3）从内容上看，规章内容既包括执行法律、行政法规的执行性规范，还包括为加强部门或地方事务管理的创设性规范。规章规定的权利义务比较系统、全面，而规范性文件则往往就事论事，适用面较窄，通常是对法律法规、行政规章的执行或补充。（4）从制定程序来看，规章的要求明显严于规范性文件。2018 年 5 月开始施行的《规章制定程序条例》对规章的立项、起草、审查、决定、公布、解释

---

① 〔美〕E. 博登海默：《法理学——法哲学及其方法》，邓正来等译，华夏出版社 1987 年版，第 395~396 页。

② 应松年：《行政行为法》，人民出版社 1992 年版，第 307 页。

进行了严格规定。[①] 规范性文件则没有如此严格的要求。（5）在法律效力上看，规章属于正式立法，其效力高于规范性文件。规范性文件的内容不得与规章相抵触。规章对行政相对人具有法律约束力，可以设置一些行政处罚，而规范性文件无强制约束力。[②]

在法律实施过程中，行政机关更多的是依靠制定行政规范性文件来执行法律和政策，实现社会治理效果。制定行政规范性文件是各级行政机关开展行政管理活动的重要手段，有利于保障国家法律施行和提高行政效率。在保理尚未有专门立法前，国务院相关部委与部分省级人民政府就陆续制定了不少行政规范性文件。在中央，基于过去商业保理与银行保理分类监管的要求，商务部与原银监会分别制定了相关行政规范性文件；在地方，作为首批试点的上海和天津两地政府率先出台了地方管理性规定。随着试点范围的不断铺开，其他地方政府也纷纷出台本地区的管理性规定。这些行政管理性规定纷繁复杂，名称各不相同，在规范性质上均可纳入行政规范性文件范畴，以下分述之。

（一）国家层面

早在 2003 年，国家外汇管理局就下发《关于出口保付代理业务项下收汇核销管理有关问题的通知》，有针对性地解决了国际保理中的收汇问题。自 2012 年商业保理试点启动以后，作为商业保理的原监管机构——商务部和作为银行保理的监管机构——原银保监会（原银监会）相继下发一系列涉保理的通知或复函。除上述与保理直接相关的文件外，2020 年国务院发布的《国务院关于实施动产和权利担保统一登记的决定》（国发〔2020〕18 号）也与保理息息相关，因为该决定明确了保理登记机构及登记办法：自 2021 年 1 月

---

① 比如，起草和审查规章，起草机关或审查机关应当深入调查研究，总结实践经验，广泛听取有关机关、组织和公民的意见，并将规章草案及其说明等向社会公布，征求意见。部门规章应当经部务会议或者委员会会议决定；地方政府规章应当经政府常务会议或者全体会议决定。部门规章签署公布后，要及时在国务院公报或者部门公报和中国政府法制信息网以及在全国范围内发行的报纸上刊载；地方政府规章签署公布后，及时在本级人民政府公报和中国政府法制信息网以及在本行政区域范围内发行的报纸上刊载。

② 姜明安编：《行政法与行政诉讼法》，北京大学出版社、高等教育出版社 2019 年版，第 172～177 页。

1日起，当事人可通过中国人民银行征信中心动产融资统一登记公示系统自主办理保理登记，并对登记内容的真实性、完整性和合法性负责。

表 2-4 国务院及部委制定的行政规范性文件

公布时间	制定主体	规范名称	文号
2003年7月	国家外汇管理局	关于出口保付代理业务项下收汇核销管理有关问题的通知①	汇发〔2003〕79号
2012年6月	商务部	关于商业保理试点有关工作的通知	商资函〔2012〕419号
2012年12月	商务部	关于香港、澳门服务提供者在深圳市、广州市试点设立商业保理企业的通知②	商资函〔2012〕1091号
2013年7月	原银监会	关于加强银行保理融资业务管理的通知	银监发〔2013〕35号
2013年8月	商务部办公厅	关于做好商业保理行业管理工作的通知	商办秩函〔2013〕718号
2018年5月	商务部办公厅	关于融资租赁公司、商业保理公司和典当行管理职责调整有关事宜的通知	商办流通函〔2018〕165号
2019年10月	原银保监会办公厅	关于加强商业保理企业监督管理的通知	银保监办发〔2019〕205号
2020年12月	国务院	关于实施动产和权利担保统一登记的决定	国发〔2020〕18号

依据上述部门规章与行政规范性文件的区分标准，表2-4中所列文件虽然是由国务院及其部门制定，但从制定过程来看，这些文件均不符合部门规章制定的程序性要求，没有部门首长签署公布命令，文件名称亦与部门规章的通常命名方式不符。故表中所列文件均不属于部门规章，应属行政规范性文件。

① 根据国家外汇管理局、海关总署、国家税务总局2012年6月发布的《关于货物贸易外汇管理制度改革的公告》（国家外汇管理局、海关总署、国家税务总局公告2012年第1号），该通知自2012年8月1日起废止。

② 根据商务部2019年12月发布的《关于废止部分规范性文件的公告》（商务部公告2019年第59号），该文件被废止。

（二）地方层面

在地方，随着商业保理试点工作的铺开，上海、天津、广州、北京、重庆、湖南等多地地方政府（部门）为加强本地区商业保理公司的管理，规范行业发展，先后制定出台了本地区的行政管理性规定。这些管理性规定的制定部门既有省级人民政府、市级人民政府，也有区级人民政府，还有政府职能部门以及自由贸易区管理委员会等。文件名称也是有通知、管理办法、工作指引等多种形式。

表 2-5 部分地方政府（部门）制定的规范性文件

省（自治区、直辖市）	时间	制定主体	文件名称	文号
北京	2017 年 12 月	北京市密云区人民政府	北京市密云区商业保理试点监管暂行办法	密政发〔2017〕78 号
	2023 年 5 月	北京市地方金融监督管理局	北京市商业保理公司监督管理办法	京金融〔2023〕215 号
上海	2012 年 12 月	上海市浦东新区人民政府	上海市浦东新区设立商业保理企业试行办法	浦府综改〔2012〕2 号
	2014 年 7 月	上海市商务委、市工商局	上海市商业保理试点暂行管理办法	沪府办〔2014〕65 号
	2016 年 4 月	上海市金山区人民政府	金山区商业保理试点实施方案	金府发〔2016〕13 号
	2020 年 11 月	上海市地方金融监督管理局	上海市商业保理公司监督管理暂行办法	沪金规〔2020〕1 号
天津	2021 年 12 月	天津市地方金融监督管理局	天津市商业保理公司监督管理暂行办法	津金监规范〔2021〕3 号
江苏	2019 年 12 月	江苏省地方金融监督管理局	关于做好商业保理企业监督管理工作的通知	苏金监发〔2019〕143 号
南京	2015 年 6 月	南京市人民政府	南京市商业保理（试点）管理办法	宁政规字〔2015〕17 号
重庆	2021 年 1 月	重庆市地方金融监督管理局	关于加强商业保理行业日常监管工作的通知	渝金〔2021〕15 号

续表

省（自治区、直辖市）	时间	制定主体	文件名称	文号
湖南	2022 年 11 月	湖南省地方金融监督管理局	湖南省商业保理公司监督管理实施细则	湘金监发〔2022〕73 号
海南	2019 年 8 月	海南省地方金融监督管理局	商业保理公司备案与监管暂行办法（试行）	琼金办〔2019〕63 号
青海	2020 年 8 月	青海省地方金融监督管理局	青海省商业保理公司监管工作指引	青金监〔2020〕63 号
广西壮族自治区	2023 年 4 月	广西壮族自治区地方金融监督管理局	广西壮族自治区商业保理公司监督管理指引（试行）	桂金监壹〔2023〕2 号
云南	2020 年 3 月	云南省地方金融监督管理局	中国（云南）自由贸易试验区商业保理公司监管办法（试行）	云金规〔2020〕1 号
福建	2022 年 9 月	福建省地方金融监督管理局	福建省商业保理公司监督管理工作指引	闽金管规〔2022〕7 号
厦门	2019 年 12 月	厦门市地方金融监督管理局	商业保理企业管理工作指引（试行）	厦金管〔2019〕103 号
陕西	2023 年 7 月	陕西省地方金融监督管理局	陕西省商业保理公司监督管理实施细则	陕金发〔2023〕75 号
吉林	2023 年 3 月	吉林省地方金融监督管理局	吉林省商业保理公司监督管理暂行办法	吉金局规〔2023〕3 号

根据《立法法》的规定，只有省级人民政府和设区的市、自治州的人民政府才有权制定地方政府规章。上述文件多由省级政府的职能部门（机构）、区级人民政府和自贸区管委会制定和发布，不符合地方政府规章的形式要求。《上海市商业保理试点暂行管理办法》虽以市政府名义转发，但其制定单位为上海市商务委与市工商局。《上海市商业保理试点暂行管理办法》题头为“各区、县人民政府，市政府有关委、办、局：市商务委、市工商局制订的《上海市商业保理试点暂行管理办法》已经市政府同意，现转发给你们，请认真按照执行。上海市人民政府办公厅，2014 年 7 月 8 日”。该管理办法并非市政府制定，只是经市政府同意并转发至下级政府及有关委、办、局，不符合规章的制定主体要求，故属行政规范性文件。

二、保理行业自治性文件

在我国，行业协会组织制定的自治性文件也属于非正式法律渊源。行业自治性文件是社会组织内部自我管理的规范，是社会组织自治的体现，通常为某一行业内部成员协商制定的供全体成员共同遵守的操作规范和自律性文件。魏德士认为法律渊源包括章程。[①] 黄茂荣亦认为，自治团体之规章亦属法律渊源。[②] 在保理行业内，中国服务贸易协会商业保理专业委员会和中国银行业协会保理专业委员会是国内最重要的两大行业自治组织，是制定行业自治文件的推动者和组织者。近年来，出于规范行业发展目的，两大组织自发制定了行业自律公约、业务规范和操作标准等文件。这些文件共同构成了保理行业的自治性文件。

中国服务贸易协会是目前国内最大的商业保理自治组织。该协会是经国务院批准、民政部登记、商务部筹建设立的具有独立法人地位的全国性、非营利性社会团体，是唯一国家级服务贸易行业组织。该协会以“为会员创造价值，推动行业自律”为使命，业务范围包括“（1）协助政府部门制定服务贸易领域鼓励政策和完善法规体系；（2）建立服务贸易各领域民间自律、协调机制，实现行业间资源共享、相互融合的发展环境……”等十四方面内容。该协会下设商业保理专业委员会（Commercial Factoring Expertise Committee of CATIS，CFEC）。该委员会成立于2012年11月26日，是经商务部批准，在民政部注册登记的首家全国性商业保理行业自律组织。截至2022年12月，商业保理专业委员会共有会员单位323家。商业保理专业委员会专注于行业热点问题研究，深入研究全球保理行业发展状况，全面分析我国商业保理业发展现状、存在的问题和发展趋势，并在此基础上提出相关政策建议。该委员会每年发布的《中国商业保理行业发展报告》已成为反映我国商业保理发展状况的极具权威性的年鉴性资料。

近年来，为加强行业自治，商业保理专业委员会相继出台了一系列工作

---

① 〔德〕魏德士：《法理学》，丁晓春、吴越译，法律出版社2005年版，第102页。

② 黄茂荣：《法学方法与现代民法》，中国政法大学出版社2001年版，第4页。

条例、自律公约、管理办法、团体标准等，供全体成员遵守。除制定《保理业务操作风险评估服务机构自律管理办法》《商业保理行业自律公约》等行业自律性文件外，截至2023年2月，商业保理专业委员会还相继发布了《商业保理术语》（Terminology of Commercial Factoring）、《商业保理业务规则》（the Business Rule of Commercial Factoring）、《商业保理合同准则》（Commercial Factoring Contract Criteria）、《商业保理业务会计核算准则》（Accounting Standards of Commercial Factoring Business）、《建设工程保理业务规则》（the Business Rule of Commercial Factoring on Construction Engineering）以及《国际保理业务操作指引》（Guideline on International Factoring Operation）六项团体标准。六项标准适用于商业保理业务活动的开展与自我管理，在一定程度上有效解决了行业内部认识上的分歧，为统一保理行业交易规则和操作标准奠定了重要的基础。

《商业保理术语》作为商业保理行业团体标准体系的基础，目的是建立中国商业保理业标准用语的术语集，形成商业保理行业内及商业保理业与其他行业间沟通交流的标准语言和通用语言，解决因缺乏术语标准引起的歧义和误解问题，推进商业保理用语的规范化。《商业保理术语》包括193条术语，其中基础术语25条、业务术语44条、合同术语47条、财务术语17条、风控术语31条、市场与中介术语19条、监督与管理术语10条。

《商业保理业务规则》规范了商业保理企业开展业务的一般流程和管理，具有较强的规范性和指引性，其共分为十四个部分：①范围；②规范性引用文件；③商业保理服务类型；④商业保理业务分类；⑤商业保理业务合格应收账款；⑥商业保理业务流程；⑦尽职调查；⑧应收账款转让；⑨应收账款转让通知；⑩应收账款转让登记；⑪商业保理回款管理；⑫商业保理保后管理操作指引；⑬应收账款催收；⑭商业保理纠纷解决。

《商业保理合同准则》则对于商业保理合同的相关术语、解释规则、分类及合同内容和文本要求进行了规范，逐条说明商业保理合同中应包含的项目及条款，并整理出应收账款转让申请书文本样式、应收账款转让通知书、商业保理合同样本等资料性附录，旨在帮助商业保理企业防范法律风险，提高合同订立效率，促进行业健康发展。《商业保理合同准则》分为七个部分，包括：①范围；②规范性引用文件；③术语和定义；④通用规则；⑤商业保理合同内容要素；⑥有追索权保理和无追索权保理的特殊要求；⑦合同文本样式。

《商业保理业务会计核算准则》对商业保理业务会计核算常见的相关术语给予定义，从融资保理业务、非融资保理业务、保理资产减值、一般风险准备金的计提四个方面，分别阐述了商业保理业务的账务处理方式。该准则分为六个部分，包括：①范围；②规范性引用文件；③术语和定义；④会计科目设置；⑤账务处理；⑥财务报表列报。

《建设工程保理业务规则》提供了我国商业保理公司在建设工程保理业务实际具体操作方面的指导。本标准共分为十三个部分，分别为：①范围；②规范性引用文件；③建设工程保理范畴；④建设工程保理合格应收账款；⑤建设工程保理业务流程；⑥建设工程保理尽职调查；⑦建设工程保理应收账款转让；⑧建设工程保理应收账款转让通知；⑨建设工程保理应收账款转让登记；⑩建设工程保理保后管理；⑪建设工程保理回款管理；⑫建设工程保理应收账款催收；⑬建设工程保理纠纷解决。

《国际保理业务操作指引》提供了我国商业保理公司在国际保理业务实际具体操作方面的指导。本标准共分为六个部分，分别为：①范围；②规范性引用文件；③术语和定义；④国际保理的主要参与方、与国内保理的区别、业务模式；⑤国际保理业务准入及业务操作流程；⑥国际保理的风险及管理。

与商业保理自治相映成趣的是，银行业自治组织——中国银行业协会保理专业委员会也组织全体成员制定了《中国银行业保理业务自律公约》《中国银行业保理业务规范》《中国银行业协会跨行再保理业务指引（试行）》等文件，倡导商业银行共同遵守，为银行保理合法依规开展业务提供了指引。

三、司法政策

美国法学家德沃金认为，单一规则不足以构成法律，法律中还有政策这个要素。所谓政策，是指某种标准规范。这种标准规范设定了一个要实现的目标，一般说来，这个目标是特定共同体在经济、政治或者社会文化方面的某种改善。有学者将公共政策作为补充性法律渊源，认为那些符合公共利益的政策可以作为法律渊源。① 这是因为与法律相比较，政策具有与时俱进的特点。法律反映的是公意，在这一点上公共政策与法律的本质是相同的。国家政策确定国家大政方针，无疑是当代中国法的重要渊源。在特定案件中，国家的产业政策对法官裁判案件会产生间接影响，而最高人民法院或本地区司法政策对法官裁判案件的影响则更为直接。在过去保理立法尚付阙如的情况下，多地法院基于审判实践需要制定的司法政策成为法律的有力补充。其中，天津市高级人民法院和深圳前海合作区人民法院制定的涉保理合同纠纷案件审理的指导性意见最引人关注。

表 2-6 地方法院出台的保理相关司法政策

制定主体	公布时间	文件名称	主要内容
天津市高级人民法院	2014 年 11 月	天津高院保理纪要（一）	共计 11 条，主要内容包括：保理法律关系的构成要件、保理合同效力的认定、案由的确定、管辖法院的确定、诉讼地位的列明、权利冲突解决机制、保理登记公示和查询的法律效力以及对相关概念的阐释。
	2015 年 7 月	天津高院保理纪要（二）	共计 10 条，主要内容包括：债权转让通知的形式以及效力认定、应收账款债务人确认应收账款真实性的法律后果、基础合同中应收账款债权禁止转让约款对保理人的影响、基础合同变更对保理人的影响、应收账款债务人如何行使抗辩权和抵销权、保理专户的法律效力以及保理人的权利救济等问题。
深圳前海合作区人民法院	2017 年 1 月	深圳前海法院保理合同案件裁判指引	共计 44 条，对管辖、当事人、保理合同效力、应收账款转让、保理人的权利救济、债务人的抗辩权和抵销权、登记公示和权利冲突等问题进行了规定。

上述司法政策是各地司法经验的总结，在《民法典》出台之前产生过积极影响。一方面，司法政策在一定程度上填补了立法的空白，对法官适用法律和统一本地区的裁判标准发挥了积极作用。另一方面，司法政策为立法积累了实务经验，为国家立法提供了素材和样本。比如，《天津高院保理纪要（一）》

① 陈金钊编：《法理学》，北京大学出版社 2010 年版，第 444 页。

第9条规定应收账款转让的登记机构为中国人民银行征信中心动产融资统一登记平台。后来中国人民银行制定的《动产和权利担保统一登记办法》作出了相同的规定。《天津高院保理纪要（二）》第2条规定："债权人与保理商在保理合同中约定由保理商通知债务人的，保理商向债务人发送债权转让通知的同时，应当证明应收账款债权转让的事实并表明其保理商身份。"《民法典》第764条对该条规定进行了借鉴吸收，规定"保理人向应收账款债务人发出应收账款转让通知的，应当表明保理人身份并附有必要凭证"。当然，司法政策的局限性也不容忽视。由于上述司法政策均是从本地实际出发，带有地方色彩，故许多规定并不统一，可能会出现政策"打架"的现象。

四、商业习惯

任何制度设计都诞生于深刻的社会实践，这个规则首先表现为习惯，后来便成了法律。[①] 习惯是指一种存在于国家之外的社会中，自发形成并获得民众的普遍认可，依靠情感、良好的心理认同、价值利益取向的共同性和社会舆论来实施和维持的规则。习惯法是指一些习惯、惯例和通行的做法被人们公认并被视为具有法律约束力。古罗马法学家乌尔比安说："在无成文法可循的情况下，那些长久的习惯常常被当作法律来遵守。"[②] 卡里斯特拉斯说："实际上，习惯也是法律最早的解释者。"[③] 尤里安说："在不采用成文法的情况下，必须遵守由习俗和习惯确定的那些规范……没有理由不把根深蒂固的习惯作为法律来遵守（人们称它是由习俗形成的法）。事实上，我们遵守他们仅仅是因为人民接受它们。"[④] 历史法学派代表人民萨维尼同样强调习惯法的重要地位和作用。他认为，习惯法与实在法同源，而且习惯是一切法的

---

① 中共中央马克思恩格斯列宁斯大林著作编译局：《马克思恩格斯全集》（第18卷），人民出版社1964年版，第309页。

② 〔意〕桑德罗·斯奇巴尼选编：《民法大全选译·正义和法》，黄风译，中国政法大学出版社1992年版，第63页。

③ 〔意〕桑德罗·斯奇巴尼选编：《民法大全选译·正义和法》，黄风译，中国政法大学出版社1992年版，第64页。

④ 〔意〕桑德罗·斯奇巴尼选编：《民法大全选译·正义和法》，黄风译，中国政法大学出版社1992年版，第62~63页。

基础。[①]

习惯法至今在世界上还广泛存在，世界各国和地区的民法大多承认习惯对制定法的补充地位。例如，《瑞士民法典》第1条规定："凡依本法文字或释义有相应规定的任何法律问题，一律适用本法。无法从本法得出相应规定时，法官应依习惯法裁判；如无习惯法时，依据自己如作为立法者应提出的规则裁判。"《意大利民法典》第1条"法源说明"中明确将惯例列为法源。在商法领域，习惯法的法律渊源地位更为突出，一些国家商法上甚至明确规定，没有习惯时，方适用制定法。在国际法领域，不成文的国际法一般规则作为国际习惯法发挥着重要作用。有学者认为，习惯要成为法律渊源，必须满足下列条件：（1）从事实上看，要有习惯的存在，而交易圈或生活圈的人普遍遵守该习惯；（2）从主观上看，对该惯行，其生活（交易）圈内的人对之有法的确信，这要求人们在主观上必须认可该习惯；（3）须系法规所未规定之事项，且与制定法不冲突；（4）不违反善良风俗；（5）须经国家（法院）明示或默示承认。[②] 例如，《奥地利民法典》第10条规定："习惯，须法典定为可以适用时，始可适用。"《日本法例》第2条规定："习惯，仅限于为法令之规定所认，及关于法令无规定之事项，为有效。"

我国立法向来肯定习惯的法源地位。过去，广泛运用交易习惯来确定当事人的真实意思是《合同法》的一个重要特色。《合同法》中直接包含交易习惯这一概念的法条共有9条，分别是总则部分的第22条、第26条、第60条、第61条、第92条和第125条，分则部分的第136条、第293条和第368条。《民法典》在吸收上述成果的基础上，在第10条做了如下规定："处理民事纠纷，应当依照法律；法律没有规定的，可以适用习惯，但是不得违背公序良俗。"由此可见，《民法典》承认习惯的法律渊源地位。这就意味着在法律或司法解释没有规定的情形下，如存在不违背公序良俗的习惯，那么该习惯可作为法律适用的依据。[③]《民法典总则编解释》第2条规定："在一定地域、行业范围内长期为一般人从事民事活动时普遍遵守的民间习俗、惯常做法等，可以认定为民法典第十条规定的习惯。当事人主张适用习惯的，应当

---

① 严存生主编：《西方法律思想史》，法律出版社2004年版，第234页。

② 黄茂荣：《法学方法与现代民法》，中国政法大学出版社2001年版，第6~7页。

③ 刘贵祥：《〈民法典〉实施的若干理论与实践问题》，载《法律适用》2020年第15期。

就习惯及其具体内容提供相应证据；必要时，人民法院可以依职权查明。适用习惯，不得违背社会主义核心价值观，不得违背公序良俗。”《民法典》不仅在总则编肯定习惯可作为正式的法律渊源，在分则编同样明确指出习惯对于制定法的补充作用。例如，《民法典》第289条在关于“处理相邻关系的法律依据”时规定：“法律、法规对处理相邻关系有规定的，依照其规定；法律、法规没有规定的，可以按照当地习惯。”第1015条第2款规定：“少数民族自然人的姓氏可以遵从本民族的文化传统和风俗习惯。”

尽管《合同法解释（二）》已经废止，但其关于交易习惯的规定仍具借鉴意义。该司法解释第7条规定：“下列情形，不违反法律、行政法规强制性规定的，人民法院可以认定为合同法所称‘交易习惯’：（一）在交易行为当地或者某一领域、某一行业通常采用并为交易对方订立合同时所知道或者应当知道的做法；（二）当事人双方经常使用的习惯做法。对于交易习惯，由提出主张的一方当事人承担举证责任。”需要注意的是，上述第一种情形下的“交易习惯”可作为法源意义上的习惯，并无疑义。第二种情形下的“交易习惯”则仅为当事人之间的习惯做法，并不意味着在特定地域、行业为公众所知且被广泛采用的做法，故不能作为法源意义上的习惯。[①] 而且，司法解释中所说的交易习惯与学说上的习惯法存在一定差别，主要体现在主观心态上。如果某种习惯做法仅仅在交易行为当地或者某一领域、某一行业被通常采用，则该种习惯做法并不足以被认定是交易习惯。交易习惯的认定强调该种习惯做法主观上为交易对方订立合同时所知道或者应当知道，即习惯做法不能约束不知道该做法的对方当事人。[②] 而且，“知道或者应当知道”的主观标准明显弱于“认可”或“同意”。《民法典合同编通则解释》基本延续了过去合同法司法解释的规定，其第2条规定：“下列情形，不违反法律、行政法规的强制性规定且不违背公序良俗的，人民法院可以认定为民法典所称的‘交易习惯’：（一）当事人之间在交易活动中的惯常做法；（二）在交易行为当地或者某一领域、某一行业通常采用并为交易对方订立合同时所知道或者应当知道的做法。对于交易习惯，由提出主张的当事人一方承担举证责任。”

---

① 刘贵祥：《〈民法典〉实施的若干理论与实践问题》，载《法律适用》2020年第15期。

② 最高人民法院研究室编著：《最高人民法院关于合同法司法解释（二）理解与适用》，人民法院出版社2015年版，第80页。

我国的保理立法正是从商业实践而来，充分体现了从“商业习惯到法律”这一过程。保理交易具有浓厚的商业交易习惯色彩。保理业从20世纪90年代引入我国，尤其是商务部2012年正式批准开展商业保理试点后，商业保理呈现快速发展态势。在保理有专门立法前，保理业的交易规则主要依靠交易习惯调整。保理根植于中国大地，我国保理立法具有明显的中国特色、实践特色与时代特色。

第三节 国内保理法律规范的体系构成

黑克（Philipp Heck）将法律体系分为外部体系和内部体系。外部体系是依据形式逻辑规则，通过抽象概念或类型整合法律素材形成的外部架构；内部体系则是决定法律规范内容的基础价值、法律理念和法律原则。[①] 构建法律规范外在体系的法律素材来源于法律规范。国内保理法律规范来源广泛，既有正式法律渊源也有非正式法律渊源。这些不同类型的法律规范构成了国内保理法律规范的主体。不同来源的法律规范存在法律效力上的差别。而这种效力等级上的差异正是它们建立秩序、构建体系的逻辑起点。

需要说明的是，本节的研究对象是我国保理的立法体系而非法律体系。立法体系与法律体系属不同概念。法律体系是指一个国家的全部法律规范，按照一定的原则和要求，根据法律规范的调整对象和调整方法的不同，划分为若干法律部门，形成相互有机联系内在统一的整体。而立法体系（或称规范性法律文件体系、法律渊源体系）则是指法的外在表现形式的系统。二者是内容与形式的关系。立法体系反映法律体系，以法律体系为基础，但并不等于法律体系。[②] 法律体系的纵向结构是规范、制度、子部门、部门、部门群，而立法体系的纵向结构则与发布规范性文件的国家机关的等级结构一致，如宪法、法律、行政法规、地方性法规等。

---

① 谢鸿飞：《民法典的外部体系效益及其扩张》，载《环球法律评论》2018年第2期。

② 朱景文主编：《法理学》，中国人民大学出版社2012年版，第249页。

一、多层法律规范体系的形成

（一）多层法律规范体系的形成过程

我国保理立法过程大致可分为以下三个阶段：

第一个阶段（1990 年至 2012 年）是立法预备期。保理在 20 世纪 90 年代初被引入我国时完全属于一个新鲜事物，外界知之甚少。保理业处于萌芽状态，国内注册的商业保理公司数量很少，如同星星之火，并未形成规模，交易亦不活跃，更未形成清晰的交易规则。其间，除国家外汇管理局在 2003 年 7 月下发《关于出口保付代理业务项下收汇核销管理有关问题的通知》（汇发〔2003〕79 号）对出口保理中收汇核销这一技术性问题作出规定外，并无其他行政管理性规定。由于整个保理业发展不够成熟，保理立法缺乏社会基础，故在 20 世纪 90 年代错过了《合同法》的立法窗口。

第二个阶段（2012 年至 2020 年）是行政立法期。经过二十年的探索，保理逐渐成为供应链金融中一个重要环节和融资新渠道，对缓解中小企业融资难题发挥了重要作用，社会认可度越来越高。2012 年是我国保理发展史中的一道分水岭。当年 6 月，商务部下发《关于商业保理试点有关工作的通知》（商资函〔2012〕419 号）。根据该通知内容，商业保理率先在天津滨海新区和上海浦东新区开展试点。之后，商务部又不断扩大试点范围，先后批准香港、澳门服务提供者在深圳市、广州市试点设立商业保理企业，以及准许在重庆两江新区、苏南现代化建设示范区、苏州工业园区开展试点。在试点取得预期效果后，商业保理在全国范围内推广。支持商业保理发展的政策环境拨云见日，逐渐明朗起来。基于政策的大力支持，商业保理如雨后春笋般蓬勃发展起来，渐成燎原之势。注册的商业保理公司数量、注册资本和业务量逐年攀升。到 2018 年，我国注册的商业保理公司首次突破万家，保理业务量全球第一，成为名副其实的保理大国。在业界，这一阶段被称为我国保理发展黄金期。

在黄金发展期，我国保理立法也有了明显改善，但主要是由行政主导。作为商业保理的监管部门，商务部陆续发布《关于香港、澳门服务提供者在深圳市、广州市试点设立商业保理企业的通知》（商资函〔2012〕1091 号）、《关于融资租赁公司、商业保理公司和典当行管理职责调整有关事宜的通知》（商办流通函〔2018〕165 号）等规范性文件。作为银行保理的监管部门，原银保监会（包括原银监会）也陆续发布《关于加强银行保理融资业务管理的通知》（银监发〔2013〕35 号）、《商业银行保理业务暂行管理办法》（中国银行业监督管理委员会令 2014 年第 5 号）以及《关于加强商业保理企业监督管理的通知》（银保监办发〔2019〕205 号）等规范性文件。其中最受瞩目的立法成果当属《商业银行保理业务暂行管理办法》这一部门规章。该管理办法是这一时期保理领域法律效力层级最高的法律文件，对整个保理业产生巨大影响。严格来讲，虽然其他行政规范性文件不是法律，但由于其可作为行政监管的依据而事实上对保理企业产生了约束力。总体来看，行政机关主导立法是第二个阶段最明显的特征。正是在行政力量的推动下，保理业行政管理规定才密集出台。部门规章和行政规范性文件在一定程度上填补了立法空白，为下一阶段的保理立法奠定了坚实的基础。

第三个阶段是保理立法期（2020 年以后）。行业大发展给执法、司法带来了巨大挑战。无论是保理从业者，还是监管机构、司法机关，都对立法提出了更迫切的要求。加快保理立法的呼声越发强烈。而且，日趋清晰的保理交易规则和监管规则也为立法提供了依据。国家立法的民意基础和制度基础均已具备，立法条件已趋成熟。编纂《民法典》为保理立法创造了一次千载难逢的机遇。在多方共同推动下，保理合同终于被纳入《民法典》之中，成为法定的典型合同之一，自此我国保理立法进入了法典时代。《民法典》以国家基础法律的形式将保理合同固定下来，是我国保理立法史的一个里程碑，但这并不是保理立法的终点，而应该是一个新起点。以《民法典》为基础，未来围绕保理的各种立法活动仍将不断深入。

（二）多层法律规范体系的形成判断

一国的法律体系是否形成标准对判断一个法律部门、法律领域法律规范体系是否形成具有重要的借鉴意义。中国特色社会主义法律体系具有以下四方面特征：一是法律部门齐全，涵盖社会生活的各个方面；二是各个法律部门中基本、主要的法律已经制定完成；三是保障法律实施的行政法规和地方性法规较为完备；四是在法律体系内部实现了法律规范科学、和谐、统一。根据以上特征，可将中国特色社会主义法律体系的形成判断标准总结如下：(1) 部门齐全，即涵盖社会关系的各个法律部门要齐全。在一个法律体系中，在宪法的统领下，应该具备调整不同类型社会关系的法律部门。(2) 形式完备，即在每一个法律部门中，法律、行政法规、地方性法规等较为完备。(3) 结构严密，不仅法律体系需要有一个严密的结构，而且在各个法律部门内也要形成一个由法律、行政法规、地方性法规、部门规章等构成的严密结构。(4) 内在协调，即各种法律法规要科学设置，不仅要求自身内部和谐统一，还应与其他法律法规协调一致。诚如恩格斯所指出的那样："在现代国家中，法不仅必须适应于总的经济状况，不仅必须是它的表现，而且还必须是不因内在矛盾而自相抵触的一种内部和谐一致的表现。"① 大到一个国家的法律体系，小到一个法律部门（领域）的法律规范体系，都应遵循大体相同的判断标准。除第（1）项标准外，其他三项标准都可以作为我国保理法律规范体系是否形成的判断标准。

首先，我国保理立法的形式趋于完备。全国人民代表大会已制定出台的《民法典》成为保理最基本、最主要的法律。全国统一的金融监管行政法规呼之欲出。原银保监会（包含原银监会）和中国人民银行也分别制定了《商业银行保理业务暂行管理办法》与《动产和权利担保统一登记办法》两部涉及保理的部门规章。多地地方立法机关也都制定了本地地方金融监管条例，将保理纳入条例规制范围之内。最高人民法院也相继出台《民间借贷司法解释批复》《民法典时间效力规定》《民法典担保制度解释》三部涉及保理的司法解释。至此，我国保理领域的法律规范涵盖基础性法律、行政法规、部门规章、地方性法规、司法解释等多种规范类型，种类较为齐全，形式日益完备。

其次，从法律结构上看，保理立法的内部结构较为严密。体系的基本特征是由诸多个体形成统一的秩序。② 在保理领域，统一的法律秩序基本成型。《民法典》居于基础性地位。行政法规、部门规章、地方性法规、司法解释等依据其法律效力等级差异各居其位。保理立法整体上呈现出逻辑严密、层次

① 中共中央马克思恩格斯列宁斯大林著作编译局编：《马克思恩格斯选集》（第4卷），人民出版社1995年版，第702页。

② 谢鸿飞：《民法典的外部体系效益及其扩张》，载《环球法律评论》2018年第2期。

分明的结构。

最后，从内在协调性上看，实体法与程序法以及实体法之间基本实现了和谐一致。《民法典》作为实体法，规定了保理法律关系中的基本权利义务关系。《民事诉讼法》及其司法解释作为我国最重要的民事程序法为《民法典》的实施提供了程序法依据。而且，为了解决保理合同纠纷诉讼程序性问题，《民法典时间效力规定》明确了《民法典》在保理合同纠纷审判中的溯及力；《民法典担保制度解释》为保理人起诉应收账款债权人和债务人提供了诉讼法上的依据。

综上三个方面可以得出以下结论：我国保理领域已基本形成了形式完备、结构严密、内在协调的多层法律规范体系。之所以说是“基本形成”，在于这一体系尚处于初级阶段，在形式完备性和内在协调性方面仍存在一定的短板。法律规定不一致甚至体系冲突的问题尚未完全根除，立法的协调性还有进一步完善的空间。

（三）保理法律规范体系的形成标志

从整体上看，《民法典》之前我国保理领域的法律规范数量虽然不少，但层级较低，尚未形成统一的规范体系，制约了保理领域的法治化水平。《民法典》的制定为统一法律秩序，重构法律规范体系提供了重要契机。

第一，《民法典》开创了保理立法的新局面。1999 年制定的《合同法》虽然有债权转让的相关规定，但债权转让并不能完全契合保理的特点。保理虽以应收账款转让为基础，但并不能因此将其与债权转让画等号，二者有显著的区别。保理法律关系是一种复合型法律关系，内容更为复杂，有必要专门立法。《民法典》为保理合同“正名”，解决了制约保理业发展的根本性问题，保理从此正式进入了法治轨道。

第二，《民法典》为保理法律规范的体系化提供了“主干”。在《民法典》之前，部门规章、地方性法规以及各种行政规范性文件等法律文件好比立法的“枝叶”。它们以一种松散的形式存在，缺乏一根强有力的主干依附，自然难成体系。《民法典》虽出台时间晚，但其后来居上，成为保理领域效力层级最高的基础性法律，相当于在保理立法领域栽种了“树干”。部门规章、地方性法规、行政规范性文件等从此有了支撑，立法的体系化方成为可能。

第三，《民法典》为保理法律规范体系的进一步优化奠定了基础。《民法典》保理合同章规定了合同定义、合同内容和形式、合同履行、权利义务、受偿顺序等内容，搭建起了保理合同的基本架构。《民法典》的上位法地位决定了行政法规、部门规章、地方性法规以及各种非正式法律渊源都必须向《民法典》看齐；与《民法典》规定不一致的下位法要对照删改；与《民法典》配套的行政法规、规章、司法解释等也有必要及时跟进。在《民法典》的统领下，保理法律规范体系将日益健全、完善。

综上，《民法典》在我国保理立法史上发挥着承上启下、继往开来的关键作用。一方面，《民法典》使得保理立法从无序化走向有序化，统一和谐的法律规范秩序得以成型；另一方面，《民法典》作为基础性法律，为未来规范体系的完善奠定了制度基础。可以说，《民法典》的出台标志着我国保理立法走向了体系化。我国保理立法迎来了质的飞跃，发生了历史性变革。

（四）保理法律规范体系的合理性

不难发现，我国保理法律规范体系并不是由某一部法律构建的，而是由多部效力层级不同的法律共同构建而成的。或有观点提出，未来我国是否还有必要通过制定一部专门的《中华人民共和国保理法》（以下简称《保理法》）来实现保理法律规范的体系化？笔者认为，没有专门立法的必要。保理合同已在《民法典》中独立成章，保理民事权利义务关系已有了基础法律依据。如果再制定一部《保理法》，如何处理其与《民法典》的关系，就会陷入两难境地。如果《保理法》规定民事权利义务关系，体系可能会显得完整，但必然会与《民法典》产生重复；如果不规定民事权利义务关系，体系则不完整，可能会成为一部完完全全的行政法规进而成为既有法律规范体系的一部分。退一步讲，即便制定了一部大而全的《保理法》，也将难以适应保理商业实践与法律发展需要。保理作为一种类金融手段，其发展、创新的速度是立法者事先难以预估的。《保理法》必然会滞后于实践发展。法律的滞后性和固定性缺点将难以克服。而且，这将会使得未来的修法工作变得更加艰难。相反，现行多层法律规范体系兼具稳定性、灵活性和包容性，更适应保理业的发展特点。在多层规范体系下，根据实践发展需要，对其中某一部法律进行调整或修改显然会比修改一部综合性法律简单易行得多。从我国过往立法经验来看，也从未就合同编中某一种典型合同成功制定过一部综合性法律。因此，从现有立法情况和立法条件来看，制定一部综合性的《保理法》并不现实，亦无必要。

二、多层规范体系的内在逻辑

法律是一个多层次的行为规范体系，而这个体系有着复杂的结构。法律规范可分为三个层次：基本规范、一般规范和个别规范。所谓基本规范，是指国内法中具有最高效力和能产生其他法律规范的法律规范，如宪法；所谓一般规范，是指通过立法的方式产生的规范，包括立法机关所制定的成文法，也包括判例法和习惯法；所谓个别规范，是指行政行为、司法行为和私法行为的结果，如行政机关对某事项所作出的决定，司法机关对案件所作的判决，私人之间所签订的契约等。① 三种规范区分的标准是效力的大小和产生的根据。在一国法的体系中，因制定的国家机关地位、制定时间先后、法律规范的效力范围不同而形成效力等级上的差别。② 凯尔森认为，“法律规范本身也是形成等级的，规范等级构建了法律秩序”“任何一部法律都有其效力层次并从属于既定的效力等级体系，从而形成一个统一的法律秩序”③。在统一的法律秩序中，法律文件之间具有效力上的等级关系，下一等级的规范性法律文件要受到上一等级的规范性法律文件的约束。世界各国法律都各自成为一个有机的法律体系，在此体系中，各种具体的法律规范效力高低不同，由此形成一个错落有致的法律效力等级体系。④

（一）第一层：《民法典》为保理的基础性法律

《民法典》以民商事领域基本法律制度和行为规则为规范对象，是各类民商事活动的基础性法律。根据《立法法》第 98 条、第 99 条规定，《民法典》的效力仅在宪法之下，应高于行政法规、地方性法规、规章。但由于宪法没

---

① 严存生编：《西方法律思想史》，法律出版社 2004 年版，第 284 页。

② 《法理学》编写组编：《法理学》，人民出版社、高等教育出版社 2010 年版，第 107 页。

③ 〔奥〕凯尔森：《法与国家的一般理论》，沈宗灵译，中国大百科全书出版社 1996 年版，第 126~168 页。

④ 谢鸿飞：《民法典的外部体系效益及其扩张》，载《环球法律评论》2018 年第 2 期。

有关涉保理合同的具体内容，导致《民法典》事实上在法律规范体系中发挥着统领作用。

（二）第二层：行政法规为保理监管的法律依据

根据《立法法》相关规定，行政法规的法律效力低于法律，高于地方性法规和部门规章。当前国务院正在制定中的《地方金融监督管理条例》在未来正式出台后，其将在整个保理法律规范体系中居于承上启下的位置，对上承接《民法典》，对下约束部门规章和地方性法规及其他非正式法律渊源。

（三）第三层：部门规章为保理监管的专门性规定

原银监会制定的《商业银行保理业务暂行管理办法》（银监会 2014 年第 5 号令）和中国人民银行制定的《动产和权利担保统一登记办法》（中国人民银行令〔2021〕第 7 号）作为部门规章，为银保监会和地方金融监管部门行使监管职权提供了执法依据。

在效力层次上，部门规章低于法律和行政法规并无疑问，但部门规章与地方性法规的效力孰高孰低则存在一定争议。从《立法法》的规定来看，二者既不属于同位法关系，也不属于上位法与下位法关系，效力高低不具有可比性。《立法法》第 100 条第 1 款规定，地方性法规的效力高于本级和下级地方政府规章；第 102 条又规定，部门规章与地方政府规章具有同等法律效力。由此来看，地方性法规的效力似乎应当高于部门规章。然而，《立法法》第 106 条第 2 项又规定，在地方性法规与部门规章之间对同一事项的规定不一致时，应首先由国务院提出处理意见，若国务院认为应适用地方性法规的，则在该地方适用地方性法规；反之，国务院若认为应适用部门规章的，则应提请全国人民代表大会常务委员会进行裁决。通过第 106 条，并不能得出地方性法规与部门规章之间位阶孰高孰低的结论。《立法法》第 106 条第 2 项似乎是有意不对二者的效力进行评价，而只是提出了一个冲突解决方案。学界与实务界普遍认为，地方性法规与部门规章之间的效力问题并无定式，需要根据具体情况，区别对待。

具体到保理立法领域，笔者认为，部门规章的法律效力应高于地方金融监管条例。理由在于：其一，从立法形式来看，地方金融监管条例是一种混合式立法，追求大而广的立法效果，保理只是其中一个很小的分支，由此导致其只能作出一些宏观性规定。而涉保理的部门规章则是关于保理的专门性立法，规定内容较为具体，故可将二者类比一般法与特别法的关系，特别法应优先适用。其二，从法律实施效果来看，地方金融监管条例的针对性、专业性和可操作性可能都不强，而《商业银行保理业务暂行管理办法》是针对保理的专门管理性规定，《动产和权利担保统一登记办法》则专门针对保理登记问题作出规定，二者的针对性极其突出，可操作性很强，具有“小、快、灵”的突出优势，容易为监管机构和从业者理解并执行。从法律实施角度来看，肯定部门规章的上位法地位更有利于执法和守法。其三，当前国务院正在制定中的《地方金融监督管理条例》充分借鉴吸收了各地地方金融监管条例的立法成果。预计在《地方金融监督管理条例》出台后，各地制定的地方金融监管条例将会被全国统一的《地方金融监督管理条例》所取代。

案例 04　部门规章可作为法院裁判说理的依据①

基本案情

某保理公司与甲公司签订《国内商业保理合同（附追索权）》，约定甲公司将其与乙公司的应收账款转让给某保理公司叙做保理。某保理公司向法院起诉，请求判令乙公司立即向某保理公司支付应收账款及付逾期付款利息。乙公司辩称，案涉应收账款债权并不存在，保理业务成立缺乏基础条件，本案名为保理实为借贷，乙公司不是借贷关系当事人，不应承担还款责任。

裁判结果

法院判决：乙公司向某保理公司支付应收账款及逾期付款利息。

裁判理由

法院判决认为，关于保理合同性质问题，参照《商业银行保理业务管理暂行办法》有关规定，保理合同是债权人与保理商之间约定将现在或将来的

---

① 一审：武汉市中级人民法院（2016）鄂01民初1252号民事判决书；二审：湖北省高级人民法院（2017）鄂民终3301号民事判决书。

基于债权人与债务人订立的销售商品、提供服务、出租资产等基础合同所产生的应收账款债权转让给保理商，由保理商为债权人提供融资、销售分户账管理、应收账款催收、资信调查与评估、信用风险控制及坏账担保等至少一项服务的合同。因此，债权人与债务人间的基础合同是成立保理的前提，而债权人与保理商间的应收账款债权转让则是保理关系的核心。本案《国内商业保理合同（附追索权）》虽约定某保理公司就实收应收账款受偿保理融资款本息后将余款归属甲公司，还约定了应收账款回购条款，但并未改变某保理公司与甲公司之间依保理合同形成的应收账款转让的法律关系实质。某保理公司签订保理合同后即与债权人甲公司共同向债务人乙公司发送书面债权转让通知，亦可印证某保理公司具有使应收账款转让行为对乙公司发生效力并实际受让该债权的主观意愿，而非仅以应收账款转让形式向甲公司提供借款。乙公司关于各方当事人间名为保理，实为借贷或应收账款让与担保法律关系的主张仅系对保理法律关系认识的某些理论观点，在本案中并不具有事实依据，本院不予支持。案涉保理业务属有追索权的保理，某保理公司依据前述合同安排，有权向乙公司主张应收账款债权，在账款未受清偿的情况下，亦有权向甲公司追索保理融资款本息债权。

部门规章对保理合同的影响不限于合同性质，还可能包括合同效力、当事人的权利义务以及民事责任的承担。最高人民法院审判委员会专职委员刘贵祥认为，金融规章虽不能作为认定金融合同无效的直接依据，但可以作为判断金融合同是否违背公序良俗的重要依据或裁判理由。规章中关于维护金融市场基本秩序、维护金融安全、防控系统性金融风险的禁止性规定，可以用来识别是否违反公序良俗。在金融监管规章有关条款构成公序良俗的情况下，可以适用《民法典》第 153 条第 2 款的规定认定合同效力。如果金融监管规章的强制性规定是根据上位法的授权或者是为了落实法律、行政法规的强制性规定而制定的具体规定，此时金融监管规章的强制性规定有上位法的明确依据，只不过该上位法的规定较为原则，其在结合实践经验的基础上，将该原则性的规定予以具体化，使其具有可操作性。在这种情况下，合同违反的是法律、行政法规的强制性规定，人民法院可依据《民法典》第 153 条第 1 款认定合同效力。此外，金融监管规章还可以作为认定民事权利义务及相应民事责任的重要参考或依据。金融法律、行政法规无法完全适应金融行业日新月异的快速变化，金融监管规章可以及时补位，填补监管制度漏洞。尤为重要的是，向社会公开发布的金融监管规章，是金融交易的行为规范，交易主体应当遵守，人民法院依此裁判符合社会，特别是金融市场交易主体的预期。①

（四）第四层：地方性法规为保理业监管立法的补充

当前，大部分省、自治区、直辖市立法机关都是通过出台地方金融监管条例的形式将包括商业保理公司在内的多种地方金融组织进行混合立法。这些地方金融监管立法将成为《地方金融监督管理条例》和部门规章的补充，在其被废止之前，仍可成为我国保理法律规范体系的组成部分。

（五）第五层：司法解释为《民法典》实施的有力保障

在我国，法律解释的主体是国家机关，法律解释也就具有国家权威性和法律的规范性。法律解释只要符合法的精神与法定的权限和程序，就具有与被解释的法律、法规相同的效力，即在效力等级上、空间效力上、时间效力上、对象效力上具有同等级的效力。②《立法法》第53条规定全国人大常务委员会作出的法律解释同法律具有同等效力。然而，最高人民法院和最高人民检察院制定的司法解释显然不具备与立法解释同等的待遇。如何界定最高人民法院制定的涉保理司法解释在保理法律规范体系中的地位是需要澄清的问题。

笔者认为，司法解释不同于立法解释，不具有与其所解释的法律同等的法律效力。从《立法法》授权的立法机关范围来看，最高人民法院并不属于国家立法机关，故无立法权。相应地，最高人民法院也没有立法解释权。但根据《全国人民代表大会常务委员会关于加强法律解释工作的决议》第2条规定，人民法院在审判工作中遇到的具体应用法律、法令的问题，应由最高人民法院进行解释。故最高人民法院就审判工作中如何具体应用法律的问题

---

① 刘贵祥：《关于金融民商事审判工作中的理念、机制和法律适用问题》，载《法律适用》2023年第1期。

② 张文显编：《法理学》，高等教育出版社、北京大学出版社2018年版，第293页。

作出的司法解释应具有法律效力。但由于司法解释基于审判权产生，不同于立法和立法解释，故其效力范围应当与审判权的适用范围相同，只能在其管辖范围内发生效力。[①] 换言之，司法解释只能在司法活动领域产生约束力。司法解释的法律效力主要体现在审判机关裁判案件过程中。审判机关在适用《民法典》裁判案件时，可以司法解释为裁判依据。法官和案件当事人都要受到司法解释的约束。

司法解释的效力位阶虽然低于正式立法，但由于其直接关系到对法律的理解与适用，在司法实践中常常成为立法的重要填补，其地位和作用不容忽视。虽然行政监管机关可能不会以司法解释作为行使监管权的法律依据，但司法解释作为审判权的一种表达形式，无疑会对监管机关的执法产生重要影响。实践中，保理交易的参与方不可能忽视司法解释的存在，而是会将司法解释作为合法合规经营和寻求权利救济的指南。从这个意义上看，保理相关司法解释也是保理法律规范体系中一个不可或缺的组成部分。

（六）第六层：非正式法律渊源为正式立法的填充

在我国保理领域存在着大量非正式法律渊源，主要表现为行政规范性文件、行业自治性文件和司法政策三种。非正式法律渊源往往因与当事人的联系最密切最直接，从而对促进“纸面上”的法律落实到“行动中”的法律发挥着无可替代的作用。

行政规范性文件虽然法律效力有限，但由于其针对对象明确、内容具体，通常直接关系对行政监管对象的奖惩或评价，故具有很强的威慑力。法院在裁判文书中还可以援引行政规范性文件进行说理。最高人民法院于2009年制定出台的《最高人民法院关于裁判文书引用法律、法规等规范性法律文件的规定》第6条即对法院在裁判文书中引用规范性文件的范围作出规定，指出法律、法规、条例、司法解释之外的规范性文件，如果“根据审理案件需要，经审查认定为合法有效的，可以作为裁判说理的依据”。2016年6月，《最高人民法院关于印发〈人民法院民事裁判文书制作规范〉〈民事诉讼文书样式〉的通知》（法〔2016〕221号）规定：“裁判文书不得引用宪法和各级人民法

---

① 张文显编：《法理学》，高等教育出版社、北京大学出版社2018年版，第293页。

院关于审判工作的指导性文件、会议纪要、各审判业务庭的答复意见以及人民法院与有关部门联合下发的文件作为裁判依据，但其体现的原则和精神可以在说理部分予以阐述。”“司法指导性文件体现的原则和精神，可在理由部分予以阐述或者援引。”实践中发现，区域性地方行政规范性文件可成为法院裁判说理的依据。[①] 比如，有的法院判决将商务部《关于商业保理试点有关工作的通知》作为裁判论理依据；[②] 有的法院判决将原银保监会办公厅《关于加强商业保理企业监督管理的通知》作为裁判论理依据。[③]

案例 05　地方行政规范性文件作为判断融资租赁公司是否具备兼营保理资质的依据[④]

基本案情

2016 年 12 月 1 日，甲公司与乙公司签订《有追索权保理合同》，合同约定乙公司将其与丙公司签署的《关于某产业园项目一期工程的总承包施工合同》及其所有附件等基础合同项下应收账款转让给甲公司。甲公司同意受让应收账款，并为乙公司提供贸易/应收账款融资、客户资信调查与评估、应收账款管理与催收等部分或全部内容的综合性保理服务。2016 年 12 月 5 日，本案项下乙公司转让给甲公司的债权在中国人民银行征信中心办理初始登记。2016 年 12 月 1 日，乙公司向丙公司发出《应收账款转让通知书》，通知其将与丙公司总承包施工合同及《确认函》项下的应收账款 214575209.15 元转让给甲公司，甲公司成为基础合同项下唯一债权人，鉴于乙公司已经与甲公司签订《服务合同》，乙公司作为甲公司的受托人/服务人，除非甲公司另行通知要求丙公司直接向甲公司直接支付，丙公司仍应按照基础合同约定将相关款项支付至甲公司账户等。同日，丙公司在通知回执上加盖公章确认，并表示将按照基础合同及通知向甲公司履行相关义务。

---

① 李舒、唐青林、赵跃文编：《商业保理疑难案件精解及胜诉实战指南》，中国法制出版社 2021 年版，第 10 页。

② 参见上海市浦东新区人民法院（2018）沪 0115 民初 36585 号民事判决书。

③ 参见江苏省无锡市中级人民法院（2019）苏 02 民终 5050 号民事判决书。

④ 一审：上海市第一中级人民法院（2018）沪 01 民初 1074 号民事判决书；二审：上海市高级人民法院（2019）沪民终 469 号民事判决书。

后因丙公司未支付应收账款，甲公司向法院起诉请求判令乙公司对其转让给甲公司的全部应收账款未清偿部分履行一次性回购义务，并支付甲公司回购款、违约金等。

法院另查明：甲公司系设立在中国（上海）自由贸易试验区的有限责任公司。其经营范围包括：融资租赁业务；租赁业务、向国内外购买租赁财产；租赁财产的残值处理及维修；租赁交易咨询和担保；从事与主营业务有关的商业保理业务（依法须经批准的项目，经相关部门批准后方可开展经营活动）。

裁判结果

一审法院判决：乙公司向甲公司归还相应的借款、利息及违约金。

乙公司不服一审判决，提起上诉。二审法院判决：驳回上诉，维持原判。

裁判理由

一审判决认为，甲公司的主营范围为融资租赁业务，根据其营业执照载明的经营范围，其可兼营与主营业务相关的商业保理业务。根据《商务部办公厅关于融资租赁行业推广中国（上海）自由贸易试验区可复制改革试点经验的通知》等相关规定，“兼营与主营业务相关的商业保理业务”是指该等业务必须与租赁物及租赁客户有关。本案中，甲公司与乙公司没有融资租赁业务往来，也即甲公司和乙公司开展了与甲公司主营业务无关的保理业务，该交易行为已超出甲公司的特许经营范围。经营商业保理业务必须获得相应的行政许可，甲公司不具有本案系争的保理融资交易的经营资质，故对其关于双方系保理融资关系的主张，本院不予支持。

二审判决认为，甲公司与乙公司签订涉案《有追索权保理合同》及相关的交易行为虽已超出其兼营与融资租赁相关商业保理业务的范畴，鉴于甲公司已实际向乙公司提供了融资服务，乙公司收取了涉案融资款项并履行了部分还款义务，且甲公司并非经金融监管部门批准设立的从事贷款业务的金融机构，一审判决认定甲公司和乙公司之间成立民间借贷法律关系并无不当，本院予以支持。甲公司虽无贷款资质，但并没有以发放贷款作为其主营收入，系争借款依法有效。甲公司依约交付了相应的借款本金，乙公司未能按时、足额向甲公司支付款项，显属违约，理应承担相应的违约责任。

案例 06 原银保监会通知作为认定保理人非法金融行为的依据[①]

基本案情

2019 年 1 月 18 日，周某（乙方）与某保理公司（甲方）签订《保理业务权益合作合同》，约定：甲方拟将其持有的合法保理债权的全部或部分转让给乙方，乙方拟等值受让，并由甲方于约定期限到期时无条件溢价回购乙方受让的债权；标的债权本金为人民币 2.5 亿元，标的债权回购日为 2019 年 9 月 13 日；每 1 元标的债权本金的转让价格为人民币 1 元，乙方拟受让的标的债权本金金额为 10 万元；收益计算期间为 2019 年 1 月 18 日至 2019 年 9 月 13 日；乙方须于合同签订当日将款项划付至甲方账户；甲方承诺于标的债权回购日无条件溢价回购本合同项下乙方受让的全部标的债权，溢价率为年化 10.2%，乙方同意标的债权回购日由甲方回购；标的债权回购总价款为 106650.96 元（其中初始受让本金 10 万元，溢价金额 6650.96 元），甲方须在标的债权回购日截至前确保溢价回购的债权；如甲方未按照本合同约定的时间、金额支付回购价款，自标的债权回购日次日起每日按照逾期金额万分之五向乙方支付逾期付款违约金。周某于同日通过银行转账支付 10 万元至某保理公司。

上述债权到期后，某保理公司于 2019 年 11 月 14 日向周某转账支付 41061.92 元。

2020 年 8 月 30 日，陆某某向周某出具《还款计划》一份，内容为：周某多次向陆某某购买保理产品，共计款项 6 万元，所有款项均由陆某某使用，合同期满后，陆某某未能按约履行合同，为保证周某利益不受损害，陆某某承诺：截至 2020 年 8 月 30 日陆某某结欠周某借款本金 6 万元，利息自 2019 年 9 月 13 日至 2020 年 8 月 30 日为 6630 元，之后的利息按年息 10.2%计算未付，该款项陆某某承诺于 2020 年 9 月 15 日前归还 1 万元，此后逐月归还。

2020 年 10 月 23 日，葛某某、黄某某出具《还款计划》一份，内容为：

---

① 参见江苏省张家港市人民法院（2021）苏 0582 民初 13029 号民事判决书。

现周某在陆某某处的投资款剩余6万元，由陆某某负责还款，在陆某某未还款的情况下，葛某某、黄某某承诺2021年8月31日前负责归还。

周某向法院提出诉讼，请求判令被告某保理公司、陆某某、葛某某、黄某某支付债权回购款6万元及利息（自2020年8月31日起计算至被告实际还款之日止，按年利率10.2%计算）。

裁判结果

法院判决：1. 某保理公司、陆某某应于本判决生效后十日内支付周某本金6万元及利息（自2020年8月31日起至实际履行之日止，按同期全国银行间同业拆借中心公布的贷款市场报价利率计算）。2. 葛某某、黄某某应对被告陆某某上述债务不能清偿部分的三分之一承担赔偿责任。

裁判理由

法院判决认为，中国银保监会办公厅《关于加强商业保理企业监督管理的通知》规定：商业保理业务是供应商将其基于真实交易的应收账款转让给商业保理企业，由商业保理企业向其提供的保理融资、销售分户（分类）账管理、应收账款催收、非商业性坏账担保业务；商业保理企业应主要经营商业保理业务，同时还可经营客户资信调查与评估、与商业保理相关的咨询业务；商业保理企业不得吸收或变相吸收公众存款，不得通过网络借贷信息中介机构、地方各类交易场所、资产管理机构以及私募投资基金等机构融入资金；商业保理企业的融资来源，可以通过股东借款、发行债券、再保理等渠道融资。从上述通知可见，商业保理企业不得以自己的名义将其特定保理业务作为资产产品对外募集资金，并以此作为其保理资金的来源。

某保理公司是商业保理企业，受让应收账款债权系其合法业务范围。但保理业务的融资款应来源于股东借款、发行债券或再保理等渠道，某保理公司不得以向社会公众募集资金，或通过地方各类交易场所融资的方式获得保理资金。本案中，某保理公司实际将其保理业务作为理财产品对外发售，募集资金的行为属非法金融行为，故案涉《保理业务权益合作合同》应属无效，双方关于利息之约定亦属无效，某保理公司应向周某返还10万元及资金占用期间的利息，利息应自本金10万元支付之日即2019年1月18日起计算至实际履行之日止。因自2019年8月20日起，贷款利息的基本标准已由中国人民银行贷款基准利率改为全国银行间同业拆借中心公布的贷款市场报价利率，故对涉案款项的利息作分段计算，至2019年8月19日按同期银行贷款利率计算为2585.83元，自2019年8月20日起按同期全国银行间同业拆借中心公布的贷款市场报价利率计算至2019年11月14日为1019.31元。因某保理公司于2019年11月14日向周某归还了41061.92元，原告周某主张某保理公司返还本金6万元及自2020年8月31日起至实际履行之日止的利息，系其对自身权利的处分，本院予以支持，利率标准相应调整为按同期全国银行间同业拆借中心公布的贷款市场报价利率计算。

被告陆某某向原告周某出具《还款计划》，自愿加入被告某保理公司的债务，该意思表示真实、明确，故被告陆某某应对被告某保理公司的涉案债务承担共同还款责任。

被告葛某某、黄某某出具《还款计划》，承诺在陆某某未还款的情况下，由葛某某、黄某某于2021年8月31日前负责归还，该意思表示属于一般保证。因案涉主合同《保理业务权益合作合同》无效，导致葛某某、黄某某提供的担保合同无效。葛某某、黄某某作为某保理公司涉案业务的介绍人、经办人，应当知晓某保理公司作为商业保理企业不得以自己的名义将特定保理业务作为资产产品对外募集资金，故葛某某、黄某某对《保理业务权益合作合同》无效具有过错，应对陆某某不能清偿部分的三分之一承担赔偿责任。

虽然保理行业自治性文件没有国家强制力作为保障，是否遵守完全由协会成员自主决定，但其对制定法的补充作用亦不容忽视。理由在于：第一，行业自治性文件可为当事人订立合同提供参照样本。例如，商业保理专业委员会制定的团体标准就是一种标准化合同文本，是一种示范合同。《民法典》第470条第2款规定："当事人可以参照各类合同的示范文本订立合同。"第二，行业自治性文件也可能成为法院裁判论理的依据。最高人民法院2018年发布的《关于加强和规范裁判文书释法说理的指导意见》即对法院可用于阐释裁判理由的论据作出了宽泛解释，除法律法规、司法解释之外，法院在阐释法理时可以援引公理、情理、经验法则、交易惯例、民间规约、职业伦理、立法资料、法理、通行学说观点等。行业自治性文件因其属于民间规约而可能成为裁判说理的依据。实践中即有法院判决将《中国银行业保理业务规范》作为裁判说理的依据。[①] 第三，行业自治性文件一旦上升为交易习惯，在法律的空白之处就可成为一种习惯法从而具有法律效力。《民法典》第 10 条规定，法律没有规定的，可以适用习惯。《民法典合同编通则解释》第 2 条规定在交易行为当地或者某一领域、某一行业通常采用并为交易对方订立合同时所知道或者应当知道的做法可以认定为"交易习惯"。另据《民法典总则编解释》第 2 条第 1 款之规定，在一定地域、行业范围内长期为一般人从事民事活动时普遍遵守的民间习俗、惯常做法等可以被认定为《民法典》第 10 条中所称的"习惯"。行业自治性文件通常能够反映出大多数成员对某一问题或某一做法达成的一致意见。在民商事交易活动中，这种为行业内部广泛认同的一致意见或做法就可能被法院认定为交易习惯从而被赋予法律效力。

地方法院制定的司法政策也发挥着对立法的补充作用。法律往往具有一定的滞后性，在保理立法尚付阙如之时，地方法院根据审判实践中的新情况制定保理合同纠纷审判的司法政策往往十分及时，具有很强的补充性和可操作性。由于司法政策是由法官参与制定并与司法裁判结果紧密联系，在《民法典》未及之处，都是司法政策发挥的空间。比如，司法实践中，《天津高院保理纪要（一）》《天津高院保理纪要（二）》就常成为案件当事人主张权利的依据，并对裁判结果产生实质影响。[②] 司法政策作为正式法律的补充，在我国保理法律规范体系中应有一席之地，且其地位和效力不容小觑。比如，在案例 07 中，一审判决在论证是否构成保理法律关系时，即引用了《天津高院保理纪要（一）》的相关规定。

---

① 参见广东省深圳市中级人民法院（2019）粤 03 民终 4103 号民事判决书；广东省深圳市前海合作区人民法院（2019）粤 0391 民初 2142 号民事判决书；湖北省高级人民法院（2015）鄂民二终字第 00246 号民事判决书。

② 参见天津市高级人民法院（2017）津民初 16 号民事判决书；天津市高级人民法院（2021）津民申 551 号民事裁定书；天津市第一中级人民法院（2018）津 01 民终 2325 号民事判决书；天津市第二中级人民法院（2017）津 02 民辖终 1144 号民事裁定书；天津市第二中级人民法院（2019）津 02 民辖终 224 号民事裁定书；天津市南开区人民法院（2015）南民初字第 9279 号民事判决书；天津市滨海新区人民法院（2017）津 0116 民初 405 号民事判决书；天津市武清区人民法院（2019）津 0114 民初 7770 号民事判决书。

案例07 地方法院审判会议纪要可作为裁判说理的依据①

基本案情

2019年1月14日，某保理公司与甲公司签订有追索权的《国内商业保理合同》（以下简称《保理合同》）及《应收账款转让申请暨确认书》，约定由甲公司将其对乙公司的应收账款2181.9055万元转让给某保理公司，某保理公司为甲公司提供融资额度为1400万元的保理服务，保理业务类型为公开保理，保理首付款1000万元，融资期限自2019年1月14日起至2019年7月14日止，还款方式为到期一次性还本付息，保理首付款使用费率为年化18%，不申请宽限期，逾期使用费率为年化18%。《保理合同》标准条款第1.1.24条"反转让"的定义为：卖方向保理商支付反转让款并结清所对应的全部款项，以此从保理商处买回已受让应收账款的行为。《保理合同》第11.1条约定保理商有权根据已受让应收账款的到期日，主动或要求卖方采取电话、函件、上门等方式对买方进行催收；卖方有义务及时完成，由此发生的费用由卖方自担。《保理合同》第12.1条约定发生下列情形之一时，保理商有权向卖方发送《应收账款反转让通知书》，将未受偿的已受让应收账款再次转让回给卖方：12.1.1无论何等原因，在该应收账款到期日或宽限期届满日（如保理商已给予宽限期的），保理商未足额收回保理首付款的；12.1.6卖方违反本合同的义务，保理商根据第十四条决定反转让的。12.3发生第12.1条的反转让情形时，保理商无须再向卖方支付保理余款，而卖方应向保理商支付反转让款。卖方应按照《应收账款反转让通知书》的要求，自发生上述第12.1条约定情形后3个工作日内将反转让款无条件足额支付给保理商。卖方承诺，在发生上述反转让约定情形时，卖方的反转让义务不因保理商未发送《应收账款反转让通知书》而免除或迟延履行。反转让款的计算公式如下：反转让款=反转让应收账款项下保理商实际发放的保理首付款-反转让应收账款项下保理商已受清偿的应收账款。12.4卖方向保理商支付上述第12.3条反转让款的同时，应一并结清该反转让应收账款所对应的全部款项，具体包括：保理

① 一审：济南高新技术产业开发区人民法院（2020）鲁0191民初4766号民事判决书；二审：山东省济南市中级人民法院（2021）鲁01民终2865号民事判决书。

商未受清偿的应收账款融资额度承诺费、保理手续费、保理首付款使用费以及其他卖方到期未付款。12.5 卖方按上述第 12.3 条、第 12.4 条足额支付反转让款和全部到期未付款之日，该已受让应收账款的反转让生效，该应收账款及其从属的一切从权利和权益自即日起由保理商转回卖方。已受让应收账款反转让生效后，为卖方向买方索赔之必须，保理商应配合卖方将应收账款已反转让给卖方的情况通知买方，由此产生的费用及风险（包括通知无法送达的风险）由卖方承担。12.6 反转让生效之前，保理商仍享有该已受让应收账款及其从属的一切从权利和权益，保理商有权以自己名义要求买方偿还拖欠的已受让应收账款，并同时要求卖方按上述第 12.3 条、第 12.4 条足额支付反转让款和全部到期未付款，卖方或买方中任一方向保理商履行了付款义务的，另一方对保理商相应的付款义务予以免除。14.2 约定因卖方未履行付款义务，卖方需承担保理首付款 10%的违约金。

后某保理公司和甲公司向乙公司发出《应收账款转让通知书》，乙公司对上述应收账款事项进行了确认，并承诺应收账款真实、合法、有效，若因虚假陈述、隐瞒事实或违反通知项下条款行事而给某保理公司造成经济损失的，乙公司自愿赔偿保理商所有损失。

上述合同签订后，某保理公司通过银行汇款方式向甲公司支付保理预付款 1000 万元。2020 年 7 月 9 日，甲公司向某保理公司还款 20 万元。2020 年 10 月 30 日，乙公司向某保理公司还款 50 万元，上述共计 70 万元。乙公司与甲公司均未向某保理公司支付剩余款项。诉讼中，某保理公司同意将乙公司与甲公司偿还的 70 万元在其本案向乙公司主张的应收账款 1300 万元中予以扣除。

某保理公司向法院提起诉讼，请求判令：1. 乙公司向某保理公司偿还所欠应收账款 1300 万元；2. 甲公司对乙公司所承担的上述第 1 项债务 1300 万元向某保理公司承担反转让责任；3. 甲公司向某保理公司支付违约金 100 万元（以 1000 万元为基数，按照 10%计算）……

二审另查明，一审庭审后，甲公司偿还某保理公司 200 万元；2021 年 5 月 11 日，甲公司与乙公司又偿还某保理公司 100 万元。至二审判决作出时，甲公司与乙公司共计偿还某保理公司款项 370 万元。

裁判结果

一审法院判决：1. 乙公司于判决生效之日起十日内偿还某保理公司应收账款1230万元；2. 甲公司对乙公司所承担的上述应收账款中的930万元向某保理公司承担反转让责任；3. 甲公司于判决生效之日起十日内支付某保理公司违约金100万元……

乙公司与甲公司不服一审判决，提起上诉。二审法院判决：1. 变更一审判决第1项为：乙公司于本判决生效之日起十日内偿还某保理公司应收账款930万元；2. 变更一审判决第2项为：甲公司对乙公司所承担的上述应收账款中的630万元向某保理公司承担反转让责任；3. 维持一审判决第3项……

裁判理由

一审判决认为，保理合同是指债权人与保理商之间签订的，约定将现在或将来的、基于债权人与债务人订立的销售商品、提供服务、出租资产等基础合同所产生的应收账款债权转让给保理商，由保理商向债权人提供融资、销售分户账管理、应收账款催收、资信调查与评估、信用风险控制及坏账担保等至少一项服务的合同。构成保理法律关系，应当同时具备以下几个基本条件：（1）保理商必须是依照国家规定、经过有关主管部门批准可以开展保理业务的金融机构和商业保理公司；（2）保理法律关系应当以债权转让为前提；（3）保理商与债权人应当签订书面的保理合同；（4）保理商应当提供下列服务中的至少一项：融资、销售分户账管理、应收账款催收、资信调查与评估、信用风险控制及坏账担保。①

本案中，某保理公司是经济南高新区管委会地方金融监督管理局批准设立的商业保理公司，该公司营业范围为国内保理，出口保理，与商业保理相关的咨询服务，某保理公司具有经营国内保理业务的资质。某保理公司与甲公司签订的《国内商业保理合同》《应收账款转让申请暨确认书》均系当事

---

① 《天津高院保理纪要（一）》第2条第2款规定："构成保理法律关系，应当同时具备以下几个基本条件：（1）保理商必须是依照国家规定、经过有关主管部门批准可以开展保理业务的金融机构和商业保理公司；（2）保理法律关系应当以债权转让为前提；（3）保理商与债权人应当签订书面的保理合同；（4）保理商应当提供下列服务中的至少一项：融资、销售分户账管理、应收账款催收、资信调查与评估、信用风险控制及坏账担保。"

人真实意思表示，内容不违反法律、行政法规的规定，应为合法有效。有追索权保理是指保理商不承担为债务人核定信用额度和提供坏账担保的义务，仅提供包括融资在内的其他金融服务，无论应收账款因何种原因不能收回，保理商都有权向债权人追索已付融资款项并拒付尚未收回的差额款项，或者要求债权人回购应收账款。涉案《保理合同》为有追索权的保理合同，合同第12.6条约定“反转让生效之前，保理商仍享有该已受让应收账款及其从属的一切从权利和权益，保理商有权以自己名义要求买方偿还拖欠的已受让应收账款，并同时要求卖方按上述第12.3条、第12.4条足额支付反转让款和全部到期未付款，卖方或买方中任一方向保理商履行了付款义务的，另一方对保理商相应的付款义务予以免除”。按照涉案合同的性质及双方上述合同约定，某保理公司有权向乙公司、甲公司主张权利。某保理公司依据其与甲公司签订的《保理合同》取得对乙公司享有的债权，其虽仅支付甲公司保理预付款1000万元，但这并不影响其向乙公司主张《应收账款转让通知书》载明的应收账款金额2181.9055万元。现涉案债权已到期，乙公司与甲公司已偿还70万元，某保理公司同意将该偿还的70万元在其本案向乙公司主张的应收账款1300万元中予以扣除。故对某保理公司要求乙公司偿还应收账款1230万元的诉讼请求，本院予以支持。某保理公司与甲公司签订的《保理合同》第12.3条约定“发生第12.1条的反转让情形时，保理商无须再向卖方支付保理余款，而卖方应向保理商支付反转让款。卖方应按照《应收账款反转让通知书》的要求，自发生上述第12.1条约定情形后3个工作日内将反转让款无条件足额支付给保理商。卖方承诺，在发生上述反转让约定情形时，卖方的反转让义务不因保理商未发送《应收账款反转让通知书》而免除或迟延履行。反转让款的计算公式如下：反转让款=反转让应收账款项下保理商实际发放的保理首付款-反转让应收账款项下保理商已受清偿的应收账款”。第12.4条约定“卖方向保理商支付上述第12.3条反转让款的同时，应一并结清该反转让应收账款所对应的全部款项，具体包括：保理商未受清偿的应收账款融资额度承诺费、保理手续费、保理首付款使用费以及其他卖方到期未付款”。第12.5条约定“卖方按上述第12.3条、第12.4条足额支付反转让款和全部到期未付款之日，该已受让应收账款的反转让生效，该应收账款及其从属的一切从权利和权益自即日起由保理商转回卖方。已受让应收账款反转让生效后，为卖方向买方索赔之必须，保理商应配合卖方将应收账款已反转让给卖方的情况通知买方，由此产生的费用及风险（包括通知无法送达的风险）由卖方承担”。第 12.6 条约定“反转让生效之前，保理商仍享有该已受让应收账款及其从属的一切从权利和权益，保理商有权以自己名义要求买方偿还拖欠的已受让应收账款，并同时要求卖方按上述第 12.3 条、第 12.4 条足额支付反转让款和全部到期未付款，卖方或买方中任一方向保理商履行了付款义务的，另一方对保理商相应的付款义务予以免除”。根据上述合同约定，卖方（甲公司）的反转让责任包括向某保理公司支付反转让款及全部到期未付款两部分内容，根据《保理合同》第 12.3 条反转让款计算公式可以确定本案中反转让款为 930 万元（1000 万元-70 万元），而某保理公司就全部到期未付款部分未提交证据予以证明，应承担举证不能的法律后果，其本案主张甲公司对乙公司承担的应收账款承担反转让责任，并无合同约定。故对某保理公司要求甲公司对乙公司所承担的上述应收账款中的 930 万元向某保理公司承担反转让责任，本院予以支持。超出部分，不予支持。甲公司向某保理公司承担反转让责任后，某保理公司所享有的相应应收账款债权应当转回至甲公司，免除乙公司就相应应收账款债权对某保理公司所承担的民事责任。

关于违约金，甲公司未履行付款义务，已构成违约，应承担相应的违约责任。双方在《保理合同》第 14.2 条约定因甲公司未履行付款义务，甲公司需承担保理首付款的 10%违约金。甲公司认为约定的违约金过高，请求予以调整。本院认为，甲公司未履行付款义务，给某保理公司增加了相应的融资成本并造成资金占用期间的利息损失，双方关于违约金的约定并未违反法律规定，且甲公司亦未举证证明该违约金数额明显高于给某保理公司造成的损失，故对甲公司关于违约金过高的抗辩意见，本院不予采纳。故对某保理公司要求甲公司向其支付违约金 100 万元的诉讼请求，本院予以支持。

二审判决认为，某保理公司与甲公司之间的《保理合同》约定甲公司将其对乙公司的应收账款 2181.9055 万元转让给某保理公司，并将债权转让事宜通知了乙公司，现某保理公司在受让债权范围内要求乙公司承担付款责任，并无不当。根据二审查明事实，甲公司于一审庭审后偿还某保理公司 300 万元款项，故对一审判决各方承担的付款数额中应分别再扣除 300 万元。某保理公司主张上述款项应先冲抵违约金，无事实和法律依据，本院不予支持。

某保理公司在涉案保理业务中系融资服务提供方，甲公司未依约履行付款义务，除了给某保理公司造成资金占用期间的利息损失外，也增加了其融资服务成本。双方合同中关于违约金的约定系双方真实意思表示，且并不违反法律规定，甲公司作为违约方未举证证明该违约金数额明显高于给某保理公司造成的损失，故对甲公司关于违约金过高的抗辩意见，本院不予采纳。乙公司主张某保理公司应先向甲公司求偿，实际是主张其应承担一般保证责任，与某保理公司已受让甲公司对乙公司的债权相悖，本院不予采纳。

综上，非正式法律渊源虽不属于正式立法，但在立法的空白或模糊地带发挥着立法填充剂的作用，故有必要将其纳入保理法律规范体系之中。在法律效力上，由于非正式法律渊源不具有国家强制力，故其法律效力低于正式法律渊源，应居于规范体系的最底端。

（七）小结

我国保理法律规范体系是由不同种类的法律渊源按照法律效力位阶高低构成的一个上下有序、层级分明的多层规范体系。在我国“以宪法为统帅，以基本法律和法律为主要脉络，由大量的行政法规和地方性法规支持的法律体系”[①] 之下，保理法律规范别有洞天，独成体系，而成为中国特色社会主义法律体系的一个组成部分。保理法律规范体系主要由六层规范构成：《民法典》为基础性法律，居于最顶层；行政法规、部门规章、地方性法规作为行政监管依据，依据各自效力位阶上的差异分居第二、三、四层；司法解释作为《民法典》的重要补充，由于不属于正式立法，故居于第五层；行业自治文件、行政规范性文件、司法政策、习惯等非正式法律渊源因不具有国家强制力，居于最底层。在这一结构中，法律文件的种类和数量呈现自上而下不断增多的趋势，可将其形容为一种金字塔式结构。

---

① 信春鹰、李林编：《依法治国与司法改革》，中国法制出版社 1999 年版，第 2 页。

图 2-1　国内保理多层规范体系

第四节　国内保理法律规范体系冲突及处理

法律规范可能存在竞合的问题。法律规范竞合是指由于两个或两个以上的构成要件全部或部分重合，而导致同一案件事实同时符合它们所规范的情形，于是相对于该案件事实，这些法律规范便处于竞合状态。在规范竞合的情况下，如果这些规范所规定的法律效果相同，那么竞合自无问题，因为适用哪一条、不适用哪一条并不会带来多大差别。但如果这些规范所规定的法律效果不同，而且互相排斥，那么就需要探讨哪个规范应优先适用。消除体系冲突是实现体系内部和谐、统一目标的必由之路。《中华人民共和国宪法》明确规定，“国家维护社会主义法制的统一和尊严”。根据《立法法》第 105 条至第 107 条规定，立法机关可以通过裁决、修改以及撤销等方式解决法律冲突问题。然而，通过裁决、修改以及撤销的方式解决法律冲突往往远水解不了近渴，不能及时解决司法和执法中面临的紧迫问题。如何处理法律规范冲突问题考验着司法者和执法者的智慧。在面对规范冲突时，应遵循基本法理处理好规范冲突问题，以确保法律统一正确实施。

一、下位法与上位法的冲突及处理

对于不同位阶的法律规范之间的冲突，应按照上位法优于下位法的规则处理。《立法法》第 107 条确立了下位法不得违反上位法的基本原则。下位法违反上位法规定的，有权机关应改变或撤销下位法。但《立法法》对下位法违反上位法的具体情形未作进一步规定，最高人民法院出台的《关于审理行政案件适用法律规范问题的座谈会纪要》（法〔2004〕96号）对此进行了总结，可资借鉴。该纪要将下位法不符合上位法的常见情形总结为以下几种：（1）下位法缩小上位法规定的权利主体范围，或者违反上位法立法目的扩大上位法规定的权利主体范围；（2）下位法限制或者剥夺上位法规定的权利，或者违反上位法立法目的扩大上位法规定的权利范围；下位法扩大行政主体或其职权范围；（3）下位法延长上位法规定的履行法定职责期限；（4）下位法以参照、准用等方式扩大或者限缩上位法规定的义务或者义务主体的范围、性质或者条件；（5）下位法增设或者限缩违反上位法规定的适用条件；（6）下位法扩大或者限缩上位法规定的给予行政处罚的行为、种类和幅度的范围；（7）下位法改变上位法已规定的违法行为的性质；（8）下位法超出上位法规定的强制措施的适用范围、种类和方式，以及增设或者限缩其适用条件；（9）法规、规章或者其他规范文件设定不符合行政许可法规定的行政许可，或者增设违反上位法的行政许可条件；（10）其他相抵触的情形。

在保理法律规范体系中，下位法与上位法抵触的情况同样存在。我国保理立法肇始于部门立法，但后来的《民法典》并没有完全照搬照抄部门立法规定，而是进行了选择性吸收。这就导致作为下位法的部门立法与作为上位法的《民法典》之间可能存在规范冲突问题。例如，《商业银行保理业务管理暂行办法》第13条明确不允许商业银行以未来应收账款开展保理业务。该条规定："商业银行应当根据自身内部控制水平和风险管理能力，制定适合叙做保理融资业务的应收账款标准，规范应收账款范围。商业银行不得基于不合法基础交易合同、寄售合同、未来应收账款、权属不清的应收账款、因票据或其他有价证券而产生的付款请求权等开展保理融资业务。"但是，《民法典》第761条允许以将有的应收账款开展保理。该条规定："保理合同是应收账款债权人将现有的或者将有的应收账款转让给保理人，保理人提供资金融通、应收账款管理或者催收、应收账款债务人付款担保等服务的合同。"由此产生规范冲突。根据下位法不得与上位法相抵触的原则，《商业银行保理业务管理暂行办法》第13条的相关规定因违背《民法典》第761条规定而不应被适用。商业银行以未来应收账款开展保理业务并不违法，法院不宜以违反《商业银行保理业务管理暂行办法》第13条规定作为否定合同效力的依据。过去司法实践中有法院判决从《商业银行保理业务管理暂行办法》第13条不属于效力性强制性规定的角度论证保理合同有效，[①]《民法典》制定出台后，则可从下位法违反上位法规定的角度论证会更加有说服力。

二、一般法与特别法的冲突及处理

当处于同一位阶且没有新旧关系的法律规范之间的规定不一致时，应遵循特别法优先一般法的原则。特别法与一般法之间的形式关系主要包括以下两种情形：[②] 一是同一法律中的特别规定与一般规定，《立法法》第 103 条第 1 分句规定："同一机关制定的法律、行政法规、地方性法规、自治条例和单行条例、规章，特别规定与一般规定不一致的，适用特别规定。"二是特别法中的特别规定与一般法中的一般规定，《民法典》第 11 条规定："其他法律对民事关系有特别规定的，依照其规定。"《民法典总则编解释》第 1 条第 2 款规定："就同一民事关系，其他民事法律的规定属于对民法典相应规定的细化的，应当适用该民事法律的规定。民法典规定适用其他法律的，适用该法律的规定。"

《民法典》合同编第十六章"保理合同"与第六章"合同的变更和转让"即属于前一种情形。第十六章无疑属于保理合同的特别规定，而第六章中债权转让规定则属于一般规定。因此，在涉及保理中应收账款转让的问题时，应当遵循特别规定。例如，《民法典》第 546 条第 1 款规定："债权人转让债权，未通知债务人的，该转让对债务人不发生效力。"该条规定属于债权转让的一般规定。根据语义理解，债权转让只能由原债权人通知债务人，而不能由受让人通知。然而在保理合同章中，《民法典》第 764 条却有特别规定："保理人向应收账款债务人发出应收账款转让通知的，应当表明保理人身份并附有必要凭证。"可见，保理中应收账款转让通知的主体不限于债权人，还应包括保理人。据此，保理人作为应收账款债权的受让人同样有权向债务人发出转让通知。

此外，《民法典》与金融监管法规也可能构成一般法与特别法的关系。《关于〈中华人民共和国民法典（草案）〉的说明——2020 年 5 月 22 日在第

---

① 参见北京市第三中级人民法院（2017）京 03 民终 9853 号民事判决书；安徽省合肥市中级人民法院（2018）皖 01 民终 981 号民事判决书。

② 葛洪义编：《法律方法论》，中国人民大学出版社 2013 年版，第 52 页。

十三届全国人民代表大会第三次会议上》中明确，“我国民事法律制度建设一直秉持‘民商合一’的传统，把许多商事法律规范纳入民法之中”。据此，《民法典》等民法规范应当适用于包括金融纠纷在内的各类商事纠纷。同时，我国又属于不完全民商合一立法体例，在《民法典》之外有大量的包括金融法律在内的商事法律规范。正因如此，《民法典》第 11 条规定，其他法律对民事关系有特别规定的，依照其规定。结合《民法典》第 11 条及《立法法》有关法律适用规则的规定，可以认为，在《民法典》、金融行政法律、行政法规没有规定的情况下，人民法院审理金融民商事案件，原则上可以适用或参考金融监管规章的规定。[①]

三、新规与旧规的冲突及处理

《立法法》第 103 条第 2 分句规定，“新的规定与旧的规定不一致的，适用新的规定”。此即“新法优于旧法”规则。根据上述规定，处于同一位阶且没有特别法与一般法关系的法律之间，新法较之旧法优先适用。此规则适用的前提是新法与旧法由同一部门制定。然而在我国保理立法领域，基于监管部门变更的原因，由同一部门制定的同一位阶的新法与旧法相冲突的情形尚不存在。不同部门先后制定的部门规章以及行政规范性文件之间相冲突的情形却时有发生。在规范选择上，不妨参照“新法优于旧法”规则处理新旧规定之间的关系。

一种情形如原银监会《商业银行保理业务管理暂行办法》与中国人民银行《动产和权利担保统一登记办法》之间相冲突的问题。二者均属部门规章，但关于应收账款范围的规定却并不一致。前者第 8 条规定：“本办法所称应收账款，是指企业因提供商品、服务或者出租资产而形成的金钱债权及其产生的收益，但不包括因票据或其他有价证券而产生的付款请求权。”后者第 3 条规定：“本办法所称应收账款是指应收账款债权人因提供一定的货物、服务或设施而获得的要求应收账款债务人付款的权利以及依法享有的其他付款请求

---

① 刘贵祥：《关于金融民商事审判工作中的理念、机制和法律适用问题》，载《法律适用》2023 年第 1 期。

权，包括现有的以及将有的金钱债权，但不包括因票据或其他有价证券而产生的付款请求权，以及法律、行政法规禁止转让的付款请求权。本办法所称的应收账款包括下列权利：（1）销售、出租产生的债权，包括销售货物，供应水、电、气、暖，知识产权的许可使用，出租动产或不动产等；（2）提供医疗、教育、旅游等服务或劳务产生的债权；（3）能源、交通运输、水利、环境保护、市政工程等基础设施和公用事业项目收益权；（4）提供贷款或其他信用活动产生的债权；（5）其他以合同为基础的具有金钱给付内容的债权。”比较可见，后者比前者规定的应收账款范围要宽泛得多。前者第 8 条规定的“企业因提供商品、服务或者出租资产而形成的金钱债权及其产生的收益”等应收账款与后者第 3 条列举的前两项应收账款的内涵是一致的。但后者所列举的第（3）、（4）、（5）项应收账款并不在前者范围之内。从制定时间来看，前者是在 2014 年制定出台的，属于旧法，而后者是在 2021 年制定出台的，属于新法。二者规定不一致的地方可以理解为新法对旧法中应收账款的范围进行了扩充。参照新法优先于旧法原则，保理中应收账款的范围宜参照《动产和权利担保统一登记办法》来确定较为合理。

另一种情形如商务部与原银保监会先后制定的规范性文件之间的冲突问题。相较于商务部制定的《关于商业保理试点有关工作的通知》《关于做好商业保理行业管理工作的通知》两份行政规范性文件，原银保监会办公厅 2019 年下发的《关于加强商业保理企业监督管理的通知》则属于新规定，在具体适用过程中，应当优先适用新规定。例如，关于“重大事项报告”制度，《关于做好商业保理行业管理工作的通知》与《关于加强商业保理企业监督管理的通知》的规定就不一致。前者第 2 条规定：“试点地区商务主管部门应建立重大事项报告制度，要求本地区的商业保理公司于下述事项发生后 5 个工作日内，登录信息系统向商务主管部门报告：（1）持股比例超过 5%的主要股东变动……（6）董事长、总经理等高管人员变动；（7）减资、合并、分立、解散及申请破产；（8）重大待决诉讼、仲裁。”据此规定，持股比例超过 5%的主要股东变动只是报告事项。然而，后者第 18 条却规定：“各金融监管局要严格审核监管名单内商业保理企业股权变更申请，对新股东的背景实力、入股动机、入股资金来源等加强审查，严禁新股东以债务资金或委托资金等非自有资金入股商业保理企业。”据此，股权变更不再只是报告事项，而是需要进行严格审核监管的事项。除此之外，后者第 11 条规定："商业保理企业应在下列事项发生后 10 个工作日内向金融监管局报告：1. 单笔金额超过净资产 5%的重大关联交易；2. 单笔金额超过净资产 10%的重大债务；3. 单笔金额超过净资产 20%的或有负债；4. 超过净资产 10%的重大损失或赔偿责任；5. 重大待决诉讼、仲裁。"前者第 6、7 两项列举的"董事长、总经理等高管人员变动；减资、合并、分立、解散及申请破产"并不属于后者需要报告的事项。在二者规定不一致时，监管机构和商业保理公司宜按照新规定执行。

第三章　无追索权保理的体系定位与法律适用

上一章从宏观角度对我国保理法律规范体系的构成进行了考察，不妨将其称之为“大体系”。若采取微观视角，单从《民法典》来看，保理合同章与总则编、物权编、合同编通则及分则部分也存在体系上的关联。它们不是简单地堆砌在一起，而是按照一套严密的逻辑形成了《民法典》中的内部体系，不妨将其称之为“小体系”。

体系性是任何一部法典都必须要具备的根本特征。法典化就是体系化，其目的即在于按照一套逻辑关系对某一特定领域的法律规范进行体系化重构。[①] 体系性强调法律条文的理性化编排和表达、法条之间的融贯性和关联性。在统一的体系下，不同的民事法律规范彼此连贯、相互融贯。[②] 法律规范之间存在关联，它们相互补充、支撑，交结在一起。[③] 如此才能形成内部层次分明、前后关联、和谐统一的法典。[④] 对《民法典》中“小体系”的考察尤具实务意义，因为法官在适用法律裁判案件的过程中，大多在《民法典》的体系框架内就能够寻找到合适的裁判依据，而不必从整个保理法律规范体系中检索法律依据。因此，探究《民法典》中保理法律规范的“小体系”可以为法官找法并正确适用法律提供清晰的路径。保理合同章立法的体系性即蕴含在《民法典》的结构层次之中，总体表现为“总则（一般规定）与分则（特殊规定）”的结构关系。《民法典》保理合同章采取“二分法”将保理分为无追索权保理与有追索权保理。由于二者的法律性质根本不同，故应属于不同的规范体系，法律适用逻辑存在一定差别，本章和下一章将分述之。

---

① 方新军：《融贯民法典外在体系和内在体系的编纂技术》，载《法制与社会发展》2019 年第 2 期。

② 陈金钊、吴冬兴：《〈民法典〉阐释的“体系”依据及其限度》，载《上海师范大学学报（哲学社会科学版）》2021 年第 2 期。

③ 〔德〕卡尔·拉伦茨：《法学方法论》，陈爱娥译，商务印书馆 2004 年版，第 207 页。

④ 谢鸿飞：《民法典的外部体系效益及其扩张》，载《环球法律评论》2018 年第 2 期。

第一节 无追索权保理的法律性质及体系定位

在国际上，无追索权保理被广泛运用，是国际保理的主流产品。保理最初是从无追索权保理发展而来。在德国，无追索权保理甚至被称为真正保理。我国《民法典》保理合同章关于无追索权保理的特别规定仅有第767条这一条内容。以该条为基点，结合其他条款，可以探究无追索权保理在《民法典》中的体系定位。

一、无追索权保理的法律性质

无追索权保理（Without Recourse Factoring），又称买断型保理，是指在债务人到期不能清偿应收账款时，且不能清偿是由债务人的信用风险（如无力支付或破产、清盘等情况下）造成的，保理人要承担坏账担保责任，无权向应收账款债权人追索。[①] 在商业实践中，无追索权保理中的保理人在对应收账款债务人核准的信用额度内承购应收账款债权人对债务人的应收账款并提供坏账担保服务。债务人因发生信用风险未按基础合同约定按时足额支付应收账款时，保理人不能向应收账款债权人追索。[②]《民法典》第767条即规定保理人向应收账款债务人收回应收账款后全部归其所有，无须向应收账款债权人返还超出保理融资款本息的部分。由此，无追索权保理兼具债权转让与债权买卖的双重特性。

一方面，无追索权保理符合债权转让的特征。债权转让常为终局性的权利转移。无追索权保理中应收账款转让同样具有终局性。保理人在受让应收账款债权后即代替原来债权人成为应收账款新的债权人，享有债权的全部清偿利益、负担债权不能受偿的风险。此时，保理人对应收账款进行管理、催收，不再是为应收账款债权人提供服务，而是作为新债权人的分内工作。故

---

① 黄斌：《国际保理—金融创新及法律实务》，法律出版社2006年版，第54页。

② 钱海玲：《保理法律关系的认定及疑难问题解决对策》，载《人民法院报》2015年2月4日。

立法规定保理人收回的应收账款全部归其所有，超出保理融资款本息部分无须向应收账款债权人返还。

另一方面，无追索权保理又符合买卖合同的特征。根据《民法典》第595条规定，买卖合同是双务有偿合同，出卖人将标的物的所有权转移于买受人，买受人向出卖人支付价款。由于立法对于买卖合同标的物的类型未作限制，故买卖债权并不为法律所禁止。无追索权保理可以理解为应收账款债权人将某笔应收账款债权出卖给保理人，保理人在获取应收账款债权后向保理人提供的融资款实为购买债权的对价。① 实践中，保理人支付的保理融资款通常是以应收账款的价值为基准按照一定的比例折算而成，与买卖的逻辑极度吻合。

综上，因无追索权保理兼具债权转让与买卖的双重特征，故可将其理解为应收账款债权的有偿转让。实际上，立法者对无追索权保理也采取了债权买卖法律构造。学界和实务界对此也已形成了共识。②

案例08　无追索权保理合同纠纷按债权转让规则处理③

基本案情

2019年6月17日，甲公司（甲方）与乙公司（乙方）签订《合作推广协议》，约定：乙方负责对具有真实车辆保险委托支付需求的个人/单位提供车险保费委托支付业务服务，甲方负责为乙方车险保费委托支付业务提供商业保理服务。同日，甲公司作为乙方与乙公司作为甲方还签订了《保理业务

① 李宇：《保理合同立法论》，载《法学》2019年第12期。

② 李宇：《保理合同立法论》，载《法学》2019年第12期；田浩为：《保理法律问题研究》，载《法律适用》2015年第5期；关丽、丁俊峰、包晓丽：《保理合同纠纷中基础交易合同债务人拒绝付款的司法认定》，载《法律适用》2019年第23期；王鑫、顾天翔：《涉上海自贸区商业保理案件的审判实践：理念、现状与路径——基于472件商业保理案件的实证分析》，载《法律适用》2020年第12期；黄薇主编：《中华人民共和国民法典合同编释义》，法律出版社2020年版，第614页；刘保玉：《民法典担保物权制度新规释评》，载《法商研究》2020年第5期；谢鸿飞、朱广新编：《民法典评注·合同编·典型合同与准合同》(2)，中国法制出版社2020年版，第561页；魏冉：《保理的概念及其法律性质之明晰》，载《华东政法大学学报》2021年第6期；黄茂荣：《论保理合同》，载《法治研究》2021年第3期；包晓丽：《保理项下应收账款转让纠纷的裁判分歧与应然路径》，载《当代法学》2020年第3期；吴光荣：《担保法精讲：体系解说与实务解答》，中国民主法制出版社2023年版，第539页。

③ 一审：北京市朝阳区人民法院（2020）京0105民初10448号民事判决书；二审：北京市第三中级人民法院（2021）京03民终1858号民事判决书。

合同》，合同中载明：甲方与甲方客户签订《车辆保费委托支付协议》，向符合条件的甲方客户提供车辆保费受托支付服务，甲方愿意将其依据该协议的约定基于提供车辆保费委托支付服务对甲方客户所产生的应收账款转让给乙方，乙方同意在满足本合同约定条款及条件下向甲方提供保理服务；无追索权保理，所谓无追索权是指在乙方为甲方核定的保理融资款总额内，对于经乙方核准的应收账款，在该等核准应收账款因买方信用风险不能回收时，乙方以已向甲方支付的保理融资贷款金额为限承担担保付款的一般责任，即当乙方就已受核准的单笔应收账款已向甲方支付了保理融资款，乙方对该等保理融资款不向甲方追索；应收账款债权指甲方依据该协议向买方提供车辆保费委托支付服务而产生的甲方对买方享有的合法、有效债权以及其他权利和权益，包括但不限于应收账款本金、利息、违约金，以及担保权利、保险权益等所有主债权的从债权已经与主债权相关的其他权益；若买方向乙方提交应收账款信息并由甲方向乙方作出在未来某个确定日无条件对乙方进行付款的明确承诺，乙方可向甲方提供无追索权保理。

2019年6月27日，甲公司向保险公司转账47538.78元，后保险公司出具《保险公司机动车商业保险/机动车交通事故责任强制保险投保单》《机动车商业保险单》，确认甲公司为车架号分别为26352、26354的两辆车投保了交强险和商业险，保费共计47538.78元。

一审庭审中，甲公司提交《车险保费委托支付服务协议（个人版）》，证明段某某委托乙公司进行车险保费支付。乙公司、段某某对该协议真实性不予认可，但段某某确认与乙公司之间存在长期车辆保费委托支付合作关系。同时，段某某称曾向乙公司支付9567.77元，并分别于2019年7月19日、2019年8月20日、2019年9月17日向甲公司还款5337.5元。乙公司认可收到9567.77元，但称扣除手续费和中介费后，首付款4838.78元及服务费2604.69元交给了甲公司。甲公司对该情况予以确认。

在一审审理过程中，段某某称曾通知乙公司和甲公司办理退保，甲公司办理退保后足以获得清偿，但甲公司未退保，应当自行承担后果。

甲公司向法院起诉，请求判令：1. 乙公司支付违约金9508元（47538.78元×20%）；2. 段某某支付欠款本金26687.5元；3. 乙公司对段某某的应付款项承担连带清偿责任。

裁判结果

一审法院判决：1. 段某某于判决生效之日起七日内向甲公司支付26687.5元；2. 驳回甲公司的其他诉讼请求。

段某某不服一审判决，提起上诉。二审法院判决：驳回上诉，维持原判。

裁判理由

一审判决认为，虽然乙公司、段某某不认可《车辆保费委托支付协议》，但段某某确认与乙公司存在长期保费委托支付合作，结合段某某、乙公司、甲公司三者之间首付款、服务费的交接过程，以及段某某向甲公司支付车险保费分期款的实际情况，能够认定乙公司与段某某之间存在车险保费委托支付关系，乙公司将其对段某某车险分期产生的债权转让给甲公司。在此情况下，现段某某欠付五期车险分期款，甲公司主张段某某还款具有法律依据，且金额无误，依法予以支持。段某某称甲公司未退保，应当自行承担后果，但甲公司并不负有退保的义务，现有证据亦显示，在甲公司启动退保程序的情况下，甲公司多次与乙公司进行沟通，最终未能退保不能归责于甲公司，故对段某某上述意见不予采信。

关于连带清偿责任，《保理业务合同》中《应收账款转让确认书（无追索权保理）》确认甲公司与乙公司之间系无追索权保理，而《付款承诺函》要求乙公司承担无条件款项支付义务，两方面约定存在明显矛盾之处，结合《合作推广协议》中的约定，乙公司对甲公司负有的主要义务为协助追讨相关债务，在此情形下，本院认定甲公司与乙公司之间构成无追索权保理，甲公司主张乙公司承担连带清偿责任缺乏法律依据，不予支持。

关于违约金，因甲公司与乙公司之间构成无追索权保理，乙公司不应因段某某未清偿款项而承担违约责任，甲公司主张乙公司承担责任缺乏依据，本院不予支持。

二审判决认为，关于段某某与乙公司的法律关系。首先，根据各方陈述，结合段某某、乙公司、甲公司三者之间首付款、服务费的交接过程，以及段某某向甲公司支付车险保费分期款的实际情况，能够认定段某某与乙公司之间存在车险保费委托支付关系；其次，乙公司与甲公司之间签订有《合作推广协议》《保理业务合同》，依据合同内容，甲公司与乙公司之间存在无追索权的保理合同关系，具体表现为甲公司以投保人身份为乙公司客户段某某进行投保而取得对乙公司客户段某某的债权，以此方式对乙公司提供保理融资服务；最后，关于甲公司与段某某之间的法律关系，在段某某未能及时支付保费时，乙公司将其对段某某的应收账款及其全部相关债权直接转让给甲公司，即甲公司与段某某之间形成债权债务关系。

关于段某某保单未及时成功退保的责任认定。首先，甲公司并未收到退保申请。段某某表示其向乙公司及甲公司申请退保，乙公司表示收到段某某退保的申请并通知甲公司，甲公司否认收到段某某及乙公司关于退保的申请，在段某某及乙公司未能提供证据证明向甲公司履行通知程序的情况下，本院对段某某向乙公司通知申请退保一事不持异议，对段某某及乙公司向甲公司通知申请退保的意见不予采纳。其次，甲公司已经积极处理退保事宜。庭审中，经各方确认，甲公司曾主动处理退保。关于未及时成功退保的原因，各方存在争议。甲公司主张系由于乙公司未提供有效文件，乙公司对此予以否认，段某某表示退保义务不在自身。对此，本院认为，第一，段某某与乙公司之间存在车险保费委托支付关系，相应投保事宜段某某已经委托乙公司进行处理，段某某亦将退保的意思表示传达至乙公司，故段某某不存在自行退保的义务。第二，根据相关法律规定，甲公司作为投保人系能进行退保操作的主体，但是退保需要相应的手续材料。《合作推广协议》约定“乙公司应及时通知保险公司查收保费，出具保单和发票。乙公司应按本协议约定的期限及方式向甲公司递交上述保单和发票等相关资料”“当乙公司客户的任何一笔应还未还款项的逾期天数超过五日（含五日）时，甲公司有权自行或者要求乙公司及乙公司客户配合甲公司直接向保险公司申请退保，并积极协助甲公司办理与退保相关的一切手续，以保证退还保费得以及时原路退回至甲公司银行账户”，甲公司举证证明在办理退保过程中要求乙公司提供相应的材料予以配合，但是乙公司未能举证证明其积极履行了提供退保材料的证据，故应当认为甲公司已经履行了合同义务，不应当对未能及时退保成功而导致的损失承担责任。第三，由于甲公司依据无追索权保理受让了乙公司对段某某的债权，甲公司与段某某之间形成债权债务关系，甲公司有权向段某某主张支付相应款项。乙公司与段某某之间的争议，应另行解决。

二、无追索权保理的体系定位

既然立法者对无追索权保理采取的是债权买卖法律构造，那么无追索权保理就应归属于债权转让规范体系之中。《民法典》合同编通则部分第六章“债权转让”相关规定（第545条~第550条；第555条~第556条）为债权转让的一般规则。保理合同章无追索权保理之规定（第767条）为债权转让的特殊规则。《民法典》第769条作为引致条款，搭建起保理合同与债权转让规则的桥梁，使得无追索权保理与“债权转让”相关规定共同构成了债权转让法律规范体系。在法律适用时，按照特别法优先适用原则，保理合同章的相关规定应优先适用，此时并不需要叠床架屋般地适用债权转让的一般规定。在保理合同章没有规定时，债权转让的一般规则，均可适用于无追索权保理。由此不难理解为何有学者提出将以应收账款转让为基础的保理合同纳入《民法典》多少有些“新瓶装旧酒”的意味。①

可见，无追索权保理虽与有追索权保理共同规定于保理合同章，但二者系对立统一关系。二者有共同的法律适用规则，均可适用《民法典》第545条、第546条、第548条、第549条、第550条规定的债权转让一般规则，以及《民法典》保理合同章中第761条、第762条、第763条、第764条、第765条规定的保理合同共性规则。但由于二者的法律属性根本不同，各自的特殊规则不能相互适用。例如，无追索权保理中保理人不能像有追索权保理中的保理人那样享有同时向应收账款债权人追索和向应收账款债务人求偿的双重请求权，而只能向应收账款债务人请求支付应收账款，且收回的应收账款如果超出保理融资款本息，超出部分也不必返还给应收账款债权人。当然，上述规则也并非绝对，如果当事人另有约定的，应尊重当事人约定。当事人如约定在某种情形下应收账款债权人负有回购应收账款债权的义务，那么保理人可要求应收账款债权人履行回购义务。只不过，此种情形下的回购与有追索权保理中的回购内涵有很大区别。在有追索权保理中，保理人可同时要

① 谢鸿飞：《后〈民法典〉时代的中国民法学：问题与方法》，载《社会科学研究》2021年第1期。

求应收账款债权人回购和要求应收账款债务人付款，但在无追索权保理中，如果保理人与应收账款债权人另行约定了回购义务，此时仍不能改变保理人与应收账款债权人之间为债权转让法律关系的实质。保理人一旦向应收账款债权人主张回购责任，就相当于再次将应收账款转让给应收账款债权人，此时就不能再要求应收账款债务人清偿应收账款。

案例09 无追索权保理中保理人不能同时向应收账款债权人和债务人主张权利①

基本案情

2011年11月22日，某银行与甲公司签署《保理协议书》一份，约定：甲公司将其与乙公司签订的产品买卖合同项下应收账款债权5000万元及相关权利转让给某银行，某银行同意给予甲公司4000万元的保理融资额度。《保理协议书》签订当日，甲公司与某银行签订《应收账款转让登记协议》《应收账款转让申请书》，且甲公司将应收账款债权转让事项以《应收账款转让通知书B》方式书面通知了乙公司，乙公司作为保理买方及应付账款义务人在《转让通知回执》上盖章确认。某银行签署上述文件后，同日已在中国人民银行征信中心办理了应收账款转让登记。

2014年8月4日，甲公司向某银行出具承诺函，主要内容为：根据双方的《保理协议书》及《保理融资申请书》，某银行向甲公司提供了保理融资款项4000万元，目前保理融资余额本金为3048.64万元。我公司现向贵行承诺，如乙公司没有在前述《保理融资申请书》约定的融资到期日内足额履行付款义务，则由我公司对前述《保理协议书》项下转让给贵行的对乙公司的应收账款承担回购责任，回购日期为前述《保理融资申请书》约定的融资到期日，回购价格为融资本金3048.64万元及前述《保理融资申请书》中约定的利息。如我公司逾期履行回购价款的支付义务，则由我公司按照前述《保理融资申请书》的约定承担逾期付款的违约责任。

---

① 一审：长沙市中级人民法院（2015）长中民二初字第01591号民事判决书；二审：湖南省高级人民法院（2016）湘民终516号民事判决书；申诉：最高人民法院（2017）最高法民申132号民事裁定书。

2014年9月10日，某银行根据上述事实对甲公司提起诉讼，认为至保理融资到期日乙公司没有履行付款义务，甲公司只履行了部分回购款的支付义务，某银行尚未收回的应收账款债权本金为3048.64万元及利息，请求判令甲公司偿还所欠某银行应收账款本金（保理融资）3048.64万元及利息。2014年12月10日，长沙市中级人民法院作出（2014）长中民二初字第01318号民事判决，判决由甲公司偿还某银行保理融资本金3048.64万元及相应利息。该判决已经发生法律效力。2014年10月28日，一审法院向乙公司发出协助执行通知书，要求乙公司协助冻结甲公司在该公司的应收账款31053977.29元。

某银行向法院起诉请求：判令乙公司偿还应收账款债权本金5000万元及逾期付款违约金652.5万元（暂计算至2015年9月18日，此后的逾期违约金按逾期付款总额每日万分之三的比例计算至付清所应偿还的全部应付账款的债权本金之日）。

某银行认为，其与甲公司签订的《保理协议书》《保理融资申请书》合法有效。某银行依法受让了甲公司对乙公司享有的5000万元应收账款债权，在保理期间届满后，乙公司未依法履行还款义务，理应对所欠某银行的债务本金5000万元及相应利息承担偿还义务。即使甲公司事后向某银行出具《承诺函》承诺回购，也只是将涉案保理由买断型保理转为回购型保理，并不等于某银行放弃对应收账款债务人的追索。在回购型保理中，保理人既有权向卖方追索，亦有权向买方追索。一审判决认为某银行仅能向卖方追索与保理业务的实质相悖，损害了保理人的合法权益。

裁判结果

一审法院判决：驳回某银行的诉讼请求。

某银行不服一审判决，提起上诉。二审法院判决：驳回上诉，维持原判。

某银行不服二审判决，申请再审。再审法院裁定：驳回其再审申请。

裁判理由

一审判决认为，某银行与甲公司签订的《保理协议书》系某银行与甲公司的真实意思表示，合法有效。某银行依据甲公司《保理融资申请书》向甲公司提供了保理融资款项4000万元。乙公司作为保理买方及应付账款义务人在《应收账款转让通知书B》上签字、盖章，表明其接受了甲公司将应收账款5000万元转让给某银行的事实，该债权转让行为合法有效。在乙公司未按付款期限向某银行支付应付款项的情况下，甲公司向某银行发送《承诺函》，表明同意将转让给某银行的对乙公司的应收账款承担回购责任，回购的价格为融资本金3048.64万元及前述《保理融资申请书》中约定的利息。某银行依据上述《承诺函》起诉了甲公司，认为乙公司没有履行付款义务，甲公司只履行了部分回购款的支付义务，某银行尚未收回的应收账款债权本金为3048.64万元及利息，请求判令甲公司偿还所欠某银行应收账款本金（保理融资）3048.64万元及利息。上述事实表明某银行已经接受了甲公司承诺回购债权的事实，某银行在（2014）长中民二初字第01318号民事判决中主张的权利的实质是要求甲公司支付尚欠的债权回购的转让款，该权利已经得到了生效判决的确认。因甲公司已将对乙公司的应收账款回购，故某银行现依据原有的《应收账款转让通知书B》要求乙公司偿还应收账款债权5000万元及逾期付款违约金的法律基础已经不存在。乙公司提出的某银行已经失去债权人资格，只能向甲公司主张回购款的理由成立，予以采信。

二审判决认为，本案的焦点问题是某银行是否有权要求乙公司偿还应收账款债权本金以及逾期付款违约金。本案中，根据甲公司与某银行签订的《保理协议书》《保理融资申请书》的约定，本案的保理业务类型为买断型保理。即当保理期间届满时，如果债务人乙公司在无商业纠纷等情况下无法清偿应收账款的，应由某银行承担应收账款的信用风险，某银行原则上不能向甲公司追索已发放的融资款。但在合同履行过程中，甲公司又向某银行出具《承诺书》，明确表明如果乙公司在融资到期日内没有足额履行应收账款的支付义务，则由其对该应收账款承担回购责任。某银行接受该《承诺书》时未提出异议，且在保理期限届满后，某银行并没有按照合同中有关买断型保理的条款向乙公司主张应收账款，而是以甲公司承诺回购应收账款为由对甲公司提起诉讼，要求甲公司偿还应收账款本金及利息，以上行为足以表明某银行认可该《承诺书》并已实际按《承诺书》的内容来主张权利。因某银行已经通过诉讼程序要求甲公司承担了回购责任，与之对应的乙公司的应收账款即回转到甲公司，甲公司取得该部分债权，乙公司与某银行对应的偿还义务则应予免除，某银行无权再向乙公司主张应收账款。某银行提出本案已由买断型保理变更为回购型保理，故其有权向乙公司主张应收账款债权本金以及逾期付款违约金的上诉请求无相应的事实与法律依据。

最高人民法院裁定认为，根据《保理协议书》《保理融资申请书》的约定，本案为买断型保理，某银行受让甲公司对乙公司的应收账款债权，某银行成为乙公司的债权人。此后，甲公司向某银行出具《承诺函》，承诺如乙公司没有在融资到期日内足额履行付款义务，则由甲公司对《保理协议书》项下转让给某银行的对乙公司的应收账款承担回购责任，其回购的标的仍是该应收账款债权。所以，某银行无论是向乙公司请求债务清偿，还是向甲公司请求回购，均是基于同一笔应收账款债权，在当事人没有另行约定的情形下，某银行只能择一主张。根据已查明事实，某银行已经在另案中请求甲公司就该应收账款债权承担回购责任，另案生效判决已经支持了其诉讼请求，在此情形下，某银行对乙公司不再享有该笔应收账款债权，故某银行又在本案中诉请乙公司清偿债务缺乏请求权基础，一、二审判决驳回其诉讼请求并无不当。

三、无追索权保理的体系逻辑

（一）保理合同章与总则编的逻辑关系

《民法典》立法遵循从抽象到具体，从一般到特殊的立法逻辑。总则编规范通过抽象一般规定的方式统领整个民法规范。立法者根据法律制度的同一性和差异性，分门别类，通过提取公因数的方式建立一般规则。一般规则是抽象规则，不会针对某个具体问题作出规定。一般规则亦为通用规则，往往是某类问题的共同规则。根据抽象的程度与适用范围不同，一般规则在立法中往往会被提炼为总则或通则部分。在《民法典》中，立法者就为一般规则设计了三种处理方式：一是关于民事主体、民事权利、民事法律行为、代理、民事责任、诉讼时效和期间计算等基本民事法律制度的一般规则都被归于总则编。二是关于物权设立、变更、转让、消灭以及保护等物权基本制度被归入物权编第一分编“通则”部分。关于合同订立、效力、履行、保全、变更、转让、权利义务终止、违约责任等合同基本制度被归入合同编第一分编“通则”部分。三是人格权、婚姻家庭、继承、侵权责任编中的一般规则均未再设“通则”部分予以规定，而是设“一般规定”之一章予以规定。当然，除一般规则外，立法者还需要制定特别规则以解决具体法律问题。例如，合同编第二分编共设十九章规定十九类有名合同的特别规则。

为此，整部《民法典》采取了“总—分”的逻辑结构。立法技术体现为：总则编作为总纲，规定了整部法典的一般性规则和核心原理。王泽鉴认为，总则分则的体系结构实际上涉及一般法和特别法的相互关系问题。这样一种体系结构使得《民法典》形成了一个从一般到具体的层层递进逻辑体系。① 总则编起统辖作用，对整部法典起到引领与指导作用。紧随总则编之后再分别设置物权、合同、人格权、婚姻家庭、继承、侵权责任六编。如果将《民法典》比喻为一棵大树，那么其就形成了“以总则编为干，分则编为枝，单行民事法律为丫，具体民事法律规范为叶”的规范体系。由此，《民法典》的七编内容不是松散地组合在一起，而是由其内在的逻辑贯穿始终。《民法典总则编解释》第 1 条第 1 款规定即体现了这种“总—分”逻辑关系。该条司法解释第 1 条第 1 款规定：“民法典第二编至第七编对民事关系有规定的，人民法院直接适用该规定；民法典第二编至第七编没有规定的，适用民法典第一编的规定，但是根据其性质不能适用的除外。”

据此，总则编与合同编保理合同章在逻辑上就形成了总分关系。总则编为一般规定，保理合同章为特别规定，总则编的所有规定自然也就适用于保理合同章。对于保理合同章没有规定的问题，可以在总则编寻找法律依据。诚如孙宪忠教授指出的那样，“法官在适用《民法典》时应该具有体系化思维，在适用分则时，应该更加重视总则的规定；在适用具体规则时，应更加重视共同规则和一般规则的适用”②。比如，关于自然人向保理人转让其全部将来劳动报酬债权来获取融资的行为，保理合同章并没有明确禁止。此时，就需要结合总则编的一般规定进行评价。《民法典》第 8 条规定民事活动不得

① 王泽鉴：《民法总则》，北京大学出版社 2009 年版，第 26 页。

② 孙宪忠：《从人民法院司法的角度谈解读和实施〈民法典〉的几个问题》，载《法律适用》2020 年第 15 期。

违法背俗。由于自然人将其全部将来劳动报酬债权转让给保理人可能会产生剥夺其生计收入或生存来源的危险，对此可以认为自然人转让全部将来债权会导致实质上丧失经济自由，有违公序良俗，可根据《民法典》总则编第153条第2款之规定认定该转让行为无效。①

（二）保理合同章与合同编的逻辑关系

1. 与合同编通则的关系

《民法典》不仅在整体上采取“总—分”结构，其每一编的设置莫不如此。七编均是采取先总后分的思路，即先规定适用于该编的一般规则，再规定具体规则或特别规则。“合同”为《民法典》第三编。该编设第一分编“通则”、第二分编“典型合同”和第三分编“准合同”。其中，第一分编“通则”是由过去《合同法》的总则演化而来，规定了合同的基本制度和一般规定。第二分编则分章规定了十九种典型合同的权利义务关系。第三分编规定了无因管理和不当得利两种准合同。可以看出，合同编通则是对所有合同的共性问题高度抽象出来的通用规则，规定了各种典型合同的基本属性，是各种典型合同共同引用的“全局数据项”，是典型合同的充分条件。②

由此，通则（第一分编）相当于合同编中的小“总则”，起统领整个合同编的作用。按照体系逻辑，合同编通则可以适用于所有的典型合同。保理合同作为合同编第二分编规定的十九种典型合同之一，自应受合同编通则的调整。在逻辑关系上，合同编通则与保理合同章相当于一般法与特别法的关系。在保理合同章有明确规定的情况下，根据特别法优先适用规则，应优先适用保理合同章的法律规定。例如，《民法典》第768条规定了多重保理的优先顺位规则，这就与合同编通则中债权转让通知优先规则明显不同，在保理中应优先适用第768条。有学者批评指出第768条确立的三种优先顺位规则给人们理解和把握债权转让规则增加困难。③ 上述理解实际上是没有认识到保理合同章与债权转让规则之间“个性（特殊）与共性（一般）”的逻辑关系。由于保理合同具有区别于债权转让规则的特殊性，《民法典》第768条是

① 黄薇主编：《中华人民共和国民法典合同编释义》，法律出版社2020年版，第602页。
② 李晓安、张文斐：《耦合性视域下保理合同“入典”辨思》，载《山东社会科学》2020年第2期。
③ 崔建远：《对非典型担保司法解释的解读》，载《法治研究》2021年第4期。

保理合同的特殊规定，并非债权转让的一般规定，故不能简单套用债权转让规则来理解保理合同中的特殊规则。只有在保理合同章没有规定时，方可适用合同编通则中债权转让的一般规定。[①] 当然，除债权转让的一般规定外，合同编通则中的其他一般规定也可适用保理合同。例如，如果保理中应收账款转让需要办理批准等手续的，应适用《民法典》第 502 条第 3 款关于债权转让需要办理批准手续的相关规定。[②]

2. 与其他典型合同的关系

保理合同是一种综合性金融服务合同，具有混合合同的特征。根据《民法典》第 761 条对保理合同的定义，保理人在受让应收账款后可以向应收账款债权人提供资金融通、应收账款管理或者催收、应收账款债务人付款担保等服务。其中，受让应收账款与债权买卖类似，保理融资与借款合同类似，应收账款管理或者催收与委托合同类似，应收账款债务人付款担保与保证合同类似。因而，根据保理人提供的服务种类和数量的不同，保理合同可能与买卖合同、借款合同、委托合同、保证合同等其他典型合同存在一定的交叉。有学者提出，《民法典》第 767 条关于无追索权保理之规定体现了债权买卖的法律构造，兼具一般规范的意义。[③] 在体系安排上，保理合同与这几种典型合同同属第二分编“典型合同”这个大家庭，彼此相互独立，互不隶属，属于并列关系。一般而言，法院裁判保理合同纠纷时不会适用其他典型合同的法律规定。然而，在保理合同章没有规定时，《民法典》第 467 条第 1 款为保理合同纠纷参照适用其他类似典型合同提供了法律依据。《民法典》第 467 条第 1 款规定：“本法或者其他法律没有明文规定的合同，适用本编通则的规定，并可以参照适用本编或者其他法律最相类似合同的规定。”有法官提出，在审理保理合同纠纷案件时除适用《民法典》合同编第六章债权转让规定以外，还可以基于合同目的、整体利益平衡及当事人的真意，参照适用《民法典》或其他法律最相类似的规定。[④]

---

① 崔建远：《保理合同探微》，载《法律适用》2021 年第 4 期。
② 黄薇主编：《中华人民共和国民法典合同编释义》，法律出版社 2020 年版，第 619 页。
③ 李宇：《保理法的再体系化》，载《法学研究》2022 年第 6 期。
④ 茆荣华主编：《〈民法典〉适用与司法实务》，法律出版社 2020 年版，第 563 页。

第二节　无追索权保理的法律适用

一、债权转让与保理相互适用问题

（一）保理合同适用债权转让规则

由于无追索权保理本质上是债权转让，这就决定了其与合同编通则中债权转让的一般规则联系最为紧密。《民法典》第769条规定："本章没有规定的，适用本编第六章债权转让的有关规定。"该条作为引致条款，直接指明了无追索权保理可以适用合同编通则中债权转让相关规定。在保理合同章没有特别规定的情况下，需要诉诸合同编通则中债权转让的一般规则。如此一来，保理合同纠纷之解决并不完全依赖于保理合同章之一隅，债权转让法律规范的引入开拓了保理合同法律规范的范围。作为一种特殊的债权转让，无追索权保理合同在很多方面要遵循债权转让的一般规则。

然而，需要注意的是，依据合同编"总—分"的逻辑结构，且《民法典》第769条规定保理合同章没有规定的，可以适用债权转让的有关规定，合同编通则的内容似乎均可适用于典型合同，但并不意味着所有保理合同均可适用债权转让的一般规定，而是应有所区分。如果保理合同章没有规定就一概适用合同编通则部分的债权转让规则，会导致体系上的混乱。由于无追索权保理与有偿的债权转让无异，故其适用债权转让规则应无障碍。但对于有追索权保理而言，由于应收账款转让并非真正的债权转让，而是以应收账款转让的方式实现担保功能（第四章将详述），故简单适用债权转让规则不仅有违当事人的真实意思表示，还会产生体系上的矛盾。

1. 关于应收账款禁止转让约款法律效力的规定

如果基础交易合同明确约定应收账款债权人不得将应收账款转让给他人，而应收账款债权人却违约将该笔应收账款转让给保理人，应收账款转让是否有效？针对此问题，保理合同章并没有规定，此时就需要适用债权转让的一般规则处理。《民法典》第 545 条规定：“债权人可以将债权的全部或者部分转让给第三人，但是有下列情形之一的除外：（一）根据债权性质不得转让；（二）按照当事人约定不得转让；（三）依照法律规定不得转让。当事人约定非金钱债权不得转让的，不得对抗善意第三人。当事人约定金钱债权不得转让的，不得对抗第三人。”该条第 2 款规定当事人约定金钱债权不得转让的，该约定不得对抗第三人。应收账款属于金钱债权无疑，故应收账款债权人与债务人之间的禁止转让约定不得对抗保理人，保理人受让应收账款合法有效。该条可同时适用于无追索权保理与有追索权保理。

2. 关于债权转让通知的效力和撤销的规定

《民法典》第 546 条规定：“债权人转让债权，未通知债务人的，该转让对债务人不发生效力。债权转让的通知不得撤销，但是经受让人同意的除外。”该条规定可同时适用于无追索权保理与有追索权保理。根据上述规定，应收账款转让会产生对内效力和对外效力。

所谓对内效力，是指应收账款债权转让在转让双方，即转让人（原债权人）和受让人（新债权人）之间发生的法律效力。债权转让系合同行为，只需出让人与受让人达成合意即可在双方之间发生法律效力。通知债务人并非债权转让合同的生效要件，因为在暗保理中并不将债权转让的事实通知债务人，而是仍由原债权人向债务人收取应收账款。债权转让未通知债务人，并不影响保理合同的效力。如果应收账款全部转让给保理人，保理人将取代原债权人成为基础交易合同项下新的债权人，原债权人将退出原债权债务关系，保理人有权以债权人的身份向债务人主张权利。如果应收账款债权部分转让，保理人将加入基础合同，与原债权人一起成为共同债权人，但这种情况在保理实践中很少见，保理通常都是应收账款全部转让。

所谓对外效力，即应收账款转让对应收账款债务人产生的法律效力。应收账款转让只有通知了债务人，才能对债务人发生法律效力。债权转让通知在法律性质上为观念通知，通知人无须有效果意思，也不需要债务人的承诺或同意。观念通知属于准法律行为，可以准用关于意思表示及法律行为的有关规定，即通知到达债务人处开始发生效力。[①] 通知是必经程序，债务人知晓

① 崔建远：《合同法》，北京大学出版社 2021 年版，第 269 页。

并不能代替通知。有裁判观点认为，债务人在没有收到债权转让通知前，不论其是否实际知晓债权转让的事实，债权转让对债务人均不发生法律效力。①

在应收账款转让通知债务人之前，债务人向应收账款债权人付款的，保理人只能向应收账款债权人主张权利。《天津高院保理纪要（二）》第8条第2款规定："保理合同签订后，债权转让通知送达债务人之前，债务人已经向债权人支付的应收账款，保理合同对此有约定的从约定。保理合同无约定的，保理商向债权人主张给付其所收取的应收账款的，应予支持。"《深圳前海法院保理合同案件裁判指引》第23条规定："应收账款转让通知送达债务人之前，债务人已经向债权人履行债务，保理商要求债权人支付其所收取的款项的，人民法院应予以支持，但保理合同另有约定的除外。"

在应收账款转让通知债务人之后，债务人不得再向应收账款债权人清偿债务，而只能向保理人付款。如果债务人仍然向原债权人清偿债务，不构成有效清偿，不能导致债的消灭，不能免除向保理人付款的义务。《天津高院保理纪要（二）》第8条第1款规定："债务人应当按照应收账款债权转让通知向保理商或者债权人支付应收账款。债务人知道或者应当知道其向保理商支付应收账款的，如果仍向债权人支付，保理商向债务人主张支付应收账款的，应予支持。"第3款规定："债务人未依约支付全部应收账款时，保理商提出下列主张的，应予支持：1. 应收账款债权转让通知已经送达债务人的，保理商要求债务人支付全部应收账款。2. 债权转让通知没有送达债务人的，保理商要求债权人积极向债务人主张支付全部应收账款，并按保理合同约定将相应款项给付保理商……"《深圳前海法院保理合同案件裁判指引》第22条规定："应收账款转让通知送达债务人后，债务人应当向保理商履行债务。未经保理商同意，债务人向债权人履行债务的，保理商有权请求债务人继续履行债务。"如果债务人收到债权转让的通知后，基于该通知的信赖而向保理人履行债务的，即使债权转让并未发生或者转让无效，为了保护债务人的信赖利益，根据表见让与原理，债务人的履行仍为有效。②

---

① 参见最高人民法院（2016）最高法民申7号民事裁定书。

② 孙超：《保理所涉纠纷中的利益衡量与裁判规则》，载《人民司法·案例》2016年第32期。

案例 10　无追索权保理对应收账款债务人的法律效力①

基本案情

2018 年 5 月 23 日，甲公司（甲方）和某银行（乙方）签订《保理合同》，约定甲方将其针对乙公司因贸易产生的应收账款转让给某银行，由某银行为甲公司办理无追索权的保理业务。《保理合同》附 1 “定义和解释” 2. 无追索权保理：是指乙方作为保理商，为甲方提供坏账担保等保理服务，当乙方已受让的应收账款因买方信用风险不能按时足额收回时，乙方在为特定债务人核定的坏账担保额度内，按照附件 2 约定的具体业务条件承担担保付款责任；如乙方就该等应收账款已向甲方提供保理融资，除非发生本协议第十一条第五款或第十六条第六款约定的情形，乙方对该等保理融资不向甲方追索。乙方在本协议项下为甲方办理的业务为无追索权保理。7. 明保理：是指将应收账款转让的事实预先通知债务人的业务模式。

2018 年 6 月 27 日，乙公司向某银行提交《买方保理业务申请书》，载明，就供应商甲公司转让予某银行的本公司的应付账款，按照本申请书及背面所列示的条款和条件为本公司办理买方保理业务，提供买方信用风险担保业务。同日，乙公司向某银行出具《买方保理业务承诺函》，承诺其知悉供应商/债权方在某银行办理保理业务的事宜，并承诺按照基准利率上浮 20%的标准并一次性支付供应商/债权方保理业务项下融资的利息/费用，该利息/费用金额与买方保理业务金额共同纳入买方信用风险担保的范畴。

2018 年 6 月 28 日，甲公司向某银行提交《应收账款转让申请书》，根据双方签订的《保理合同》，申请将《购销合同》的应收账款债权转让给某银行。某银行在该申请书上盖章确认同意受让上述应收账款。同日，甲公司向某银行提交《保理融资申请书》，申请将上述《应收账款申请书》所涉应收账款按照下述条件办理无追索权保理融资业务。

同日，甲公司、某银行共同向乙公司发出《应收账款转让通知书（适用于全部转让）》，载明：我方因经营管理的需要，与某银行签署了 1801 号

---

① 一审：北京市第二中级人民法院（2020）京 02 民初 100 号民事判决书；二审：北京市高级人民法院（2021）京民终 325 号民事判决书。

《保理合同》，现将与贵方已经订立的商务合同和将要订立的全部商务合同项下的全部应收账款以及就应收账款所享有的全部债权及债权的从属权利转让给某银行，现我方与某银行共同对相关事项通知如下：某银行已经替代我方成为上述商务合同项下应收账款的合法债权人，前述应收账款到期时，请按照指示向某银行履行商务合同项下的付款义务，将款项直接付至下述账户：户名：某银行甲公司保理回款专户，账号：×××，开户行：某银行营业部。贵方将应付款项按时足额付至上述账户即构成对上述商务合同项下付款义务的履行，且唯有某银行上述账户收到足额款项方可解除贵方的债务责任。本次通知附随文件：应收账款转让清单、商务合同副本。同日，乙公司向甲公司、某银行出具《应收账款转让通知书回执》，确认已收到上述《应收账款转让通知书》及所附文件并同意其内容，并承诺将按照某银行的指示向其履行商务合同项下的付款义务。

甲公司作为甲方与乙方某银行就应收账款转让及登记相关事宜签署《应收账款转让登记协议》并办理了《中国人民银行征信中心动产权属统一登记——初始登记》。

某银行向法院起诉，请求判令：1. 乙公司立即归还某银行本金 14300 万元；2. 乙公司立即向某银行支付罚息 8025372.47 元（以 4300 万元为基数，自 2019 年 6 月 25 日起；以 2000 万元为基数，自 2019 年 7 月 24 日起；以 8000 万元为基数，自 2019 年 8 月 23 日起，均暂计至 2020 年 6 月 10 日，按照央行一年期基准利率 4.35%基础上加收 50%确定的利率计收，以后另计）。

裁判结果

一审法院判决：乙公司于判决生效之日起十日内向某银行偿还融资本金 14300 万元并支付逾期利息（其中，以 4300 万元为基数，自 2019 年 6 月 26 日起；以 2000 万元为基数，自 2019 年 7 月 25 日起；以 8000 万元为基数，自 2019 年 8 月 24 日起，均计算至款项实际付清之日止，按照中国人民银行一年期基准利率 4.35%基础上加收 50%确定的利率计收）……

乙公司不服一审判决，提起上诉。二审法院判决：驳回上诉，维持原判。

裁判理由

一审判决认为，某银行与甲公司签订的《保理合同》及附件，均系各方当事人的真实意思表示，且内容不违反法律、行政法规的强制性规定，合法有效，各方均应依约享有权利、承担义务。

根据乙公司与某银行签订的《授信合同》确定的最高额授信额度，甲公司将其对乙公司基于7份购销合同产生的应收账款分三笔转让给某银行，由某银行为甲公司办理无追索权的保理业务，融资金额共计14300万元。某银行受让了甲公司对乙公司的应收账款，以约定的融资比例为甲公司提供保理融资，向甲公司履行放款义务或开具了以甲公司为出票人的银行承兑汇票，但乙公司并未在应付账款到期日向约定的保理回款专户履行付款义务，已构成违约，应承担相应的违约责任。乙公司应向某银行支付14300万元应付账款，并依据其在《买方保理业务申请书》中对承担逾期利息、复利和违约金的承诺，自每笔应付账款到期日起，按照中国人民银行一年期基准利率4.35%基础上加收50%确定的利率标准向某银行支付逾期利息。

乙公司辩称款项还清，但未提供相应证据予以证明，且《保理合同》对应收账款回收明确约定了保理回款账户，且在甲公司、某银行共同向乙公司发出的《应收账款转让通知书》中明确通知乙公司将款项直接付至保理回款专户，并明确：乙公司将应付款项按时足额付至该保理回款专户才构成付款义务的履行，且唯有该账户收到足额款项方可解除乙公司的债务责任。乙公司在向甲公司、某银行出具的《应收账款转让通知书回执》中确认收到上述《应收账款转让通知书》及所附文件并同意其内容，并承诺将按照某银行的指示向其履行商务合同项下的付款义务。乙公司未依约向指定的保理回款账户还款，应按约定承担相应的违约责任。乙公司辩称涉案保理业务办理时转让的债权不存在，某银行与甲公司恶意串通损害国家利益，涉案保理业务未经上级审批，涉案保理行为应属无效，没有事实及法律依据，本院对此不予采信。

二审判决认为，《民法典时间效力规定》第三条规定："民法典施行前的法律事实引起的民事纠纷案件，当时的法律、司法解释没有规定而民法典有规定的，可以适用民法典的规定，但是明显减损当事人合法权益、增加当事人法定义务或者背离当事人合理预期的除外。”《民法典》第七百六十三条规定：“应收账款债权人与债务人虚构应收账款作为转让标的，与保理人订立保理合同的，应收账款债务人不得以应收账款不存在为由对抗保理人，但是保理人明知虚构的除外。”双方当事人通谋所为的虚伪意思表示，在当事人之间发生绝对无效的法律后果，但在虚伪表示的当事人与第三人之间，则应视该第三人是否知道或应当知道该虚伪意思表示而发生不同的法律后果。根据法律规定，只有在保理人明知存在虚构应收账款的情形时，债务人方可对抗保理人。本案中，乙公司虽然未主张其与甲公司之间存在通谋行为，但主张应收账款不存在。对此，出于对保理人的信赖保护，亦应当限定在善意无过失的情形下，即要求保理人就基础债权的真实性进行了必要的调查和核实，尽到了审慎的注意义务，有理由相信应收账款债权真实存在。在保理人善意无过失的情况下，应收账款债务人应当依其承诺向保理人承担责任，而不得以应收账款不存在的理由对抗保理人。在乙公司向某银行出具的《买方保理业务申请书》中，承诺保理业务项下的应付账款具有真实的交易背景，且该应付账款为卖方已适当履行了基础交易合同项下义务的应付账款，申请人对此不持任何异议，申请人负有无条件的付款义务，并保证在应付账款到期日届满之前向本申请书指定回款账户足额支付应付账款。在乙公司向某银行出具的《买方保理业务承诺函》中，承诺乙公司知悉供应商/债权方在某银行办理保理业务的事宜，并承诺按照基准利率上浮20%的标准并一次性支付供应商/债权方保理业务项下融资的利息/费用，该利息/费用金额与买方保理业务金额共同纳入买方信用风险担保的范畴。在甲公司、某银行向乙公司发出的《应收账款转让通知书（适用于全部转让）》中载明，乙公司应当按照指示向某银行履行商务合同项下的付款义务，将款项直接付某银行甲公司保理回款专户，应付款项按时足额付至上述账户即构成对上述商务合同项下付款义务的履行，且唯有某银行上述账户收到足额款项方可解除贵方的债务责任。在乙公司向甲公司、某银行出具的《应收账款转让通知书回执》中，确认其已收到上述《应收账款转让通知书》及所附文件并同意其内容，承诺将按照某银行的指示向其履行商务合同项下的付款义务。乙公司在上述行为及文件中，确认了基础交易的真实性，并承诺履行付款义务，并未提及款项已经支付的情况。

某银行向一审法院提交了涉案商务合同、发票、货权交接单等证据，该部分证据属于甲公司向某银行转让应收账款时所涉文件，证明某银行在受让应收账款时对基础债权的真实性进行了必要的调查和核实，尽到了审慎的注意义务。

乙公司虽然在一审中提交了《购销合同》《工矿产品购销合同》《销售合同》《氧化铝买卖合同》的复印件、向甲公司付款160265304.7元的付款凭证复印件，但某银行并不认可，甲公司亦没有确认涉案合同款项已经支付完毕。同理，乙公司虽然在二审中提交了《审核意见书》，但相关基础文件均由其单方出具，未经甲公司确认。特别是，上述证据不能证明某银行在受让应收账款时明知乙公司的还款事实。且《保理合同》对应收账款回收明确约定了保理回款账户，在甲公司、某银行共同向乙公司发出的《应收账款转让通知书(适用于全部转让)》中明确通知乙公司应将应付款项按时足额付至该保理回款专户才构成付款义务的履行，且唯有该账户收到足额款项方可解除乙公司的债务责任。乙公司在《应收账款转让通知书回执》中承诺将按照某银行的指示向其履行商务合同项下的付款义务。现乙公司未依约向指定的保理回款账户还款，应按约定承担相应的违约责任。因此，乙公司提交的证据不足以证明某银行存在过错，乙公司关于涉案保理业务办理时转让的债权不存在，涉案保理行为无效的上诉理由缺乏事实及法律依据，本院不予采信。

3. 关于债权转让时从权利一并变动的规定

《民法典》第547条规定："债权人转让债权的，受让人取得与债权有关的从权利，但是该从权利专属于债权人自身的除外。受让人取得从权利不因该从权利未办理转移登记手续或者未转移占有而受到影响。"《澳门商法典》第878条也对"担保、其他从属权利及所有权保留条款之利益之转移"加以规定："一、《民法典》第五百七十六条第一款之规定适用于保理人。二、订立保理合同后，附于让与人作出之出售行为之所有权保留条款之利益，移转予保理人，但另有约定者除外。"应收账款债权转让给保理人后，保理人承继了原债权人的地位，取得了原债权人的相应权利，原债权人不再享有此法律关系中的债权。从权利具有从属性，主权利移转，从权利也应当一并转让。在应收账款债权转让的情形下，从属于主债权的从权利（如抵押权、利息债权、定金债权、违约金债权及损害赔偿请求权）也应当一并发生转让。比如，利息在性质上属于法定孳息，属于主债权的收益，除法律有特别规定或当事人有特别约定外，取得孳息的权利也应当随之移转。

案例 11 无追索权保理中保理人一并取得主债权与违约金债权[①]

基本案情

2017 年 8 月 2 日，甲公司与乙公司签订《锂电池生产线设备采购合同》，由甲公司为乙公司提供锂电池生产线设备，合同金额 2.62 亿元。2017 年 12 月 19 日，甲公司与乙公司签订《NMP 回收系统及制水系统采购合同》，合同金额 1670 万元。2018 年 1 月 9 日，甲公司与乙公司签订《全自动锂电池叠片机（单工位）设备采购合同》，合同金额 30 万元。2018 年 8 月 17 日，乙公司出具《付款承诺函》，载明截至 2018 年 8 月 14 日，乙公司应付货款 2917.1 万元，并承诺于 2018 年 8 月 25 日前支付给甲公司。

2018 年 11 月 21 日，乙公司就《锂电池生产线设备采购合同》和《NMP 回收系统及制水系统采购合同》未付货款事宜与甲公司签订《补充协议》。乙公司承诺就未付货款 12966 万元，于 2018 年 10 月起至 2019 年 9 月 25 日前，分期支付给甲公司。该《补充协议》同时约定，如乙公司未按照付款计划履约，甲公司有权重新调整计划，因此造成的任何损失甲公司不予承担，并按每天合同金额的千分之一计付违约金。

2020 年 1 月 16 日，甲公司（甲方）与某保理公司（乙方）签订《国内保理业务合同（无追索权）》，约定甲方拟向作为保理商的乙方转让其基于上述 4 项商务合同所享有的应收账款，由乙方为甲方提供保理服务（无追索权）受让应收账款。受让的 4 项合同应收账款金额合计 106024691.17 元。

2020 年 8 月 4 日，甲公司向乙公司邮寄《债权转让通知书》，载明甲公司已将对乙公司的 106024691.17 元债权转让给某保理公司。某保理公司提交的快递信息截图显示，乙公司于 2020 年 9 月 13 日收到。

某保理公司向法院起诉，请求判令：乙公司立即支付某保理公司货款人

---

① 参见北京市第二中级人民法院（2020）京 02 民初 536 号民事判决书。

民币 106024691.17 元，并以 105862449.79 元为基数，按万分之五每日支付 2019 年 9 月 25 日起至实际付款之日止的违约金。

裁判结果

法院判决：1. 乙公司于本判决生效后 10 日内向某保理公司支付货款 106024691.17 元及违约金（以 105862449.79 元为基数，自 2019 年 9 月 26 日起至实际支付之日止，按日万分之三的利率标准计算）；2. 驳回某保理公司的其他诉讼请求。

裁判理由

法院判决认为，某保理公司与甲公司签订的《国内保理业务合同（无追索权）》，系双方当事人的真实意思表示，且内容不违反法律、行政法规的强制性规定，故合法有效。依据该合同的约定，甲公司将其对乙公司的应收账款转让给某保理公司，某保理公司向甲公司支付一定数额的保理融资款，且甲公司将该债权转让事宜已通知乙公司，现某保理公司据此要求乙公司支付应收账款，符合保理合同的特征，故本案系保理合同纠纷。

关于本案的法律适用，《民法典时间效力规定》第三条规定："民法典施行前的法律事实引起的民事纠纷案件，当时的法律、司法解释没有规定而民法典有规定的，可以适用民法典的规定，但是明显减损当事人合法权益、增加当事人法定义务或者背离当事人合理预期的除外。"本案保理合同纠纷系《民法典》施行前的法律事实引起的纠纷，因当时法律、司法解释就保理合同纠纷没有规定，故依据上述司法解释的规定，本案可适用《民法典》有关保理合同的规定予以处理。《民法典》第七百六十七条规定："当事人约定无追索权保理的，保理人应当向应收账款债务人主张应收账款债权，保理人取得超过保理融资款本息和相关费用的部分，无需向应收账款债权人返还。"本案中，某保理公司与甲公司明确约定涉案保理为无追索权保理，依据上述法律规定，某保理公司应向乙公司主张应收账款债权。

本院注意到，甲公司向某保理公司转让的应收账款数额，并未经乙公司确认，故本案中应着重审查该应收账款是否真实、具体数额及是否达到付款条件。甲公司向某保理公司转让的应收账款为《锂电池生产线设备采购合同》

《NMP回收系统及制水系统采购合同》《补充协议书》《全自动锂电池叠片机（单工位）设备采购合同》项下的应收账款。首先，从乙公司与甲公司于2018年11月21日签订《补充协议》的内容来看，《锂电池生产线设备采购合同》和《NMP回收系统及制水系统采购合同》项下的设备均已于2018年5月交付，该两份合同项下的所有款项应于2019年9月25日前交付，故该两份合同项下的应收账款在某保理公司与甲公司签订保理合同时已经到期。其次，《补充协议书》于2018年5月28日签订，系《锂电池生产线设备采购合同》的补充协议，该补充协议约定项目完成后支付全部款项，从《补充协议》内容来看锂电池生产线设备项目已经完工，故该合同项下的设备和工程应当已经交付和完工，该合同项下的款项于2018年11月21日应已到期。再次，《全自动锂电池叠片机（单工位）设备采购合同》项下的设备，依据某保理公司提交的销售出库单，于2018年12月21日交付。依据该合同的约定，设备款于质保期满1年全部结清，现该设备交付距今已有两年有余，且甲公司未提出异议，故上述合同项下的设备款应视为已到期。最后，某保理公司提交科能伟达账单，该账单载明乙公司在涉案保理合同签订时就上述四份合同项下欠付的货款金额，并提交了相应的付款凭证予以佐证，并无明显瑕疵，且甲公司未提出异议，故本院予以确认。基于上述分析，甲公司在上述四份合同项下对乙公司享有的货款债权金额共计106426920元，甲公司将上述部分债权106024691.17元转让给某保理公司，某保理公司取得该债权，且上述债权现均已到期，故某保理公司有权要求乙公司支付。

另，依据《补充协议》的约定，乙公司应在2019年9月25日前支付《锂电池生产线设备采购合同》和《NMP回收系统及制水系统采购合同》项下全部设备款，如乙公司未按照付款计划履约，甲公司有权按每天合同金额的千分之一计付违约金。现乙公司在上述两份合同项下所欠货款共计105862449.79元，某保理公司已取得该债权及从权利，故某保理公司有权主张该货款自2019年9月26日起至实际支付之日止的违约金。关于违约金的计算标准，某保理公司同意本院依法予以确定，本院综合本案情况，认为按日万分之三利率标准计算违约金符合公平原则。

与此同时，《民法典》第547条第2款规定："受让人取得从权利不因该从权利未办理转移登记手续或者未转移占有而受到影响。”《深圳前海法院保理合同案件裁判指引》第 16 条规定：“除当事人另有约定，应收账款债权转让的，保理商一并受让有关的全部合同权利及其附属担保权益。附属抵押权等担保物权一并转让时，未办理抵押登记变更手续，保理商主张担保物权的，人民法院予以支持。”据此规定，应收账款债权转让给保理人后，保理人可一并取得附属于该主债权的担保权，抵押权无须办理变更登记。

需要说明的是，《民法典》第 547 条仅可适用于无追索权保理，不适用于有追索权保理。如果有追索权保理也适用该条规则，保理人在受让应收账款后会同时取得该笔应收账款所附的担保债权。于此，保理人不仅可以依据《民法典》第 768 条规定向应收账款债权人和债务人主张权利，还可以依据《民法典》第 547 条规定向基础交易合同项下的担保人主张担保权。如此，保理人相当于获得了双重担保，一为应收账款让与担保，二为应收账款自身所附的担保。这显然同让与担保的基本法理和立法本意不符。在司法实践中，笔者也未曾发现在有追索权保理合同纠纷中保理人会起诉基础交易合同项下担保人的情况。这进一步佐证了《民法典》第 547 条并不能适用有追索权保理。

4. 关于债务人对让与人的抗辩可以继续向受让人主张的规定

《民法典》第 548 条规定：“债务人接到债权转让通知后，债务人对让与人的抗辩，可以向受让人主张。”应收账款债权转让给保理人后，保理人承继了原债权人的债权，其在享有权利的同时，该权利之上的瑕疵或者负担等都应当一并承继。从应收账款债务人的角度讲，债务人在应收账款转让时就已经享有了对抗原债权人的抗辩，该抗辩并不因应收账款转让而消灭。也就是说，保理人在向应收账款债务人主张支付应收账款时，应收账款债务人可以基础交易合同项下的事由进行抗辩。该条可同时适用于无追索权保理与有追索权保理。

5. 关于债务人对受让人主张抵销权的规定

《民法典》第 549 条规定：“有下列情形之一的，债务人可以向受让人主张抵销：（一）债务人接到债权转让通知时，债务人对让与人享有债权，且债务人的债权先于转让的债权到期或者同时到期；（二）债务人的债权与转让的债权是基于同一合同产生。”应收账款债权人转让应收账款不需要经债务人同意，债务人接到债权转让通知时，转让行为就生效。债权人转让权利后，已从原合同关系中退出，而保理人承受了原合同的权利和义务，成为合同新的债权人，如果债务人对原债权人也享有债权，同时该债权已届清偿期，在这种情况下，债务人可以依照法律规定向保理人行使抵销权。该条可同时适用于无追索权保理与有追索权保理。

案例 12　应收账款债务人可向保理人行使抗辩权与抵销权①

基本案情

2013 年 5 月 8 日，甲公司与乙公司就乙公司为甲公司 ODM 生产的合作事项签订《ODM 合作框架协议》。ODM 产品是指由乙公司设计，或由甲公司委托乙公司设计，或双方联合设计，并由乙公司生产的产品。第四条第四款明确甲公司对乙公司的付款方式为乙公司交货之日起 3 个月付 6 个月承兑汇票。

2014 年 12 月至 2015 年 11 月，某保理公司与乙公司以前述乙公司与甲公司间的产品和服务交易为基础开展保理融资业务，于 2014 年 12 月 9 日签订《国内商业保理合同（附追索权）》，约定：某保理公司系甲方、受让人，乙公司系乙方、转让人，甲公司为买方、债务人。保理业务类型为有追索权保理业务，即指乙公司将其因向甲公司销售商品、提供服务或其他原因所产生的应收账款债权转让给某保理公司，某保理公司向乙公司支付相应的债权转让款及向其提供其他综合性的服务，并且乙公司对甲公司到期付款承担连带担保责任，即甲公司如未按期向乙公司支付应收账款，某保理公司有权向乙公司追索，同时在某保理公司要求下乙公司还应承担回购该应收账款的责任。

2014 年 12 月 15 日，乙公司向甲公司邮寄送达了《应收账款债权转让通知书》。通知书载明：乙公司与某保理公司共同通知甲公司，乙公司与甲公司目前已经形成的基于 2013 年 5 月 8 日签署的《ODM 合作框架协议》项下的被文件《应收账款转让明细表》所记载的 2014 年 9 月至 11 月形成的发票金额合计为 6028596.76 元的应收账款以及就该应收账款所享有的全部债权及债权的从属权利，均自动转归某保理公司享有。请甲公司向某保理公司履行上述

---

① 一审：武汉市中级人民法院（2016）鄂 01 民初 1252 号民事判决书；二审：湖北省高级人民法院（2017）鄂民终 3301 号民事判决书。

应收账款项下的付款义务，并将应收账款按照合同约定的要求，直接付至以下指定监管账户。

2016年1月11日，甲公司以乙公司和某保理公司为被告向武汉市东湖开发区法院提起诉讼，请求判令乙公司立即赔偿维保费用825249元、逾期交货违约金2046733元、异地库类产品价款3105980.96元、客供料部分货款7791174元、改制订单整机赔偿1370374.44元、市场利润损失2181610.74元，共计17321121.1元。2016年10月18日，东湖开发区法院作出（2016）鄂0192民初232号民事判决（以下简称232号判决），判令乙公司向甲公司支付维保费用552011.59元、逾期交货违约金1917364元，赔偿异地库损失3103168.42元、客供料损失7765068.95元，驳回其他诉讼请求。东湖开发区法院判决乙公司承担给付责任的主要理由分别为：1. 维保费用。《ODM合作框架协议》和《供应合作框架协议》约定乙公司应在产品交付后36个月内承担维保义务，然而乙公司已经于2015年12月25日停止经营丧失继续履约的能力，应按照2013年9月至2015年12月交货数量乘以1.61%的历史返修率乘以酌定的26元/台的费用标准承担赔偿预期损失的违约责任。2. 逾期交货违约金。《ODM合作框架协议》和《供应合作框架协议》关于逾期交货违约金有明确约定，乙公司未抗辩过高，应按照逾期交货产品金额（含税价）乘以日0.5%乘以逾期天数的标准予以计算。但要特别说明的是，甲公司仅针对未发货部分提出了逾期违约金的赔偿请求，就交货日之后迟延到货的部分未提出请求。3. 异地库和客供料损失。甲公司存放于乙公司的客供料和异地库内的物料及产品的事实使双方形成了仓储合同，乙公司应对未尽到妥善保管义务而造成的损失承担赔偿责任。

2017年3月30日，广东省深圳市中级人民法院向甲公司发出通知书，告知乙公司破产案件已指定管理人，应及时申报债权。

2017年6月5日，甲公司向乙公司破产管理人发出通知函，主张因其与乙公司互负到期债务，现向破产管理人通知主张抵销权：我司欠付乙公司货款11025300.13元（《供应合作框架协议》履行中往来货款总金额为161791824.57元、已支付150766524.44元），在抵销后乙公司还欠我司2412312.83元及迟延履行期间的利息。2017年9月1日，乙公司破产清算案第一次债权人会议召开，形成的《债权人申报和审查报告》显示：甲公司申报债权 13463599.96 元，类型为普通债权，管理人予以确认，但未处理甲公司就应付货款债务与该债权之间的抵销权申请。某保理公司就保理融资本息申报债权 20004750 元，类型为担保债权，乙公司破产管理人以本案正在审理中为由，对该申报的债权暂缓审核，待法院判决生效后再行审核。

甲公司提供了同期货款支付的相应支付凭证和合同，其中支付凭证上载明的支付金额合计为 145661226.5 元，合同记载的折让时间和金额分别为 2014 年 6 月 18 日 344374.66 元、2014 年 9 月 12 日 567714.73 元、2014 年 11 月 11 日 260134.15 元、2014 年 12 月 19 日 64362.83 元、2014 年 12 月 29 日 44576.53 元、2015 年 1 月 16 日 244130.24 元、2015 年 2 月 6 日 376028.33 元、2015 年 3 月 11 日 425315.45 元、2015 年 4 月 10 日 516552.79 元、2015 年 5 月 11 日 530499.76 元、2015 年 6 月 11 日 274162.2 元、2015 年 7 月 14 日 322787.64 元、2015 年 8 月 11 日 210000 元、2015 年 9 月 17 日 218380.49 元、2015 年 10 月 13 日 368427.75 元、2015 年 11 月 13 日 337850.4 元。合同描述的现金折让的原因为："乙公司为甲公司主要原材料供应商，前期约定甲公司采用银行承兑汇票方式支付货款，乙公司为及时筹措营运资金，希望甲公司在近期以现金方式支付全部或部分应付款，并同意给予甲公司一定的现金折让。"合同约定的现金折让的效果为：甲公司只需要支付应付额与折让额的差额即相当于履行了对乙公司银行承兑汇票方式的、相当于应付额的支付责任。

某保理公司向本案一审法院提起诉讼，请求判令：甲公司立即向某保理公司支付应收账款 28852186 元，自 2016 年 2 月 25 日起至实际给付之日止，以 28852186 元为基数，按照中国人民银行同期一年期贷款基准利率向某保理公司支付逾期付款利息。

裁判结果

一审法院判决：1. 甲公司自本判决生效之日起十日内向某保理公司支付应收账款 21195238.38 元，并自 2016 年 6 月 3 日起至实际给付之日止，以 21195238.38 元为基数，按照中国人民银行同期一年期贷款基准利率支付逾期付款利息；2. 驳回某保理公司其他诉讼请求。

甲公司不服一审判决，提起上诉。上诉理由之一为，即便认定某保理公司已受让乙公司的应收账款，一审判决驳回甲公司行使抵销权及抗辩权的主张，无事实和法律依据。东湖开发区法院232号判决所确定的甲公司对乙公司享有的债权均基于基础交易合同产生，债权发生的基础事实早于债权转让通知日（2015年12月16日）。232号判决的债权早于债权转让时产生，仅判决确认的时间晚于债权转让，依《合同法》第八十三条规定，甲公司可以将232号判决确认的债权向某保理公司主张抵销。2015年1月8日《供货合作框架协议》第6.3条约定，甲公司有权用乙公司欠甲公司的任意款项抵销应付乙公司的款项，表明甲公司对某保理公司受让的债权享有任意抵销权。某保理公司作为债权受让人应受基础交易合同约定事项的限制，否则该债权转让行为将导致甲公司依基础合同对乙公司享有的抵销权及抗辩权被不当剥夺。乙公司已进入破产程序，甲公司依据《中华人民共和国企业破产法》规定，对乙公司享有破产抵销权，亦可向债权受让人某保理公司行使。

二审法院判决：1. 撤销一审民事判决；2. 甲公司自本判决生效之日起十日内向某保理公司支付应收账款4476562.6元及逾期付款利息（利息以4476562.6元为基数，自2016年3月26日起按中国人民银行同期一年期人民币贷款基准利率标准，计算至实际给付之日止）；3. 驳回某保理公司其他诉讼请求。

裁判理由

一审判决认为，保理是以债权人转让其应收账款为前提，集应收账款催收、管理、坏账担保及融资于一体的综合性金融服务。在保理业务中，依合同成立某保理公司与乙公司间的应收账款转让、融资和甲公司与乙公司间的买卖两项合同关系。本案争议为某保理公司是否有权以债权人身份向买卖合同关系的债务人甲公司主张欠付的应收账款及其具体金额。

2013年5月8日《ODM合作框架协议》、2015年1月8日《供应合作框架协议》均系当事人真实意思表示，不违反法律规定，应为有效，后者是对前者的变更和补充。2014年12月至2015年11月某保理公司与乙公司签订的一系列《国内商业保理合同》及补充协议，为缔约双方真实意思表示，不违反法律规定，亦为有效。依保理合同，乙公司将其对甲公司应收账款债权转让给某保理公司，在中国人民银行征信中心动产权属统一登记系统进行了登记，并以快递方式通知了甲公司。债权转让自通知到达时对甲公司发生法律效力。债务人拆阅与否不影响通知达到，本院认定债权转让最初自 2014 年 12 月 15 日即对甲公司发生法律效力。

关于甲公司与乙公司达成的现金支付折让金额是否都应视为已付金额，对抗某保理公司的问题。本院认为，现金折让之债产生于甲公司和乙公司签订的折让合同，甲公司主张现金折让应视为已付款，即用现金折让之债向债权受让人某保理公司主张抵销权。依据《合同法》第八十三条关于“债务人接到债权转让通知时，债务人对让与人享有债权，并且债务人的债权先于转让的债权到期或者同时到期的，债务人可以向受让人主张抵销”的规定，此用于抵销的债权需先于债权转让通知到达之日产生，且先于转让的债权到期或同时到期。反之，则不得对抗某保理公司。鉴于某保理公司在第二笔转让中已明确受让的债权包括未来一年内的应收账款，表明未来应收账款一经产生即被转让，故本院认为在 2014 年 12 月 15 日应收账款转让通知首次到达甲公司之前甲公司与乙公司达成的折让合同之债才可以对抗某保理公司。分别于 2014 年 6 月 18 日、2014 年 9 月 12 日、2014 年 11 月 11 日折让的 344374.66 元、567714.73 元、260134.15 元可以视为已付金额。其他折让合同，应由甲公司向乙公司另行主张。

关于甲公司能否以 232 号判决确认的债务对抗某保理公司的问题。如甲公司行使抵销权，因债权形成和到期的时间、其主张的时间都远远晚于债权转让通知到达和应收账款到期的时间，则不能对抗某保理公司。如甲公司行使抗辩权，则需判断应收账款的抗辩与应收账款是否源于同一事实和法律关系。(1) 关于维保费用。甲公司主张的维保费用虽与货物买卖具有牵连关系，但属于两种法律关系，且尚未实际发生。(2) 关于逾期交货违约金。甲公司在 232 号判决中请求的全部违约均指向未交货的迟延，该违约赔偿之债不针对已交货的迟延，不构成针对案涉应收账款的抗辩。(3) 关于异地库和客供料损失。该项债权事实基础在仓储合同关系，该关系项下违约赔偿之债不构成针对案涉应收账款的抗辩。因而甲公司就上述债权均无权向某保理公司主张抵扣。综上，本院认为甲公司无权以 232 号判决债权对抗某保理公司。

综上，某保理公司可向甲公司主张的下欠应收账款等于甲公司与乙公司在 ODM 合同项下的全部开票金额（161791824.57 元）+系统记载的 2015 年 12 月的发货金额（6236863.85 元）-甲公司全部实付金额（145661226.5 元）-

债权转让前甲公司与乙公司达成的三笔现金折让金额（344374.66 元+567714.73 元+260134.15 元），即 21195238.38 元（前三项金额的具体认定过程可参见一审民事判决书）。

二审判决认为，本案所涉《ODM 合作框架协议》《供应合作框架协议》《国内商业保理合同》及其附件包括补充协议、《应收账款转让清单》均系缔约当事人真实意思表示，内容不违反法律规定，合法有效，对缔约当事人具有约束力。依据上述协议在三方当事人间形成保理融资业务关系，某保理公司为保理商、乙公司为应收账款债权人（以下简称债权人）、甲公司为应收账款债务人（以下简称债务人）。案涉保理业务属有追索权的保理，某保理公司依据前述合同安排，有权向甲公司主张应收账款债权，在账款未受清偿的情况下，亦有权向乙公司追索保理融资款本息债权。故某保理公司向乙公司破产管理人申报债权并不反向影响某保理公司主张本案债权。甲公司关于某保理公司已就保理融资款申报破产债权，无权向其主张案涉账款债权的上诉理由不能成立。

甲公司欠付应收账款金额为 17262163.97 元（供货总额 168028688.42 元-已付款总额 150766524.45 元）（金额的认定与一审判决有所不同，具体理由可参见二审民事判决书）。

关于 232 号判决债权能否对抗本案债务的问题。本案中，甲公司以其对乙公司享有的维保费用、逾期交货违约金及异地库和客供料损失债权主张抵销案涉应收账款债务，232 号判决确认的债权与本案债权是否源于同一事实和法律关系并非该抵销权有效行使的前提。《合同法》第八十三条规定：债务人接到债权转让通知时，债务人对让与人享有债权，并且债务人的债权先于转让的债权到期或者同时到期的，债务人可以向受让人主张抵销。该条并未区分转让的债权系现实债权还是未来债权。如转让的是未来应收账款债权，则债务人接到转让通知时，债务人对让与人的债权及转让的债权均可能未实际产生，也就不存在到期问题。故针对未来应收账款转让，不应以债务人收到转让通知时，债务人对让与人已享有债权或该债权已到期作为债务人向受让人行使抵销权的前提。本案中，无须比较 232 号判决确认的各项债权是否在首笔保理业务转让通知到达甲公司时已到期，而需具体分析 232 号判决确认的各项债权与本案债权的到期先后顺序。

1. 本案债权到期日的确定。债权让与合同属负担行为，而债权让与行为则属处分行为，处分行为因系直接作用于某项现存权利的法律行为，其客体必须满足确定性要求。易言之，债权让与行为生效必须以转让的标的物即债权已实际产生为必要条件。以未来应收账款为标的物的债权转让行为只可能生效于应收账款实际产生后，而非此前进行的债权转让通知之时。本案所涉保理业务包括转让未来应收账款，针对通知时尚未产生的应收账款的转让行为生效于通知后的乙公司供货行为履行后，而非2014年12月15日首笔保理业务所涉转让通知到达甲公司时。一审法院以首笔保理业务通知时作为账款付款义务到期日，缺乏事实和法律依据，本院予以纠正。本案中，乙公司的供货行为是连续的，账款形成也是连续的，那么债权转让行为的生效也就是连续的。另外，账款转让行为生效并不等于付款义务到期。《ODM合作框架协议》第四条第四款已有关于甲公司在乙公司交货之日起3个月付6个月承兑汇票的约定，虽然双方在现实交易中采取滚动供货并付款的履约方式，但并未明示变更或废止该付款期约定，《供应合作框架协议》仅对付款程序及审核予以细化和明确，未变更付款期限，当事人亦未对账款余款结算期达成新的协议。因而，《ODM合作框架协议》中3个月付款约定对甲公司仍具有约束力。某保理公司本案中的请求权本质基础在于乙公司停止供货后全部供货与已付款间的差额账款，该请求权指向的对象为甲公司对乙公司交易完结后的尾款结算义务，依据《ODM合作框架协议》付款期约定，甲公司应在乙公司停止供货后3个月内付清全部尚余未付的应收账款。此外，某保理公司与乙公司始终将《ODM合作框架协议》作为保理合同的基础合同，故3个月付款期构成某保理公司对账款债权缔约时的信赖利益，3个月的结算期亦符合法律对合理期限的通常评价。综上，本院认定甲公司应于乙公司结束供货（2015年12月25日）后3个月内即2016年3月25日履行尾款结算义务，即本案债权的到期日为2016年3月25日。

2. 232号判决各项债权的到期日。（1）关于维保费用。232号判决支持维保费的理由在于《ODM合作框架协议》约定乙公司应在产品交付后36个月内承担维保义务，乙公司于2015年12月25日停止经营丧失继续履约能力，应按2013年9月至2015年12月已交货数量乘以1.61%的历史返修率再乘以酌定的26元/台的维修费标准承担赔偿该预期损失，即552011.59元

（1318709 件×1.61%×26 元）。维保义务系行为之债，并非金钱之债。《合同法》第九十九条第一款规定：当事人互负到期债务，该债务的标的物种类、品质相同的，任何一方可以将自己的债务与对方的债务抵销，但依照法律规定或者按照合同性质不得抵销的除外。维保义务与案涉账款债务因标的物种类不同不能相互抵销。232 号判决通过预期利益损失赔偿的方式将持续至 2018 年 12 月 25 日待履行的行为之债转化为金钱之债，以替代原行为义务履行，转化后的债务在债务种类及履行期限上均发生变化，履行期已提前至判决确定的给付之日即 2017 年 5 月 16 日（232 号判决于 2017 年 5 月 6 日生效）。因此，维保费债务晚于本案应收账款到期，甲公司无权向某保理公司主张抵销。（2）关于逾期交货违约金。232 号判决支持逾期交货违约金的理由在于《供应合作框架协议》约定乙公司应按延期交付部分的产品总价每天 0.5%的标准向甲公司支付违约金，已有系统订单订购并附交货时间但乙公司至 2015 年 12 月 25 日丧失交货能力前仍未发货，故针对 2015 年 1 月 8 日《供应合作框架协议》签订后的有订单未发货情况按约定标准计算至 2015 年 12 月 25 日止的违约金为 1917364 元。前述债务虽源于按期交货义务，但并不替代交货义务，即该违约金债务的履行不实际代替或消灭原交货义务的履行，系一项独立的金钱之债，与本案债务标的物种类相同。违约金债务与违约事实相伴而生，违约行为发生时违约金债务即已产生，且该债务一经产生即应履行给付义务，不存在需一定期限届至而为给付的问题。232 号判决针对截至 2015 年 12 月 25 日前的延期交货违约金，故该债务于 2015 年 12 月 25 日前已实际产生并到期，232 号判决仅系以判决方式对该债务作出司法确认并赋予强制执行效力，判项确认的强制给付期并不改变该债务的实际产生时点和即时履行性质。上述违约金债务早于本案应收账款到期，甲公司有权依据《合同法》第八十三条规定向某保理公司主张抵销。（3）关于异地库和客供料损失。232 号判决异地库和客供料损失的理由在于甲公司存放于乙公司的客供料和异地库的物料及产品的事实使双方形成仓储合同关系，乙公司因自身原因导致上述物品被查封，甲公司丧失领回上述物品权利，乙公司未尽到妥善保管义务应赔偿上述物料价值损失，其中异地库损失 3103168.42 元、客供料（甲公司向乙公司提供的部分原材料的剩余未使用部分）损失 7765068.95 元。上述损失在相关物料被广东省深圳市龙岗区人民法院于 2015 年 12 月 26 日查封后导致实际托管事实发生时即已产生，乙公司应于该日履行相应赔偿义务，232号判决仅系以判决方式对该债务作出司法确认并赋予强制执行效力，判项确认的强制给付期并不改变此赔偿义务发生时点和即时履行性。上述损失赔偿债务早于本案应收账款到期，甲公司有权依据《合同法》第八十三条规定向某保理公司主张抵销。

3. 抵销后应收账款余额。甲公司有权以其与乙公司之间的另案债务依据《合同法》第八十三条规定向某保理公司主张抵销的债务为12785601.37元（1917364元+3103168.42元+7765068.95元）。甲公司关于232号判决债权可抵销本案债务的上诉理由部分成立，本院予以支持。抵销后，甲公司欠付的应收账款债务为4476562.6元（17262163.97元-12785601.37元）。

关于《供应合作框架协议》第6.3条约定是否适用本案的问题。2015年1月8日《供应合作框架协议》第6.3条约定：在适用法律允许的最大范围内，甲公司有权用乙公司欠甲公司的任意款项抵销甲公司应付给乙公司的款项。《合同法》第一百条规定：当事人互负债务，标的物种类、品质不相同的，经双方协商一致，也可以抵销。《供应合作框架协议》前述约定属约定抵销条款，即甲公司有权以任何因不同原因产生的无论到期与否的金钱债权抵销包括货款在内的其他金钱债务。但同时应当明确的是，该约定仅存在于甲公司与乙公司之间，对未参加缔约的某保理公司原则上应不产生拘束力。

案涉全部《国内商业保理合同》始终将《ODM合作框架协议》作为产生应收账款的基础合同，甲公司与乙公司签订《供应合作框架协议》后未作相应调整或变更。诉讼中，甲公司未举证证明某保理公司在办理保理业务时已知悉《供应合作框架协议》内容。《供应合作框架协议》较《ODM合作框架协议》增加前述约定抵销权条款，是对《ODM合作框架协议》项下账款债权实现作出新的行权性限制，此种限制则超出并可能损害某保理公司受让账款债权时的信赖利益，并从根本上动摇和影响某保理公司保理合同目的的实现，也与前文所涉折让协议在对账款债权实现的影响方面存在本质性的重大区别。综上，《供应合作框架协议》第6.3条约定的抵销权条款虽合法有效，但仅适用于甲公司与乙公司，对某保理公司无拘束力，甲公司无权在本案中援用该条款对抗某保理公司。甲公司关于其享有任意抵销权，可对抗某保理公司的上诉理由缺乏事实依据，不能成立。

关于甲公司能否在本案中行使破产抵销权的问题。《中华人民共和国企业破产法》第四十条规定：债权人在破产申请受理前对债务人负有债务的，可以向管理人主张抵销。但是，有下列情形之一的，不得抵销：（一）债务人的债务人在破产申请受理后取得他人对债务人的债权的；（二）债权人已知债务人有不能清偿到期债务或者破产申请的事实，对债务人负担债务的；但是，债权人因为法律规定或者有破产申请一年前所发生的原因而负担债务的除外；（三）债务人的债务人已知债务人有不能清偿到期债务或者破产申请的事实，对债务人取得债权的；但是，债务人的债务人因为法律规定或者有破产申请一年前所发生的原因而取得债权的除外。依照上述规定，破产抵销权需向管理人行使，最终由破产受理法院核准。故即便甲公司具有破产抵销权的行权基础和条件，亦应向管理人主张，本院无权对此作出认定。本院对甲公司向某保理公司提出的破产抵销权主张不作审理。

6. 关于债权转让增加的履行费用的负担的规定

《民法典》第 550 条规定："因债权转让增加的履行费用，由让与人负担。"根据此条规定，因应收账款债权转让导致债务人履行费增加的，应收账款债权人应当负担相应的费用。但是，考虑债权转让后该笔费用的执行便利，应当允许债权人与保理人就上述费用问题在应收账款债权转让协议中作出约定，比如，约定从相应债务数额中予以扣减等，由此可以简化交易程序，降低交易成本，也可以有效减少纠纷，且符合意思自治原则的要求。但这一做法又有突破合同相对性的问题，原则上可以按照为第三人利益合同的规则处理。该条可同时适用于无追索权保理与有追索权保理。

反过来，《民法典》第 467 条第 1 款确立的最相类似合同可参照适用之规定又为普通的债权转让参照适用保理合同章法律规范指明了路径。鉴于普通债权转让与应收账款转让之间的高度相似性，普通债权转让与应收账款转让可以参照适用保理合同章的相关规定。比如，关于未来债权能否转让的问题，债权转让的一般规定中未置可否。有学者认为，债权转让的标的一般为已到期债权。未来债权届时能否发生，具有较大的不确定性，受让人要承受较大风险，故原则上不应承认未来债权可作为转让合同的标的物。[①] 但是，《民法典》第761条明确将未来应收账款纳入可转让的范围内，参照该条规定，未来债权转让应为立法所允许。具体而言，普通债权转让可以参照适用下列保理合同章中的应收账款债权转让规则：（1）允许将有债权转让的规定（《民法典》第761条）；（2）虚构债权转让的法律后果之规定（《民法典》第763条）；[②]（3）让与人和债务人协商一致影响债权价值的行为对受让人效力的规定（《民法典》第765条）。有学者提出，《民法典》第765条保理合同中“无正当理由变更或者终止基础交易合同行为对保理人的效力”之规定应可适用于所有的债权转让，系债权转让的一般性规则。[③]

（二）债权转让参照保理合同章适用问题

《民法典》立法延续我国民商合一的传统。《关于〈中华人民共和国民法典（草案）〉的说明——2020年5月22日在第十三届全国人民代表大会第三次会议上》也明确指出，“我国民事法律制度建设一直秉持‘民商合一’的传统，把许多商事法律规范纳入民法之中”。《民法典》合同编则淋漓尽致地体现了民商合一的立法理念。在合同编规定的十九类典型合同中，融资租赁合同、保理合同、保证合同、仓储合同、借款合同、行纪合同等都属于典型的商事合同。商事合同除了要适用其本章的特别规定外，还要遵从总则编和合同编通则部分的一般规则。

民商合一的立法理念在一定程度上促成了商事债权转让（保理合同章）与普通债权转让规则的统合，但并不彻底。保理合同与债权转让之间的共性是二者规则统合的基础。正是基于二者的相似性，无追索权保理可纳入债权转让规则体系。反过来，债权转让规则体系也因保理合同的加入而得到丰富和发展。但是，保理与债权转让的差别又决定了二者不可能完全实现体系上的统合，否则立法者就没有必要将保理合同新增为典型合同。债权转让规则肇始于民事法律行为，主要服务于资金流动、债权回收等目的。而保理作为

---

① 崔建远：《合同法》，北京大学出版社2021年版，第260页。

② 黄薇主编：《中华人民共和国民法典合同编释义》，法律出版社2020年版，第619页。

③ 朱虎：《债权转让中的受让人地位保障：民法典规则的体系整合》，载《法学家》2020年第4期。

一种商业模式，是一种有偿的金融服务，转让的标的物是应收账款这种商事债权，故保理对受让人（保理人）有更为特殊的要求，如保理人对基础交易关系真实性的审查负有更大的责任。法律行为性质上的不同决定了二者的法律适用范围也应有所差别，不可能实现规则的无缝对接。

《民法典》对于保理中的应收账款转让有着更为特殊的安排。依据逻辑推理法则，共性可适用于个性，但个性不一定能适用于共性。保理合同章的法律规范并不能当然适用普通债权转让。保理合同的独特个性决定了不能将其与债权转让完全等同起来。比如，《民法典》第764条规定保理人可以单独向应收账款债务人发出应收账款转让通知（只需表明保理人身份并附有必要凭证）。那么在普通债权转让中，债权受让人可否参照此条规定主张其可以自行通知债务人债权转让的事实？答案是否定的。理由在于：首先，《民法典》第546条第1款规定："债权人转让债权，未通知债务人的，该转让对债务人不发生效力。"通说认为，从语法结构和文义上分析，债权转让通知的主体应为让与人。债权受让人无权单独通知债务人。[①] 其次，按照特别法优于一般法的原理，由保理人通知债务人是保理合同的特别规定，只能在保理合同中适用。普通债权转让的通知主体依然是原债权人。[②] 再次，从立法本意看，就普通债权转让与保理中应收账款转让的通知主体问题作出不同安排，显然不是疏忽或故意造成体系冲突，而是《民法典》有意对二者进行区别对待。最后，这种刻意为之的体系安排也符合保理交易特点。在普通的债权转让中，由受让人通知债务人会危及交易安全，还可能会增加债务人额外的负担，有违正当性。而保理交易涉及的是商事债权转让，三方当事人多为商主体，首先要考虑的是如何提高交易效率。在保理人单方通知应收账款债务人债权已转让的事实并提供必要的凭证后，应收账款债务人完全有条件及时向应收账款债权人核实债权转让的真实性，且核实成本很低。[③] 故允许保理人通知是保理交易

---

① 梁慧星：《合同通则讲义》，人民法院出版社2021年版，第251页；王利明：《中国民法典学者建议稿及立法理由（债法总则编合同编）》，法律出版社2005年版，第126页；韩世远：《合同法总论》，法律出版社2011年版，第560页。

② 谢鸿飞、朱广新编：《民法典评注·合同编·典型合同与准合同》（2），中国法制出版社2020年版，第549页。

③ 李志刚：《〈民法典〉保理合同章的三维视角：交易实践、规范要旨与审判实务》，载《法律适用》2020年第15期。

中的特别制度，符合不同情形不同处理的原则，不可推而广之。[①]《民法典》第 764 条是为保理人开辟的专用绿色通道，而非公共道路。综上，如果参照《民法典》第 764 条规定认定普通债权转让中的受让人也可成为通知主体的话，就会与《民法典》第 546 条产生体系违反。

值得注意的是，最高人民法院制定的《民法典合同编通则解释》试图弥补上述规则之间的裂隙。该司法解释虽未明确认可受让人可以直接通知债务人，但第 48 条第 2 款规定："让与人未通知债务人，受让人直接起诉债务人请求履行债务，人民法院经审理确认债权转让事实的，应当认定债权转让自起诉状副本送达时对债务人发生效力……"该条规定对《民法典》第 546 条进行了变通规定，例外地允许债权受让人可在让与人未通知债务人的情形下通过直接起诉债务人的方式实现债权转让通知之目的。根据《民法典》第 764 条和《民法典合同编通则解释》第 48 条规定，保理人可自行通知债务人（需"表明保理人身份并附有必要凭证"），也可通过起诉的方式通知应收账款债务人。

另如，关于对抗第三人的效力问题，合同编通则未规定债权转让对第三人的效力。然而，《民法典》第 768 条确立了保理中应收账款重复转让时的清偿顺位规则。该条规定："应收账款债权人就同一应收账款订立多个保理合同，致使多个保理人主张权利的，已经登记的先于未登记的取得应收账款；均已经登记的，按照登记时间的先后顺序取得应收账款；均未登记的，由最先到达应收账款债务人的转让通知中载明的保理人取得应收账款；既未登记也未通知的，按照保理融资款或者服务报酬的比例取得应收账款。"那么，对于普通债权重复转让的，是否可以参照该条规定确定清偿顺位？有学者即主张，第 768 条关于保理合同中"登记在先、通知在先"的优先顺位规定不是保理合同的专利，同样应是债权转让的一般规则，故该条可类推适用于其他债权转让交易中受让人顺位的确定。[②] 笔者不赞成此观点。从该条的立法史来看，其究竟是作为债权转让的一般规则还是作为保理合同中的特殊规则曾有过动摇。最后，上述规则被转移至保理合同章中作为保理合同的特别规则。

---

① 丁俊峰：《民法典保理合同章主要条文的适用》，载《人民司法》2021 年第 4 期。

② 朱虎：《债权转让中的受让人地位保障：民法典规则的体系整合》，载《法学家》2020 年第 4 期；蔡睿：《保理合同中债权让与的公示对抗问题》，载《政治与法律》2021 年第 10 期。

由此可见，《民法典》第768条只能作为保理合同章中的特殊规则，普通的债权转让不能参照适用。这一点在最高人民法院制定的《民法典合同编通则解释》中得到印证。该解释第50条第1款规定："让与人将同一债权转让给两个以上受让人，债务人以已经向最先通知的受让人履行为由主张其不再履行债务的，人民法院应予支持。债务人明知接受履行的受让人不是最先通知的受让人，最先通知的受让人请求债务人继续履行债务或者依据债权转让协议请求让与人承担违约责任的，人民法院应予支持；最先通知的受让人请求接受履行的受让人返还其接受的财产的，人民法院不予支持，但是接受履行的受让人明知该债权在其受让前已经转让给其他受让人的除外。"上述规定借鉴了《民法典》第768条部分规则，确立了"通知优先"规则，与保理合同中的"登记优先，通知次之"的规则并不相同。

而且，如果将《民法典》第768条作为债权转让的一般规则，还会与债权转让规则产生不一致。《民法典》第768条最后一句规定，"既未登记也未通知的，按照保理融资款或者服务报酬的比例取得应收账款"。这一规定区分了担保性保理和非担保性保理，其所确立的按比例取得应收账款规则与《民法典》第414条第2款第3项确立的"抵押权未登记的，按照债权比例清偿"规则一致。然而，普通债权转让并不具有担保目的，在完全的债权转让中并不存在保理融资款或者服务报酬，故无法据此确定顺位。因此，《民法典》第768条最后一句确立的规则仅能适用于保理合同，至多可扩展用于确定具有担保属性的债权受让人之间的优先顺位。①

综上，普通的债权转让纠纷不能完全参照适用保理合同章的相关规定。保理合同章与普通债权转让规则在规范体系上既有重合之处，也存在差别。应收账款债权转让就出现了"双轨制"：因保理合同发生的多重转让可适用《民法典》第768条确定受让人之间的优先受偿顺位，非因保理合同发生的债权转让则根据让与时间先后确定优先顺位。② 如果同一笔应收账款既进行转让又开展保理时，该如何确定优先顺位？《民法典担保制度解释》第66条第1款尝试给出解决方案，规定："同一应收账款同时存在保理、应收账款质押和

---

① 朱虎：《债权转让中的受让人地位保障：民法典规则的体系整合》，载《法学家》2020年第4期。

② 李宇：《保理合同立法论》，载《法学》2019年第12期。

债权转让，当事人主张参照民法典第七百六十八条的规定确定优先顺序的，人民法院应予支持。”即将普通债权转让也扩大到《民法典》第768条的适用范围之内，解决了同一笔应收账款既因保理又因债权转让而发生的权利竞存问题，但从文义上看，该条的适用情形有着严格的限制，即要求同一笔应收账款同时存在保理、应收账款质押和债权转让中两种或两种以上并存的情形，不包括同一笔债权重复转让这一情形。[①] 该条司法解释并不能成为普通债权转让可参照适用《民法典》第768条规定的依据。由此，二者的法律规范能否相互参照适用，需要根据规范文义、体系安排以及立法目的等多方面因素综合考量。

二、买卖合同章的参照适用

在《民法典》中，买卖合同章具有极其重要的法律地位。买卖合同是最为典型的双务有偿合同，对其他类似合同具有很强的示范效应。从《合同法》到《民法典》，都有意将买卖合同列为典型合同之首。一方面是因为买卖合同在实践中最为常见和典型，另一方面是因为买卖合同的法律规范具有通用性，对其他有偿合同具有重要的参照价值。据此，将买卖合同章理解为第二分编“典型合同”中的“小通则”亦不为过。《民法典》第467条规定了最相类似合同参照适用规则。《民法典》第646条还规定：“法律对其他有偿合同有规定的，依照其规定；没有规定的，参照适用买卖合同的有关规定。”《买卖合同解释》第32条第1款更是明确法律或者行政法规对债权转让合同没有规定的，人民法院可以根据《民法典》上述两条规定，参照适用买卖合同的有关规定。上述法律及司法解释规定就为买卖合同章准用于其他有偿合同提供了通道。

由于无追索权保理属于有偿的债权转让，故买卖合同章相关规定也就具有适用空间。在德国法上，权利买卖可准用动产买卖之规定。基于上述法律及司法解释规定，无追索权保理在欠缺法律规定时可以参照适用买卖合同章

① 最高人民法院民事审判第二庭：《最高人民法院民法典担保制度司法解释理解与适用》，人民法院出版社2021年版，第556页。

的相关规定。

比如，《民法典》第 599 条规定："出卖人应当按照约定或者交易习惯向买受人交付提取标的物单证以外的有关单证和资料。"同理，在应收账款转让后，应收账款债权人同样有义务向保理人移交债权证明文件，并告知行使债权所必要的一切情形。所谓债权证明文件，包括商品销售或服务合同、增值税发票原件、货运单据、保险单据、提货单及验收合同单据等。所谓行使债权所必要的一切情形，一般指履行期、履行地、履行方式、债务人的住所、债权担保的方式以及债务人可能主张的抗辩等。如果基础交易合同附有担保的，应收账款债权人还应将相关的担保证明文件移交保理人，应收账款债权人所占有的担保物也应一并移交保理人。

另如，应收账款债权人对其转让的应收账款负有的瑕疵担保责任可参照买卖合同中出卖人的瑕疵担保规则处理。[①] 债权人所负的瑕疵担保义务为债权转让的原因行为中给付义务的应有内容。虽然《民法典》未在合同编通则以及保理合同章中对债权人的瑕疵担保义务作出规定，但债权人的瑕疵担保义务可参照买卖合同规则予以确定。《民法典》第 612 条规定："出卖人就交付的标的物，负有保证第三人对该标的物不享有任何权利的义务，但是法律另有规定的除外。"在买卖合同中，出卖人的瑕疵担保义务包括物的瑕疵（包括价值瑕疵、效用瑕疵以及品质瑕疵）担保和权利瑕疵担保。[②] 由于应收账款为无形物，故债权人的瑕疵担保义务主要为权利瑕疵担保，即权利不被他人追及的瑕疵担保。参照《民法典》第 612 条规定，应收账款债权人应将不具有权利负担的应收账款转让给保理人，而不能将已经转让或质押给他人的应收账款再转让给保理人。否则，保理人有权依据《民法典》第 614 条规定的中止支付价款权而拒绝向应收账款债权人支付融资款，或者要求应收账款债权人承担相应的违约损害赔偿责任。《民法典》第 614 条规定："买受人有确切证据证明第三人对标的物享有权利的，可以中止支付相应的价款，但是出卖人提供适当担保的除外。"

此外，应收账款债权人转让应收账款后就退出基础合同关系，故无权放

---

① 朱虎：《债权转让中的受让人地位保障：民法典规则的体系整合》，载《法学家》2020 年第 4 期。

② 最高人民法院民事审判第二庭编著：《最高人民法院关于买卖合同司法解释理解与适用》，人民法院出版社 2016 年版，第 668 页。

弃已转让的应收账款债权。应收账款债权人放弃债权的行为属于无权处分，未经保理人追认或认可，不发生法律效力。比如，浙江省杭州市中级人民法院审理的某保理公司与甲公司（应收账款债务人）、乙公司（应收账款债权人）、丙公司等保理合同纠纷一案[①]中，法院判决认为，本案债权转让符合法律规定，具有法律效力，对债权人、受让人与债务人均具有法律约束力。对于甲公司以案涉《备忘录》中的约定主张乙公司已放弃本案债权，故请求不支付案涉款项一节，首先，在本案债权转让发生法律效力后，乙公司无权再处分本案应收账款，未经受让人某保理公司认可，其处分行为不具有法律效力；其次，甲公司在转让通知中确认已收到应收账款项下货物并验收完毕，且承诺付款，故案涉基础法律关系真实合法，甲公司对债权受让人的抗辩不能成立；最后，案涉《备忘录》于2015年3月25日签订后，甲公司还分别于2015年7月16日、7月21日向某保理公司支付了两笔债权转让款，故甲公司以其未收到案外人支付的货款为由主张乙公司已放弃应收债权，依据不足。

三、其他典型合同的参照适用

在保理合同纠纷涉及买卖、委托、保证等问题时，法官可参照合同编买卖合同章、委托合同章、保证合同章等相关规定进行处理。比如，因保理人向应收账款债权人提供应收账款管理或催收服务产生的纠纷可参照委托合同处理。保理人作为受托人应尽到委托合同章规定的受托人报告与转交委托财产的义务。《民法典》第924条规定："受托人应当按照委托人的要求，报告委托事务的处理情况。委托合同终止时，受托人应当报告委托事务的结果。"《民法典》第927条规定："受托人处理委托事务取得的财产，应当转交给委托人。"保理人在收回应收账款后应将其转交给应收账款债权人（保理合同可以约定保理人在扣取保理融资款本息及其他费用后再转交）。另如，就付款担保而言，提供担保的保理人居于担保人的地位，可参照担保的一般规则

① 参见浙江省杭州市中级人民法院（2016）浙01民终3695号民事判决书。

处理。[1]

综上，无追索权保理因其属于有偿的债权转让，故可将其归于债权转让规则体系之中。《民法典》第 767 条即债权转让规则在无追索权保理中的具体体现。根据《民法典》第 769 条的引致性规定，保理合同章未置明文的问题可以适用债权转让的一般规则处理。又由于无追索权保理关涉债权买卖，根据《民法典》第 467 条、第 646 条以及《买卖合同解释》第 32 条所确立的最相类似处理规则，无追索权保理还可以参照买卖合同章的相关规定处理。

① 黄薇主编：《中华人民共和国民法典合同编释义》，法律出版社 2020 年版，第 603 页。

第四章　有追索权保理的体系定位及法律适用

在国内保理实践中，有追索权保理是主流保理类型。有追索权保理成为保理人最受青睐的融资模式。人民法院受理的保理合同纠纷绝大部分都是有追索权保理合同纠纷。《民法典》第 766 条虽然规定了有追索权保理中当事人的权利义务关系，但通过该条字面规定并不能明确揭示有追索权保理的法律性质，还需要运用法学解释的方法进行解读，从而确定其在《民法典》中的体系定位。因有追索权保理与应收账款质押存在高度的相似性，容易混淆，故有必要对二者的异同点加以辨析，并解决好同一应收账款因转让、质押并存时的权利冲突问题。

第一节　有追索权保理的体系定位

一、有追索权保理的法律性质

（一）有追索权保理的立法概况

关于部门立法对国际条约、惯例的借鉴。在我国保理发展初期，保理业的交易规则大多遵循国际条约或惯例。为了规范保理行业发展，早期的监管机构在制定部门规章和行政规范性文件时也十分重视对国际条约和惯例的借鉴。这一阶段有两大特点：一是规模较小，部门立法中借鉴的内容比较有限；二是来源较窄，主要是对国际条约和惯例的借鉴。比如，《商业银行保理业务管理暂行办法》第 6 条关于保理的定义基本上就是从《国际保理公约》第 1

条和《国际保理通则》第1条借鉴而来。关于应收账款的概念，《商业银行保理业务管理暂行办法》第8条规定："本办法所称应收账款，是指企业因提供商品、服务或者出租资产而形成的金钱债权及其产生的收益，但不包括因票据或其他有价证券而产生的付款请求权。"《国际保理通则》第3条规定："本通则所指应收账款仅限于已签署出口保理合同的供应商和其所在国有进口保理商提供保理服务的债务人因赊销商品和（或）劳务而形成的应收账款，不包括信用证（备用信用证除外）销售、见票即付或其他形式的现款销售所形成的应收账款。"不难看出，前者深受后者的影响，明显有借鉴吸收后者的痕迹。

《民法典》注重吸收国外有益的立法经验和成果，保理合同章即是典型代表。

一方面，重视对保理国际公约、惯例以及比较法中具体法律规则的借鉴。例如，关于未来应收账款能否叙做保理的问题，《国际保理公约》第5条规定："在保理合同双方当事人之间：（1）保理合同关于转让已经产生或将要产生的应收账款的规定，不应由于该合同没有详细列明这些应收账款的事实而失去其效力，如果在该合同订立时或这些应收账款产生时上述应收账款可以被确定在该合同项下的话。（2）保理合同中关于转让将来所产生应收账款的规定可以使这些应收账款在其发生时转让给保理商，而不需要任何新的转让行为。"《国际贸易中应收款转让公约》第8条第2款规定："除非另行议定，一项或多项未来应收款的转让无须逐项应收款转让办理新的转移手续即可具有效力。"上述立法例均持肯定态度。但《商业银行保理业务管理暂行办法》第13条明确持否定态度。为了融入国际发展趋势，《民法典》第761条进行了纠偏，明确肯定"将有的应收账款"可以叙做保理，体现了我国保理立法的开放性。

另一方面，借鉴了国际上动产担保立法的最新理念。近世以来，多国均对本国动产担保立法进行了改革。联合国国际贸易法委员会先后制定的《联合国贸易法委员会动产担保交易立法指南》《联合国贸易法委员会动产担保交易示范法》也都推崇基于功能主义的担保立法模式，建议各国立法将通过合同在动产上设定的旨在担保债务履行的权利统一化为"担保权"。当事人采取何种交易结构或者使用何种合同术语并不重要，只要交易的实质是担保债务履行，就应适用共同的设立、公示、优先顺位、违约救济和实行规则。这样就使动产担保交易制度更加灵活多变，大大提升了其兼容性，已有的融资方式和以后可能会被创造出来的新的融资方式都可以被囊括在内。动产让与担保、应收账款让与担保、所有权保留、融资租赁等交易因具有担保功能，均应适用统一的担保规则。世界银行集团《全球营商环境报告》（Doing Business）倡导各国构建基于功能主义的一元化动产担保交易法律体系，并将经济体是否存在一个"整合或统一的担保交易法律框架"作为营商环境的评估指标之一。①

《民法典》首次以立法的形式体现了功能主义担保立法理念。《民法典》第388条第1款即规定，"担保合同包括抵押合同、质押合同和其他具有担保功能的合同。"有学者认为，"其他具有担保功能的合同"，乃是将物权编担保物权分编以及合同编中相关规则的改进串并起来的"一根红线"。②《民法典》中保留所有权买卖、融资租赁以及保理均为功能主义立法理念指导下的产物。有追索权保理即因具有担保功能而被纳入"其他具有担保功能的合同"之中并相应地进行了制度设计。

（二）有追索权保理法律性质的争议及选择

我国学界和实务界对于有追索权保理法律性质的争论已久。比较有影响力的观点有债权转让说、间接给付说和让与担保说三种。在《民法典》立法中，作何选择是无法回避的重大基础性问题。

1. 债权转让说

在《民法典》出台之前，主流观点认为，有追索权保理的本质为债权转让。③

---

① 世界银行《营商环境报告》在一级指标"获得信贷"项下二级指标"合法权利保护力度指数"的问卷调查中设有"经济体存在整合或统一的担保交易法律框架，延伸到四个功能等同于动产担保的权益的创设、公示及执行，也就是具有担保功能的所有权受托转让、融资租赁、应收账款转让与保留所有权等"评价标准。

② 刘保玉：《民法典担保物权制度新规释评》，载《法商研究》2020年第5期。

③ 吴峻雪、张娜娜：《保理债权转让中转让通知的效力及形式》，载《人民司法·案例》2013年第18期；田浩为：《保理法律问题研究》，载《法律适用》2015年第5期；江苏省高级人民法院民二庭课题组：《国内保理纠纷相关审判实务问题研究》，载《法律适用》2015年第10期；冯宁：《保理合同纠纷案件相关法律问题分析》，载《人民司法·应用》2015年第17期；孙超：《保理所涉纠纷中的利益衡量与裁判规则》，载《人民司法·案例》2016年第32期；顾权、赵瑾：《商业保理合同纠纷的裁判路径》，载《人民司法·案例》2016年第32期；李良峰：《应收账款转让未通知债务人情形下保理合同案件的裁判思路》，载《人民司法·案例》2016年第32期。

该观点认为，保理的实质就是应收账款转让，债权转让为保理的基础、核心法律关系。《民法典》出台之后，此种观点依然具有一定市场。[①] 主要理由在于：（1）保理相关国际公约和惯例均规定保理须以应收账款转让为前提。[②] 保理是以应收账款转让为核心的交易行为，任何保理均以保理人买入应收账款为前提。[③]（2）保理融资款为保理人取得应收账款的对价。应收账款的价值是保理人发放融资款的依据。[④]（3）债权转让可将保理融资、应收账款管理或催收、付款担保等保理服务串联起来：保理人在受让应收账款后有义务向应收账款债权人支付应收账款转让价款（提供资金融通），并承担了可能发生的买方信用风险（付款担保），且为避免此风险而对应收账款进行管理和催收。[⑤] 由此，债权转让是保理的核心，向保理人转让应收账款债权是保理的主业，其他保理服务都是债权转让的附属品。[⑥] 基于应收账款债权转让，保理人得以成为基础交易合同项下新的债权人，故可直接向债务人求偿。而追索权可解释为债权人为债务人的清偿能力提供的担保，与放弃先诉抗辩权的一般保证相当。[⑦] 有追索权保理无异于对债务人履行能力加以特别约定的债权转让。[⑧]

案例 13　有追索权保理的法律性质为债权转让[⑨]

基本案情

2014 年 8 月 13 日，某银行（甲方）与甲公司（乙方）签订《国内保理

---

① 杨立新编：《〈中华人民共和国民法典〉条文精释与实案全析》，中国人民大学出版社 2020 年版，第 437 页；中国审判理论研究会民事审判理论专业委员会编：《民法典合同编条文理解与司法适用》，法律出版社 2020 年版，第 490 页；魏冉：《保理的概念及其法律性质之明晰》，载《华东政法大学学报》2021 年第 6 期；包晓丽：《保理项下应收账款转让纠纷的裁判分歧与应然路径》，载《当代法学》2020 年第 3 期；方新军：《论保理合同的法律性质》，载《苏州大学学报（哲学社会科学版）》2001 年第 1 期。

② 李超编：《保理合同纠纷裁判规则与典型案例》，中国法制出版社 2017 年版，第 45 页。

③ 田浩为：《保理法律问题研究》，载《法律适用》2015 年第 5 期。

④ 陈学辉：《国内保理合同性质认定及司法效果考证》，载《西北民族大学学报（哲学社会科学版）》2019 年第 2 期。

⑤ 黄斌：《国际保理——金融创新及法律实务》，法律出版社 2006 年版，第 22~23 页。

⑥ 黄斌：《国际保理业务中应收账款债权让与的法律分析》，载《清华大学学报·哲学社会科学版》2006 年第 2 期。

⑦ 参见最高人民法院（2018）最高法民再 192 号民事判决书。

⑧ 方新军：《论保理合同的法律性质》，载《苏州大学学报（哲学社会科学版）》2001 年第 1 期。

⑨ 一审：陕西省高级人民法院（2017）陕民初 10 号民事判决书；二审：最高人民法院（2020）最高法民终 155 号民事判决书。

业务合同》，约定乙方将应收账款债权及相关权利转让甲方，甲方审查确认后，按照合同项下每笔应收账款发票对应的保理融资金额之和，给予乙方总金额5000万元的保理融资。乙方对有追索权保理业务项下融资承担最终偿还责任，无论何种原因致使乙方不能及时、足额收回应收账款，均不影响甲方对乙方行使并实现追索权。合同还对保理融资的期限、利率，应收账款的回收、回购，以及违约责任等事项进行了约定。合同附件应收账款转让清单及其明细表载明案涉购货方为乙公司。

2014年8月7日，甲公司（甲方）、某银行（乙方）、乙公司（丙方）签订《国内保理业务合作协议》，约定为甲方和乙方办理应收账款国内保理业务，三方达成如下协议：1. 甲方在乙方的网点开立应收账款国内保理专户，账号26×××73。2. 丙方同意自本协议签订之日起，向甲方支付的成品油购油款全部拨付至甲方在乙方网点开立的上述应收账款国内保理专户。各方应本着诚信原则履行。若有一方不履行本协议，乙方有权宣布甲方在乙方办理的以转让其与丙方销售成品油交易形成的应收账款债权国内保理融资业务提前到期，要求甲方立即归还。

同日，乙公司通过《同意办理国内保理融资确认函》确认以下事项：1. 甲公司已按照2014年7月16日签订的《购销合同》向乙公司履行了供应成品油的义务，该笔交易产生的货款支付不存在任何纠纷。2. 乙公司按照购销合同约定，确认截至2014年8月7日应向甲公司支付该笔货款6253.510848万元，付款期限确定为一年。3. 乙公司同意甲公司就该笔货款向某银行申请办理国内保理融资业务。4. 乙公司确保将上述资金在指定的付款时间全部支付至甲公司开立的结算账户26×××73。

同日，乙公司在《应收账款债权转让通知书（回执）》中向某银行确认，已收悉某银行与甲公司（销货方）联合致函乙公司的应收账款债权转让通知书。乙公司对通知书述及的应收账款无异议，并承诺应收账款到期时将相应款项支付到通知书确定的账户。

在上述合同签订前，截至2014年7月25日，乙公司已将货款全部支付给了甲公司。在上述合同签订后，某银行于2018年8月13日向甲公司发放了5000万元保理融资款。贷款到期后，甲公司未偿还本金及利息，截至2016年5月20日，拖欠贷款本金5000万元及利息5501494.86元。某银行向法院起诉，请求判令乙公司支付应收账款 6253 万元，如果乙公司不能按照约定履行支付应收账款的合同义务，则由甲公司偿还保理融资款。

裁判结果

一审法院判决：1. 乙公司在本判决生效后十日内向某银行支付应收账款 6253 万元。2. 甲公司二十日内偿还某银行本金 5000 万元及利息 1151.4375 万元，如乙公司向某银行支付了应收账款，支付的部分在甲公司的还款中予以扣除……

乙公司不服一审判决，提起上诉。二审法院判决：驳回上诉，维持原判。

裁判理由

一审判决认为，案涉《国内保理业务合同》《国内保理业务合作协议》是各方当事人真实意思表示，不违反法律、行政法规的强制性规定，是合法有效的合同。本案的焦点问题是：1. 乙公司应否向某银行支付应收账款 6253 万元；2. 甲公司在本案中如何承担责任。

关于第一个焦点问题。2014 年 8 月 7 日，乙公司向某银行出具《同意办理国内保理融资确认函》。同日，某银行与甲公司、乙公司签订《国内保理业务合作协议》。同年 8 月 13 日某银行与甲公司签订《国内保理业务合同》。上述事实说明乙公司在某银行与甲公司办理保理业务之始即知晓并参与，且同意将向甲公司支付的成品油购油款全部拨付至约定的保理专户及账号，故应当视为该公司接受保理合同相关条款的约束。乙公司向某银行确认截至 2014 年 8 月 14 日，应收账款债权真实存在，并确认同意将 62535108.48 元应收账款支付至保理专户。因此，某银行在《国内保理业务合同》的签订及履行过程中，不存在过错，乙公司应依约向某银行履行应收账款的支付义务。对乙公司关于某银行及甲公司未向其履行债权转让通知义务的问题，本院认为，乙公司于 2014 年 8 月 7 日向某银行出具的《应收账款债权转让通知书（回函）》能够证明某银行和甲公司向其履行了债权转让通知的义务。

关于第二个焦点问题。甲公司是本案保理合同的相对方，对保理合同的签订及履行事实没有异议，在乙公司不能支付应收账款时，负有支付保理融资款及利息的义务。该公司已进入破产清算程序，故利息计算至人民法院受理破产申请之日即2017年2月19日止，以保理融资款5000万元为基数，对2014年8月13日至2015年8月12日的利息，按照6.9%的利率计算，对2015年8月13日至2017年2月19日的利息，根据《国内保理业务合同》10.4条，在年利率6.9%的基础上加收50%的罚息，前述利息总计1151.4375万元。

二审判决认为，焦点问题可归纳为两点：1. 本案法律关系的性质及合同的效力；2. 将乙公司认定为本案主债务人是否正确。对此，本院作如下评判：

（一）关于第一个焦点问题

首先，本案法律关系的性质。乙公司上诉提出，本案法律关系的性质是金融借款合同关系，不是保理合同关系。本院认为，融资是金融服务的主要内容之一，转让应收账款则是保理区别于其他金融服务的核心特征。本案中，乙公司与甲公司、某银行签订《国内保理业务合作协议》，并通过《同意办理国内保理融资确认函》《应收账款债权转让通知书（回执）》向某银行确认已收到案涉应收账款转让通知，对应收账款无异议，同意就该笔应收账款办理保理业务，确保将该笔资金支付至保理专户。其后，某银行与甲公司订立《国内保理业务合同》，向甲公司发放融资款。上述四份文件及其签订的过程证明，根据某银行、甲公司、乙公司三方当事人意愿建立的是以甲公司向某银行转让对乙公司的应收账款，某银行向甲公司提供资金融通为主要特征的保理关系。因此，本案法律关系的性质是保理合同关系。

其次，本案保理合同的效力。乙公司上诉称，案涉应收账款在保理合同订立前已清偿完毕，保理合同项下不存在真实的应收账款，合同无效。本院认为，本案保理合同要件齐全、形式完备，合同文本上的真实签章表明合同是当事人的真实意思表示，合同内容亦不违反法律、行政法规的强制性规定，是合法有效的合同。乙公司在合同订立时向某银行确认应收账款真实存在，在诉讼中又以不存在真实的应收账款为由对抗某银行，违背了诚实信用原则。在乙公司不能举证证明某银行明知虚构的情形下，该公司确认应收账款真实存在的行为，构成对某银行的欺诈。根据《中华人民共和国民法总则》第一百四十八条和第一百四十九条的规定，欺诈的法律后果是赋予受欺诈方撤销权。某银行选择不行使撤销权，请求继续履行合同，乙公司以合同无效进行抗辩，显然不成立，本院不予支持。

（二）关于第二个焦点问题

首先，某银行作为应收账款债权受让人，享有向债务人乙公司主张债权的权利。乙公司上诉称某银行未提交债权转让通知书原件，不能证明该公司收到了债权转让通知，该转让对其不发生效力。本院认为，乙公司已经通过《应收账款债权转让通知书（回执）》确认收到债权转让通知，且该公司认可《应收账款债权转让通知书（回执）》的真实性，故无论某银行是否持有和提交债权转让通知书原件，都不足以否定乙公司自认的事实，该转让对乙公司具有效力。乙公司还称，案涉《国内保理业务合作协议》未约定某银行享有向乙公司追索应收账款的权利，某银行不能要求乙公司还款。本院认为，未约定不等同于否定，本案保理合同法律关系由四份文件确定，除《国内保理业务合作协议》外，《同意办理国内保理融资确认函》《应收账款债权转让通知书（回执）》《国内保理业务合同》三份文件均明确约定了某银行对乙公司的权利。本案各方当事人的权利义务应当放在保理合同法律关系的整体框架中去理解，而不能割裂地、片面地理解个别文件。在没有明确的否定性约定的情形下，某银行作为应收账款受让人当然享有追索债权的权利。

其次，乙公司是本案保理合同法律关系框架下的主债务人。乙公司提出，本案应收账款转让的实质是让与担保，乙公司不应作为主债务人。本院认为，让与担保是将标的物转移给他人，当债务不履行时，该他人可就标的物受偿的一种非典型担保，其目的在于担保而非让与。而本案转让应收账款是为融资提供对价，而非担保，与让与担保有质的区别。同时，《国内保理业务合作协议》专门约定了某银行对甲公司的追索权，在不能及时回收应收账款时给甲公司施加了回购义务，此种设计相当于由甲公司对乙公司的清偿能力提供担保。在有追索权保理业务模式下，应收账款债务人是保理回款的首要来源，一审判决将乙公司作为本案主债务人，处理正确，本院予以维持。

2. 间接给付说

也有观点认为，有追索权保理为具有担保债务履行功能的间接给付契约。[①] 间接给付说为最高人民法院（2017）最高法民再 164 号民事判决书首

---

① 关丽、丁俊峰、包晓丽：《保理合同纠纷中基础交易合同债务人拒绝付款的司法认定》，载《法律适用》2019 年第 23 期。

创，且获得第二巡回法庭法官会议纪要的认可，[①] 并在司法实践中产生了较强的示范效应。[②] 在学理上，间接给付，又称新债抵旧，是指为清偿债务以他种给付代替原定给付的清偿，在新债务没有履行的情况下，旧债务并不消灭，从而出现新旧债务并存的情况。[③] 依间接给付中新旧债区分，保理人与应收账款债权人之间的保理融资债务是旧债，保理人与应收账款债务人之间的应收账款债务是新债。保理人应先要求应收账款债务人清偿新债，新债一旦清偿，旧债与新债一并消灭；若新债未获清偿，保理人则可要求应收账款债权人清偿旧债。

案例 14 有追索权保理的法律性质为间接给付契约[④]

基本案情

2013 年 11 月 6 日，某银行与甲公司签订《国内保理业务合同》，合同约定本案所涉保理业务属于有追索权的明保理；某银行不承担买方信用风险担保的保理业务；在合同所约定的特定情形下，某银行向甲公司转回已经受让的应收账款；如某银行提供保理融资的情况下，甲公司向其支付保理融资款及相关未结清费用后，与该应收账款有关的一切权利亦应同时转让回甲公司；如发生下列情况之一，某银行依据本合同及商务合同的规定可以采取本条第二款规定的救济措施……3. 买方/债务人明确表示或以自己行为表明将拒绝支付全部或部分的应收账款……第二款规定甲方有权采取以下一项或几项违约救济措施……4. 对某银行享有追索权的保理业务，某银行有权立即向甲公司追索尚未收回的应收账款，有权从甲公司在某银行开立的账户上扣收其应付给其银行的款项……某银行为甲公司核定的保理融资额度为人民币 2 亿元整；

---

① 贺小荣主编：《最高人民法院第二巡回法庭法官会议纪要》（第一辑），人民法院出版社 2019 年版，第 50 页。

② 采纳间接给付说观点的裁判另如最高人民法院（2019）最高法民申 1518 号民事裁定书；上海金融法院（2018）沪 74 民初 953 号民事判决书；河南省郑州航空港经济综合实验区人民法院（2018）豫 0192 民初 2839 号民事判决书。

③ 崔建远：《合同法总论》（中卷），中国人民大学出版社 2016 年版，第 30 页。

④ 一审：南昌市中级人民法院（2015）洪民二初字第 435 号民事判决书；二审：江西省高级人民法院（2016）赣民终 325 号民事判决书；再审：最高人民法院（2017）最高法民再 164 号民事判决书。

相关买方关联额度具体明细如下：乙公司5000万元……

上述《国内保理业务合同》签订后，甲公司向某银行提交了其与乙公司2012年9月6日签订的《煤炭买卖合同》一份，该《煤炭买卖合同》中加盖了乙公司的合同专用章。同时，甲公司还向某银行提交了该公司开具的名称为乙公司的《广东增值税专用发票》五张。此外，甲公司还向某银行提交了加盖乙公司公章的落款时间为2013年10月24日的《应收账款转让确认书》和《应收账款转让通知确认书》，其中：《应收账款转让确认书》确认乙公司应付甲公司账款46115344.70元，已付款金额0元，预付款金额0元，佣金及折让金额3680万元，应付账款到期日为2014年3月22日等；《应收账款转让通知确认书》确认已收到上述《应收账款转让确认书》，已知晓并同意按照上述内容执行等。

甲公司称在2013年10月25日向乙公司发出一份《应收账款转让通知书》，告知已将乙公司自2013年起至2014年止所有的应收账款以及就该部分应收账款所享有的权利全部转让给受让人某银行等。甲公司和某银行在该通知书上加盖了公司印章，但乙公司否认收到该函件，甲公司和某银行均未向法院提交乙公司已收该函件的记录。

乙公司向甲公司的付款情况如下：2013年9月30日，直接由其账户中转账支付1000万元；2013年10月12日，直接由其账户中转账支付400万元；2013年11月13日，以背书转让银行承兑汇票的方式分三笔支付900万元；2013年12月31日，直接由其账户中转账支付379.091132万元。

另案中，某银行以甲公司、乙公司、丙公司、李某甲、李某乙为共同被告，向广东省珠海市香洲区人民法院提起诉讼，要求其偿还保理融资款人民币3680万元及其利息。2015年11月20日，广东省珠海市中级人民法院就该案作出（2015）珠中法民二初字第21号民事判决，判决：1. 甲公司于判决发生法律效力之日起十五日内向某银行偿还保理融资款本金人民币3680万元及利息。2. 丙公司、李某甲、李某乙对上述还款义务承担连带清偿责任；丙公司、李某甲、李某乙承担保证责任后，有权向甲公司追偿，或者要求承担连带责任的其他保证人清偿其应当承担的份额。3. 驳回某银行的其他诉讼请求。上述判决已发生法律效力。

某银行向本案一审法院起诉请求判令：乙公司向某银行支付应付账款本

金人民币46115344.70元、利息人民币2998697.67元（按照银行同期贷款利率，以本金为计算基数，从2014年3月23日暂计至2015年3月31日止，以后顺延直至付清为止）。

裁判结果

一审法院判决：驳回某银行的诉讼请求。

某银行不服一审判决，提起上诉。二审法院判决：驳回上诉，维持原判。

某银行不服二审判决，申请再审。再审法院判决：1. 撤销二审民事判决；2. 撤销一审民事判决；3. 乙公司于本判决生效之日起十日内向某银行支付36800000元及相应利息（按利率每日万分之五的计息标准，从2014年4月8日计算至实际清偿之日止，但本息计算的结果，以不超过46115344.70元及该款自2014年3月22日起按照中国人民银行同期贷款利率计算的利息为限；甲公司、丙公司、李某甲、李某乙对（2015）珠中法民二初字第21号判决项下债务的清偿行为，相应减少本判决项下乙公司的清偿义务，反之亦然）；4. 驳回某银行的其他诉讼请求。

裁判理由

再审判决认为，本案中，在某银行就案涉保理融资款项已经通过另案向甲公司主张权利的情况下，其能否就案涉保理融资债权继续向乙公司主张权利，各方当事人存在争议。某银行主张，其既可以向甲公司追索，也可以向次债务人乙公司求偿，对一方当事人的权利追索，并不影响对另一方当事人的权利主张。乙公司和甲公司认为，某银行在另案中主张权利的行为，已经将案涉应收账款反转让至甲公司，其无权再行向乙公司主张权利。本院认为，根据《国内保理业务合同》的约定，本案保理业务属于某银行不承担买方信用风险担保的有追索权的明保理，在某银行的债权不能获得清偿时，某银行除有权以债权受让人身份要求应收账款债务人乙公司清偿债务外，还有权向甲公司行使追索权和反转让应收账款的权利。具言之，某银行对乙公司享有求偿权的基础是基于债权转让合同的约定，其因受让债权而取代甲公司成为乙公司的债权人；对甲公司享有反转让和追索权的基础是基于其和甲公司之间的借款合同法律关系。现关键在于厘清某银行对乙公司的求偿权和对甲公司所享有的债权反转让和追索权等合同权利的法律性质，以及前述权利依其法律性质能否同时并存。

关于某银行对甲公司的反转让应收账款的权利与对乙公司的求偿权能否并存的问题。关于应收账款的反转让，案涉《国内保理业务合同》第二条第十八项约定了两种类型：在合同所约定的特定情形下，某银行向甲公司转回已经受让的应收账款；如某银行提供保理融资的情况下，甲公司向其支付保理融资款及相关未结清费用后，与该应收账款有关的一切权利亦应同时转让回甲公司。关于特定情形下的反转让，该合同第三十八条和第三十九条约定：出现基础合同发生商业纠纷，但基础合同双方当事人未向某银行提交商业纠纷处理意见等情形的，某银行可以向甲公司发出《应收账款反转让通知书》，同时要求甲公司向某银行支付保理融资款及相关未结清费用；在某银行要求反转让的情况下，甲公司应按照《应收账款反转让通知书》的要求向某银行支付本息和费用，未及时足额支付的，某银行有权从甲公司账户中主动扣款或采用其他办法强行收回有关款项。根据上述约定，保理商向债权出让方反转让债权的法律效果依法应当认定为解除债权转让合同，将债权返还给出让人，故应收账款的反转让应受《合同法》总则中关于合同解除的相关规定的调整。案涉《国内保理业务合同》中关于甲公司归还了保理融资款及相关未结清费用后，与该应收账款有关的一切权利亦应同时转回，以及发生乙公司不履行偿还义务等情形某银行有权通知甲公司反转让债权的约定，应当解释为案涉债权转让合同的约定解除条件。因此，在合同约定的解除条件成就的情况下，如果某银行向甲公司反转让债权，因债权转让合同解除后其已不再具有乙公司的债权人身份，其要求乙公司清偿债务的权利基础已不存在，故该项权利与其对乙公司的求偿权在法律性质上不能同时并存。据此，某银行在本案中要求乙公司清偿债务的诉讼请求能否得到支持，取决于其另案提起的诉讼是否应当认定为已经行使了解除债权转让合同的权利，将债权返还给甲公司。

本案中，某银行在为甲公司申请开具的承兑汇票垫款后，于 2014 年 4 月 25 日、6 月 24 日向乙公司催收应收账款人民币 46115344.70 元及利息。后因乙公司未向某银行清偿债务，某银行以甲公司、乙公司、丙公司、李某甲、李某乙为共同被告提起另案金融借款合同纠纷诉讼，在另案审理期间，某银行于2015年4月向一审法院提起本案诉讼。2015年11月20日，广东省珠海市中级人民法院作出（2015）珠中法民二初字第21号民事判决，判令甲公司向某银行偿还保理融资款本金人民币3680万元及利息，丙公司、李某甲、李某乙对上述还款义务承担连带清偿责任。在某银行主张权利的过程中，并无书面文件证明其表达过向甲公司反转让债权的意思。而且，从某银行所实施的系列诉讼行为的实际情况来看，其真实意思是坚持要求乙公司和甲公司同时承担债务，核心诉求是要求甲公司与乙公司共同归还所欠借款，始终没有包含向甲公司归还债权的意思表示。故本院认定，某银行在另案诉讼中所主张的权利，在性质上属于要求甲公司归还借款的追索权，并非债权的反转让。乙公司关于某银行已经将案涉应收账款反转让给甲公司的诉讼理由，并无相应的事实依据，本院不予采信。原审判决关于某银行对该笔债权实际已经通过向甲公司行使诉权、其已经不再享有对乙公司的应收账款债权的认定，并不符合本案的实际情况，倘若某银行的真实意思是解除债权转让合同，其不会再坚持提起本案诉讼主张其已经不再拥有的权利，本院对该认定予以纠正。

关于某银行向乙公司的求偿权和向甲公司追索权能否同时并存的问题。通说认为，有追索权的保理业务所包含的债权转让合同的法律性质并非纯正的债权让与，而应认定为具有担保债务履行功能的间接给付契约。间接给付，学说上又称为新债清偿、新债抵旧，或为清偿之给付。根据民法基本原理，间接给付作为债务清偿的方法之一，是指为清偿债务而以他种给付代替原定给付的清偿，并不具有消灭原有债务的效力，在新债务履行前，原债务并不消灭，只有当新债务履行且债权人的原债权因此得以实现后，原债务才同时消灭。从司法实践中的情况来看，对保理商有追索权的保理业务中，在债权未获清偿的情况下，保理商不仅有权请求基础合同的债务人向其清偿债务，同时有权向基础合同债权的让与人追索这一问题，并无分歧认识，但在原有债务和受让债权的数额不一致的情况下应当如何确定清偿义务范围和顺序，还没有在先裁判予以参考。案涉《国内保理业务合同》第四十条约定：如发生买方/债务人明确表示或以自己行为表明将拒绝支付全部或部分的应收账款等情形的，某银行有权立即向甲公司追索尚未收回的应收账款，有权从甲公司在某银行开立的账户上扣收其应付给其银行的款项。根据双方在《国内保理业务合同》中的约定和间接给付的法理，某银行本应先向乙公司求偿，在未获清偿时，才能够向甲公司主张权利，追索权的功能相当于甲公司为乙公司的债务清偿能力提供了担保，这一担保的功能与放弃先诉抗辩权的一般保证相当。参照《担保法》关于一般保证的法律规定，乙公司应当就其所负债务承担第一顺位的清偿责任，对其不能清偿的部分，由甲公司承担补充赔偿责任。因某银行对甲公司债权并未得到实际清偿，故其虽然通过另案向甲公司行使了追索权，但仍然有权就未获清偿的部分向乙公司主张，故本院对某银行在本案中的诉讼主张，予以支持。但在乙公司应当承担的清偿义务范围方面，揆诸间接给付的基本法理，因某银行并不承担该应收账款不能收回的商业风险，其受让甲公司对乙公司所享有的债权，目的是清偿甲公司对其所欠的债务，某银行实际向甲公司发放的借款本金为3680万元，故某银行在本案中对乙公司所能主张的权利范围，依法应当限缩至3680万元借款本金及其利息的范围之内。同时，某银行基于该笔贷款受让了对乙公司的4611万余元的应收账款，其对乙公司清偿债务的信赖利益仅为应收账款本金46115344.70元及其利息，这一信赖利益范围也应当成为乙公司对其承担责任的最高上限，故乙公司向某银行清偿该3680万元本金的利息的实际数额，不能超过该46115344.70元本金及相应利息。乙公司关于甲公司让与的债权虚假、真实债权已经清偿完毕的诉讼理由，不影响其在本案中的责任承担，乙公司在承担责任后，可以根据其实际履行情况向甲公司另行主张。

此外，因本案判决的执行涉及广东省珠海市中级人民法院就（2015）珠中法民二初字第21号判决的执行，以及广东省广州市中级人民法院受理的甲公司的破产清算程序，在执行本案判决的时候应当注意，甲公司、丙公司、李某甲、李某乙等保证人或乙公司任何一方对债务的清偿或部分清偿，都应相应免除另一方的清偿义务，以避免某银行就同一债权双重受偿。二审判决关于在有追索权保理业务中，保理银行对应收账款转让方享有追索权，其有权依据保理合同约定选择向应收账款债权人或债务人主张权利，应收账款债权人或债务人一方对保理银行履行义务，则另一方免除相应的清偿责任的认定正确，本院予以确认。

3. 让与担保说

学界通说认为，有追索权保理的法律性质为应收账款债权让与担保。[①] 让与担保说在司法实践中也得到广泛认同。[②] 让与担保，是指债务人或第三人为担保债务之履行，将担保物（不动产、动产、股权、债权等）的所有权转移给担保权人供作担保，待主债务清偿完毕后，担保权人再将担保物的所有权转移回债务人或第三人；若主债务未得到清偿，担保权人有权就担保物优先受偿的一种担保形式。[③] 依该说观点，应收账款转让并非真正的债权转让，实质上是应收账款债权人向保理人提供的担保。应收账款即为担保物，其担保对象是应收账款债权人应向保理人偿还的保理融资款本息。[④]

案例 15　有追索权保理的法律性质为债权让与担保[⑤]

基本案情

2018 年 4 月 13 日，某保理公司（甲方）与甲公司（乙方）签订保理合

---

① 崔建远：《对非典型担保司法解释的解读》，载《法治研究》2021 年第 4 期；龙俊：《民法典中的动产和权利担保体系》，载《法学研究》2020 年第 6 期；刘保玉：《民法典担保物权制度新规释评》，载《法商研究》2020 年第 5 期；陈本寒：《新类型担保的法律定位》，载《清华法学》2014 年第 2 期；李宇：《保理合同立法论》，载《法学》2019 年第 12 期；黄和新：《保理合同：混合合同的首个立法样本》，载《清华法学》2020 年第 3 期；何颖来：《〈民法典〉中有追索权保理的法律构造》，载《中州学刊》2020 年第 6 期；詹诗渊：《保理合同客体适格的判断及效力展开》，载《环球法律评论》2021 年第 5 期；潘运华：《民法典中有追索权保理的教义学构造》，载《法商研究》2021 年第 5 期；程啸、高圣平、谢鸿飞：《最高人民法院新担保司法解释理解与适用》，法律出版社 2021 年版，第 421 页；高圣平：《担保法前沿问题与判解研究——最高人民法院新担保制度司法解释条文释评》（第五卷），人民法院出版社 2021 年版，第 493 页。

② 最高人民法院民事审判第二庭：《最高人民法院民法典担保制度司法解释理解与适用》，人民法院出版社 2021 年版，第 550 页；贺小荣编：《最高人民法院民事审判第二庭法官会议纪要——追寻裁判背后的法理》，人民法院出版社 2018 年版，第 281 页；王闯：《民商事审判实务若干争论问题——以合同法和担保物权法为中心》，载最高人民法院民事审判第二庭编：《商事审判指导》（总第 29 辑），人民法院出版社 2012 年版，第 111 页；吴光荣：《担保法精讲：体系解说与实务解答》，中国民主法制出版社 2023 年版，第 540 页；陈光卓：《保理案件审理中的法律问题和司法对策》，载《人民司法·应用》2015 年第 13 期；王鑫、顾天翔：《涉上海自贸区商业保理案件的审判实践：理念、现状与路径——基于 472 件商业保理案件的实证分析》，载《法律适用》2020 年第 12 期；相关案例可参见福州市中级人民法院（2013）榕民初字第 1287 号民事判决书、福建省高级人民法院（2016）闽民终 579 号民事判决书。

③ 王利明：《物权法研究》，中国人民大学出版社 2013 年版，第 1270 页；王闯：《让与担保法律制度研究》，法律出版社 2000 年版，第 20 页。

④ 最高人民法院民事审判第二庭：《最高人民法院民法典担保制度司法解释理解与适用》，人民法院出版社 2021 年版，第 550 页。

⑤ 参见北京市第三中级人民法院（2019）京 03 民初 95 号民事判决书。

同，约定由某保理公司向甲公司提供保理融资服务，具体为有追索权的暗保理。某保理公司授予甲公司的融资额度最高为 2.5 亿元。保理首付款、保理首付款使用费、保理手续费等具体标准以《应收账款转让、融资申请暨确认书》中约定为准。保理首付款使用费 = （1）保理首付款金额×保理首付款使用费率÷360×保理首付款发放日至应收账款到期日的实际天数+（2）保理首付款金额×宽限期使用费率÷360×应收账款到期日至宽限期届满日的实际天数+（3）保理首付款金额×逾期违约率÷360×宽限期届满日至保理商收回保理首付款之日的实际天数（保理首付款，指甲方因受让应收账款，而在已受让应收账款到期日之前，按照一定比例向卖方预先支付的保理转让款；保理首付款使用费，指甲方因支付保理首付款而向乙方收取的资金占用费用）。无论何种原因，在该应收账款即保理首付款、保理使用费到期日或宽限期届满日（如甲方已给予宽限期的），乙方未按照约定支付的……在甲方要求反转让的情况下，乙方应按照《应收账款反转让通知书》的要求向甲方支付保理首付款及保理首付款使用费、罚息和/或其他费用。所需归还的保理首付款及使用费用金额以甲方向乙方发出的《应收账款反转让通知书》为准。

同日，某保理公司与甲公司签署保理合同附件一《应收账款转让、融资申请暨确认书》，载明，甲公司申请将符合保理合同规定条件及最高融资额度，将其与乙公司之间的全部应收账款以及该应收账款上所从属的一切从权利和权益转让给某保理公司。应收账款金额为 31302 万元，应收账款到期日为 2019 年 4 月 4 日。甲公司申请某保理公司提供有追索权保理服务：保理业务类型为暗保理及间接回款保理（间接回款保理，指不要求买方直接向保理商支付应收账款的保理类型）、保理转让款为 1 亿元、保理手续费为 100 万元；甲公司还申请某保理公司提供应收账款融资：保理首付款金额为 1 亿元、保理融资期限为 12 个月（自融资方即乙方收到上述保理首付款当日开始计算）、保理首付款使用费率为年化 10%，宽限期 14 天，宽限期使用费费率为年化 10%、逾期违约金为 0.05%/日，保理首付款使用费分期支付（自发放保理首付款之日起以每三个自然月为一个交付周期，但合同中具体支付日未明确）。

同日，某保理公司与甲公司签署保理合同附件二《应收账款转让通知书》。内容为：致乙公司，载明：甲公司已申请将应收账款及所从属的一切权利和权益转让给某保理公司，请乙公司于应收账款到期日将应收款金额足额支付到某保理公司的账户，付款时在“汇款用途”一栏注明所对应的应收账款。乙公司仅向该指定账户支付的应收账款，且只有向该指定账户支付的应收账款才能解除乙公司的付款义务。同日，乙公司出具《回执》，表明其已收到《应收账款转让通知书》。

2018年4月2日，甲公司召开董事会对上述保理合同的签署决议通过。经一审法院询问，甲公司表示，涉案保理业务并未对外公告披露，其原因在于涉案业务所涉及的成交金额为1亿元，并未达到《上海证券交易所股票上市规则》规定的应当披露的交易的标准。

2018年4月13日，某保理公司与甲公司签署《应收账款转让登记协议》，约定将甲公司对乙公司客户的所有应收账款转让给某保理公司，并申请融资。

某保理公司同时提交了甲公司（甲方）与乙公司（乙方）于2018年3月20日签署的《购销合同》，载明乙公司至甲公司展销中心自行选购货品“黄金”，含税金额313020000元，双方约定于2018年4月5日进行货物的交付；乙方应于甲方交付货物后12个月内付清货款。

2018年4月16日，某保理公司在中国人民银行征信中心进行“动产权属统一登记”，显示：甲公司为出让人、某保理公司为受让人，转让财产价值为313020000元，转让财产描述为“出让人甲公司销售给乙公司产生的应收账款，货款到期日为2019年10月4日，金额为313020000元”。

某保理公司向法院起诉，请求判令：1. 甲公司按照保理合同约定，立即支付某保理公司保理融资款1亿元；2. 甲公司以1亿元为基数按照年利率10%为标准向某保理公司支付自2018年4月17日起至2019年4月16日止应付未付保理首付款使用费620万元，以1亿元为基数按照年利率10%为标准向某保理公司支付自2019年4月17日起至实际支付之日的保理首付款使用费（自2018年4月17日起至2019年4月16日止应付未付保理首付款使用费应为1000万元，经某保理公司核实，案外人已经支付了380万元，剩余620万元未付）；3. 甲公司以620万元为基数按照日0.05%为标准向某保理公司支付自2019年4月17日起至实际支付之日的逾期违约金；4. 甲公司以1亿元为基数按照日0.05%为标准向某保理公司支付自2019年4月17日起至实际支付之日的逾期违约金……

裁判结果

法院判决：1. 甲公司于判决生效后十日内给付某保理公司保理首付款 1 亿元；2. 甲公司于判决生效后十日内给付某保理公司融资期内欠付的保理首付款使用费 620 万元；3. 甲公司于判决生效后十日内给付某保理公司逾期的保理首付款使用费及违约金（以保理首付款 1 亿元为基数，自 2019 年 4 月 17 日起至保理首付款 1 亿元实际付清之日止，按照年利率 24%计算）……

裁判理由

法院判决认为，保理合同系指应收账款债权人将现有的或者将有的应收账款转让给保理人，由保理人提供资金融通、应收账款管理或者催收、应收账款债务人付款担保等服务的合同。实践中，保理合同关系的当事人可以约定无追索权的保理和有追索权的保理两种运营方式。前者为当事人之间约定：保理人应当向应收账款债务人主张应收账款债权，保理人取得超过保理融资款本息和相关费用的部分后，无须向应收账款债权人返还。无追索权的保理关系具备明显的应收账款债权转让特征；而后者专指保理人不负有为债务人核定信用额度和提供坏账担保的义务，仅提供包括融资在内的其他服务。在有追索权的保理方式下，保理人可以向应收账款债权人主张返还保理融资款本息或者回购应收账款债权，也可以向应收账款债务人主张应收账款债权。保理人向应收账款债务人主张应收账款债权，在扣除保理融资款本息和相关费用后有剩余的，剩余部分应当返还给应收账款债权人。有追索权的保理关系偏重于资金融通，同时具备借款合同与让与担保的特征。本案中，某保理公司与甲公司通过保理合同，设定了有追索权的保理方式。根据有追索权保理的运营模式，某保理公司有权依约向甲公司主张权利，要求其返还保理融资款本息。

根据已查明的案件事实，某保理公司依约支付了保理首付款 1 亿元，履行了其应当发放保理融资款的合同义务。甲公司确认期满后其未返还该保理融资首付款。某保理公司要求甲公司支付保理融资款 1 亿元，符合合同约定，应予支持。

某保理公司向甲公司支付了保理融资首付款后，甲公司亦未提供证据证明其已依约完全付清保理融资首付款使用费。关于期内保理首付款使用费应付金额的认定，某保理公司主张甲公司欠付保理首付款使用费620万元，本院予以确认。

甲公司未及时支付保理融资首付款使用费，也未在到期后归还保理融资首付款。根据案涉合同的约定，已构成根本违约，其应当向某保理公司支付保理融资首付款1亿元及相应的资金占用费以及为实现债权而产生的费用。

某保理公司主张判令甲公司以620万元为基数按照日0.05%为标准向其支付自2019年4月17日起至实际支付之日的逾期违约金。同时请求判令甲公司以1亿元为基数按照年利率10%为标准向某保理公司支付自2019年4月17日起至实际支付之日的保理首付款使用费，并以1亿元为基数按照日0.05%为标准向某保理公司支付自2019年4月17日起至实际支付之日的逾期违约金。本院认为，关于资金占用费计算基础，因涉案保理合同所确认的保理模式为有追索权保理，具备资金融通的性质，故融资期限届满后的逾期违约金具有资金占用费特征，融资期限内产生的使用费不宜与融资本金一并在融资期限后再行重复计算资金占用费。相关资金占用费应以1亿元保理融资本金为计算基数。关于资金占用费支付标准，因保理合同具有保理人提供资金融通之功能，故案涉保理合同具有借贷特征，可以参照民间借贷纠纷的相关规定对某保理公司的该项诉讼请求予以确认。某保理公司主张的上述保理首付款使用费及逾期违约金计算标准合计后年利率超过28%，本院将某保理公司主张的保理融资期限后发生的资金占用费支付标准，按照逾期后的保理首付款使用费和逾期违约金两项计算标准合计调整为年利率24%。对于某保理公司超出该部分的诉讼请求，本院不予支持。

4.《民法典》的立场选择

首先，《民法典》并未采纳债权转让说。在立法上，债权转让说并不能合理解释保理合同的定义、追索权的来源、未来应收账款转让以及收益分配四方面问题。

第一，《民法典》第761条虽规定应收账款债权人将应收账款转让给保理人，但并不意味着保理合同等同于债权转让。根据以主给付义务作为合同定义的立法惯例，由于应收账款转让为应收账款债权人的主给付义务，故应作为保理合同定义的要素。如此定义可表明应收账款转让是保理合同区别于其他类似合同的关键特征。若缺少此特征，保理人向应收账款债权人提供融资、应收账款管理、催收、付款担保等服务则可能构成借款、委托、担保等法律关系。[①] 类似例证如：根据《民法典》第735条[②]对融资租赁合同的定义，融资租赁合同须以“融资”“融物”为要素，但不能据此将融资租赁合同等同于借款或买卖法律关系。有一个立法细节值得注意：正式出台的《民法典》将《民法典（草案）》第762条关于保理合同内容中的“转让价款”一词修改为“保理融资款”。[③] 此一立法措辞上的变化似在澄清保理融资款并非债权转让价款，以免与债权转让合同发生混淆。

第二，债权转让说无法解释追索权的来源。依债权转让原理，债权人承担的风险自债权转让生效时转移，有关债权之一切利益及瑕疵均归新债权人承继，新债权人要承担债权无法收回的风险。[④] 但是，《民法典》第766条赋予保理人可向应收账款债权人追索保理融资款本息的权利。追索权之设计规避了应收账款的瑕疵风险，突破了债权转让的风险承担规则。将追索权解释为应收账款债权人为债务人提供的保证，过于牵强。保证合同为要式合同、单务合同（《民法典》第685条），而追索权的依据——保理合同中的回购协议或条款并不包含任何保证的意思表示且为双务合同，应收账款债权人在支付完回购价款后保理人负有反转让应收账款的义务。由此，追索权在债权转让语境下并不能得到妥当解释。

第三，债权转让说与有追索权保理的收益分配规则不符。依债权转让规则，债权受让人可期待的利益包括全部债权及产生的利息，但《民法典》第766条规定保理人的收益范围限于保理融资款本息及相关费用，超出部分应返还给应收账款债权人。债权转让说明显不能解释收益分配上的特殊安排。

其次，《民法典》亦未采纳间接给付说。有追索权保理并不符合间接给付的应然要求和实际效果。依间接给付理论，债权人并不能在新债与旧债之间

---

① 田浩为：《保理法律问题研究》，载《法律适用》2015年第5期。

② 《民法典》第735条规定：“融资租赁合同是出租人根据承租人对出卖人、租赁物的选择，向出卖人购买租赁物，提供给承租人使用，承租人支付租金的合同。”

③ 谢鸿飞、朱广新编：《民法典评注·合同编·典型合同与准合同》（2），中国法制出版社2020年版，第567页。

④ 郑玉波：《民法债编总论》，中国政法大学出版社2004年版，第440页。

自由选择，而应先就新债请求履行，只有在新债因不能履行、无效、被撤销或因实行无效果之时，始得就旧债请求履行。[①] 间接给付中的债权人负有先就新债给付受偿的义务，不足部分才能通过旧债以获清偿。质言之，间接给付说的典型特征是赋予债权人对新的给付予以优先变价的义务。[②] 然而，在保理实践中，有追索权保理合同通常会约定要求应收账款债务人清偿应收账款是保理人享有的权利而非其负担的义务，应收账款债权人无权要求保理人先行将应收账款变价并以此进行抗辩。[③] 而且，从《民法典》第766条"……可以……也可以……"的表述方式来看，向应收账款债务人主张应收账款是保理人的权利而非强制义务。由此，间接给付说将保理人的权利异化为义务，不符合保理合同约定的追索权本意，故间接给付说遭致学界一致批评，[④] 亦未被《民法典》采纳。

笔者认为，《民法典》最终选择的是让与担保说。应该说，让与担保说更加尊重当事人的意思自治，符合有追索权保理合同的功能特点，在比较法上也有先例可循，故《民法典》依让与担保之法理对有追索权保理进行了制度设计。理由如下：

第一，资金融通是保理最突出的功能特点。从保理发展史看，提供资金融通是保理业得以迅速发展壮大的关键原因。保理始于跨国赊账销售，在商业实践中不断演变发展至今，带有浓厚的商业操作色彩。现代保理业是从美国保理人对纽约纺织业提供融资开始发展起来的。保理人最初是纺织工人的销售代理人，后来由银行向工厂提供流动资本，在1920年前后，银行也开始接受应收账款作为担保。[⑤] 在20世纪60年代前后金融紧缩期，欧洲各国之所以引进保理业务，看重的就是这一商业活动的融资功能。如今的境内保理业

---

① 史尚宽：《债法总论》，中国政法大学出版社2000年版，第821页；郑玉波：《民法债编总论》，中国政法大学出版社2004年版，第486页。

② 潘运华：《民法典中有追索权保理的教义学构造》，载《法商研究》2021年第5期。

③ 王轶等：《中国民法典释评·合同编·典型合同》（下卷），中国人民大学出版社2020年版，第21页；黄薇主编：《中华人民共和国民法典合同编解读》（下册），中国法制出版社2020年版，第923页。

④ 对间接给付说之批判，可参见李宇：《保理合同立法论》，载《法学》2019年第12期；黄和新：《保理合同：混合合同的首个立法样本》，载《清华法学》2020年第3期；魏冉：《保理的概念及其法律性质之明晰》，载《华东政法大学学报》2021年第6期。

⑤ 〔美〕弗里德里奇·凯斯勒、格兰特·吉尔摩、安东尼·T. 克朗曼：《合同法：案例与材料》（下册），屈广清等译，中国政法大学出版社2004年版，第1384页。

务，尤其是大量有追索权保理或带回购、反转让条款的国内保理，几乎已脱离基础交易关系，演变为保理人和供应商之间的资金融通工具。我国的保理虽有融资性保理与非融资性保理之分，但仍以融资性保理为主，非融资性保理很少。保理正是因为解决了中小企业担保物缺乏、难获银行授信的痛点才受到中小企业的青睐。① 通过保理，中小企业一方面可以及时增加现金流，缓解资金压力，另一方面可通过委托专业的保理公司加强应收账款的管理和催收，减轻自身的管理负担。从保理人处获取融资是应收账款债权人的主要交易目的，至于应收账款管理、催收、应收账款债务人付款担保等服务则退而求其次，显得并不那么突出。②

事实上，保理合同之所以能进入《民法典》成为有名合同，主要原因也在于其可为中小企业增加一种融资渠道。2019 年 1 月，全国人民代表大会宪法和法律委员会作出的《关于〈民法典合同编（草案）〉修改情况的汇报》即指出，“有的常委委员、部门和社会公众提出，保理业务可以为实体企业提供综合性金融服务，特别是可以为中小型企业拓宽融资渠道……对保理合同作出明确规定，有利于促进保理业务的健康发展，缓解中小企业融资难、融资贵的问题，进而促进我国实体经济发展。据此，建议设专章规定保理合同”。③《民法典》第 761 条有意将“保理人提供资金融通”摆在四项保理服务的首要位置，也足见融资在保理合同中的重要性。

有追索权保理即是通过应收账款转让的方式来实现融资目的。应收账款的经济价值决定了其具有债务担保功能。《物权法》首次肯定了应收账款质押这一权利担保方式。有追索权保理中应收账款担保的方式与质押有所不同。保理合同是通过转让应收账款的方式来实现担保目的。对于应收账款债权人而言，通过转让应收账款债权来满足其融资需求；对于保理人而言，通过受让应收账款债权以获取一种特殊的担保从而保障其资金安全。④ 实践中有追索

---

① 中国人民银行、中国银保监会编：《中国小微企业金融服务报告（2018）》，中国金融出版社 2019 年版，第 33 页。

② 商务部国际贸易经济合作研究院信用研究所、中国服务贸易协会商业保理专业委员会编：《全球保理行业概览——中外比较、前沿趋势、案例分析》，中国商务出版社 2018 年版，第 248 页。

③ 《民法典两分编草案二次审议 完善合同和侵权责任制度》，载中国人大网，http://www.npc.gov.cn/zgrdw/npc/cwhhy/13jcwh/2018-12/27/content_2068839.htm，2023 年 10 月 5 日访问。

④ 谢鸿飞、朱广新编：《民法典评注·合同编·典型合同与准合同》(2)，中国法制出版社 2020 年版，第 534 页。

权保理合同通常约定：保理人在受让应收账款后可向债务人进行催收并以催收所得优先清偿保理融资款本息；债务人若拒绝付款，保理人则可向债权人追索；保理人收回保理融资款本息后应将应收账款反转让给债权人。依据上述交易安排，应收账款存在从“应收账款债权人→保理人→应收账款债权人”的两次转让过程。这就表明，有追索权的应收账款转让，系以约定的追索权为担保方式，属于非典型的信用担保。[①] 高圣平教授即认为，“有追索权保理中的应收账款转让仅为交易的表象，其交易的实质在于担保融资款本息的偿还”。[②] 正因如此，保理合同的担保功能定位为非典型担保。[③] “债权让与担保说”不仅揭示了保理人受让应收账款债权的担保功能，而且更为直接、明确地表明了保理合同与物权编担保物权分编之间的内在体系联系，故更值采行。[④] 随后最高人民法院制定的《民法典担保制度解释》第1条即规定保理涉及担保功能发生的纠纷，可以适用该解释的有关规定。司法解释更是强化了有追索权保理的担保属性，其正因为具有担保功能才可以适用担保制度司法解释的相关规定。司法解释制定者亦指出，保理合同的担保功能只体现在有追索权保理中，应收账款只是名义上转让给了保理人，其目的在于担保保理融资款本息的返还。[⑤]

下面以天津市高级人民法院审理的某银行与某贸易公司、某轮胎公司保理合同纠纷案[⑥]为例来揭示有追索权保理合同的典型交易过程。2018年5月17日，某银行与某贸易公司签订了《综合授信额度合同》，约定：综合授信额度为人民币贰亿元，授信额度期限自2018年5月17日至2019年5月16日，授信方式包括但不限于贷款、拆借、保理等。同日，双方又签订了《国内保理业务合同》，约定：某银行向某贸易公司提供保理服务，保理业务类型

① 曹士兵：《中国担保制度与担保方法》，中国法制出版社2022年版，第28页。

② 高圣平：《担保法前沿问题与判解研究——最高人民法院新担保制度司法解释条文释评（第五卷）》，人民法院出版社2021年版，第493页。

③ 《关于〈中华人民共和国民法典（草案）〉的说明——2020年5月22日在第十三届全国人民代表大会第三次会议上》明确，“（民法典草案）扩大担保合同的范围，明确融资租赁、保理、所有权保留等非典型担保合同的担保功能”。

④ 何颖来：《民法典中有追索权保理的法律构造》，载《中州学刊》2020年第6期。

⑤ 最高人民法院民事审判第二庭：《最高人民法院民法典担保制度司法解释理解与适用》，人民法院出版社2021年版，第74页；刘贵祥：《民法典关于担保的几个重大问题》，载《法律适用》2021年第1期；吴光荣：《担保法精讲：体系解说与实务解答》，中国民主法制出版社2023年版，第540页。

⑥ 参见天津市高级人民法院（2021）津民终458号民事判决书。

为有追索权保理融资，保理融资额度为人民币贰亿元，融资比例为100%，提供保理融资的方式为池融资保理授信，具体授信方式为贷款、开立信用证，保理融资额度有效期自2018年5月17日起至2019年5月16日止。同日，双方共同向某轮胎公司发出《应收账款转让通知书》，告知某轮胎公司将某贸易公司持有的商业发票日期标注自2018年5月14日起的所有应收账款以及就该部分应收账款所享有的权利全部转让给某银行，某轮胎公司于2018年5月6日签署《应收账款转让通知确认书》，同意遵照执行。同年6月12日，某银行与某贸易公司又签订了《贷款合同》，约定贷款金额人民币1900000元，用途为向上游采购橡胶，贷款期限自2018年6月12日起至2018年9月11日，固定利率，每月20日为结息日，按季付息，利随本清，贷款到期或提前到期，某贸易公司未能按约定偿还贷款的，某银行有权根据实际逾期天数从逾期之日起对贷款本金按照本合同约定的利率加50%计收罚息，对不能按时支付的利息，按罚息利率计收复利。同日，某银行向某贸易公司发放贷款人民币1900000元，贷款利率为年利率6.96%。在该案例中，从双方先后签订的《综合授信额度合同》和《贷款合同》两份协议可以看出，某银行与某贸易公司之间具有借贷的合意，某银行的授信对象是应收账款债权人——某贸易公司而非应收账款债务人——某轮胎公司。换言之，某银行是在考察某贸易公司的资质和信用后才决定对其提供融资。从还款主体来看，也是由某贸易公司向某银行偿还贷款而非某轮胎公司。而且，某银行与某贸易公司签订的《国内保理业务合同》约定的保理融资额度、融资期限均与《综合授信额度合同》一致，且明确约定提供保理融资的方式为贷款、开立信用证。由此可见，《国内保理业务合同》只是整个贷款交易中的一个组成部分。《国内保理业务合同》约定的应收账款转让只不过是一种担保手段，目的是确保某银行收回贷款本息。

第二，这种以应收账款转让提供担保的方式可归于让与担保范畴。在我国，让与担保长期以一种习惯法的形式存在于客观现实生活中。虽然立法未将让与担保纳入法定担保类型之中，但由于其在法理上与物权法定原则无悖，亦不违反禁止流（抵）押约款，承认让与担保的法律效力已形成司法共识。[1]在立法上，虽然《民法典》没有明确规定让与担保制度，但一般认为修改过去《担保法》和《物权法》中禁止流押、流质的规定，就为让与担保制度提供了法律依据。《民法典》关于流质和流押的规定较之《担保法》与《物权法》有很大的变化：无论是《担保法》还是《物权法》，均规定当事人不得在抵押合同或者质押合同中约定流押条款或者流质条款；但《民法典》并未从禁止的角度来规定流押和流质，而是规定在当事人约定了流押条款或者流质条款时，债权人只能依法就抵押财产或者质押财产优先受偿。换言之，虽然债权人不能依据流押条款或者流质条款主张标的物的所有权，但仍然可以就标的物享有优先受偿的权利。[2] 实践中让与担保的担保物虽多为房产、股权等，但以应收账款作为担保物并不为法律所禁止。根据私法自治原则，当事人约定以应收账款转让的方式来提供担保，并不存在法律上的障碍。债权让与担保也早已为我国理论界和实务界认可。[3] 有追索权保理同让与担保中“担保人先向债权人转让担保物，待债权实现后债权人再返还担保物”的规则高度吻合。有学者认为，“应收账款债权人自保理人处取得一定数额的款项（按照应收账款的百分比计算所得），相当于借款，应收账款债权人将应收账款债权转让给保理人，属于一种让与担保”。[4]

第三，从比较法上考察，将有追索权保理定性为让与担保也有先例可循。在德国，保理有纯正保理（Echte Factoring）与不纯正保理（Unechte Factoring）之分。[5] 纯正保理等同于无追索权保理，不纯正保理等同于有追索权保理。德国通说认为，由于不纯正保理涉及信贷行为与担保性债权让与行为，故其性质一般被认定为让与担保。此外，《俄罗斯联邦民法典》第 831 条亦规

---

① 参见《最高人民法院关于审理民间借贷案件适用法律若干问题的规定》（法释〔2015〕18 号）第 24 条；《全国法院民商事审判工作会议纪要》（法〔2019〕254 号）第 71 条；《民法典担保制度解释》第 68、69 条。

② 吴光荣：《〈民法典〉对担保制度的新发展及其实践影响——兼论〈民法典担保制度司法解释〉的适用范围》，载《法治研究》2021 年第 4 期。

③ 席志国：《民法典编纂视野下的动产担保物权效力优先体系再构建——兼评〈民法典各分编（草案）二审稿〉第 205-207 条》，载《东方法学》2019 年第 5 期。

④ 崔建远：《对非典型担保司法解释的解读》，载《法治研究》2021 年第 4 期。

⑤ 〔德〕鲍尔·施蒂尔纳：《德国物权法》（下册），申卫星等译，法律出版社 2006 年版，第 650~652 页。

定有追索权保理为让与担保。

基于此，《民法典》依循让与担保原理对有追索权保理进行了体系化设计。其一，《民法典》第761条将应收账款债权人向保理人转让应收账款作为保理合同成立的基础，同让与担保中设定人须将标的物所有权转移至担保权人的形式要件相吻合。其二，《民法典》第766条通过“……可以……也可以……”的立法技术将主、从债务区分开来。《民法典》另一处采行同样立法技术的为第688条第2款规定：“连带责任保证的债务人不履行到期债务或者发生当事人约定的情形时，债权人可以请求债务人履行债务，也可以请求保证人在其保证范围内承担保证责任。”很显然，该条中前一个“可以”之后为主债务，后一个“可以”之后为从债务。以此类推，《民法典》第766条前一个“可以”之后债权人返还保理融资款本息或回购应收账款应为主债务，后一个“可以”之后债务人清偿应收账款为从债务。其三，在担保物清算上，《民法典》第766条第二句规定保理人从应收账款债务人处收回的超出保理融资款本息和相关费用的剩余部分应返还给应收账款债权人。此种权益安排与担保物清算价款超出担保债权数额部分归担保人所有的规则相一致（《民法典》第413、438条）。其四，在优先权规则方面，《民法典》第768条规定了应收账款重复转让的清偿顺位规则，即应收账款转让经过登记后，保理人可享有优先受偿权。《民法典担保制度解释》更是对第768条进行了扩充解释，将应收账款质押一并纳入进来。该司法解释第66条第1款规定：“同一应收账款同时存在保理、应收账款质押和债权转让，当事人主张参照民法典第七百六十八条的规定确定优先顺序的，人民法院应予支持。”可见，保理优先权体系是《民法典》担保功能主义的产物，是保理担保属性的体现。[①] 这同让与担保中担保物经公示后担保权人可取得优先受偿权的规则相一致。[②] 综上，根据《民法典》保理合同章及《民法典担保制度解释》的规范内容可以看出，有追索权保理的规则设计无论是形式上还是实质上都同让与担保趋于一致，故可得出《民法典》中有追索权保理的法律构造实为应收账款让与担保之结论。

---

① 王聪：《〈民法典〉保理合同的功能主义构造》，载《社会科学》2021年第8期。

② 高圣平：《动产让与担保的立法论》，载《中外法学》2017年第3期。

二、有追索权保理的体系定位

《民法典》融合了两大法系的担保制度，由典型担保制度和非典型担保制度共同构成了我国的担保制度。[①] 在《民法典》的体系安排上，担保法没有独立成编，而是通过《民法典》第 388 条第 1 款“担保合同包括抵押合同、质押合同和其他具有担保功能的合同”之规定将典型担保与非典型担保融合在一起。一般将担保物权分编规定的担保物权即抵押权、质权、留置权作为典型担保，而将规定在《民法典》其他部分已经典型化为其他交易形态的非典型担保制度甚至未规定在《民法典》中但具有担保功能的交易形态作为非典型担保，如让与担保、保证金质押。[②] 考虑到融资租赁合同、保留所有权买卖合同与保理合同在经济上起着担保功能，故《民法典》将此三种合同定位于非典型担保合同从而纳入担保法律体系中来。[③]《民法典担保制度解释》在第四部分“关于非典型担保”中不仅对上述三种担保合同进行了规定，还增加了让与担保、保证金质押相关内容。至此，我国的担保法律规范体系初步成型。

若依担保物种类和担保物权设立规则之不同，我们习惯上将担保分为不动产担保和动产与权利担保两大阵营。前一阵营包括抵押、让与担保、融资租赁等担保形式。后一阵营由动产担保与权利担保组成。动产担保包括抵押、质押、留置等典型担保与融资租赁、所有权保留等非典型担保。权利担保包括抵押、质押等典型担保与有追索权保理、股权让与担保等非典型担保。

---

① 高圣平：《民法典担保制度及其配套司法解释理解与适用》（上），中国法制出版社 2021 年版，第 1 页。

② 最高人民法院民事审判第二庭：《最高人民法院民法典担保制度司法解释理解与适用》，人民法院出版社 2021 年版，第 86 页。

③ 高圣平：《民法典动产担保权优先顺位规则的解释论》，载《清华法学》2020 年第 3 期。

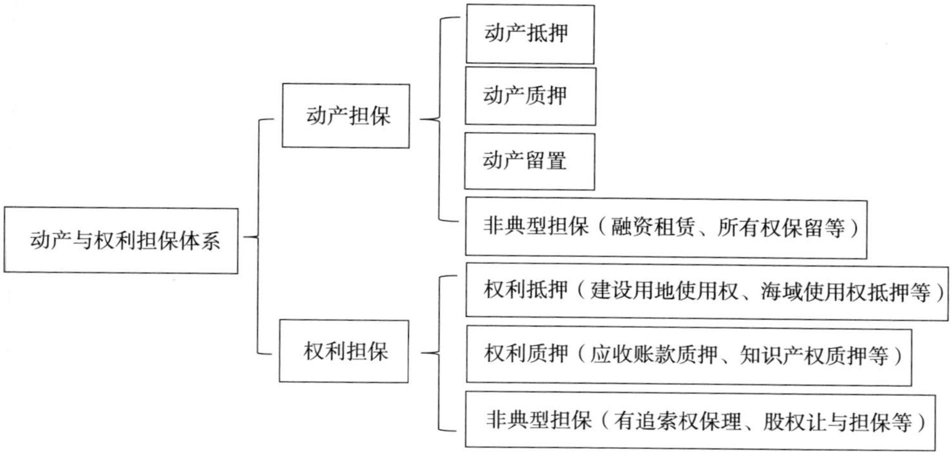

图 4-1 我国动产与权利担保体系

综上可见，与无追索权保理归属于债权转让法律规范体系不同，有追索权保理所属的规范体系相对较为隐蔽。有学者提出，动产与权利担保体系是《民法典》中一套隐藏的规范体系，[①] 有追索权保理因属于债权让与担保的一种特殊形式而与应收账款质押同属该体系的组成部分。二者是两种既高度相似又存在一定区别的权利担保制度。应收账款质押属于先行者，有追索权保理属于后到者。在编排体例上，有追索权保理被置于合同编，而应收账款质押被置于物权编。在逻辑关系上，二者系并列关系，相互独立，统一于动产与权利担保体系之中。

三、有追索权保理适用担保规则的界限

保理合同章虽然规定在合同编中，但其与物权编却存在一定的关联。保理合同章与物权编的关联性与有追索权保理的法律性质密不可分。由于有追索权保理采取了让与担保法律构造，就使得有追索权保理与物权编第四分编担保物权分编之间存在体系上的关联。[②] 有学者提出，《民法典》物权编第四

① 龙俊：《民法典中的动产和权利担保体系》，载《法学研究》2020 年第 6 期。

② 何颖来：《〈民法典〉中有追索权保理的法律构造》，载《中州学刊》2020 年第 6 期。

分编担保物权部分内容对保理合同的履行具有准用作用。[①] 合同编保理合同章中有追索权的保理人权利的实现规定（《民法典》第766条）、多重保理的清偿顺序规定（《民法典》第768条）以及物权编中其他可以登记的担保物权参照适用抵押权清偿顺序的规定（《民法典》第414条）、流担保条款的效力规定（《民法典》第401、428条）等在适用上保持了协调一致。[②]

《民法典》物权编第388条是担保合同的一般规定。该条规定，“担保合同包括抵押合同、质押合同和其他具有担保功能的合同”。上述规定是担保合同种类的总括性规定，通过确定担保合同这一上位概念进而包容抵押、质押等担保合同的下位概念。对于“其他具有担保功能的合同”的规定，不能仅局限于该款以及该条规定本身来理解，而应将其置于担保物权分编乃至物权编并联系合同编的相关规定来整体地加以把握。从本条规定的立法旨意并结合其他相关规定进行体系性解读，其他具有担保功能的合同、非典型担保物权不唯在从属性规则上适用担保合同、担保物权的规则，在其他方面亦得适用或参照适用担保物权分编的相关规定。相关法律规定适用的基本精神应是：法律对于其他具有担保功能的合同和非典型担保物权的事项有特别规定的，优先适用特别规定；当事人之间有约定且不违反法律的强制性规定的，按照其约定；除此之外，可以根据其性质分别适用或参照适用法律关于担保物权的相关规定。而担保物权分编一般规定章关于担保物权共通性规则的规定，应可直接适用于非典型担保物权。[③]

根据《关于〈中华人民共和国民法典（草案）的说明——2020年5月22日在第十三届全国人民代表大会第三次会议上》，保理即属于“其他具有担保功能的合同”之一。由此，具有担保功能的保理合同就与物权编第388条形成了总分关系。在“总—分”的逻辑下，保理合同中涉及担保功能的法律规则就要服从于担保物权的一般规则。例如，《民法典》第414条虽然位于物权编中，但实际上是可以登记的各类担保物权的共同排序规则。有学者提出，第414条是高度提取公因式的条文，对所有可以登记的担保物权均可适用，

① 谢鸿飞、朱广新编：《民法典评注·合同编·典型合同与准合同》（2），中国法制出版社2021年版，第530页。

② 刘保玉：《民法典担保物权制度新规释评》，载《法商研究》2020年第5期。

③ 刘保玉：《民法典担保物权制度新规释评》，载《法商研究》2020年第5期。

将其称为担保效力的“帝王条款”亦不为过。[①]《民法典》第 768 条关于保理合同中应收账款多重转让且均已登记的情况下的顺位规则，也是依据同一规则的精神设计的。[②] 可以说，《民法典》第 768 条为第 414 条在保理合同领域的具体化。第 414 条第 1 款在规定数个抵押权的清偿顺序时采取了“登记优先规则”，第 2 款又规定“其他可以登记的担保物权，清偿顺序参照适用前款规定”。于此，《民法典》第 768 条在规定多重保理的优先顺位规则时同样采取登记优先规则，这就与第 414 条在体系上保持了一致。

然而，需要注意的是，有追索权保理并不能完全适用担保物权的相关规则，而是要视具体情况而定。对于有追索权保理如何适用《民法典担保制度解释》的问题，该司法解释第 1 条开宗明义地作出如下规定：“因抵押、质押、留置、保证等担保发生的纠纷，适用本解释。所有权保留买卖、融资租赁、保理等涉及担保功能发生的纠纷，适用本解释的有关规定。”从本条措辞来看，存在双重限制条件：一方面，仅在涉及因担保功能发生的纠纷时才能适用该司法解释；另一方面，适用的也是该司法解释中的“有关规定”而非全部规定。

一是有追索权保理仅在涉及担保功能发生的纠纷时才能适用该司法解释。有追索权保理具有担保功能，能够适用该司法解释的有关规定，而无追索权保理因不具有担保功能，故不能适用该司法解释。所谓“涉及因担保功能发生的纠纷”，主要涉及以下几方面规则：（1）有关登记对抗的规则；（2）有关担保物权的顺位规则；（3）有关担保物权的实现规则；（4）有关价款优先权等担保规则。当有追索权保理因能否以及如何适用前述规则发生纠纷时，可以适用该司法解释的相关规定。[③]

二是有追索权保理只能适用该司法解释的“有关规定”而非全部规定。本条所谓的“有关规定”，主要是指该司法解释第四部分“关于非典型担保”的规定，而这些规定多数都是前述涉及的担保规则的规定，即该司法解释第 66 条规定：“同一应收账款同时存在保理、应收账款质押和债权转让，当事

---

① 龙俊：《民法典中的动产和权利担保体系》，载《法学研究》2020 年第 6 期。

② 刘保玉：《民法典担保物权制度新规释评》，载《法商研究》2020 年第 5 期。

③ 最高人民法院民事审判第二庭：《最高人民法院民法典担保制度司法解释理解与适用》，人民法院出版社 2021 年版，第 86~87 页。

人主张参照民法典第七百六十八条的规定确定优先顺序的，人民法院应予支持。在有追索权的保理中，保理人以应收账款债权人或者应收账款债务人为被告提起诉讼，人民法院应予受理；保理人一并起诉应收账款债权人和应收账款债务人的，人民法院可以受理。应收账款债权人向保理人返还保理融资款本息或者回购应收账款债权后，请求应收账款债务人向其履行应收账款债务的，人民法院应予支持。”

第二节 有追索权保理与应收账款质押

如上一节所述，有追索权保理与应收账款质押同归于动产与权利担保法律体系，二者均以应收账款作为融资的手段，存在较多的共通之处，实践中容易混淆。比如，有当事人本应向保理人转让应收账款，结果变成了出质，导致保理法律关系没有成立。因此，有必要对这两种极具相似性的法律制度进行区分。

一、应收账款质押概论

应收账款质押是《民法典》明确规定的典型担保制度。应收账款质押属于权利质权的一种，规定在《民法典》物权编第十八章“质权”第二节“权利质权”中。《民法典》在继承《物权法》的基础上对应收账款质押规定作出了一些修改。《民法典担保制度解释》则专门对应收账款质押进行了制度设计，增设了一些新规则。《民法典》第 445 条规定：“以应收账款出质的，质权自办理出质登记时设立。应收账款出质后，不得转让，但是出质人与质权人协商同意的除外。出质人转让应收账款所得的价款，应当向质权人提前清偿债务或者提存。”第 446 条又规定：“权利质权除适用本节规定外，适用本章第一节的有关规定。”虽然立法和司法解释对应收账款质押制度进行了规定，但在法律适用过程中仍不免存在争议，以下几方面问题较为突出，值得探讨。

（一）可质押的应收账款范围

虽然《民法典》及司法解释未对应收账款的内涵和外延加以限定，但可参照中国人民银行《动产和权利担保统一登记办法》（中国人民银行令〔2021〕第7号）第3条规定进行体系解释。根据该条规定，本办法所称应收账款是指应收账款债权人因提供一定的货物、服务或设施而获得的要求应收账款债务人付款的权利以及依法享有的其他付款请求权，包括现有的以及将有的金钱债权，但不包括因票据或其他有价证券而产生的付款请求权，以及法律、行政法规禁止转让的付款请求权。本办法所称的应收账款包括下列权利：（1）销售、出租产生的债权，包括销售货物，供应水、电、气、暖，知识产权的许可使用，出租动产或不动产等；（2）提供医疗、教育、旅游等服务或劳务产生的债权；（3）能源、交通运输、水利、环境保护、市政工程等基础设施和公用事业项目收益权；（4）提供贷款或其他信用活动产生的债权；（5）其他以合同为基础的具有金钱给付内容的债权。《动产和权利担保统一登记办法》系从过去的《应收账款质押登记办法》修订而来，且《动产和权利担保统一登记办法》完全沿袭了《应收账款质押登记办法》关于应收账款范围之规定，故以《动产和权利担保统一登记办法》来确定应收账款的范围，实为可取。以下四类债权应排除在应收账款范围之外：（1）不具有金钱给付内容的债权，如劳务债权；（2）非以合同为基础的金钱债权，如侵权损害赔偿请求权；（3）因票据或其他有价证券而产生的付款请求权；（4）法律、行政法规禁止转让的付款请求权，如具有人身关系的保险事故赔偿请求权、伤残赔偿金请求权等。

需要注意的是，将有的应收账款亦属可质押范围。与《物权法》第223条仅规定可出质的权利包括“应收账款”相比，《民法典》第440条扩大了应收账款的范围，首次在立法上明确“现有的以及将有的应收账款”均可以出质。应收账款可分为现有的应收账款与将有的应收账款。一般认为，前者是指在签订质押合同时已经客观存在的应收账款；后者是指在签订质押合同时尚未产生但存在基础法律关系的应收账款，如公路收费权、特许经营项目收益权、门票收费权等。最高人民法院指导性案例第53号肯定了污水处理项目等特许经营的收益权可出质。最高人民法院（2020）最高法民终910号民事判决书肯定了门票收费权可出质。《民法典担保制度解释》第 61 条第 4 款则进一步明确“基础设施和公用事业项目收益权、提供服务或者劳务产生的债权以及其他将有的应收账款”可出质这一立场。

不过，在以将有的应收账款质押时，质权人应尽量规避其不确定性风险。将有的应收账款到期能否产生存在较大的不确定性。《民法典》采取“将有的应收账款”而非“未来的应收账款”之表述，旨在增强此种应收账款的确定性，防止当事人故意虚构应收账款出质。此外，为加强对将有应收账款的控制，质权人可为该应收账款设立专门的账户。《民法典担保制度解释》第 61 条第 4 款规定：“……当事人为应收账款设立特定账户，发生法定或者约定的质权实现事由时，质权人请求就该特定账户内的款项优先受偿的，人民法院应予支持；特定账户内的款项不足以清偿债务或者未设立特定账户，质权人请求折价或者拍卖、变卖项目收益权等将有的应收账款，并以所得的价款优先受偿的，人民法院依法予以支持。”

（二）应收账款质押应否通知债务人

应收账款质押涉及两份合同和三方当事人。应收账款债权人和应收账款债务人为基础交易合同的当事人。质权人和出质人（应收账款债权人）为质押合同的当事人。三方当事人的权利义务既存在独立性，又存在关联性。审判实践中发现，很多质权人在与出质人签订质押合同后并未通知应收账款债务人。一旦产生纠纷，应收账款债务人往往以未接到通知为由拒绝向质权人清偿应收账款。质权人则认为，是否通知应收账款债务人不影响质权设立，且立法未明确规定应收账款质押必须要通知应收账款债务人。

如果仅从法条文义来看，通知应收账款债务人确非质权设立的要件。应收账款质押采取登记生效主义规则。只要办理了质押登记手续，质权就有效设立，并不需要通知应收账款债务人。

然而，从法理上看，通知应收账款债务人确有必要。从比较法上考察，以债权设立质权，通知债务人为质权的生效要件，如德国、法国、日本等国民法均有类似规定。应收账款出质虽系担保物权，具有对世性，但并不能对抗不知情的应收账款债务人。在应收账款质权因登记而设立后，应收账款债务人并无义务查询应收账款质押登记情况，其仍可向应收账款债权人清偿债务或者行使抵销权而消灭全部或部分应收账款债务。如此，应收账款质押就会落空。

我国也有学者提出，应收账款质押类似于应收账款转让，二者的规则应当保持统一。[①]《民法典》第546条第1款规定："债权人转让债权，未通知债务人的，该转让对债务人不发生效力。"以此类推，应收账款质押未通知债务人的，该质押对债务人不发生效力。王利明教授认为，采纳通知主义的立法模式确有其合理性：一方面，它尊重了债权人处分债权的自由，有利于鼓励担保，符合市场经济发展的需要；另一方面，它也考虑到了应收账款债务人的利益，要求及时通知应收账款债务人，实际上可避免因应收账款债务人对债权质押毫不知情所遭受的损害。通知应收账款债务人并不是应收账款质押的设立要件，而应是质权人向应收账款债务人收取应收账款债权的条件。也就是说，如果通知了应收账款债务人，质权人便可以向其收取应收账款；如没有通知应收账款债务人，应收账款债务人则有权向应收账款债权人清偿债务以消灭应收账款，或者拒绝向质权人付款。[②] 故有观点提出，应收账款质押有必要通知债务人，且以通知作为对抗债务人的要件。[③]

比如，上海市第二中级人民法院（2015）沪二中民六（商）终字第444号民事判决认为，质权人享有质权，取得了债务受领人的法律地位，可以代债务人请求次债务人向自己做出给付；从应收账款质押通知书本身的性质看，应收账款质押通知书的作用实际是质权人可以凭此通知直接向次债务人收取债权的条件并有权就该应收账款优先受偿；经通知后，质权人便可以对抗次债务人，并向其指明应收账款债务的履行对象变更为质权人。

于此，《民法典担保制度解释》第61条第3款从正反两方面强化了通知的重要性。"以现有的应收账款出质，应收账款债务人已经向应收账款债权人履行了债务，质权人请求应收账款债务人履行债务的，人民法院不予支持，但是应收账款债务人接到质权人要求向其履行的通知后，仍然向应收账款债权人履行的除外。"依该款前半句规定，在未通知应收账款债务人的情况下，应收账款债务人清偿应收账款后，质权人再要求应收账款债务人向其清偿应

---

① 李宇：《民法典中债权让与和债权质押规范的统合》，载《法学研究》2019年第1期。

② 王利明：《物权法研究》，中国人民大学出版社2013年版，第1375页。

③ 高圣平：《金融担保创新的法律规制研究》，法律出版社2017年版，第282页。

收账款的，人民法院不予支持。反之，依该款但书之规定，若应收账款债务人在接到质权人要求向其履行的通知后，仍向应收账款债权人履行的，质权人仍有权请求应收账款债务人向其履行应收账款清偿责任。质言之，应收账款质权设立且通知应收账款债务人后，应收账款债务人即不得再向应收账款债权人履行，即便履行，该履行行为归于无效。比如，上海市第一中级人民法院（2013）沪一中民六（商）终字第 272 号民事判决认为，“应收账款债务人接到质权人通知后即不得随意向其债权人清偿债务，否则构成无效清偿”。

综上，虽然“通知债务人”对应收账款质权的设立没有意义，但对应收账款质权人保全其质权具有重要作用。至于通知主体，应收账款债权人或质权人均无不可。由于应收账款债权人和债务人系基础交易合同的当事人，故由应收账款债权人通知债务人更容易获得债务人的信赖。当然，《民法典担保制度解释》第 61 条第 3 款也认可了质权人直接通知应收账款债务人这一做法。最高人民法院（2019）最高法民终 1445 号民事判决书亦认为，“在质押担保的债权人核实了该应收账款客观真实存在的情况下，其还应通知基础交易关系债务人该设立应收账款质权的情况”。至于通知方式，无论是另行签订三方协议、发送应收账款质押通知书，还是发送询证函及止付通知等方式，均不违反法律规定。

（三）应收账款质押应否要求债务人书面确认

应收账款质权的设立必须以真实存在的应收账款为基础。如果应收账款本身是虚假的，那么权利质押的基础就不复存在。司法实践中，有法院在认定应收账款质权是否成立时，通常会考虑应收账款是否真实、合法、有效，是否明确或特定化等因素。比如，有法院判决因质权人未举证证明应收账款确实存在或产生应收账款的基础合同虚假而未支持质权人。[①] 也有法院判决因应收账款未特定化而未支持质权人。[②]

由于应收账款系债权，不易公示，实践中极易造假，这就要求质权人在

---

① 参见湖北省高级人民法院（2016）鄂民终 972 号、（2016）鄂民终 27 号民事判决书。

② 参见广东省深圳市中级人民法院（2016）粤 03 民终 3781 号、山东省高级人民法院（2015）鲁商终字第 178 号民事判决书。

核实应收账款的真实性时应尽到合理的注意义务。实践中发现，很多质权人未要求应收账款债务人对应收账款的真实性予以确认。诉讼中，应收账款债务人又常以应收账款系虚构、不真实为由提出抗辩。在过去，由于法律规定不明，很多质权人并未真正重视应收账款债务人书面确认应收账款的重要性。但在《民法典担保制度解释》施行之后，由应收账款债务人确认应收账款的必要性就要引起足够的重视。

应收账款债务人向质权人确认应收账款会产生对其不利的法律后果。《民法典担保制度解释》第 61 条第 1 款规定："以现有的应收账款出质，应收账款债务人向质权人确认应收账款的真实性后，又以应收账款不存在或者已经消灭为由主张不承担责任的，人民法院不予支持。"基于诚信原则和禁反言规则，应收账款债务人在确认应收账款的真实性后，便不得再推翻之前的确认行为。即便应收账款客观上不真实或者已经消灭，应收账款债务人同样要承担应收账款清偿责任。比如，最高人民法院（2018）最高法民申 4647 号民事裁定书即认为，虽然银行未能提供基础交易合同的原件，但在已通知应收账款债务人应收账款质押事实且应收账款债务人已出具《应收账款确认函》《收款账户变更通知书》并表示同意按照通知要求进行款项支付的情况下，二审法院对于应收账款真实性予以确认具有事实和法律依据。由此可见，应收账款债务人对应收账款的确认对于质权人实现质权何其重要。

当然，应收账款债务人未确认应收账款的真实性并不意味着质权人就一定无法主张质权。《民法典担保制度解释》第 61 条第 2 款规定："以现有的应收账款出质，应收账款债务人未确认应收账款的真实性，质权人以应收账款债务人为被告，请求就应收账款优先受偿，能够举证证明办理出质登记时应收账款真实存在的，人民法院应予支持；质权人不能举证证明办理出质登记时应收账款真实存在，仅以已经办理出质登记为由，请求就应收账款优先受偿的，人民法院不予支持。"根据上述规定，在未经应收账款债务人书面确认的情况下，质权人要承担"在办理出质登记时应收账款真实存在"的举证证明责任。质权人如不能证明应收账款真实存在，则要承担举证不能的不利后果，即不能主张就应收账款优先受偿。要证明应收账款的真实性，质权人仅提交质押合同和征信机构的出质登记证明是远远不够的。除此之外，质权人还应当提交基础交易合同、发票、付款证明、发货单、收货单、运输单、仓单等相关证据。

因此，从举证角度来看，应收账款债务人对应收账款真实性的书面确认文件可大大减轻质权人的举证负担，对质权人有利。在实践操作中，质权人应当以获得应收账款债务人书面确认文件为首要目标，若客观上无法获取，则应加强对应收账款真实性的审核并保留基础交易合同履行的相关证据。[①]

（四）应收账款质押登记

《民法典》规定应收账款质权的设立采取书面合同加登记的模式。最高人民法院（2020）最高法民申4920号民事裁定书亦明确以应收账款出质的，需要同时具备签订书面质押合同和办理出质登记两项条件。《民法典》第427条第1款规定："设立质权，当事人应当采用书面形式订立质押合同。"但需要注意的是，为迎合世界银行营商环境评价报告[②]允许对担保物概况性描述之要求，与《物权法》相比，该条第2款简化了质押合同的一般条款，规定质押合同一般包括下列条款：（1）被担保债权的种类和数额；（2）债务人履行债务的期限；（3）质押财产的名称、数量等情况；（4）担保的范围；（5）质押财产交付的时间、方式。除书面合同外，《民法典》第445条第1款还规定："以应收账款出质的，质权自办理出质登记时设立。"司法实践中，有法院判决因质押登记不符合要求未支持质权人。[③] 也有法院判决因质押合同的内容与质押登记事项不一致未支持质权人。[④]

需要说明的是，《物权法》第228条规定，以应收账款出质的，质权自信贷征信机构办理出质登记时设立。《民法典》并未对应收账款质押登记机构作出规定，此系为统一动产与权利登记机构有意而为之。2021年1月1日起开始施行的《国务院关于实施动产和权利担保统一登记的决定》（国发〔2020〕18号）第3条明确了人民银行征信中心为动产和权利担保统一登记机构，应收账款质押在登记之列。2022年2月1日起开始施行的《动产和权利担保统一登记办法》第2条更是明确将"应收账款质押"纳入动产和权利担保统一

---

① 李阿侠：《账款质押新规及应对之策》，载《银行家》2022年第11期。

② 《营商环境报告》，载世界银行网，https：//www. worldbank. org/en/businessready/doing－business－legacy，2023年10月9日访问。

③ 参见新疆维吾尔自治区高级人民法院（2017）新民终413号民事判决书。

④ 参见广东省东莞市第二中级人民法院（2016）粤1972民初2420号民事判决书。

登记范围。据此，质权人应在人民银行征信中心动产融资统一登记公示系统办理质押登记。

（五）应收账款质权实现方式

1. 质权人应可要求应收账款债务人清偿应收账款

我国立法历来只对动产质权的实现方式进行一般规定，而未对权利质权的实现方式作出特别规定。《担保法》第 71 条第 2 款规定："债务履行期届满质权人未受清偿的，可以与出质人协议以质物折价，也可以依法拍卖、变卖质物。"《物权法》第 219 条第 2 款规定："债务人不履行到期债务或者发生当事人约定的实现质权的情形，质权人可以与出质人协议以质押财产折价，也可以就拍卖、变卖质押财产所得的价款优先受偿。"《担保法解释》第 106 条规定："质权人向出质人、出质债权的债务人行使质权时，出质人、出质债权的债务人拒绝的，质权人可以起诉出质人和出质债权的债务人，也可以单独起诉出质债权的债务人。"该条司法解释虽然规定了质权人有权一并或单独起诉出质债权的债务人，但却并没有明确规定质权人是否有权直接收取债权。《民法典》第 436 条规定："债务人履行债务或者出质人提前清偿所担保的债权的，质权人应当返还质押财产。债务人不履行到期债务或者发生当事人约定的实现质权的情形，质权人可以与出质人协议以质押财产折价，也可以就拍卖、变卖质押财产所得的价款优先受偿。质押财产折价或者变卖的，应当参照市场价格。"《民法典》在物权编"权利质权"一节中并未对权利质权的实现作出特别规定。根据《民法典》第 446 条"权利质权除适用本节规定外，适用本章第一节的有关规定"之规定，权利质权的实现应适用动产质权的有关规定。

审判实践中，针对质权人是否有权起诉应收账款债务人要求直接收取应收账款的诉讼请求，观点并不统一。有观点认为，根据《担保法解释》第 106 条规定，质权人可选择向出质人和应收账款债务人共同主张权利，故质权人有权直接要求应收账款债务人直接履行债权。也有观点认为，上述规定并未明确质权人直接收取应收账款的权利，故可在判决中仅确认质权人对于应收账款享有优先受偿权，但不支持质权人主张应收账款债务人向其支付应收账款的诉请。应收账款质权的实现还需要通过协议折价、拍卖或变卖等程序。

笔者认为，基于应收账款的特殊性，其质权实现方式应与普通动产有所区别。协议折价、拍卖或变卖等方式对动产质权实现而言较为公平合理，但对于应收账款质权而言，则实无必要。理由如下：

第一，由质权人直接向应收账款债务人收取应收账款是实现应收账款质权最便利、最有效的做法。学说上认为，担保权是以担保债务清偿为目的的变价权、价值权，在担保权可得实现之时，应对标的物进行变价，并就变价款优先受偿。[①] 所谓变价，是指就担保物的价值与被担保的债务余额之间进行评价，多退少补，目的在于确定担保物的公允价格以平衡当事人之间的利益。变价是通过课以担保权人清算义务来实现的。[②] 清算在学理上有归属清算与处分清算两种，但司法实务中仅承认后者。[③] 处分清算，是指在担保权可得实现之时，担保权人须将标的物变价处分，并以其价款优先受偿。[④] 然而，与普通动产价值具有不确定性不同，应收账款本身为金钱债务，其价值金额是确定的。此种特性决定依照实现质权的一般规则（即折价、拍卖或变卖）将应收账款转化为金钱，并无实际意义。而且，应收账款债务人本就负有清偿应收账款的义务，向质权人清偿并不会增加其履约负担，亦不会产生不公平结果。

第二，在比较法上，多数大陆法系国家和地区民法都支持质权人要求债务人直接付款。例如，《德国民法典》第1282条第1款规定："第1228条第2款的要件已成就的，质权人有收取债权的权利，且债务人只能向质权人履行给付。"《日本民法典》第367条第1款规定："质权人可以直接收取作为质权标的的债权。"《瑞士民法典》也有类似的规定。我国学界与实务界亦有观点赞同上述立法。[⑤] 质权人直接请求应收账款债务人给付的权利，也叫收取权，乃以实现债权的内容为目的。[⑥] 质权人虽然行使了出质人对应收账款债务人的权利，但质权人享有该债权的基础是其就该债权享有质权，对于此类基于物权产生的债权请求权，法律应给予特殊保护。

---

① 高圣平：《担保法论》，法律出版社2009年版，第241页。

② 王闯：《关于让与担保的司法态度及实务问题之解决》，载《人民司法·案例》2014年第16期。

③ 《全国法院民商事审判工作会议纪要》第71条规定，当事人约定归属清算型让与担保无效，约定处分清算型让与担保有效。

④ 谢在全：《民法物权论》，中国政法大学出版社2011年版，第1109~1110页。

⑤ 崔建远：《关于债权质的思考》，载《法学杂志》2019年第7期。

⑥ 崔建远：《关于债权质的思考》，载《法学杂志》2019年第7期。

第三，参照《民法典》中有追索保理的制度设计，应收账款质权人应获得与保理人同等的待遇。根据《民法典》第768条规定，保理人可直接向应收账款债务人主张应收账款债权，并不需要经过折价、拍卖、变卖等烦琐程序。由于有追索权保理本质上属于应收账款让与担保，故保理人向应收账款债务人收取应收账款可理解为一种实现担保权的特殊方式。可见，保理人实现担保权的方式要简单直接得多，保理中应收账款的变价程序已被简化为保理人直接向应收账款债务人收取应收账款。① 针对应收账款质权实现的法律漏洞，可采取类推规则予以填补。有观点即认为，有追索权保理和应收账款质押并不存在本质上的差异。"应收账款质押的本质是附条件的债权让与。"② 二者"形异实同"，在规则上可相互类推适用。③ 有鉴于此，同为担保权人的质权人，在实现质权时，《民法典》第768条应可类推适用。

第四，司法实践中，相关司法裁判也肯定质权人直接收取应收账款这一做法。最高人民法院发布的指导性案例53号"福建海峡银行股份有限公司福州五一支行诉长乐亚新污水处理有限公司、福州市政工程有限公司金融借款合同纠纷案"认为，特许经营权的收益权依其性质不宜折价、拍卖或变卖，质权人主张优先受偿权的，人民法院可以判令出质债权的债务人将收益权的应收账款优先支付质权人。最高人民法院（2019）最高法民终1023号民事裁定书认为，关于质权人行使应收账款质权时能否要求应收账款债务人给付相应款项的问题，我国法律并未规定应收账款质权的具体实现方式。由于应收账款质权的标的仅限于金钱之债，故质权人行使质权时有权直接要求应收账款债务人给付相应款项，而无须采取折价、拍卖或变卖之方式。参照指导性案例53号，一审判决关于应收账款质权人可以请求确认其对所涉应收账款享有优先受偿权，但无权请求应收账款债务人直接向其支付所涉应收账款的认定确有不当，应予以纠正。

第五，从执行角度来看，如果判决书仅确认质权人享有应收账款优先受偿权而不支持质权人的收取权，那么判决一旦进入执行阶段，还会给执行工

---

① 李阿侠：《保理合同原理与裁判精要》，人民法院出版社2020年版，第271页。

② 高建新、樊建兵：《是合同转让，还是让与担保——兼议现行法律框架下让与担保合同的效力认定与实务处理原则》，载《法学》2001年第9期。

③ 朱虎：《债权转让中的受让人地位保障：民法典规则的体系整合》，载《法学家》2020年第4期。

作带来很大困难。由于应收账款本身流动性差，应收账款债务人的资信情况难以把握等，如将应收账款进行拍卖、变卖，不仅耗时长，可能会遇到应收账款本身不适宜拍卖等情况，将极大妨害应收账款质权的实现，还会迫使质权人不得不另案提起债权人代位权诉讼，徒增当事人诉累，不利于降低诉讼成本。

2. 应收账款质权实现的几种情形

由于出质的应收账款清偿期和所担保的主债权清偿期可能并不一致，是否支持质权人直接向应收账款债务人收取应收账款，则应根据二者清偿期限的不同情况进行区别处理。

（1）应收账款与主债权均届清偿期

此种情形下，质权人有权以自己的名义直接请求应收账款债务人支付应收账款，无须由出质人出具授权委托书，亦无须在诉讼上为之。

（2）应收账款未届清偿期而主债权已届清偿期

当主债权已到清偿期而出质的应收账款尚未到期时，质权人只能主张对应收账款享有优先受偿权，而不能直接要求应收账款债务人向其清偿应收账款。理由在于，质权人和出质人就应收账款设立质押并没有经过应收账款债务人的同意，应收账款债务人享有到期付款的期限利益，并不承担期前给付的义务，质权人需要等待应收账款清偿期届至才可以请求应收账款债务人清偿，不得因质权的设立剥夺应收账款债务人的期限利益。而且，质权人在接受质押时，知道或应当知道出质的应收账款到期日晚于主债权到期日，其仍接受应收账款质押，表明自愿接受应收账款到期日的拘束。只有在出质债权期限届满时，质权人方可向应收账款债务人主张实现质权。因此，在应收账款未到期的情况下，质权人不能要求应收账款债务人直接向其清偿，但可以请求人民法院确认其对应收账款享有优先受偿权。

（3）主债权未届清偿期而应收账款已届清偿期

应收账款质押的目的在于担保主债权的实现，故实现应收账款质权应建立在主债权到期未实现的基础之上。在主债权清偿期尚未届至时，主债权到期能否实现并不确定，质权人无权要求实现质权。但由于应收账款已届清偿期，应收账款债务人应向出质人清偿应收账款，出质人有权接受付款，应收账款债务人的清偿行为会导致应收账款消灭。为了保障质押担保功能的实现，有必要对出质人的受偿权进行限制。参照各国立法例，德国民法规定，债权质权中主债权到期前入质债权到期的，质权人和出质人中任何一人均可请求应收账款债务人给付，但只能向质权人和出质人同时履行给付，也可以请求为二者提存，或交给法院选的保管人。日本民法则规定，入质债权清偿期先于主债权到期的，质权人可以要求提存该金额。事实上，关于如何规定提存金钱的问题，只要达到限制质权人或者出质人单方面对所提存金钱的支配，以上两种立法例在实际效果上趋于一致。综合考虑法律规范的严密性和逻辑性，结合质权人权利保护的出发点，应当接受将应收账款债务人偿还的金额进行提存。[①] 崔建远教授亦认为，债权的清偿期先于被担保债权的，出质的债权人无清偿请求权，质权人也随之欠缺此权，但有权请求债权人提前清偿或提存。[②]

除提存之外，质权人可以和出质人协商将应收账款款项用于提前清偿主债务，也可以在质押合同中预先约定，将上述已收应收账款存入出质人在质权人处开立的特定保证金账户，或者将有关款项直接转化为出质人在质权人处开立的存单，并继续作为主债权的担保。

二、有追索权保理与应收账款质押的异同

（一）二者的相同之处

在权利担保法律规范体系下，有追索权保理与应收账款质押存在明显的共通之处。二者均是以应收账款作为担保物，在促进企业融资、债务清偿以及收益分配上是高度一致的。

第一，都是中小企业重要的融资手段。有追索权保理与应收账款质押一样，都是为了担保债权的实现，二者具有功能上的一致性。[③] 根据《民法典》物权编与合同编的相关规定，应收账款既可以通过质押的方式来实现融资，也可以通过转让的方式进行保理融资，各有优劣。实践中，根据融资条件和

---

① 许旭涛：《应收账款质押制度的典型问题探析》，载《人民司法》2016 年第 19 期。
② 崔建远：《关于债权质的思考》，载《法学杂志》2019 年第 7 期。
③ 刘贵祥：《民法典关于担保的几个重大问题》，载《法律适用》2021 年第 1 期。

出资方的融资要求，中小企业可以选择其中一种方式进行融资。从银行的角度来看，应收账款质押可办理的融资种类较多，包括表内和表外业务，如承兑汇票、信用证、流动资金贷款等，而应收账款转让融资仅限于保理预付款等表内业务。从企业的角度来看，如应收账款账期短、金额小，则倾向于应收账款质押，比办理保理更为便捷。

第二，应收账款债务人都要承担应收账款清偿责任。在责任承担上，无论是保理中的应收账款债务人抑或应收账款质押中的应收账款债务人，均负有向保理人或质权人清偿应收账款的义务。根据《民法典》第766条规定，保理人向应收账款债务人收取应收账款自不待言。如前文所述，物权编“权利质权”一节中虽缺乏如第766条般的明确规定，但实际上亦应如此。

第三，保理人和应收账款质权人享有的收益均以融资款本息为限。无论是在保理还是在应收账款质押中，保理人或质权人享有的收益都以融资本息为限。《民法典》第766条第2句规定了保理人“多退”规则，亦即保理人如从应收账款债务人处收回的应收账款超出保理融资款本息，超出部分则需要返还应收账款债权人，不足部分保理人可向应收账款债权人追索。在应收账款质押中，质权人也只能获得融资款本息。质权人如从应收账款债务人处收回的应收账款超出融资款本息，超出部分应返还给出质人，如有不足，有权要求出质人补足。

（二）二者的不同之处

在认识到有追索权保理与应收账款质押的共同之处时，也不应忽视二者的差异。《民法典》对二者的规则进行了区别设计，需要引起注意。

第一，担保方式不同。虽然有追索权保理与应收账款质押的目的均在于担保主债权的实现，但方式根本不同。前者采取的是转让，而后者采取的是质押方式。作为担保物权的应收账款质权在性质上属于他物权，应收账款债权并未转移。[①] 应收账款债权设质后，出质人并没有从与债务人的债权关系中退出。只是因为设质，应收账款的所有权权能受到了限制。出质人通过向质

---

① 谢鸿飞、朱广新编：《民法典评注·合同编·典型合同与准合同》（2），中国法制出版社2020年版，第557页。

权人清偿债务从而恢复债权所有权的四项完整权能。[①] 对于应收账款债务人而言，出质人仍是债权人。而在保理中，保理人受让应收账款后，原债权人从原债权债务关系中退出。对于应收账款债务人而言，保理人成为其新的债权人。

第二，合同形式不同。由于应收账款质押仅是一种增信手段，其作为主债权的担保措施，处于从属地位。主债权债务关系可能是金融借款、银行承兑汇票、信用证、保函、融资租赁等法律关系。在主合同之外，质权人往往还需要与出质人签订一份独立的应收账款质押合同。应收账款质押合同是主债权债务合同的从合同，其效力要受主合同的影响。主合同债权债务关系是法院审查的重点。但有追索权保理作为一种直接融资手段，一般不存在独立的应收账款让与担保协议。同一份保理合同中往往同时包括应收账款转让协议与融资协议，在形式上不存在两份独立的合同，故不存在主从合同之分。由于应收账款转让在保理中占据核心地位，应收账款转让应是法院审查的重点。

第三，效力要件不同。从权利设立上看，应收账款质押采取登记生效主义，而保理则采取意思主义。《民法典》第 445 条第 1 款规定应收账款质权自办理出质登记时设立。出质登记是应收账款质押的生效要件。然而，《民法典》合同编保理合同章并未设置保理合同的特别生效要件，保理合同的生效应遵循合同编通则部分的一般规定。根据《民法典》第 502 条第 1 款规定的合同生效规则，在当事人没有约定生效条件或生效期限时，保理合同自成立时生效。

第四，是否允许应收账款再转让不同。《民法典》第 431 条规定："质权人在质权存续期间，未经出质人同意，擅自使用、处分质押财产，造成出质人损害的，应当承担赔偿责任。"上述规定限制了出质后的应收账款再转让。然而，《民法典》第 768 条却允许应收账款重复转让。可见，二者的应收账款再转让规则存在差异。

第五，是否通知债务人不同。物权编未规定债权质押的对内效力和对债务人保护的效力（如通知规则和抗辩、抵销延续规则等），应收账款质押并无

---

① 尹文清：《保理法律关系论》，载《政治与法律》1997 年第 6 期。

通知的法定要求。应收账款质权的设立不以通知应收账款债务人为成立要件，是否通知债务人不影响质权的设立。合同编保理合同章虽亦无明确的通知规定，但基于《民法典》第769条（本章没有规定的，适用本编第六章债权转让的有关规定）引致条款的存在，保理中应收账款转让应适用《民法典》第546条第1款（债权转让在通知债务人后方可对其发生效力）之规定。换言之，保理中应收账款转让仍需要通知应收账款债务人方可对其生效。

第六，是否享有追索权不同。在应收账款质押中，在出质人不能清偿应收账款时，质权人也只能向应收账款债务人主张行使质权，不存在向其他人追索的问题。在有追索权保理中，应收账款转让后，保理人虽成为新的债权人，但同时保留对原债权人的追索权，一旦应收账款债务人不能清偿应收账款，保理人便可以向应收账款债权人追索保理融资款本息。索回保理融资款本息后，该笔应收账款又自动恢复至应收账款债权人名下，应收账款债权人由此恢复其所有权人身份。于此，《民法典担保制度解释》第66条第3款规定："应收账款债权人向保理人返还保理融资款本息或者回购应收账款债权后，请求应收账款债务人向其履行应收账款债务的，人民法院应予支持。"

（三）区别立法的反思

有追索权保理与应收账款质押本质上同为应收账款担保，立法对二者进行差异化处理是否适当，值得探讨。

第一，应收账款质押作为一种权利质权，只是以担保物——应收账款的变价权作为主债权的担保，应收账款最终是否会被变价处分存在一定的不确定性。而应收账款转让则直接关系到所有权的转移，对当事人权利的影响明显大于应收账款质押，理应遵守比应收账款质押更严格的条件。但在立法上，应收账款质押遵循登记生效主义，而应收账款转让仅需双方达成合意，不需要经过登记即可生效。

有学者指出，上述规定有增加统一动产和权利担保登记制度的困难之嫌。[①] 因为，两种不同立法主义之下，登记系统构建的基本法理存在重大差

① 高圣平：《民法典担保制度及其配套司法解释理解与适用》（上），中国法制出版社2021年版，第290页。

异。在学理上，登记对抗主义之下，登记采声明登记制，登记簿的记载对查询者而言仅起提示作用，并不表明担保物权的真实存在；但在登记生效主义之下，登记奉行文件登记制，登记簿的记载具有推定担保物权真实存在的功用。[①] 应收账款质押以登记为生效要件，保理不以登记为生效要件，但二者却采行同样的声明登记制。中国人民银行《动产和权利担保统一登记办法》（中国人民银行令〔2021〕第 7 号）第 2 条将应收账款质押与保理一并纳入动产和权利担保统一登记范围。该办法第 24 条规定："担保权人、担保人和其他利害关系人应当按照统一登记系统提示项目如实登记，并对登记内容的真实性、完整性和合法性负责。因担保权人或担保人名称填写错误，担保财产描述不能够合理识别担保财产等情形导致不能正确公示担保权利的，其法律后果由当事人自行承担。办理登记时，存在提供虚假材料等行为给他人造成损害的，应当承担相应的法律责任。"第 29 条规定："征信中心应当建立登记信息内部控制制度，采取技术措施和其他必要措施，做好统一登记系统建设和维护工作，保障系统安全、稳定运行，建立高效运转的服务体系，不断提高服务效率和质量，防止登记信息泄露、丢失，保护当事人合法权益。"2022 年 1 月，中国人民银行征信中心根据《动产和权利担保统一登记办法》修订后的《动产融资统一登记公示系统操作规则》第 4 条规定："当事人应通过统一登记系统自主办理登记，如实填写动产和权利担保信息，并对登记内容的真实性、完整性和合法性负责。征信中心不对登记内容进行实质审查。如因登记内容填写错误，担保财产描述不能够合理识别担保财产等情形导致不能正确公示担保权利，或因虚假或不实登记给他人造成损害的，由办理登记的当事人承担全部责任。"可见，登记机构采行的是声明登记制，不对登记内容进行实质审查，登记错误的法律后果由登记人自行承担。这恐怕会给司法实践中应收账款质权的设立与顺位问题带来困扰。

第二，基于"类似情况类似处理"的公平原则，对于功能类似的交易，法律应当尽可能作相同处理。[②] 有追索权保理与应收账款质押仅是担保形式不同（前者为转让后者为质押而已），但二者的担保内核是完全一致的，且对第

---

① 高圣平：《统一动产融资登记公示制度的建构》，载《环球法律评论》2017 年第 6 期。

② 李宇：《民法典中债权让与和债权质押规范的统合》，载《法学研究》2019 年第 1 期。

三人（应收账款债务人）的影响并无实质区别，因此在规则设计上应尽可能统一化处理。比如，将保理与应收账款质押中的应收账款范围进行了统一：《民法典》第 440 条第 6 项规定，现有的以及将有的应收账款可以出质。基于同样的考量，《民法典》第 761 条也承认将有的应收账款可以转让叙做保理。[①] 上述做法殊值肯定。然而，值得思考的是，为何应收账款转让中需要通知应收账款债务人，而应收账款质押中就无此必要？为何应收账款出质后未经出质人同意不得转让，而有追索权保理中应收账款债权人却不受此限制，可以重复转让应收账款？为何有追索权保理中保理人可以直接要求应收账款债务人支付应收账款，而应收账款质押中却无此规定？

第三，在司法实践中，促进规则统一具有现实需求。为了填补法律漏洞，司法实践中出现了应收账款转让与质押相互“借道”的现象。比如，虽然立法并未对应收账款质押是否应通知应收账款债务人作出规定，但有法院判决认为，应收账款质押对抗债务人的效力也应遵循转让法理，应收账款质押只有在通知应收账款债务人后方可对其产生法律效力。[②] 最高人民法院制定的司法解释显然也注意到了二者规则上的相通之处，试图进行统一化处理。在遵循“谁公示在先，谁优先受偿”的担保公示原理下，《民法典担保制度解释》第 66 条第 1 款即统合了两种制度的优先顺位规则，即可参照《民法典》第 768 条规定确定优先受偿顺序。

司法解释中单点突破的做法效用有限，并不能消弭两种担保制度之间的体系隔阂。有意见指出，《民法典担保制度解释》第 66 条准用《民法典》第 768 条来解决保理与应收账款质押权利竞争的冲突似不妥当。理由在于：应收账款质押属于担保物权具有天然上的优先性，而保理中的优先权终究是基于立法政策从债权蜕变而来，将保理置于与应收账款质押同等的法律地位，正当性恐有不足。而且，应收账款质押采登记要件主义，应收账款如未登记则质权不成立，故不存在与应收账款转让竞争顺位的可能。[③] 不难看出，上述意见的根源仍在于二者规则设计上的差异。

从《民法典》的规范内容来看，两种制度有待进一步统合。从物权编和

---

① 黄薇主编：《中华人民共和国民法典合同编释义》，法律出版社 2020 年版，第 602 页。

② 参见天津市第一中级人民法院（2016）津 01 民初 268 号民事判决书。

③ 崔建远：《对非典型担保司法解释的解读》，载《法治研究》2021 年第 4 期。

合同编规定的内容来看，应收账款质押与有追索权保理之间有待建立连接点。例如，关于权利质权的法律适用问题，《民法典》第 446 条规定："权利质权除适用本节规定外，适用本章第一节的有关规定。"这就为权利质权与动产质权之间架起了桥梁。保理合同章中并没有可以直接适用或参照适用物权编中权利质押的引致条款。有学者认为，《民法典》中债权转让与债权出质规则的体系化只能算是部分体系化，尚需进一步整合或梳理。[①] 对于应收账款质押与有追索权保理这两种既相似又有所差别的制度，如何在体现它们个性的同时寻找到规则上的最大公约数，最大限度地实现规则统一，是立法下一步需要研究的问题。

第三节　保理与应收账款质押的权利冲突

有追索权保理与应收账款质押都是以应收账款进行融资，同一笔应收账款就可能会存在质押与转让竞存、重复转让、重复质押的问题，由此引发权属冲突。如何确定权利优先顺位，是审判实践中需要解决的问题。

一、先质押后转让的权利冲突

一个基础性问题是，如果出质人已就某笔应收账款办理出质后，再将该笔应收账款转让给他人的行为是否有效?《民法典》第 445 条第 2 款规定出质后的应收账款未经质权人的同意不得转让。《天津高院保理纪要（一）》第 8 条规定："应收账款出质后，不得转让。未经质权人同意转让应收账款，该转让行为属于无权处分行为。出质人经质权人同意转让应收账款的，应当以其所得的保理融资款和保理回款的余款向质权人提前清偿或者提存……"有观点认为，应收账款出质后不得转让，出质人未经质权人同意擅自转让应收账款的，转让行为应当无效。[②] 笔者不同意上述无效观点，理由在于：

---

① 朱虎：《债权转让中的受让人地位保障：民法典规则的体系整合》，载《法学家》2020 年第 4 期。

② 江苏省高级人民法院民二庭课题组：《国内保理纠纷相关审判实务问题研究》，载《法律适用》2015 年第 10 期。

第一，《民法典》第 445 条第 2 款虽然规定“不得转让”，但该条规定并非效力性强制性规定，不能作为认定转让无效的法律依据。认定合同无效的法律依据只能是效力性强制性规定。识别效力性强制性规定要从正反两个方面来考虑：一是该强制性规定是否直接表明违反该规定合同无效；二是虽无前述明确规定，但该强制性规定是否涉及社会公共利益或者国家利益的保护问题；三是法律法规虽没有明确规定违反将导致合同无效，违反该规定并不会损害社会公共利益或国家利益，而只是涉及当事人利益的。根据上述判断标准，尽管《民法典》第 445 条第 2 款规定了“应收账款出质后不得转让”，但该法并未明确规定转让行为无效。

应收账款再次转让无关社会公共利益或国家利益，只关系到出质人、质权人和受让人三者之间私人利益的调整和分配。《民法典》第 445 条第 2 款尽管规定应收账款出质后不得转让，但在“但书”部分同时规定了除外情形，即经出质人与质权人协商同意的除外。而且，还规定了质权人的权利救济措施，即“出质人转让应收账款所得的价款，应当向质权人提前清偿债权或者提存”。言外之意，只要出质人与质权人协商同意后或出质人以转让应收账款所得价款提前清偿债权或提存即可。法律之所以规定出质人在转让应收账款时需经质权人同意，旨在提醒出质人注意未经质权人同意的转让行为可能会产生的赔偿责任。可见，《民法典》第 445 条规定中的“不得”仅仅意味着出质人在没有取得质权人同意时转让质押权利，构成无权处分，因而，其属于赋权性规定，是私法上的强制性规定，而非公法性质的强制性规定。既然未经质权人同意的转让行为构成无权处分，自应类推适用《民法典》第 597 条规定，转让合同本身是有效的，在出质人无法履行转让合同时，受让人可以请求解除合同，并要求出质人承担违约责任。①

第二，《物权法》第 191 条第 2 款曾规定：“抵押期间，抵押人未经抵押权人同意，不得转让抵押财产，但受让人代为清偿债务消灭抵押权的除外。”《物权法》第 228 条第 2 款亦规定：“应收账款出质后，不得转让，但经出质人与质权人协商同意的除外。出质人转让应收账款所得的价款，应当向质权人提前清偿债务或者提存。”《民法典》第 445 条第 2 款完全沿袭了《物权

---

① 吴光荣：《担保法精讲：体系解说与实务解答》，中国民主法制出版社 2023 年版，第 479 页。

法》第 228 条第 2 款之规定。可见,《物权法》第 191 条第 2 款规定与《民法典》第 445 条第 2 款的表述方式及规则极其类似,对于理解《民法典》第 445 条第 2 款的规范性质具有重要的借鉴意义。《第八次全国法院民事商事审判工作会议(民事部分)纪要》明确,《物权法》第 191 条第 2 款属于管理性强制性规定,不能作为否定转让行为效力的依据。该纪要第 14 条规定:“物权法第一百九十一条第二款并非针对抵押财产转让合同的效力性强制性规定,当事人仅以转让抵押房地产未经抵押权人同意为由,请求确认转让合同无效的,不予支持。受让人在抵押登记未涂销时要求办理过户登记的,不予支持。”值得注意的是,《民法典》第 406 条已经修改了《物权法》第 191 条规定,不再限制抵押物的转让。该条规定:“抵押期间,抵押人可以转让抵押财产。当事人另有约定的,按照其约定。抵押财产转让的,抵押权不受影响。抵押人转让抵押财产的,应当及时通知抵押权人。抵押权人能够证明抵押财产转让可能损害抵押权的,可以请求抵押人将转让所得的价款向抵押权人提前清偿债务或者提存。转让的价款超过债权数额的部分归抵押人所有,不足部分由债务人清偿。”为何仅修改了《物权法》第 191 条第 2 款,而未相应地修改《物权法》第 228 条第 2 款呢?笔者认为,不妨进行类推解释。既然抵押物转让行为合法有效,应收账款转让行为并非当然无效。

第三,基于物权公示公信制度,出质人将已经出质的应收账款再转让,不会影响在先质权人的合法利益。应收账款在办理出质登记后,即具有公示效力。保理人在受让应收账款时理应进行查询,如未查询,则难言善意,故质权人可以对抗保理人。《深圳前海法院保理合同案件裁判指引》第 36 条规定:“债权人先将应收账款质押给第三人并在中国人民银行征信中心动产融资统一登记平台登记,后又转让给保理商的,保理商不能对抗质权人。”在质权人的利益获得保障的前提下,应尊重当事人的意思自治,允许质物再次流转,这与我国担保法保障各方当事人利益平衡、促进物尽其用的立法精神相符(《民法典》第 406 条修改原《物权法》第 191 条规定,允许抵押物转让正是基于此精神)。

综上,应收账款出质后再次转让的行为应属有效,只是需要解决何者权利优先的问题。对此,《民法典担保制度解释》第 66 条第 1 款给出了解决方案:“同一应收账款同时存在保理、应收账款质押和债权转让,当事人主张参照民法典第七百六十八条的规定确定优先顺序的，人民法院应予支持。”《民法典》第768条规定：“应收账款债权人就同一应收账款订立多个保理合同，致使多个保理人主张权利的，已经登记的先于未登记的取得应收账款；均已经登记的，按照登记时间的先后顺序取得应收账款；均未登记的，由最先到达应收账款债务人的转让通知中载明的保理人取得应收账款；既未登记也未通知的，按照保理融资款或者服务报酬的比例取得应收账款。”根据上述两条规定，同一笔应收账款在办理应收账款质押后，无论是采取普通的债权转让方式进行转让，还是通过保理的方式进行转让，均可根据《民法典》第768条确定的优先顺位规则进行处理。

比如，最高人民法院（2017）最高法民再409号民事判决书认为，《物权法》第228条第1款规定，以应收账款出质的，当事人应当订立书面合同。质权自信贷征信机构办理出质登记时设立。本案中，质权人某银行与出质人经贸公司在签订《质押合同》后，已依照上述法律规定办理了应收账款质押登记手续，该质权已依法设立。出质人经贸公司在该应收账款向某银行出质后，又将该应收账款转让给李某，产生了某银行的质权与李某的债权之间的权利冲突，根据物权公信和公示原则，某银行的质权具有效力上的优先性。

案例16　在先质权人可就应收账款优先受偿，在后受让人可向出让人主张权利①

基本案情

2012年6月30日，甲公司与倪某订立借款合同，约定该公司向倪某借款1260万元，期限六个月。该借款由某担保公司及孙某、郭某、宋某、刘某提供连带保证担保。合同订立当日，倪某给付甲公司1260万元。后因甲公司不能偿还倪某的借款本息，2013年7月9日，倪某与某担保公司签订还款协议书，约定自协议签订之日起两个月内，某担保公司偿还甲公司所借倪某本金1260万元。某担保公司偿还倪某1260万元后，向甲公司主张偿还借款本息的权利由某担保公司行使。协议签订后，某担保公司于2013年7月9日偿还倪

① 一审：保定市中级人民法院（2015）保民再初字第4号民事判决书；二审：河北省高级人民法院（2016）冀民再71号民事判决书；再审：最高人民法院（2017）最高法民再5号民事判决书。

某40万元，2013年7月30日偿还20万元，2013年9月9日偿还1190万元（一笔740万元，一笔450万元），共计偿还倪某本金1260万元。

2013年6月20日，某担保公司与甲公司签订《应收账款质押反担保合同》，合同约定以甲公司2013年3月22日应收乙公司1560余万元货款作质押提供反担保，并于2013年7月3日在中国人民银行征信中心进行了质押登记。

2013年7月13日，甲公司与丙公司签订《债权转让协议书》，载明：甲公司欠丙公司货款和借款880万元，经双方协商达成如下协议："乙公司欠甲公司货款8799079.7元，甲公司于2013年7月13日将该笔债权全部转让给丙公司。自转让之日起，丙公司对该笔债权享有权利。"2013年8月23日，乙公司收到债权转让通知。

2013年9月18日，某担保公司以保证合同纠纷为由将甲公司诉至沧州中院，同年11月21日，沧州中院作出（2013）沧民初字第186号民事判决。该判决认为，2012年6月30日，甲公司与倪某以及某担保公司签订的借款担保合同有效，甲公司借款到期后不能偿还倪某借款本息，作为担保人的某担保公司依借款担保合同偿还倪某1260万元后，有权向甲公司追偿该借款本息，故判决：甲公司于本判决生效后十日内偿还某担保公司借款本金1260万元及利息。

2013年9月23日，沧州中院作出（2013）沧民初字第186号协助执行通知书，查封甲公司在乙公司债权879万元，期限二年。2014年7月16日，沧州中院将该笔款项划走。

丙公司提起本案诉讼，请求法院确认丙公司与甲公司于2013年7月13日签订的债权转让协议有效，乙公司支付欠款8799079.7元。

裁判结果

一审法院判决：1. 甲公司与丙公司于2013年7月13日签订的《债权转让协议书》合法有效；2. 乙公司于判决生效后十日内给付丙公司货款8799079.7元。

乙公司、某担保公司不服一审判决，提起上诉。二审法院判决：驳回上诉，维持原判。

乙公司不服二审判决，申请再审。再审法院判决：1. 撤销原审判决；2. 驳回丙公司的诉讼请求。

裁判理由

一审判决认为，2013年7月13日，丙公司与甲公司签订的债权转让协议是双方当事人的真实意思表示，且不违反法律法规的强制性规定，该债权转让协议签订后，债权人甲公司依法通知了债务人乙公司，乙公司认可2013年8月23日该厂收到债权转让通知。依据《合同法》第八十条第一款“债权人转让权利的，应当通知债务人。未经通知，该转让对债务人不发生效力”的规定，本案涉及的债权转让通知书于2013年3月23日对乙公司发生法律效力，自2013年8月23日起，本案涉及的债权已转让给丙公司所有，乙公司应向丙公司支付该笔债权。

关于乙公司辩称“于2013年8月23日收到债权转让通知后该款被沧州市中级人民法院冻结，且质押登记在先，债权转让在后，转让行为应属无效”，经审理，2013年9月23日，沧州中院向乙公司发出（2013）沧民初字第186号协助执行通知书时，本案涉及的债权转让协议已生效，债权879万元已转让给丙公司所有，且2013年11月21日沧州中院（2013）沧民初字第186号民事判决并未判令以某担保公司提供的2013年6月20日《应收账款质押反担保合同》中涉及的本案债权作为还款保证，因此沧州中院的执行行为不能作为否认2013年7月13日丙公司与甲公司签订的债权转让协议的依据，对乙公司辩称的“质押登记在先，债权转让在后，转让行为应属无效”的意见，同下边对某担保公司述称意见的认定，在此不作赘述。

关于第三人甲公司述称“甲公司从没有向倪某借款，倪某也没有向该公司履行过借款合同，也从未用乙公司的债权提供过反担保”，经审理，甲公司向倪某借款的事实已经由生效的沧州中院（2013）沧民初字第186号民事判决认定；《应收账款质押反担保合同》上甲公司的公章虽然与相关的借款合同上甲公司的公章大小不一致，但甲公司的法定代表人刘某未否认《应收账款质押反担保合同》上法定代表人签字的真实性，对甲公司与某担保公司签订《应收账款质押反担保合同》的事实予以认定。

关于第三人某担保公司述称“丙公司和甲公司的债权转让协议不真实；甲公司在乙公司的应收账款8799079.7元，于2013年6月20日作为质押反担保财产质押给了某担保公司，并在2013年7月3日在中国人民银行征信机构办理了质押登记。丙公司与甲公司之间债权转让协议违法”。经审理，首先，丙公司与甲公司在起诉、答辩和庭审中均认可本案涉及的债权的真实性，而某担保公司并未提供债权转让协议不真实的证据；其次，虽然2013年6月20日某担保公司与甲公司签订的《应收账款质押反担保合同》真实合法，且该质权于2013年7月3日在中国人民银行征信中心进行了质押登记而设立，质押登记在先，债权转让在后，但《合同法》第五十二条规定：“有下列情形之一的，合同无效……（五）违反法律、行政法规的强制性规定。”《合同法解释（二）》第十四条规定：“合同法第五十二条第（五）项规定的‘强制性规定’，是指效力性强制性规定。”依据上述法律规定，《物权法》第二百二十八条第二款“应收账款出质后，不得转让”的规定非针对质押财产转让合同的效力性强制性规定。质权的设立，依法不影响甲公司与丙公司债权转让合同的效力。综上所述，2013年7月13日丙公司与甲公司签订的债权转让协议合法有效，并已通知了债务人乙公司，乙公司应向丙公司支付本案涉及的债权。

二审判决认为，《最高人民法院关于当前形势下审理民商事合同纠纷案件若干问题的指导意见》（法发〔2009〕40号）指出：“人民法院应当注意根据《合同法解释（二）》第十四条之规定，注意区分效力性强制规定和管理性强制规定。违反效力性强制规定的，人民法院应当认定合同无效；违反管理性强制规定的，人民法院应当根据具体情形认定其效力。”乙公司、某担保公司依据《物权法》第二百二十八条第二款“应收账款出质后，不得转让”的规定，主张甲公司转让给丙公司在乙公司的债权转让协议因违反法律强制性规定而无效，该规定是管理性强制规定而非效力性强制规定，又因为丙公司与甲公司签订的债权转让协议是双方当事人的真实意思表示，且不违反法律法规的强制性规定，该债权转让协议签订后，债权人甲公司也依法通知了债务人乙公司，因此一审法院认定该债权转让协议合法有效，定性准确，应予维持。

最高人民法院再审判决认为，关于案涉《应收账款质押反担保合同》所设立的质权是否成立以及其担保的主债权问题。首先，《应收账款质押反担保合同》订立后于2013年7月3日在中国人民银行征信中心进行了质押登记，根据《物权法》第二百二十八条第一款之规定，质权自信贷征信机构办理出质登记时设立。因此，案涉《应收账款质押反担保合同》所设立的应收账款质权已经成立。其次，关于该质权所担保的主债权问题，前述应收账款质押登记资料中的“质押财产信息”栏中的“主合同号码”显示为“［2012］借0630”，主合同金额为1260万元，质押合同号码为“［2013］质押001”，该号码与案涉《应收账款质押反担保合同》的编号相同。这里的“［2012］借0630”与倪某与甲公司于2012年6月30日订立的借款合同的编号一致，而与甲公司与某担保公司与倪某于同日订立的《保证合同》的编号“保20120630”相异。由此，丙公司认为，案涉《应收账款质押反担保合同》的主合同应为前述《保证合同》而非借款合同，因此，质权不成立。对此，本院认为，由于前述质押登记信息已经明确了质押合同号码，能够确定案涉质权所担保的债权为《应收账款质押反担保合同》中约定的主债权，因此，不影响质权的成立及生效。

关于甲公司与丙公司之间债权转让合同的效力问题，其核心是已经设立质权的应收账款债权转让的法律效力问题。《物权法》第二百二十八条第二款规定，应收账款出质后，不得转让，但经出质人与质权人协商同意的除外。出质人转让应收账款所得的价款，应当向质权人提前清偿或者提存。本院认为上述规定不影响债权转让合同的效力。主要理由是：

第一，现行民法规范中的“不得”二字不是识别效力性强制性规定的标准，它有多种解释可能性，有的是指不发生物权变动的效果，有的是指转让合同、设立物权的合同不发生效力或者无效。例如，《中华人民共和国城市房地产管理法》第三十八条规定的不得转让的房地产，目前的司法实践均认为，违反该条规定，转让合同并不无效，但是否发生物权变动或者受让人能否请求转让人继续履行，则需要根据该条规定的各项分别判断。

第二，将《物权法》第二百二十八条第二款解释为转让设立质押的应收账款债权无效，在强调债权的流通性及价值的背景下，不利于应收账款债权效益最大化的发挥。这是因为，应收账款债权设定质押与应收账款债权转让具有不同的功能和特征，前者旨在为主债权担保，质权是否行使，取决于债务人是否履行债务，具有不确定性。在质权成立至行使质权这一段期间内，被担保的主债务人与应收账款债权人均有期限利益，这种期限利益有时对当事人利益巨大，涉及市场波动、商业交易等各种因素。同时，根据应收账款债权实现可能性的不同，应收账款债权具有不同的价值，在应收账款受让人认可该价值的前提下，限制该债权转让，将阻碍应收账款债权人变现其债权并进而损害其利益。另外，在应收账款债权受让人认可该债权价值大于其上设定的质权所担保的主债权并愿意受让该债权的场合，限制该债权流通，就更不具有合理性。

第三，将已出质的应收账款债权转让合同认定为无效，有时并不利于质权人的利益。根据《物权法》第二百二十八条第二款的规定，出质人转让应收账款所得的价款，应当向质权人提前清偿或者提存。如果认定合同无效，则意味着质押人已经取得的转让价款的返还。对于质权人而言，已经实现的债权（转让价款）与尚未实现的债权（应收账款债权）相比，显然前者对于质权人更为有利。

第四，从登记制度上看，在登记生效主义的物权变动模式下，应当尽量贯彻登记的公信力，如此，不将应收账款债权转让合同归于无效，同时依照物权变动的规则确定质权的归属与效力，在逻辑上更加清晰。

综上，认定已出质的应收账款债权转让合同有效，并不会对质权人的利益造成不利影响，符合《物权法》第二百二十八条第二款的立法目的，原审判决认为该条规定并非效力性强制性规定，适用法律正确，应予维持。

在某担保公司的质权成立、甲公司与丙公司之间的债权转让合同成立的前提下，某担保公司通过执行程序实现其甲公司的应收账款质权后，乙公司应否向丙公司履行偿还债务的义务，对此，本院认为，乙公司不负有向丙公司清偿债务的义务。主要理由是：

第一，债权转让的债权受让人行使债权的前提是债权仍然存在。但本案中，案涉应收账款债权因某担保公司通过执行程序实现了应收账款质权，其后果是该应收账款债权因乙公司的清偿而消灭。债权因清偿而消灭，作为债权受让人的丙公司请求乙公司清偿债务的基础即不存在。

第二，上述问题涉及转让已经设立质押的应收账款债权时受让人的注意义务。在《物权法》已经明确规定应收账款质押权办理出质登记时成立的前提下，应贯彻应收账款质押权登记公信力。由此，查询应收账款是否存在质押应是债权受让人交易上的必要注意义务。当然，依据诚实信用原则，应收账款债权转让人亦应负有告知该债权上已设定质押的义务。因此，通常情况下，应当推定受让人明知该权利已存在质押负担，明知该债权有被质权人实现的风险。所以，债权转让合同生效之时，债权发生转让，债权转让人的合同义务履行完毕。

第三，在债权转让人故意不告知或者隐瞒应收账款债权已设定质押、债权受让人亦未查询登记的情况下，债权受让人可以根据《合同法》第五十四条的规定，撤销债权转让合同，债权转让人转让的效果未发生，债权转让人因转让债权所获得的利益亦应返还债权受让人。这说明，作为债权受让人的丙公司如果为善意，则仍然有其他救济手段。

第四，应收账款债权转让后，债权是否获得实际清偿的风险即由债权受让人承担，这是债权受让人的固有交易风险，因此不宜将债权转让后债权的实际清偿效果作为债权转让人是否完全履行债权转让合同的评价标准。但是，债权转让后，债权转让人应负有保证债权非因债务人根据《合同法》第八十二条、第八十三条享有的抗辩权而导致债权消灭的义务。因此，在债权受让人善意不知该债权已经设定质押的情况下，因债权质押权的行使导致债权消灭时，就应当评价为债权转让人未依约履行合同，债权转让人构成违约，应承担损害赔偿责任，赔偿范围即质押权行使后导致消灭的债权数额。本案中，所转让的债权因某担保公司行使质权而消灭，如果丙公司为善意，则可以通过主张甲公司未履行债权转让合同且不能继续履行请求其承担损害赔偿等违约责任的方式寻求救济。

另外，在债权转让合同及其履行过程中，债权转让合同的成立及生效即完成履行，但是，参照《合同法》第一百五十条的规定，债权转让人在所转让的债权清偿期到来之前，应负有相应的债权瑕疵担保责任。所以，在债权因其上先设立的质权被行使而消灭时，债权转让人应承担相应的瑕疵担保责任。所以，本案中，丙公司受让的债权因质权人某担保公司行使质权而消灭，如其对该质权的存在为善意，则可以通过请求甲公司承担违约责任或者瑕疵担保责任，或者以甲公司违约导致合同目的不能实现为由解除债权转让合同等方式寻求救济。

第五，本院注意到，甲公司与丙公司之间的债权转让合同约定，因甲公司欠付丙公司货款和借款 880 万元，甲公司将案涉应收账款债权转让给丙公司，由此涉及如果债权转让合同被解除，双方之间的原定金钱债务是否消灭等问题。从内容上看，该债权转让协议是甲公司以转让债权的方式清偿其所欠的金钱债务，在性质上，该债权转让协议系以债权转让替代双方之间原金钱债务的履行。由此，如前所述，由于债权受让人的固有风险是债务人无资力清偿债务，所以，如果是因为债务人无资力清偿债务，则债权受让人不能再请求债权转让人履行原来的金钱债务，除非当事人另有约定。但是，如果所转让债权是因权利瑕疵等原因导致受让人不能行使债权的，则应当解释为债权转让人未依约履行债权转让合同，转让人与受让人之间的原金钱债务不消灭。换言之，所转让债权届期能够行使与债权受让人对债权转让人之间的原金钱债务的消灭系对待给付义务，在履行顺序上，所转让债权届期能够行使作为债权转让人的在先义务，债权受让人对债权转让人原定的金钱债权消灭在后，两者之间存在先后履行顺序。根据《合同法》第六十七条的规定，如果发生所转让债权不能行使的情形，则债权受让人对债权转让人可以行使先履行抗辩权，债权受让人的原定金钱债权并不消灭，并有权解除债权转让合同，请求债权转让人履行原定的金钱债务。

本案中，甲公司因其所转让的债权被某担保公司行使质权而消灭，丙公司也可以对甲公司行使先履行抗辩权、解除债权转让合同，以请求甲公司清偿双方之间原来的880万元金钱债务的方式获得救济。

综上所述，案涉应收账款质权设立在先，因完成质押登记而成立，丙公司与甲公司之间债权转让合同成立在后亦发生效力。该应收账款债权因质权行使而消灭并导致丙公司所受让的债权消灭，在满足法定条件时，丙公司可以通过解除债权转让合同并请求甲公司继续履行双方之间的原金钱之债，或者请求甲公司承担违约损害赔偿责任等方式寻求救济。显然，丙公司提起本案诉讼请求乙公司履行债务的基础已经不存在，其诉讼请求不应得到支持。原审判决认定事实清楚，但适用法律错误，应予纠正。

案例评析

本案即为应收账款先出质后转让的情形。《民法典》第445条第2款（《物权法》第228条第2款）的规定旨在保护质权人的合法权益，并非效力性强制性规定，违反该规定的合同并不一定归于无效。某担保公司已完成质押登记，应收账款质押合法有效。同样，在后的应收账款债权转让合同也同样有效。但由于应收账款质权成立在先，故优先于应收账款受让人丙公司，在某担保公司的质权经人民法院强制执行实现后，乙公司的债务已经履行完毕，应收账款消灭，法院不应再判决乙公司向丙公司清偿应收账款，否则就构成重复清偿。丙公司因应收账款债权无法实现遭受的损失，可以通过解除债权转让合同并请求甲公司继续履行双方之间的原金钱之债，或者请求甲公司承担违约损害赔偿责任进行救济。

案例 17　在先质权人可对在后受让人的执行行为提出执行行为异议①

基本案情

申请执行人甲公司与被执行人乙公司商事仲裁纠纷一案，嘉兴市中级人民法院于2020年7月7日以（2020）浙04执253号案件立案执行，并向被执行人乙公司发出执行通知书和执行裁定书，责令乙公司履行仲裁裁决确定的给付义务。该院在执行过程中查明，申请执行人甲公司与被执行人乙公司及丙公司、丁公司于2020年1月20日签订一份《某作品应收账款转让合同》，合同约定：丁公司在戊公司某作品网络版权应收账款11250万元中的29002808.14元（暂截至2019年12月31日，实际金额计算至支付完毕之日止），由戊公司直接支付给甲公司，用于抵偿乙公司对甲公司的债务。根据甲公司申请，该院于2021年6月25日向戊公司发出（2020）浙04执253号协助执行通知书，要求戊公司将应付给丁公司的11250万元中31689202元（利息计算至2021年6月25日止）直接划付至该院执行专户。戊公司对该院协助执行通知未提异议，并已将协助执行款划付至该院（2020）浙04执253号案件执行款专户。

异议人某银行于2018年6月12日与丁公司签订《应收账款质押登记协议》，并通过公证方式于2018年6月19日向戊公司送达《应收账款债权质押通知书》，同年6月26日依法进行了质押登记，登记期限3年，登记到期日为2021年6月25日。质押财产为：丁公司与戊公司签订的《影视节目独占授权合同》项下的全部应收账款，价值1.35亿元；应收账款到期日为2020

① 参见浙江省嘉兴市中级人民法院（2021）浙04执异21号执行裁定书。

年9月22日。

另查：异议人因与丙公司、乙公司、丁公司等金融借款合同纠纷一案，于2019年9月2日向黄浦法院起诉。诉讼过程中经法院主持调解，于2020年1月15日达成调解协议，约定：丙公司于2020年9月30日前分三期清偿所欠异议人的欠款（40644090.66元及相关利息和其他费用）；乙公司、丁公司对上述还款承担连带责任；如丙公司届时未履行上述还款义务，异议人有权要求行使质权并优先受偿丁公司在《影视节目独占授权合同》项下对案外人戊公司的全部应收账款1.35亿元。

某银行对该院上述执行行为不服，向该院提出书面异议。某银行异议称，黄浦法院生效法律文书认定，异议人有权要求依法行使质权，并优先受偿丁公司对戊公司的上述应收账款。异议人认为，异议人依法、合规享有丁公司对戊公司应收账款的质权，且设立质押时间、质押通知时间、质押登记时间均远远早于申请执行人受让应收账款时间，根据《民法典》第七百六十八条规定，“应收账款债权人就同一应收账款订立多个保理合同，致使多个保理人主张权利的，已经登记的先于未登记的取得应收账款；均已经登记的，按照登记时间的先后顺序取得应收账款；均未登记的，由最先到达应收账款债务人的转让通知中载明的保理人取得应收账款；既未登记也未通知的，按照保理融资款或者服务报酬的比例取得应收账款”。《民法典担保制度解释》第六十六条规定，“同一应收账款同时存在保理、应收账款质押和债权转让，当事人主张参照民法典第七百六十八条的规定确定优先顺序的，人民法院应予支持”。由此可见，异议人的质权依法具有优先性；此外，根据《最高人民法院关于人民法院执行工作若干问题的规定（试行）》第五十二条，“在对第三人作出强制执行裁定后，第三人确无财产可供执行的，不得就第三人对他人享有的到期债权强制执行”。综上，法院对被执行人的债务人之应收账款强制执行违反上述规定。申请撤销该院（2020）浙04执253号执行裁定以及向戊公司发出的协助执行通知书，并由异议人行使质权优先受偿已划付至本院账户的执行款31689202元。

申请执行人甲公司答辩称：1. 异议人的优先权已于2021年6月25日丧失。异议人在本案中登记的质押期间为：2018年6月26日，期限为3年，到期日为2021年6月25日，经查询其并未展期。异议人的设立质押时间、质押通知时间、质押登记时间虽早于甲公司，但在本案执行回款时，登记已经失效。根据《民法典》第四百四十五条以应收账款出质的，质权自办理出质登记时设立。又根据中国人民银行《应收账款质押登记办法》第十二条规定，“质权人自行确定登记期限，登记期限以年计算，最长不得超过5年。登记期限届满，质押登记失效”。本案所涉质权登记期限届满后，质权人未办理申请展期，虽质押合同仍然有效，但质权因未办理展期，已然失效，而缺乏登记公示的质押合同并无对抗其他债权人的优先效力，故对于上述回款异议人不应再享有优先权。2. 本次执行回款合法合规，不应驳回。本次执行回款由嘉兴中院执行局按照协助执行程序办理，且执行回款可以实现的主要原因在于甲公司与戊公司经过多轮交涉最终取得戊公司理解和配合。本次协助执行行为及执行裁定事实清楚，法律适用正确，不应被撤销。3. 甲公司本次协助执行回款3168万元只占总授权费用1.35亿元中的一小部分，不影响对方的任何权益。本次执行回款所占总授权费用的23%，剩余77%款项仍在戊公司处未支付，异议人的债权4000万元，剩余款项足以清偿。所以甲公司本次执行回款未损害异议人的任何权益。4. 异议人应通过其他法院执行局或自行去戊公司协调协助执行或以诉讼方式直接向戊公司主张，不应向本执行案件中的执行行为主张，更加不应从本次执行回款中直接受偿。异议人提出主张的对象应该为戊公司，无论以诉讼或者是协助执行方式主张，均应以戊公司为对象，不应以本案和本案执行回款为对象。5. 根据同案必须同判的精神，提供2份同案、类案的判决，均支持申请执行人的上述观点。

裁判结果

法院裁定：撤销该院向戊公司发出的（2020）浙04执253号协助执行通知书。

裁判理由

法院裁定认为，本案争议焦点有二，即（1）异议人作为质权人在质权登记的期限届满后，其质权是否仍然具有对抗其他债权人的优先性；（2）如果异议人的质权仍然具有优先效力，能否直接在本案扣划的款项中受偿。

关于焦点一，本院认为，质权属于担保物权的一种，关于担保物权的一般规定也应当适用于质权。本案发生于民法典颁布之前，故应当适用之前的相关规定。《担保法解释》第十二条第一款规定，“当事人约定的或者登记部门要求登记的担保期间，对担保物权的存续不具有法律约束力”。因此，质押登记期限届满并不影响质权的法律效力。亦即虽然异议人的质押登记期限届满，但并不由此产生质押优先权丧失的法律后果。

关于焦点二，本院认为，根据质押协议和黄浦法院的调解书，异议人有权要求行使质权并在质押范围内优先受偿。但本院并非异议人诉讼案件的执行法院，没有依据实现异议人的质权优先受偿权。

鉴于现已查明异议人对丁公司在《影视节目独占授权合同》项下对案外人戊公司的全部应收账款1.35亿元享有质权优先权，因此，本院应当撤销要求戊公司协助执行的行为，将戊公司划付本院的31689202元予以退还。

二、先转让后质押的权利冲突

与上一种情形相反，应收账款还可能存在先转让后出质的情形。具体而言，又可分为两种情形：一种情形是应收账款债权人在将应收账款转让给保理人后，又以保理人为质权人的名义办理质押登记；另一种情形是应收账款债权人将应收账款转让给他人（包括保理人）后又擅自将其出质给第三人并办理了质押登记。前一种情形关系到质权能否设立的问题，后一种情形则需要解决受让人与第三人之间的权利冲突问题。

（一）保理人办理质押登记情形

针对应收账款债权人将应收账款转让给保理人后又将其出质给保理人并办理质押登记的行为是否有效设立了质权这一问题，支持质权成立的理由主要有：（1）对商事交易行为性质的认定应以外在表示行为为准，即遵循外观主义原则。出质登记是典型的外观行为，具有公示效力。保理人就应收账款办理出质登记即为一种公示方法，具有对世提示权利状态的效果。该质权经登记公示后，也不会影响第三人对权利状态的查询和了解，不会影响交易秩序。（2）保理人作为应收账款的所有权人，享有对应收账款的处分权，其可授权应收账款债权人再在该应收账款上设立质权，无论是创设给第三人还是自己，属其权利处分，不违反法律规定，法律没有必要干预。(3)《担保法解释》第77条肯定了抵押权人和所有权人同一的情形，同一财产向两个以上债权人抵押的，顺序在先的抵押权与该财产的所有权归属一人时，所有权人可以抵押权对抗顺序在后的抵押权。质押制度与抵押制度相类似，质权人与所有权人亦可发生混同。

例如，在江苏省泰州市中级人民法院审理的上诉人甲公司与被上诉人某保理公司破产债权确认纠纷一案[①]中，法院生效判决认为，某保理公司与甲公司签订的《有追索权保理合同》《应收账款质押合同》，约定甲公司向某保理公司申请获得有追索权保理业务服务，服务内容包括保理融资、应收账款管理与催收等，融资最高额度为人民币800万元整。同时，甲公司将其与第三人之间订立的《散装化学品运输合同》《罐箱租赁合同》合同项下的应收货款质押给某保理公司，双方之间的合同符合保理合同的法律特征，上诉人辩称合同“名为保理实为借贷”的理由不成立，本院不予支持。上诉人与被上诉人签订的《有追索权保理合同》《应收账款质押合同》系双方当事人真实意思表示，合同内容不违反法律、行政法规强制性规定，应为合法有效。双方合同签订后，某保理公司在中国人民银行征信系统办理了质押登记并发布了公告。依照《民法典担保制度解释》第61条规定，上诉人以现有的应收账款出质，被上诉人请求就应收账款优先受偿，能够举证证明办理出质登记时应收账款真实存在的，人民法院应予支持。本案中，案涉出质登记的应收账款真实存在。在泰兴市人民法院、甲公司管理人向应收账款债务人发函，通知后者将所应付给甲公司的运输款支付至管理人账户，应收账款债务人履行了付款义务，合计4117482.86元。上诉人对以上付款人及付款金额均无异议。应收账款债务人向破产企业管理人支付相关应收账款，系依破产法的相关规定履行义务，并不因为清偿而使质押标的消灭，不影响质权人对质押标的的权利。依照《中华人民共和国企业破产法》第109条规定，对破产人的特定财产享有担保权的权利人，对该特定财产享有优先受偿的权利。故被上诉人对4117482.86元享有优先受偿权。

笔者认为，应收账款转让给保理人后再出质给保理人，质权并不能成立。

---

① 参见江苏省泰州市中级人民法院（2021）苏12民终1261号民事判决书。

理由如下：

保理人作为所有权人再在应收账款上设立质权，不符合物权法定原则。《民法典》第116条规定："物权的种类和内容，由法律规定。"《民法典》第425条第1款规定："为担保债务的履行，债务人或者第三人将其动产出质给债权人占有的，债务人不履行到期债务或者发生当事人约定的实现质权的情形，债权人有权就该动产优先受偿。"根据上述质权的立法定义，质权系在第三人或债务人所有的物或权利上设立，其目的在于担保债权人的债权。保理人受让应收账款后，就成为应收账款的所有权人，其在自有权利上设立质权并用于担保自己的债权，与质权设立规则明显相悖。《担保法解释》第77条仅肯定了所有权与抵押权的嗣后混同，即抵押权设立在先，所有权转让在后，与应收账款所有权转让在先，质权设立在后的情形并不相同，故不能参照上述《担保法解释》之规定。

事实上，保理人办理应收账款质押登记的真实目的可能并不在于设立质权，而在于公示应收账款的权利状态，以产生对抗第三人的效力。看待商事交易行为的效力，既要考虑行为的外在表现形式，也要尊重当事人意思自治，保护交易预期。按照民法基本理论，民事法律行为依当事人意思表示而产生法律效力，内心的效果意思与表示行为一致方可产生相应的法律效力。在《民法典》出台之前，由于尚无保理登记公示制度，一些保理人试图借鉴融资租赁中出租人自物抵押制度，利用质押登记公示手段防御善意第三人。2014年出台的《最高人民法院关于审理融资租赁合同纠纷案件适用法律问题的解释》（法释〔2014〕3号）第9条认可出租人作为租赁物的所有权人，可授权承租人将租赁物办理抵押登记在出租人名下。司法解释作此规定的目的在于防范第三人取得租赁物的所有权与他物权，而非对抵押权物权效力的确认。同理，保理人登记为质权人，亦可将其理解为在保理登记制度缺位的情况下保理人采取的对抗第三人的公示手段。此种做法的真实目的不在于设立质权，而在于公示，故不能产生质权设立的法律效果。

综上，基于物权法定原则和当事人的真实意思，保理人在受让应收账款后再在该笔应收账款上设立质权，没有法律依据。保理人办理质权登记的外观行为并不能产生质权设立的法律效果。保理人主张优先受偿权的请求不能得到支持。比如，在北京市第一中级人民法院审理的某银行与某公司金融借款合同纠纷一案[①]中，某公司将应收账款转让给某银行时，又以某银行为质权人办理了质押登记，某银行就该笔应收账款主张优先受偿权，法院判决认为，按照《国内保理业务合同》的约定，某公司已将涉案应收账款转让与某银行，某银行对案涉应收账款享有所有权，在此情形下，某银行主张其已在案涉应收账款上设立了质权，对案涉应收账款享有优先受偿权，于法无据，本院不予支持。

案例 18　保理人主张就应收账款享有优先受偿权的请求不能得到支持[②]

基本案情

2012 年 7 月 17 日，某银行与甲公司签订《国内保理业务合同》。合同约定：甲公司向某银行申请办理有追索权国内保理业务，某银行给予甲公司 4800000 元的保理融资，实际提款日和还款日以借据记载为准；甲公司将其在《销售合同》项下在第三人乙公司处的 7560000 元应收账款转让给某银行，应收账款还款日为 2013 年 2 月 11 日，并办理了质押登记手续。《国内保理业务合同》还约定：某银行有权通过中国人民银行征信中心应收账款质押登记公示系统就本合同项下转让的应收账款办理转让登记，且甲公司对某银行在应收账款质押登记公示系统中的登记内容已确认无误；甲公司应督促购货方即第三人乙公司及时将应收账款存入保理账户；该合同第 1.1 条对有追索权保理业务定义解释时提到“若购货方（第三人乙公司）在约定期限内不能足额偿付应收账款，甲方（某银行）有权按照本合同约定向乙方（甲公司）追索未偿融资款”。

某银行于次日向甲公司发放了 4800000 元保理融资。

第三人乙公司于 2012 年 7 月 11 日与甲公司在《应收账款询证函》中对账确认：乙公司在《销售合同》项下未付金额为 7160000 元。

2012 年 7 月 12 日，某银行与甲公司对甲公司拟转让的应收账款进行了登记，登记的标题为“中国人民银行征信中心应收账款质押登记—初始登记”，在登记的交易类型一栏注明“应收账款转让”。

---

① 参见北京市第一中级人民法院（2012）一中民终字第 15343 号民事判决书。

② 参见浙江省宁波市江东区人民法院（2014）甬东商初字第 3037 号民事判决书。

2013年9月24日，某银行就案涉债权与丙公司签订《债权转让协议》一份，约定：某银行转让给丙公司的债权为甲公司欠其的在本协议附件中列明的不良贷款本金及相应利息；截至2013年7月31日，本协议项下的债权账面价值为本金18967837.22元及利息（含罚息、复利）850428.81元。

丙公司提起诉讼，请求法院判令甲公司立即归还借款本金18967837.22元，支付利息850428.81元（利息暂计至2013年7月31日，自2013年8月1日起至法律文书确定履行日止的利息、罚息、复利按合同约定计付）；第三人乙公司在甲公司质押的应收账款范围内优先偿还丙公司上述诉请款项……

裁判结果

法院判决：甲公司归还丙公司借款本金18967837.22元，支付利息（含罚息、复利）850428.81元，并支付自2013年8月1日起至实际履行日止按相应融资合同约定利率计算的利息（含罚息、复利），驳回丙公司要求在应收账款范围内享有优先受偿权的诉讼请求。

裁判理由

法院判决认为，某银行与甲公司签订的《国内保理业务合同》系当事人真实意思表示，合法有效。丙公司提供证据能够证明某银行在与甲公司签订相应融资合同时尽到了合理审查义务，且已按约向甲公司发放相应融资贷款。甲公司未能依《国内保理业务合同》约定督促第三人乙公司按期将应收账款存入甲公司保理账户，甲公司行为已构成违约，某银行有权要求其归还所有尚欠融资借款本金，并支付按合同约定计算的利息（含罚息、复利）。

丙公司主张甲公司以其对第三人乙公司应收账款为其在某银行处保理融资提供质押担保，据此要求对该笔应收账款享有优先受偿权，本院认为，涉案应收账款登记标题虽为“质押登记”，但登记的交易类型为“应收账款转让”，根据《国内保理业务合同》约定，甲公司系将应收账款债权及相关权利转让给某银行，某银行确认后给予其4800000元保理融资，中国银行业协会发布的《中国银行业保理业务规范》第十一条规定，银行根据内部管理要求决定保理业务是否在中国人民银行“应收账款质押登记公示系统”进行转让登记，同时，参照中国银监会发布的《商业银行保理业务管理暂行办法》第六条第四项的规定，保理融资是“以应收账款合法、有效转让为前提的银行融资服务”“以应收账款为质押的贷款，不属于保理业务范围”。故，案涉应收账款登记的交易类型与登记标题不一致，系符合合同约定及行业规定，亦符合现行部门规章，故丙公司认为本案所涉保理业务合同项下的应收账款系质押与本院查明的事实不符，本院不予采纳，据此本院对丙公司关于应收账款优先受偿的诉请不予支持。

案例评析

本案中，某银行与甲公司签订了《国内保理业务合同》，甲公司将其对乙公司享有的应收账款转让给某银行，且应收账款转让事实已经通知乙公司，本案构成保理法律关系。但丙公司并未以保理法律关系提起诉讼，而是以“金融借款+应收账款质押”法律关系提起诉讼，请求法院判令甲公司归还借款本金及利息，并就质押的应收账款享有优先受偿权。案涉应收账款虽然办理了登记，但登记标题为“应收账款质押登记”，登记的交易类型为“应收账款转让”。究竟是质押还是转让？法院结合双方的交易方式最终认定为应收账款转让登记，故未支持丙公司要求就应收账款优先受偿的诉讼请求。

如果说之前保理人在应收账款上办理质押登记系为公示权利的权宜之计，那么在《民法典》出台之后，保理人再在应收账款上办理质押登记则已不合时宜。一方面，在规范层面，《民法典》第768条明确肯定了保理人享有应收账款的收取权，即保理人可直接要求应收账款债务人支付应收账款。这种直接求偿权比间接优先受偿权显然更有利于债权的实现。另一方面，在制度层面，我国动产与权利担保统一登记制度已日趋完善，“借道”质押登记的做法已无必要。《民法典》第768条明确规定了保理登记制度。2020年12月，国务院发布《关于实施动产和权利担保统一登记的决定》（国发〔2020〕18号），明确自2021年1月1日起在全国范围内实施动产和权利担保统一登记，并同时将应收账款质押和保理纳入统一登记范围。为配套动产和权利担保统一登记制度的实施，中国人民银行制定的《动产和权利担保统一登记办法》（中国人民银行令〔2021〕第7号）延续上述决定，第2条作出相同规定。据此，应收账款质押与保理均可在中国人民银行征信中心动产融资统一登记公示系统办理登记。自此，保理登记即可产生物权公示效果，保理人没有必要再行办理应收账款质押登记。

（二）受让人与质权人竞存情形

应收账款债权人将应收账款债权转让后，又将其出质给第三人，应属无权处分。对于真实的债权转让而言，应收账款在转让之后所有权即转移至新的债权人，原债权人无权再将该应收账款出质。或有观点提出，有追索权保理中应收账款转让并非真正的转让而只是让与担保，此时应收账款债权人又出质该笔应收账款的，是否仍构成无权处分？答案是肯定的。尽管在有追索权保理中应收账款债权人与保理人的真实目的并非转让应收账款而是担保债权实现，但在全部债权未实现之前，债权转让仍是让与担保的必要环节。从终局上来看，应收账款转让并非真正的转让，只是起到担保作用。但仅从转让环节来看，双方转让应收账款的意思表示是真实有效的，不存在虚假转让的情况，否则一旦债权无法实现，债权人将可能失去应收账款的保障。也就是说，在让与担保中，只有前期的转让是真转让，才能实现让与担保之目的。

此点还可类比融资租赁相关法律规定加以阐释。融资租赁与有追索权保理均为立法明定的非典型担保。二者的一大共同点是都是通过转移所有权的方式实现担保目的。出租人保有租赁物的所有权与保理人受让应收账款的目的是相同的，都是为了担保租金债权实现。在融资租赁中，尽管出租人只是租赁物的名义所有权人，但未经出租人同意承租人仍不得擅自处分租赁物，否则就构成无权处分。《民法典》第 753 条规定："承租人未经出租人同意，将租赁物转让、抵押、质押、投资入股或者以其他方式处分的，出租人可以解除融资租赁合同。"同理，在有追索权保理中，应收账款债权人亦不得未经保理人同意擅自处分应收账款，包括转让、出质、投资入股或者以其他方式处分。应收账款债权人擅自出质应收账款的，构成无权处分。

那么，在无权处分的语境中，就需要考虑第三人是否善意取得了质权。因为只有在第三人构成善意取得的情况下，其才能合法取得质权，也才谈得上其与保理人的权利竞争问题。如果第三人不构成善意取得，其质权根本无法成立，自然就无从谈起与保理人争夺权利顺位的问题。

关于债权转让是否适用善意取得的问题，存在争议。有观点认为，债权不同于物权，物权可以适用善意取得，但立法并未规定债权可以善意取得。笔者认为，应收账款转让属于准物权行为。应收账款债权转让合同一般为有偿合同，其处理规则与买卖合同极为相似，可参照买卖合同规则处理。《买卖合同解释》第 32 条规定："法律或者行政法规对债权转让、股权转让等权利转让合同有规定的，依照其规定；没有规定的，人民法院可以根据民法典第四百六十七条和第六百四十六条的规定，参照适用买卖合同的有关规定。权利转让或者其他有偿合同参照适用买卖合同的有关规定的，人民法院应当首先引用民法典第六百四十六条的规定，再引用买卖合同的有关规定。"据此，债权转让合同也可参照适用买卖合同中第三人善意取得规则。有实务观点认为，债权转让未通知债务人的，质权人可以基于善意取得制度取得质权，对应收账款享有优先权。[①]

质权的善意取得可参照《民法典》第 311 条规定处理。《民法典》第 311 条规定："无处分权人将不动产或者动产转让给受让人的，所有权人有权追回；除法律另有规定外，符合下列情形的，受让人取得该不动产或者动产的所有权：（一）受让人受让该不动产或者动产时是善意；（二）以合理的价格转让；（三）转让的不动产或者动产依照法律规定应当登记的已经登记，不需要登记的已经交付给受让人。受让人依据前款规定取得不动产或者动产的所有权的，原所有权人有权向无处分权人请求损害赔偿。当事人善意取得其他物权的，参照适用前两款规定。"据此，质权的善意取得可准用所有权善意取得规则。质权的善意取得与所有权、抵押权的善意取得既有相同之处，也存在区别。共同之处在于，受让人必须为善意，即不存在故意或重大过失。与抵押权善意取得的相同之处在于，质权善意取得同样不要求具备"以合理的价格受让"这一要件，不同之处在于，应收账款质押需要办理质押登记，而动产抵押无须办理抵押登记（登记仅为对抗要件）。

有学者提出，《民法典》对保理采取登记对抗主义，未经登记，保理人就其取得的应收账款上的权利亦发生效力，但不能对抗善意第三人。[②]《深圳前

---

① 江苏省高级人民法院民二庭课题组：《国内保理纠纷相关审判实务问题研究》，载《法律适用》2015 年第 10 期。

② 高圣平：《担保法前沿问题与判解研究——最高人民法院新担保制度司法解释条文释评（第五卷）》，人民法院出版社 2021 年版，第 491 页。

海法院保理合同案件裁判指引》第 37 条规定："债权人先将应收账款转让给保理商，后又质押登记给第三人，应收账款转让未登记的，不能对抗善意第三人。"

如何认定第三人是否构成善意，则要考察其是否尽到谨慎注意义务。对于善意第三人的范围，既不能失之于宽，亦不能过窄。虽然登记是保障交易安全的有效手段，但在日常交易活动中，如果苛求普通民事主体在受让债权之前应尽到查询义务，将会花费较大的经济成本和时间成本，既浪费社会资源，又降低债权交易效率，客观上不太现实。[①] 债权转让虽已办理登记，如第三人没有查询义务的，不能因此认定其非善意。[②] 相反，原债权人将应收账款转让给保理人并办理登记后，由于该应收账款转让已经登记公示，如第三人负有查询义务但未查询的，那么可以认定其不构成善意。对于金融机构或专业公司而言，其自身的专业属性和风险意识决定了其应比普通民事主体尽到更高的谨慎注意义务。有实务观点认为，在立法尚未规定登记作为对抗要件的情况下，金融主管部门关于登记查询应作为办理保理业务必经程序的规定，可以作为判断第二受让人是否善意的依据。[③] 比如，2014 年 9 月 12 日，天津市金融工作局、中国人民银行天津分行、天津市商务委员会联合发布的《关于做好应收账款质押及转让业务登记查询工作的通知》（津金融局〔2014〕8 号）即要求："市各银行、商业保理公司、金融资产管理公司、信托公司、财务公司、汽车金融公司、消费金融公司、金融租赁公司、外商投资融资租赁公司、内资融资租赁试点企业、典当行、小额贷款公司、融资性担保公司：……三、各机构在办理应收账款质押、转让等业务时，应登录统一登记平台，查询应收账款的权属状况。该查询是办理应收账款质押、转让等业务的必要程序。对已在统一登记平台办理登记公示的应收账款，未经质权人、受让人同意，不得办理质押、转让业务。"据此通知要求，其列举的通知对象在办理应收账款质押、转让等业务时，理应查询应收账款的权属状况，未查询的，则有违谨慎注意义务，不构成善意。《天津高院保理纪要（一）》第 9 条规定：

---

① 潘运华：《债权二重让与中的权利归属》，载《法学家》2018 年第 5 期。

② 孙超：《保理所涉纠纷中的利益衡量与裁判规则》，载《人民司法·案例》2016 年第 32 期。

③ 江苏省高级人民法院民二庭课题组：《国内保理纠纷相关审判实务问题研究》，载《法律适用》2015 年第 10 期。

“天津市金融工作局、中国人民银行天津分行、天津市商务委员会联合发布的《关于做好应收账款质押及转让业务登记查询工作的通知》（以下简称《通知》）中所列主体受让应收账款时，应当登录中国人民银行征信中心动产融资统一登记平台，对应收账款的权属状况进行查询，未经查询的，不构成善意。《通知》中所列主体办理应收账款质押、转让业务时，应当对应收账款的权属状况在中国人民银行征信中心动产融资统一登记平台予以登记公示，未经登记的，不能对抗善意保理商。”当然，如第三人不负查询义务，则其是否构成善意则要另当别论，需要结合其他因素进行综合判断。

三、重复转让的权利冲突

同一笔应收账款可能会发生重复转让，即出让人分别向两个或两个以上的受让人转让同一笔应收账款债权。实践中发现，有应收账款债权人以同一笔应收账款重复转让进行融资，具体可分为以下两种情形：一是保理与债权转让竞存，即应收账款债权人既将应收账款转让给保理人叙做保理，又将该笔应收账款转让给第三人；二是债权多重转让，即应收账款债权人将同一笔应收账款转让给两名以上的受让人（系普通债权转让，并非叙做保理）。

（一）保理与债权转让竞存情形

针对保理与债权转让竞存的问题，《民法典担保制度解释》已经给出了解决方案。过去有观点认为，保理合同一经签订，债权当即转移，当其再次转让债权时，即构成无权处分，而一般债权又无适当公示方法表彰，因而无善意取得发挥作用的余地，第二受让人确定不能取得债权。[①] 该观点与司法解释并不契合，《民法典担保制度解释》第 66 条第 1 款规定：“同一应收账款同时存在保理、应收账款质押和债权转让，当事人主张参照民法典第七百六十八条的规定确定优先顺序的，人民法院应予支持。”从文义上理解，当同一笔应收账款同时存在保理与债权转让时，在后的债权受让人并非绝对不能取得债权，而是应根据《民法典》第 768 条确定的优先顺位规则进行处理。

---

① 孙超：《保理所涉纠纷中的利益衡量与裁判规则》，载《人民司法·案例》2016 年第 32 期。

《民法典》第768条确定的优先顺位规则采取的是一种客观标准。尽管同一笔应收账款同时发生保理与债权转让时必然会有其一涉及无权处分，但此时并不需要考虑应收账款受让人主观上是否善意，而是按照“均已登记的，登记在先”“均未登记的，通知在先”，既未登记亦未通知的，按照保理融资款、服务报酬、债权转让价款的比例取得应收账款。

（二）同一应收账款多重转让情形

《民法典担保制度解释》第66条第1款能否适用于同一应收账款多重转让情形则不无疑问。根据该条司法解释的文义射程，似只应包括保理、应收账款质押和债权转让三项中至少两项组合，而不应包括同一项的重复，如重复保理、应收账款重复质押和债权多重转让。根据司法解释制定者的阐释，该条在解释上当然包括同一应收账款只同时存在其中两种法律关系的情形，如保理和应收账款质押，保理和债权转让，应收账款质押和债权转让。[①] 而且，值得注意的是，债权转让在《民法典》中并未被赋予登记能力。[②]《民法典》通则部分并未确立债权多重转让的优先顺位规则，如果该条司法解释可以适用于债权多重转让，那么就是司法解释对立法的重大突破，构成对立法的僭越。《民法典》坚持将债权多重转让规则置于保理合同章，似乎表明立法者有意摒弃将《民法典》第768条作为债权转让一般规则之立场而只将其作为保理合同章的特殊规则。

如果《民法典》第768条不能作为债权转让的一般规则，那么如何解决司法实践中债权多重转让的优先顺位问题就成为需要考虑的问题。对此问题，各国民法规定的处理方式并不完全相同，我国学界亦存在争议，主要有以下三种立场。

1. 签约优先主义

合同在先，权利在先。此种观点将债权转让视为一个准物权行为，债权转让合同生效时即对外发生效力，并不受是否通知债务人的影响。由于原债

---

① 最高人民法院民事审判第二庭：《最高人民法院民法典担保制度司法解释理解与适用》，人民法院出版社2021年版，第556页。

② 高圣平：《担保法前沿问题与判解研究——最高人民法院新担保制度司法解释条文释评（第五卷）》，人民法院出版社2021年版，第492页。

权人已经丧失对该笔债权的处分权，其再次转让的，属于无权处分，未经新债权人同意或追认，再转让行为不发生法律效力。故，应以债权转让合同签约时间的先后顺序来确定债权优先规则。《美国第二次合同法重述》第 342 条规定，源自同一转让人的连续受让人："除了法令有相反规定，受让人的权利是优于来自同一转让人的后来的受让人所享有的权利，除非（a）第一次转让行为是无效的、可以撤回的，或者可以被转让人或后来的受让人撤销；或（b）后来的受让人在不知道或没有理由知道先前转让行为存在的情况下作出给付行为，并且（i）获得付款或领受了债务人所履行的债务，（ii）获得了对债务人的判决，（iii）与债务人缔结了新的合同，或（iv）拥有一个公认的可以象征或证明被转让权利的书面文书。"我国有学者认为，对于债权二重转让问题，应遵循"先来后到"规则，依转让时间先后顺序为标准，以时间在先者优先。[①] 债权转让合同依合同成立先后定之，第一受让人有效取得债权，第二受让人纵属善意，亦不能取得债权。[②] 司法实践中，也有法院裁判观点认为，"债权转让以转让人与受让人达成债权转让的合意，债权转让合同即告成立，同时在转让人和受让人之间发生法律效力。债权只有一个，原债权人将债权转让给先受让人后，其对债权即不再有处分权，即原债权人对债权的二次转让不能发生债权转让的效果。因此，在确定债权双重转让的法律后果时，应当依照'先来后到'的规则确认"。[③]

签约优先主义最受诟病之处在于，由于债权转让缺乏公示，可能会存在合同倒签的道德风险。比如，让与人和第二受让人恶意串通将第二次转让合同的时间倒签至第一次转让合同之前。此时，如采取债权转让合同签约时间先后的标准来判定权利归属，第一次债权转让的受让人将无法获得债权，其合法权益无法得到保护。

2. 通知优先主义

通知在先，权利在先。采取此种立法例的国家有德国、法国、日本、意大利等。德国的做法是，债务人已明知债权让与给受让人，后原债权人又将债权让与第三人，债务人应向前让与人优先履行。《德国民法典》第 408 条第

① 韩世远：《合同法总论》，法律出版社 2011 年版，第 483 页。

② 王泽鉴：《法律思维与民法实例》，中国政法大学出版社 2001 年版，第 114 页。

③ 参见北京市第三中级人民法院（2016）京 03 民终 2737 号民事判决书。

1 款规定：“原债权人将已经让与的债权再次让与第三人的，在债务人向第三人给付时，或在债务人和第三人之间进行法律行为，或诉讼发生系属时，为债务人的利益，对于前受让人，准用第 407 条的规定。”而第 407 条第 1 款规定：“对于债务人在让与后向原债权人履行的给付，以及对于在让与后债务人和原债权人之间关于债权进行的一切法律行为，新债权人必须予以承受，但债务人在给付或进行法律行为时明知让与的，不在此限制。”《法国民法典》第 1690 条规定：“受让人，仅依其向债务人送达转让通知，始对第三人发生占有权利的效力。在债务人收到通知之前，受让人不能视为获得了对抗第三人的权利。但是，受让人亦可依债务人在公证文书中接受转让的表示而享有受让的权利。”《日本民法典》第 467 条规定：“指名债权的让与，非经让与人通知债务人或经债务人承诺，不得以之对抗债务人及其他第三人。前款的通知或承诺非以附有确定日期证书而为的，不得以此对抗债务人以外的第三人。”《意大利民法典》第 1265 条规定：“（1）一个债权同时作为数个转让标的被转让给数个人的，最先通知债务人的转让首先产生效力；如果时间是确定的，虽然后发生但被债务人最先接受的转让首先产生效力（1155、1380、1978、2559）。（2）该规则适用于以设立用益权（1000）或者抵押权为目的的债权（1978、2800、2914）。”国际统一私法协会《国际商事合同通则》第 9.1.11 条规定，连续转让：“如果同一让与人将同一权利连续转让给两个或两个以上受让人，则债务人按照收到通知的时间顺序清偿后，其债务得以解除。”《欧洲合同法通则》第 11：401 条规定，优先权：“（1）如果同一个债权有连续的转让，如果在后的受让人在受让时不知道或者不应知道有在先的转让，就转让第一个对债务人进行通知的受让人享有优先于其他在先受让人的权利。（2）根据第 1 款，现在或将来的债权连续转让中的优先权，由转让的顺序决定。（3）转让根据第 11：202 条生效之后，无论是通过司法程序或者其他程序，受让人在受让债权上的利益优先于转让人之债权人对该债权的利益。（4）在转让人破产时，根据以下与破产相关的法律，受让人在受让债权上的利益优先于转让人破产管理人和破产债权人（a）此种优先权情形的公开；或者（b）债权的等级；或者（c）破产程序中交易的撤销或者无效。”

根据上述立法例可见，在债权转让中，让与人通知或债务人承诺是债权转让对抗第三人的要件。在债权重复转让中，由最先通知或最先得到债务人承诺的受让人获得债权。在我国司法实践中，也有法官持此观点。对于重复转让应收账款叙做保理的，应按照《合同法》（现《民法典》合同编）规定的“通知主义”生效原则判断其转让的效力及顺位。[①] 一旦转让通知到达债务人处，债权转让人就不享有系争债权，其他债权人（无论是重复转让债权人还是债权转让人的债权人），均无权对系争债权提出请求。[②] 江苏省高级人民法院民二庭课题组认为，应将债权转让区分为负担行为和处分行为，未经通知债务人的，债权处分行为不得对抗善意第三人。第二次让与通知先于第一次让与通知到达债务人的，第二受让人将受领清偿，而直接赋予债权转让合意以债权处分对世效力，意味着第二受让人并非真正的债权人，鉴于我国立法并未规定“表见让与”制度，债务人仍需向第一受让人作清偿，出现债务人二次清偿问题。相反，将债权转让通知作为债权处分行为对抗第三人要件，则第二受让人可以基于善意取得制度取得债权，避免债务人为二次清偿。[③]

通知优先主义将债权转让的效果与通知行为相关联，可以最大限度发挥制度的激励作用。[④] 其优点在于，可以激励受让人积极通知债务人，使债权归属变动的信息公示于外，便于外界获知，于此可以降低交易成本，促进交易，还可以降低纠纷产生的数量（保护通知者受领的债权，即让与在先的受让人请求出让人承担责任，少了向已行通知的受让人主张不当得利返还纠纷）。

但通知优先主义也存在三点明显不足。一是当事人可能串通篡改通知到达时间，导致通知先后时间顺序失去客观性。二是在逻辑上自相矛盾。其一方面认为债权转让作为一种处分行为，是债权从让与人转移给受让人的直接依据，一旦让与双方签订有效的债权转让合同，受让人则取得该债权，另一方面又认为转让通知的先后顺序可以决定二重受让人的债权归属。据此，当让与人进行第一次债权转让之后，第一受让人根据转让合同有效取得债权，让与人无权再次转让给第二受让人。在第一受让人对此不予追认的情形下，

---

① 冯宁：《保理合同纠纷案件相关法律问题分析》，载《人民司法·应用》2015 年第 17 期。

② 吴峻雪、张娜娜：《保理债权转让中转让通知的效力及形式》，载《人民司法·案例》2013 年第 18 期。

③ 江苏省高级人民法院民二庭课题组：《国内保理纠纷相关审判实务问题研究》，载《法律适用》2015 年第 10 期。

④ 李志刚：《民商审判前言争议、法理与实务——“民商法沙龙”微信群讨论实录（第一辑）》，人民法院出版社 2019 年版，第 109 页。

第二受让人当然不能取得债权，但是第二受让人却可仅凭第二次债权转让先通知债务人而取得债权，前后矛盾，不能自圆其说。三是通知并非债权转让的必需环节。若两次转让均未通知债务人，此时如何判断则不无疑问，可能还需诉诸“签约优先主义”来决定债权归属，即由第一受让人取得债权。这也说明通知对抗主义模式并不能圆满解决债权二重转让中的权属之争。①

3. 登记优先主义

登记在先，权利在先。采取此种模式的国家为美国。美国原为通知优先主义，但统一商法典与中央登记系统制度结合后，就实行了登记优先主义。《美国统一商法典》将应收账款的转让纳入登记系统中，以明确权利归属，防止出让人再次转让应收账款。在登记的内容上，美国的公示登记制度不要求提交登记的受让人披露交易条件中所包含的任何商业秘密，而仅仅公示交易的存在。在登记的效力上，转让登记作为对抗要件，已登记的优先于未登记的。《担保交易示范法》第 18 条规定：“1. 如果有关担保权的通知在登记处办理登记，设保资产上的担保权即具有对抗第三方的效力。2. 如果有担保债权人享有对有形资产的占有权，则该资产上的担保权也具有对抗第三方的效力。”

我国《民法典》并未规定债权重复转让时的优先规则。对同一笔应收账款向两个以上受让人转让的，立法并未明确是先签署转让协议的优先，还是先通知受让人的优先，抑或先登记的优先。《民法典合同编通则解释》第 50 条第 1 款规定：“让与人将同一债权转让给两个以上受让人，债务人以已经向最先通知的受让人履行为由主张其不再履行债务的，人民法院应予支持。债务人明知接受履行的受让人不是最先通知的受让人，最先通知的受让人请求债务人继续履行债务或者依据债权转让协议请求让与人承担违约责任的，人民法院应予支持；最先通知的受让人请求接受履行的受让人返还其接受的财产的，人民法院不予支持，但是接受履行的受让人明知该债权在其受让前已经转让给其他受让人的除外。”可见，司法解释采纳了“通知主义”之立场。

笔者以为，对于债权重复转让，采取登记优先主义似更为可取。理由在于：

---

① 潘运华：《债权二重让与中的权力归属》，载《法学家》2018 年第 5 期。

首先，由于债权转让缺乏公示性，以签约或通知确定优先权顺序，存在较大道德风险，增加了交易成本。由于第三人无从知晓债权是否已经转让，需要花费大量时间和精力调查后才敢交易，会大大增加交易成本和交易的不确定性。而且，以通知作为对抗第三人要件，难免出现债权人、债务人、第二受让人串通倒签日期或伪造通知日期以损害第一受让人合法利益的情形，第一受让人对此往往又难以举证。故采取签约优先主义或通知优先主义确定优先权，不利于保护受让人的利益。

其次，登记具有很强的公示性，有利于保护受让人的利益。登记具有客观、公开、统一和安全的特点。登记优先主义是一种客观标准，在权利发生冲突时，以登记时间的先后确定权利优先次序，可谓简单明了，可有效防止当事人恶意串通损害他人利益。比较而言，登记最具公示力，通知债务人次之，签订转让合同最末。以登记时间为准的优先权规则最能够保护交易安全，预防纠纷发生。诚然，与其他规则相比，以登记时间为准的优先权规则手续更为复杂，可能影响金融交易的效率。而当效率价值与交易安全价值发生冲突时，现代商法更侧重保护交易安全。①

再次，登记优先主义有利于降低社会成本，提高效率并兼顾公平。以何种方式确定债权多重转让中的优先顺位，取决于哪种方式能够使得债权交易的公示成本、事先调查成本、事中监督防范成本、事后债权实现的执行成本等各种成本更低，对第三人和社会整体的外部成本也更低。② 在上述三种方式中，采取登记在先的方式，受让人调查成本、监督防范成本、实现债权的执行成本都是最低的，并且有助于防止债权人和其他人串通损害受让人的道德风险，提高债权的流通和担保价值，最终降低债权人的融资成本。建立在电子化登记程序系统上的债权转让登记，由于电子化登记簿、自助登记和登记机构的审核程度低，因此登记成本非常低，并且其他第三人对登记的查询成本也较低，是最为便捷、安全、高效、可靠的公示方法。采取登记在先的方式，使得整体的社会成本最低，对受让人的地位保障最为充分，有利于保护

---

① 陈立虎、刘春宝：《国际贸易应收款转让公约中的优先权冲突规范》，载《华东政法大学学报》2007 年第 3 期。

② 黄薇主编：《中华人民共和国民法典合同编释义》，法律出版社 2020 年版，第 617 页。

交易安全，提升营商环境，同时便利企业的融资实践。[①] 有实务观点认为，为彰显登记的公示和公信力，保障应收账款转让的安全性与效率性，维护交易安全和保护善意第三人，采取登记优先主义无疑是最优选择。[②]

有学者认为签约优先主义公平与效率俱失；通知主义试图矫正不公示主义之缺陷，但通知事实上无法发挥公示功能；登记主义兼顾公示与效率，尤其适合于作为大宗债权转让或将来债权转让的公示方法，并建议以统一化登记系统，在明定债权转让包括为担保目的而让与之前提下，采取登记主义。[③]

最后，应收账款转让登记制度已日趋成熟，具备可行性。登记优先主义因适用中央登记制度，需要有登记系统相配套。中国人民银行征信中心在已有的应收账款质押登记系统基础上，实现了应收账款转让登记，登记的时间精确到秒，可以有效区分登记时间的先后，为确立登记优先主义规则提供了制度保障。《中国人民银行征信中心动产融资统一登记公示系统操作规则》第17条第1款规定："统一登记系统支持生产设备、原材料、半成品、产品抵押登记，应收账款质押登记，存款单、仓单、提单质押登记，融资租赁登记，应收账款转让（保理）登记，所有权保留登记，以及其他动产和权利担保登记。机动车抵押登记、船舶抵押登记、航空器抵押登记、债券质押登记、基金份额质押登记、股权质押登记、知识产权中的财产权质押登记除外。"

四、重复质押的权利冲突

《民法典》第445条仅规定"应收账款出质后，不得转让"，并未规定"应收账款出质后，不得再出质"。根据"法无禁止即可为"的私法原理，应收账款重复出质不违反法律规定。而且，参照动产或不动产可重复抵押的原理，允许应收账款重复质押有利于充分发挥其经济价值，促进财产流转，符

---

① 最高人民法院民事审判第二庭：《最高人民法院民法典担保制度司法解释理解与适用》，人民法院出版社2021年版，第555页。

② 江苏省高级人民法院民二庭课题组：《国内保理纠纷相关审判实务问题研究》，载《法律适用》2015年第10期。

③ 李宇：《债权转让的优先顺序与公示制度》，载《法学研究》2012年第6期。

合《民法典》的基本精神。因此，与“先出质，后转让”属无权处分不同，“先出质，再出质”应属有权处分。此时并不需要考虑在后质权人在接受质押时主观上是否善意。

有观点提出，由于第三人可通过应收账款质押登记系统公示的前手质押事实进一步核实是否存在重复质押的情况，如其未能进行核实，有悖商事主体正常的风险判断，主观上不能构成善意。[①] 判断在后质权人主观上是否善意并无实际意义。也就是说，只要在后质权人依法办理了质押登记，其质权同样成立有效。此时，就会发生在后质权人与在先质权人的质权争夺问题。

办理出质登记既是质权有效设立的要件，同时也是确立权利优先顺位的依据。办理应收账款质押登记，可以使质押具有相当的公示力和公信力。在处理担保物权的优先顺位问题时，我国立法遵循公示优先规则。针对重复质押的问题，已废止的中国人民银行《应收账款质押登记办法》第 6 条规定：“在同一应收账款上设立多个权利的，质权人按照登记的先后顺序行使质权。”根据上述办法，质权的行使应按照登记的先后顺序确定优先顺位，符合担保法的基本原理。尽管《应收账款质押登记办法》已被废止，但《民法典》第 414 条统一了担保物权的清偿顺位规则，该条规定：“同一财产向两个以上债权人抵押的，拍卖、变卖抵押财产所得的价款依照下列规定清偿：（一）抵押权已经登记的，按照登记的时间先后确定清偿顺序；（二）抵押权已经登记的先于未登记的受偿；（三）抵押权未登记的，按照债权比例清偿。其他可以登记的担保物权，清偿顺序参照适用前款规定。”在解释上，该条第 2 款规定中“其他可以登记的担保物权”应当包括应收账款质权。

据此，同一笔应收账款重复质押的，可按照以下规则处理：（1）对于未登记的应收账款质押，由于质权根本未设立，故不存在优先受偿的问题，必然劣后于已登记的应收账款质权；（2）对于已登记的应收账款质权，则根据登记的先后顺序确定优先顺位，登记在先的优先受偿。清偿后如有剩余，在后登记的质权可以继续受偿。在后质权人因质权无法实现而受损时，其有权依据质押合同要求出质人提供新的担保，也可要求出质人在出质的应收账款范围内承担违约损害赔偿责任。

---

① 钱海玲：《保理法律关系的认定及疑难问题解决对策》，载《人民法院报》2015 年 2 月 4 日。

案例 19　同一应收账款重复出质，在先办理出质登记的优先受偿①

基本案情

2012 年 10 月 16 日，戴某与甲公司签订《借款合同》，合同主要约定：甲公司向戴某借款 3000 万元；借款期限为 2012 年 10 月 16 日至 2013 年 5 月 15 日；借款利率为月利率 2%，每月 16 日为利息结算日。2012 年 10 月 24 日、10 月 25 日，戴某分七笔将合计 3000 万元的借款转账至甲公司账户。2013 年 1 月 4 日，戴某与甲公司签订《应收账款质押协议》，主要约定：甲公司将其对债务人某电力公司在协议签订当日已经形成的以及未来五年（2013 年 1 月 4 日至 2018 年 1 月 4 日）形成的应收账款质押给戴某，为甲公司向戴某借款 3000 万元提供担保，并在中国人民银行征信中心办理了质押登记。

2012 年 11 月 19 日，甲公司向戴某支付利息 453813.34 元，2012 年 12 月 27 日又支付利息 60 万元。之后，甲公司未按约归还本息。戴某向法院提起诉讼，请求判令：甲公司立即偿还戴某借款本金 3000 万元及该款自 2012 年 12 月 16 日起至款清之日止按月利率 2%计算的利息；甲公司对某电力公司享有的 2013 年 1 月 4 日前已经形成的以及从 2013 年 1 月 4 日起至 2018 年 1 月 4 日止形成的应收账款优先偿还前述债务。

另查明，2009 年 9 月 15 日，甲公司以应收账款（自 2009 年 8 月 27 日至 2020 年 12 月 20 日售电给某电力公司所产生的所有电费收入）作为质押物与某银行签订质押合同，对其向某银行借款 3000 万元设立质押担保，并在中国人民银行征信中心登记。

裁判结果

法院判决：1. 甲公司应于本判决生效之日起十日内偿还戴某借款本金 3000 万元，并支付自 2012 年 12 月 16 日起至本判决指定履行日止以 3000 万元为本金按月利率 2%计算的利息；2. 若甲公司未按本判决第 1 项履行付款义务，戴某有权就甲公司的质押财产（甲公司自 2013 年 1 月 4 日至 2018 年 1 月 4 日售电给某电力公司所产生的所有电费收入）在本判决第 1 项债权范围内享

① 参见福建省龙岩市中级人民法院（2014）岩民初字第 62 号民事判决书。

有按质押登记顺序优先受偿的权利。

裁判理由

法院判决认为，合法、真实的借贷关系，应受法律保护。原告与被告甲公司签订《借款合同》合法有效，原告亦向甲公司实际支付了借款3000万元，甲公司未按照合同约定偿还借款本息，其行为已构成违约，原告有权要求甲公司限期偿还全部借款本息。借款合同约定利率为月利率2%，未违反法律的禁止性规定，本院予以支持。原告与甲公司签订的《应收账款质押协议》约定甲公司将其对债务人某电力公司在2013年1月4日至2018年1月4日形成的应收账款质押给原告，为甲公司向原告借款3000万元提供担保。该协议合法有效，协议签订后，甲公司并在中国人民银行征信中心办理了质押登记，质权业已设立，上述应收账款已经为甲公司向原告借款3000万元设立质押担保，故原告对上述应收账款享有按质押登记顺序优先受偿的权利。

案例评析

本案中，对同一笔应收账款，甲公司进行了重复出质，先出质给戴某，后又出质给某银行。两次质押均签订了质押协议并办理了出质登记，均合法有效。由于戴某的质权登记在前，故其质权应优先受偿。某银行若因质权无法实现遭受损失，可以向甲公司主张违约损害赔偿责任。

第五章　国际保理法律规范体系及法律适用

与国内保理（Domestic Factoring）不同，国际保理（International Factoring）是在国际贸易实践中产生和发展起来的一种集贸易融资、应收账款管理、催收、应收账款债务人付款担保等内容为一体的综合性国际结算与融资方式。国际保理可以为出口商提供资金活动性支持，向进口商提供优惠的信用付款条件，克服了信用证付款方式中需要开证费用、手续烦琐、方式僵化的弊病，能够增强出口竞争力，减少财务风险，扩大出口创汇。随着各国之间贸易竞争的加剧，很多国家的国际结算采用国际保理这一方式，尤其是在欧美之间的贸易往来中，信用证基本上被保理取代，国际保理成为最主要的结算方式。相较于国内保理法律规范的纷繁复杂，国际保理法律规范相对较为单一。基于国际应收账款而订立的保理合同为国际保理合同，管辖或审理的法律依据均与国内保理有所不同。在国际保理合同纠纷中，国际条约、惯例或准据法可能会成为解决纠纷的法律依据。

第一节　国际保理概述

一、我国国际保理发展概况

当前，在国际买方市场逐渐形成、贸易竞争日益激烈、国际贸易结算形式多元化发展的趋势下，国际保理在世界范围内得到了广泛的认可和应用。国际保理以小额交易、低成本、低风险、敏捷灵活的优势迎合了当前国际贸易的发展。据 FCI 2022 年 6 月发布的《FCI 年度综述（2022）》中公布的统计数据显示，2021 年全球保理业务量估算约合 3.09 万亿欧元，同比上升 13.5%。①

我国的国际保理业务从 20 世纪 90 年代左右开始发展。“1987 年，中国银行与德国贴现和贷款公司签署了保理协议。1992 年，中国银行与美国国民保理公司和美国米兰银行所属保理公司签订国际保理协议，正式以保理商的名义开展保理业务”，② 开辟了承做国际保理业务的先河。2002 年，国内金融机构开始关注国际保理市场的巨大商机。

国际保理在我国对外投资活动中发挥了重要作用。我国企业在走出去的过程中，对趋避收款风险、周转营运资金、坏账担保、账务管理、外汇稳定等具有较高的需求。通过国际保理业务，可以给出较好的解决思路和方案。在服务于国内产业供应链的同时，一批有实力的中资保理企业正在积极开拓海外市场，致力于为国内进出口公司甚至是海外的中外资公司提供国际贸易金融服务。一些国企央企通过在境外设立全资子公司或分支机构、采购平台等方式开展国际保理业务，并已取得较好效果，为那些有意开展国际保理业务的企业提供了示范，有力促进了进出口业务的发展。

全球赊销结算在国际贸易中的占比不断攀升。在我国对外贸易结算中，信用证结算比例已下降到 10%以下，赊销比例上升至 90%以上，国际保理有巨大市场。除商业银行外，当前我国已有 16 家商业保理公司和 2 家金融服务公司成为国际保理商联合会的会员单位。据中国服务贸易协会商业保理专业委员会《中国商业保理行业发展报告（2022—2023）》统计，2022 年，中国银行业协会保理专业委员会全体成员单位保理业务量为 4.24 万亿元人民币，同比增长 21%。其中，国内保理业务量为 3.95 万亿元人民币，同比增长 19%；国际保理业务量为 426.76 亿美元，同比增长 44%。可见，货物贸易与国际保理相辅相成，共同发展。

近年来，在国内国际双循环发展格局下，我国跨境电商市场规模继续保持高速增长态势。随着互联网经济、平台经济、数字经济等新经济形态的出

---

① 《国际保理市场状况分析》，载微信公众号“商业保理专委会”2019 年 6 月 19 日。《中国银行业协会发布〈中国保理产业发展报告（2021-2022）〉》，载微信公众号“天津市商业保理协会”2022 年 11 月 23 日。

② 龚柏华：《国际金融法新论》，上海人民出版社 2002 年版，第 99 页。

现，商业保理公司向一些原本达不到规模经济效益的长尾领域发展，消费电商领域的保理业务显著增加。2020 年，电商渗透率进一步提升。而且，跨境电商领域的保理创新产品层出不穷，尤其是敦煌网、亿贝（eBay）、亚马逊（Amazon）等电商平台，由卖方与保理人签订协议（多为暗保理），卖方将自己出卖货物的应收账款转让给保理人，并从保理人处获得融资，借此可以将卖方账期从 30 天缩短至 1~2 天、商业保理公司通过考察跨境电商平台上卖家的退货率、纠纷率、盈利能力等指标，再结合所销售产品的特性（日常消费类一般不需要售后服务、3C 电子产品需要一段时间来确定其是否有质量问题）来给卖家进行授信。未来随着相关政策的进一步完善，国内保理公司在国际保理业务上的突破、发展和创新值得期待。

从整体上看，我国的国际保理业务仍有成长空间。受外汇政策等各种因素的影响，我国的国际保理业务发展后劲有待增强，尤其是商业保理公司很少开展国际业务。从中国服务贸易协会商业保理专业委员《中国商业保理行业发展报告（2020）》对商业保理公司调研的情况来看，在 2021 年调研的 69 家商业保理企业中，超过 69%的企业在 2020 年仅开展过国内保理业务，只有 4. 35%的企业在 2020 年开展过国际保理业务；《中国商业保理行业发展报告（2021）》显示在 2022 年调研的 81 家商业保理企业中，超过 98%的企业在 2021 年仅开展过国内保理业务，只有 1. 23%的企业在 2021 年开展过国际保理业务。国内商业保理公司虽针对出口贸易中应收账款开展了部分跨境保理业务，但业务规模不大，主要有出口单保理+卖方/出口商代收货款模式以及跨境双保理模式。国内实践操作的跨境保理实质上未能突破“谁出口谁收汇、谁进口谁付汇”的模式。目前探索开展跨境保理业务的商业保理公司越来越多，各地政府和外汇管理部门也在积极创造条件寻求突破现有的外汇政策瓶颈，商业保理公司在境内正常开展国际保理业务的制度环境正在逐步形成。

为此，商务部积极出台政策支持国际保理业务的发展。商务部 2012 年 6 月 27 日发布的《商务部关于商业保理试点有关工作的通知》中提出“鼓励各类商业保理公司根据《国务院关于进一步支持小型微型企业健康发展的意见》（国发〔2012〕14 号）精神，面向中小微型企业提供服务，积极开展国际和国内保理业务”。同年，商务部发布的《商务部关于香港、澳门服务提供者在深圳市、广州市试点设立商业保理企业的通知》放开了部分外资对商业保理公司的投资限制，提出自2013年1月1日起，允许港澳服务提供者以中外合资经营企业、中外合作经营企业或外资企业形式，在深圳市、广州市设立商业保理企业。2015年8月25日，商务部又发布《商务部关于支持自由贸易试验区创新发展的指导意见》，规定“支持自贸区开展商业保理试点，探索适合商业保理发展的外汇管理模式，积极开展国际保理业务，充分发挥商业保理在扩大出口、促进流通、解决中小企业融资难等方面的积极作用”。

地方政府也积极落实商务部的部署。比如，天津市人民政府办公厅制定的《天津市商业保理业试点管理办法》第18条规定：“支持商业保理公司依法加入国际性保理组织，积极审慎开展国际保理业务。”第19条规定：“支持银行与商业保理公司合作发展保理业务。银行可以向商业保理公司定期定量融资，购入商业保理公司的保理业务，提供应收账款管理、业务流程管理和电子信息系统服务，开发应收账款再转让等产品，建立适用的保理业务模式。支持银行向商业保理公司提供境外合作保理商渠道，拓展商业保理公司的国际业务。”第20条规定：“支持保险公司开发商业保理公司适用的责任保险、信用保险等保险产品，拓宽出口保理信用保险和进口保理信用保险业务，增强商业保理公司风险控制能力。”第21条规定：“支持商业保理公司积极开展国际和国内保理业务，对向小型微型企业提供融资服务的，按有关规定享受财政奖励政策。”2013年9月12日，深圳市经济贸易和信息化委员会发布了《深圳市外资商业保理试点审批工作暂行细则》对港澳服务者在深圳市设立中外合资、中外合作和外商独资的商业保理公司的审批程序等进行细化规定。

二、保理“国际性”的内涵

何谓国际保理？国际保理的运作是基于应收账款债权的转让而展开的。出口商与进口商订立原始的贸易合同后，出口商发货，并将“原始贸易合同及发票副本交给出口保理商，一般同时根据保理商的要求在发票上粘贴或打印有关债权转让文句及同时将介绍信（introductory letter）寄给进口商，明确告知进口商应收账款债权转让给保理商的事实，并要求进口商将应收账款支付给保理商”。①

国内关于国际保理最权威的定义为原银监会制定的《商业银行保理业务管理暂行办法》第 10 条之规定。根据该条规定，国际保理是指债权人和债务人中至少有一方在境外（包括保税区、自贸区、其他实行境内关外管理的特殊贸易区）的保理业务。《中国银行业保理业务规范》第 6 条则完全复制了上述规定。国际保理通常采用双保理制，它是一种涉及双方保理商的保理方式，即有出口保理商和进口保理商。这是区别于国内保理的特征。出口保理商根据出口商的申请从进口国选择进口保理商将需要核定信用额度的进口商名单提交给进口保理商，在进口保理商确定的信用额度内负责催收账款管理，并于到期日在扣除相关费用后付款给出口商。进口保理商对进口商进行信用调查后确定进口商信用额度，并承担信用额度内 100%的收取货款风险担保，于到期日付款给出口保理商。事实上进口保理商是出口保理商的保理商。

国际保理与国内保理的主要区别体现在其“国际性”上。对“国际性”的认定直接关系司法裁判所适用的法律，是国际保理合同争议审理中的首要问题。然而保理国际公约及惯例与国内法关于国际保理的“国际性”之界定，存在一定差别。《国际保理公约》第 2 条第 1 款规定：“本公约适用于营业地位于不同国家的供应商和债务人之间订立的货物销售合同于任何时候所产生的，并根据保理合同所转让的应收账款，而且：（1）这些国家和保理商营业地所在国均为缔约国；或者（2）货物销售合同与保理合同均受某一缔约国的法律管辖。”根据上述公约规定，国际保理是指卖方将其与营业地位于他国的债务人之间的应收账款转让给保理人并由保理人提供相应保理服务的保理合同。保理合同是否具有“国际性”是以应收账款是否具有国际性来作为判断依据的。保理合同的“国际性”取决于客观因素而非主观因素。只有在所转让的应收账款源自国际货物销售合同（即供应商和营业地位于不同国家的债务人之间订立的合同）或国际服务提供合同（即营业地位于不同国家的服务提供方和服务接受方之间订立的合同）的情况下，保理合同才是国际性的。因此，《国际保理公约》的适用，与其说是取决于保理合同的国际性，不如说

① 黄斌：《国际保理：金融创新及法律实务》，法律出版社 2006 年版，第 22 页。

是取决于应收账款的国际性（或者说是货物销售合同或服务提供合同的国际性）。[①]《国际保理通则》中并没有对国际保理本身作明确的界定，更没有对“国际性”进行专门的说明。但从其第3条之规定：“本规定所包含的账款仅限于与出口保理商签有协议的供应商以信用方式向债务人销售货物或提供服务所产生的应收账款。该债务人所在国应有进口保理商提供保理服务……”似乎可以认为该通则仅适用于进出口贸易中的保理业务，也就是说该保理业务的“国际性”是以原始贸易合同的“国际性”为前提的。这样规定更便于对该惯例所特指的“国际保理”的整个运作过程进行专门而细致的规定，为会员国作更详尽的指导，促进交易，避免纠纷。

不难看出，《商业银行保理业务管理暂行办法》对于保理国际性的判断标准要略宽于《国际保理公约》。因为《商业银行保理业务管理暂行办法》第10条并不要求必须是跨国贸易产生的应收账款，只要是债权人与债务人中至少有一方在境外即可，包括一方在境内另一方在境外和两方均在境外两种情形。一方在境内另一方在境外形成的应收账款具有国际性自不待言，若两方均在境外同一国家的话，则应收账款并不具有国际性，但此时，仍可能被认定为国际保理。

有学者认为，《商业银行保理业务管理暂行办法》对“国际性”的定义失之过窄。《联合国国际贸易中应收款转让公约》第1条“适用范围”规定：“1. 本公约适用于：（a）符合本章定义的国际应收款的转让和应收款的国际转让，前提是转让合同订立时转让人所在地在一缔约国内；以及（b）后继转让，条件是先前的任何转让受本公约管辖……”该公约第3条规定：“原始合同订立时，转让人和债务人所在地在不同国家的，该应收款具有国际性。转让合同订立时，转让人和受让人所在地在不同国家的，该转让具有国际性。”可见，《联合国国际贸易中应收款转让公约》同时兼采了应收账款本身的国际性和应收账款转让的国际性两个标准，也就是说在符合第1条的情况下，即便在原始的贸易合同不是国际贸易合同，或者应收账款没实现跨境转移的情况下，公约也是可能适用的。这就确立了一个相对宽泛的标准，更利于实现

---

① 史建源、胡松安：《保理公约的适用问题探究》，载《对外经济贸易大学学报》1999年第1期。

"就应收款的转让制定原则和通过规则，从而建立确定性和透明性"[①] 之目的。这种对应收账款国际性的界定方式既可以扩张该公约的适用范围，也可以包容国际保理的业态演进，为未来保理商业模式的发展预留空间。而随着服务贸易的全球化发展与保理行业的模式更新，《联合国国际贸易中应收款转让公约》中所讨论到的国内应收账款国际转让已然在我国出现，未来若引发争议，实践中以采纳《联合国国际贸易中应收款转让公约》精神，拓展国际保理定义范围为宜。[②]

此外，在保理合同纠纷审判中还需要注意保理的"国际性"与案件涉外因素之区分。保理合同的"国际性"与合同具有涉外因素之间不能画等号。比如，在某银行诉生活电器公司、李某明等金融借款合同纠纷案[③]中，虽然保理人某银行与出口商生活电器公司均为国内法人，但由于双方签署了《有追索权出口保理协议》，约定某银行为生活电器公司提供出口保理业务，并在其他合同中约定某银行提供的服务为国际贸易融资业务，故此生活电器公司转让的应收账款属于出口贸易，具有国际属性。此外，还需注意国际保理与存在涉外因素的国内保理之区分。在部分保理案件中，涉外因素主要体现为主体的涉外性，此时该纠纷属性仍可能为国内保理业务，只不过是存在涉外因素的国内保理纠纷。常见情形为外籍自然人、法人仅作为国内贸易中供应商的担保人或物之担保提供方之情形。比如，在某银行诉甲电子公司等保理合同纠纷案[④]中，香港居民刘某某为甲电子公司提供房产抵押，香港企业乙电子公司为其提供股权质押，但这些涉外因素的介入，并不能改变因甲电子公司与另一境内企业之间因贸易往来产生应收账款的国内属性，故不能改变基于应收账款融资目的而发生的保理合同的国内属性。在此类案件中，保理合同纠纷的审理仍以国内法为主，只有在涉及个别涉外法律关系时才需做法律适用的斟酌。同理，在保险公司与某银行、光学公司、林某某借款合同纠纷案[⑤]中，决定保理具有国际性的关键因素并非被告之一的林某某具有我国台湾居

---

① 参见《联合国国际贸易中应收款转让公约》序言。

② 王锐：《国际保理合同的认定与裁判方法——基于一起典型案例的分析》，载《法律适用》2019 年第 2 期。

③ 参见广东省佛山市禅城区人民法院（2014）佛城法民三初字第 1181、1182 号民事判决书。

④ 参见广东省深圳前海合作区人民法院（2016）粤 0391 民初 122 号民事判决书。

⑤ 参见江西省高级人民法院（2015）赣民四终字第 1 号民事判决书。

民身份，而是作为保理商的某银行据以提供保理服务的应收账款来自国际货物买卖合同。因此，在保理案件审理中，涉外因素的存在与保理国际属性的判断为两个不同的问题。由于保理合同建立于货物买卖或服务提供的基础合同之上，系围绕货物买卖合同或服务提供合同履行所产生的应收账款而订立，故此决定保理国际属性的关键因素在于保理所服务的贸易的国际性，换言之在于发生应收账款的基础合同是否具有涉外性或国际性。因而，对于国际保理的“国际”属性之认定，应考察作为保理合同基础的货物买卖合同或服务提供合同是否具有国际属性。此外，随着保理行业的不断发展与创新，除国际应收账款的国内或国际转让可能构成保理合同外，还应关注国内应收账款的国际转让问题，在《国际保理公约》规则的基础上予以扩张，适度采纳《联合国国际贸易中应收款转让公约》中国际保理的认定标准，以提升我国涉外裁判的准确度与国际认可程度。①

三、国际双保理中的法律关系②

根据涉及当事人的多少，国际保理可分为单方保理和双方保理。国际实践中主要采取的是双保理机制。双保理即出口保理商和进口保理商共同为出口商提供保理的方式。因此国际保理法律关系一般包括供应商（Exporter）③、出口保理商（Export Factor）④、进口保理商（Importer Factor）⑤、进口商（Importer）⑥ 四方当事人。在整个业务操作过程中，出口商只需与出口保理商接触，进口商也只需同进口保理商联系，不存在语言、距离及社会习惯等障碍，非常方便。

---

① 王锐：《国际保理合同的认定与裁判方法——基于一起典型案例的分析》，载《法律适用》2019 年第 2 期。

② 此部分内容引用廖杨：《从〈国际保理公约〉析我国国际保理制度的相关法律问题》，湖南大学 2007 年硕士学位论文。

③ 供应商，是指提供货物或劳务，对其应收账款委托保理商叙做保理业务的当事人，一般即为卖方或中间商。

④ 出口保理商，是对出口商的应收账款叙做保理业务的当事人。

⑤ 进口保理商，是同意代收出口保理商的应收账款，并对应收账款有支付义务的当事人。

⑥ 进口商，又称债务人，是指对应收账款负有付款责任的当事人，一般即为买方。

（一）供应商与进口商的法律关系

供应商与进口商的法律关系是根据贸易合同确立的。保理商的介入对这种法律关系并无实质影响。不同的是，在采用国际保理服务后，二者间的直接权利义务关系分别转化为他们与本国保理商之间的权利义务关系，从而使得贸易程序当地化（localization）；供应商与进口商的权利义务关系表现为：供应商按贸易合同的规定及时交付货物或提供服务，并将应收账款让与的事实及相关信息通知进口商；进口商应按合同规定及时支付债款；双方还须就国际保理佣金或费用的承担进行约定。

（二）供应商与出口保理商的法律关系

供应商与出口保理商的法律关系是根据出口保理合同建立起来的。出口保理合同是国际保理交易中的主合同，由供应商与出口保理商协商一致订立。出口保理合同主要对合格的应收账款、信用额度的申请、通知的取消、单据的交付、付款、酬金、法律适用、争议解决、协议的修改与终止作出约定。这些约定是出口商与出口保理商法律关系的依据。合同看似庞杂，实际上无外乎三方面的内容：（1）应收账款；（2）供应商让与应收账款及相关权利与义务；（3）出口保理商购买和实现应收账款及相关权利与义务。从实质上说，出口保理合同是一项关于债权买卖的合同。英国、美国等国的法律和判例也把出口保理合同视为买卖特定债权的合同。

根据出口保理合同，供应商与出口保理商之间法律关系的内容为：

第一，供应商的义务。

1. 将出口保理合同范围内的所有合格应收账款让与出口保理商，包括在形式上提交发票副本等文件并通知债务人，在实质上保证应收账款是有效的和具有相应价值的并且不存在也不会产生任何障碍（已向出口保理商披露的除外）。

2. 债务人提出争端时，接受出口保理商的再让与即购回应收账款，并采取行动尽快解决争端，将有关信息及时通知出口保理商。

3. 保证责任。供应商除应保证应收账款的有效性和完整性外，还应保证：货款支付条件不得优于保理商同意的条件；必须在销售（或服务）合同中约定用保理商同意的货币支付；不得约定不合理的折扣或发出信贷票据；未经保理商同意，不得更改贸易合同；在清偿诉讼中予以合作等。

4. 披露义务。出口保理合同通常要求供应商披露可能影响坏账担保服务的任何事实，包括付款条件、交易方式及债务人的有关信息等，就像投保人履行最大诚信告知义务一样。

5. 支付佣金及其他费用。

第二，出口保理商的义务。

1. 将供应商提交的信用额度申请及其他文件交给进口保理商，并将进口保理商的决定及其他情况通知供应商。

2. 接受符合合同约定的应收账款，并负责收款和账务管理工作。

3. 在合同约定的日期向供应商付款，或在供应商提出要求时，预支一定比例的款项，待货款到期后，扣除预付款、费用、佣金及一定折扣后，将余下款项再付给供应商。

（三）出口保理商与进口保理商的法律关系

对出口保理商与进口保理商来说，二者之间往往有长期的业务往来，签有相互保理合同。合同主要约定彼此在业务中具体的权利与义务及争议解决等事项。该合同是应收账款再转让的法律依据。根据相互保理合同，出口保理商与进口保理商之间法律关系的内容如下：

第一，出口保理商的义务。

1. 向进口保理商传递信用额度申请表等有关文件。

2. 将供应商让与他的应收账款全部让与进口保理商。让与时应附转让通知、发票副本等，并对应收账款负保证责任。

3. 披露可能对收取应收账款产生不利影响的任何情况和事实。

4. 进口保理商调整或撤销信用额度时，协助其减少损失。

5. 对债务人的间接付款，通知进口保理商，并以信托方式替其保管或应其要求迅速转交。

6. 债务人提出争端时，应采取行动使争端尽快得到解决，并及时报告进展情况。

7. 偿还进口保理商已支付的但由于债务人提出争端或自己未履行义务以

致不能收回的核准款项金额及已支付但属未核准款项的金额。

8. 保证进口保理商不会因诚实合理的行为或不行为而受到其他当事人提出的诉讼、索赔、损失或其他要求的伤害，补偿因此而遭受的损失、费用和开支。

9. 支付佣金和费用。

第二，进口保理商的义务。

1. 经资信调查对出口商的申请作出决定，并及时通知出口保理商。

2. 将应收账款让与的文句、程序等通知出口保理商。

3. 在规定日期向债务人收取货款并迅速等值付给出口保理商，如不能迅速全部收取，则承担核准限额内的信用风险；迟延支付，则承担利息、汇价损失。

4. 经常报告账款追收情况，立即通知可能对收取应收账款或债务人资信产生不利影响的情况和事实。

5. 撤销信用额度时应迅速通知出口保理商，并对自己的过失承担责任。

6. 在债务人提出争端时，迅速通知出口保理商，并配合和协助解决争端，若在规定期限内争端得到有利于出口商的解决，则应重新承担付款责任。

（四）进口保理商与进口商的法律关系

进口保理商与进口商之间没有书面协议，但随着有关应收账款债权让与进口保理商后，则在进口保理商与进口商之间形成了债权债务关系。即使供应商与进口商之间的协议禁止让与应收账款，供应商向保理商进行的应收账款转让仍然有效。只要债务人不知道任何其他人对付款有优先权利，并且书面让与通知（1）系由供应商或经供应商授权的保理商向债务人作出的，（2）合理地确定了已经让与的应收账款及债务人须向其或向其账户付款的保理商，则债务人就有义务向进口商付款，进口保理商有权向进口商收取货款。逾期不付的，进口保理商可以采取相应的催收措施；无理拒付的，进口保理商有权采取诉讼或其他法律途径予以解决，主张供应商在同样情况下可以主张的权利。但是，在进口保理商要求进口商支付根据货物销售合同产生的应收账款时，进口商在该合同项下可用来对抗供应商付款请求的所有抗辩都可用来对抗进口保理商。

第二节　国际保理法律规范体系

以法律规范的地域效力划分，保理法律规范可分为国际规范与国内规范。前者用于调整国际保理法律关系；后者用于调整国内保理法律关系。本节对国际保理法律规范体系进行探讨。

一、保理相关国际条约与惯例

国际法是我国法律体系的组成部分。国际法不是一个独立的法律部门，它主要表现为国际条约和国际惯例。国际条约，是指我国与外国缔结、参加、签订、加入的双边、多边条约、协定和其他具有条约性质的国际法规范性文件。国际条约的名称包括条约、公约、协议、协定、议定书、宪章、盟约、换文、声明、公报和联合宣言等。国际条约是国际法的渊源。根据1990年12月28日第七届全国人民代表大会常务委员会第十七次会议通过的《中华人民共和国缔结条约程序法》及有关法律规定，凡我国缔结或参加的国际条约与协定在我国具有法律效力。无论其是直接适用还是转换为国内法后适用，均应是我国法律体系的组成部分。因而，我国政府与外国签订或我国加入的国际公约对于我国国内的国家机关、企事业单位、社会团体和公民具有与国内法一样的约束力。从这个意义上讲，凡是我国缔结或者参加的国际条约，也属于我国的法律渊源。[①] 当前，与保理直接相关的国际条约有《国际保理公约》与《联合国国际贸易中应收款转让公约》，国际惯例有《国际保理通则》。

（一）国际统一私法协会《国际保理公约》

《国际保理公约》是保理领域迄今为止唯一一部生效的专门性国际公约。1988年5月28日，国际统一私法协会在加拿大渥太华举行了由55国代表参加的国际统一私法协会外交会议。该会议最重要的成果之一就是制定并通过

① 张文显编：《法理学》，高等教育出版社、北京大学出版社2018年版，第109页。

了《国际保理公约》。

《国际保理公约》共计4章23条内容。

第一章是公约的适用范围和总则，包括第1条至第4条。第1条主要对保理商的职能和应收账款的内容进行了界定，第2条和第3条是关于公约的适用和排除适用的规定，第4条是关于公约的解释规则。

第二章对当事人各方的权利和义务作出了规定，自第5条到第10条，是整个公约的核心条文。其中第5条主要是关于未来应收账款的转让规则，第6条是阐明当原始贸易合同中存在禁止转让条款时应收账款债权转让是否有效，第7条是关于一揽子转让型保理的规定，第8条规定了应收账款债权转让对债务人生效的要件，第9条规定了债务人的抗辩权和抵销权，第10条是关于债务人对已付款项追回权的规定。

第三章由第11条和第12条组成，是关于保理合同再转让的规定。公约原则上对保理合同的再转让持肯定态度，只有在保理合同本身限制再转让时公约才不能适用。

第四章是公约的最后条款，自第13条到第23条，规定了公约的加入、生效、批准、保理等事项。同时，在与其他国际条约的关系上，公约第15条规定："本公约并不优于业已缔结或可能缔结的任何条约"。这就表明，公约并不要求优先于其他国际条约的地位，更不排除其他同类国际条约的适用。①

《国际保理公约》为国际保理提供了法律框架，并对后来国内立法产生深远的影响，具有重要的示范意义。该公约作为世界上第一部专门规范国际保理法律关系的统一实体法，不仅为处理国际保理中涉及的众多法律关系提供了一个可供参考的基本框架，更为那些有意发展和修订其国内法的国家提供了一部示范法，对国际保理领域法律制度的协调以及国际保理的发展具有重要的指导意义。同时，该公约也存在一些不足之处，一是没有确立债权转让后权利冲突之优先权规则，尽管"要想在不冲击关于规定公司、破产、融资、注册、对担保的公开等等方面各国法律的同时，制定出这方面的原则是不可能的"②，而且各国关于优先权的规定差异极大，不易调和，但对优先权规则

---

① 赵相林主编：《国际私法》，中国政法大学出版社2005年版，第257页。

② 〔英〕弗瑞迪·萨林格：《保理法律与实务》，刘园、叶志壮译，对外经济贸易大学出版社1995年版，第236页。

的缺失不能不说是一种遗憾；二是“对保理当事人的权利义务关系规定得偏于简略，操作性不够”①，需要在具体实践中进一步细化。

（二）联合国国际贸易法委员会《联合国国际贸易中应收款转让公约》

联合国国际贸易法委员会经过长达六年的研究和讨论制定了《联合国国际贸易中应收款转让公约》（United Nations Convention on the Assignment of Receivables in International Trade），并于 2001 年 12 月 12 日经联合国大会讨论通过。该公约是调整国际贸易中应收账款转让法律关系的专门公约，虽不是关于国际保理的专门公约，但其重要性不容忽视。因为其解决了国际保理中的许多关键性问题，弥补了《国际保理公约》的不足，比如未来应收账款转让、禁止转让条款的绝对无效、受让人的收益优先权原则都是对《国际保理公约》的突破创新，有利于促进国际保理业务的发展。②

《国际贸易中应收款转让公约》共 6 章计 47 条，另有附则 4 节计 10 条规定。第一章（第 1~4 条）规定了公约适用于应收账款转让和应收账款国际转让，前提是转让合同订立时转让人所在地在一缔约国内，以及先前的任何转让受本公约管辖的及转让人所在地为一缔约国的后继转让。第二章（第 5~7 条）规定了定义和解释规则。第三章（第 8~10 条）规定了应收账款转让的法律效力。第四章（第 11~25 条）规定了转让人与受让人的权利、义务和抗辩规则。第五章（第 26~32 条）规定了独立适用的法律冲突规则。第六章（第 33~47 条）规定了公约的签署、批准、接受、认可、加入，与其他国际协定的冲突、附件的使用、声明、保留、生效、退出、修订等。尤值一提的是，该公约第 38 条规定，相对于《国际保理公约》，本公约应优先适用国际保理。公约附件规定了可供缔约国参考适用的优先权规则。附件采用了灵活的可供选择适用的优先权原则，扩大了缔约国的可接受度。

为促进应收账款转让的法律现代化，《国际贸易中应收款转让公约》保护现有的转让惯例和发展新的惯例，建立并采用一套有关应收账款转让的统一规则，有助于以更低的成本获得资本和信贷，从而促进国际贸易的发展。《国

① 黄斌：《国际保理：金融创新及法律实务》，法律出版社 2006 年版，第 29 页。
② 杨国华：《〈国际贸易中应收账款转让公约〉评介》，载《国际贸易问题》2000 年第 2 期。

际贸易中应收款转让公约》第45条规定，“本公约于第五份批准书、接受书、认可书或加入书交存之日起满六个月后的下一个月第一日起生效”。但迄今为止，只有美国、卢森堡、马达加斯加和利比亚四国签字和加入，该公约因缔约国数量不足至今未生效。由于我国未签字加入该公约，故其不能成为我国保理的正式法律渊源。

（三）国际保理商联合会《国际保理通则》

惯例，亦称“通例”。根据《辞海》解释，惯例是指“法律上没有明文规定，但过去曾经施行，可以仿照办理的做法”[①]。国际惯例，是指在长期的国际交往中，经过反复实践、反复使用而逐步形成的具有固定内容的习惯做法或常例。与国际公约不同，国际惯例有以下几方面特点：（1）国际惯例不是国家间通过谈判缔结的，而是由国际民间团体组织编纂的。（2）国际惯例具有任意性，仅供当事人在订立合同时参考或选择使用，当事人可以酌情修改。适用国际惯例的前提条件是当事人双方都明确表示同意援引该惯例的规定。（3）国际惯例一般具有不成文性，但为了方便人们理解、掌握和使用，一些民间组织通常会对某些惯例加以成文化。[②] 虽然国际惯例未经国内立法程序制定，但在我国国际惯例仍具有法律适用效力。在法律、行政法规和我国缔结的国际条约未作规定的，国际惯例可以适用。如国际惯例为当事人选择采用，就具有法律约束力。

当前，国际保理商联合会制定的《国际保理通则》（General Rules for International Factoring）是国际保理中最为重要的国际惯例。国际保理商联合会成立于1968年，已经发展成为世界上最具影响力的国际保理商组织，旨在制定跨境贸易中统一的保理技术，帮助解决国际保理业务中的法律、法规和技术问题，以促进全球保理业务的发展。《国际保理通则》前身为《国际保理业务惯例规则》（Code of international Factoring Customs）。该规则历经修订后于2002年7月正式更名为《国际保理通则》。为适应国际保理发展的新情况，国际保理商联合会近几年均对该通则进行了修订，2019年版本为最新版本。

---

① 《辞海》，上海辞书出版社2010年版，第638页。

② 李英、付荣、颜行志：《国际经济法理论与实践》，知识产权出版社2013年版，第11页。

《国际保理通则》共 8 节 32 条，主要内容包括：第一节（第 1～11 条）总则部分规定了保理合同的定义、参与国际双保理的当事人、所包含的应收账款、通用语言、期限为公历日、文书与代码系统、与本规则有所偏差的协议的效力、进口保理人的佣金与酬金、按仲裁规则对进出口保理人之间的纠纷解决、进出口保理人之间的善意与互助原则等内容。第二节（第 12～15 条）规定的是应收账款转让。第三节（第 16～19 条）规定了信用风险内容。第四节（第 20～22 条）规定了应收账款的催收，描述了进口保理人在收款中的权利、义务以及对未核准应收账款的处理。第五节（第 23～26 条）规定了国际保理的资金划拨、担保付款责任的承担、禁止转让的应收账款如何承担坏账担保责任、迟付的责任等。第六节（第 27 条）规定了争议处理规则和程序以及对担保付款责任的影响。第七节（第 28 条）规定了出口保理人代表供应商作出的保证和承诺。第八节（第 29～32 条）规定了保理电子数据交换通讯系统、账务管理和报告、出口保理人与进口保理人特定情形下的赔偿责任等内容。

《国际保理通则》对于国际保理业务和我国国内保理业务均产生较大影响。国际保理商联合会作为国际上最主要的保理商组织，其制定的供会员在办理双保理业务时适用的通用规则虽非主权国家缔结的国际条约，严格来说对进出口保理商不具备法律约束力，但由于作为会员的保理商（我国主要保理商已取得会员身份）通常会协议选择上述合同范本（甚至有会员将《国际保理通则》的内容写入保理服务合同文本中），且其会员所经营的国际保理业务占据了全球国际保理业务量的 88%，《国际保理通则》及其相关格式合同条款已经取得了贸易惯例的地位。[①] 在国际保理实践中，如果进出口保理商签订的国际保理协议约定以《国际保理通则》作为争议解决的依据，那么法院适用《国际保理通则》应无障碍。故《国际保理通则》可作为我国正式的法律渊源。

---

① 王锐：《国际保理合同的认定与裁判方法——基于一起典型案例的分析》，载《法律适用》2019 年第 2 期。

二、国际保理中的双层规范体系

如前所述，国际保理法律规范主要由两份国际公约与一份国际惯例组成。《国际贸易中应收款转让公约》由于其自身未生效，故被排除在国际保理法律规范体系之外。因此，国际保理法律规范的体系结构呈现为“公约+惯例”的双层结构，见图 5-1。

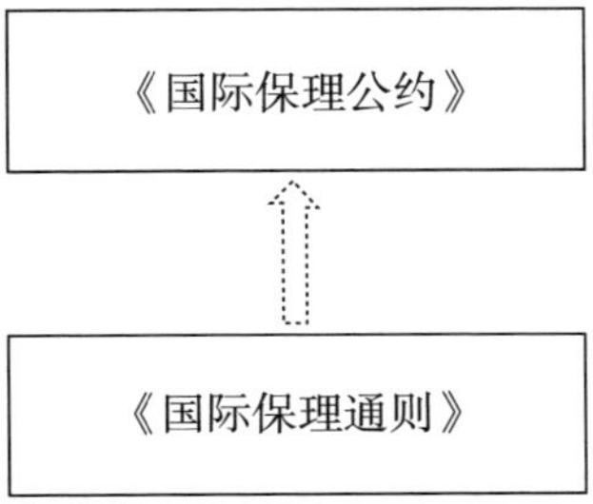

图 5-1　国际保理中双层规范体系

（一）《国际保理公约》居于体系顶层

《国际保理公约》是国际保理领域唯一用来调整保理法律关系的专门性国际公约。根据我国《民法典》第 12 条规定，我国领域内的民事活动适用我国法律，“法律另有规定的，依照其规定”。在解释上，“法律另有规定”中所指的“法律”范围自然包含《涉外民事关系法律适用法》。[①] 而《涉外民事关系法律适用法》第 3 条规定：“当事人依照法律规定可以明示选择涉外民事关系适用的法律”；第 41 条规定：“当事人可以协议选择合同适用的法律。”据此，在国际保理活动中，当事人可以协议选择《国际保理公约》作为准据法。由于《国际保理公约》是国际保理领域唯一生效的实体法，故其在国际保理法律规范体系中占据最高的法律地位。

（二）《国际保理通则》是公约的补充

《国际保理通则》作为国际保理领域最重要的国际惯例，在我国亦具适用

① 黄薇主编：《中华人民共和国民法典总则编释义》，法律出版社 2020 年版，第 39 页。

空间。当国内法在经济全球化面前失灵时，以习惯法为基础的商业惯例就发挥着调整国际商事合同法律关系的作用。[①] 在国际保理领域，《国际保理通则》作为《国际保理公约》的重要补充，可视为《国际保理公约》的下位法，在国际保理规范体系中亦占据一席之地。

第三节 国际保理法律规范的法律适用

一、国际保理合同案件的审判原则

（一）尊重国际保理交易惯例

《国际保理通则》对于国际保理业务具有相当大的影响，可以考虑结合个案事实将其视作商事惯例，予以适当参考。《民法典》第10条规定：“处理民事纠纷，应当依照法律；法律没有规定的，可以适用习惯，但是不得违背公序良俗。”这里的“习惯”不仅包括国内习惯法，还包括外国习惯法、国际习惯法。[②] “国际条约在涉外民商事审判中应当直接适用，且优先于国内法律的适用；国际惯例在我国法律和缔结或者参加的国际条约没有规定的情况下，补充适用。”[③] 原《民法通则》第142条第3款、《中华人民共和国票据法》第95条第2款、《中华人民共和国海商法》第268条第2款、《中华人民共和国民用航空法》第184条第2款均规定，我国法律和我国缔结或者参加的国际条约没有规定的，可以适用国际惯例。在保理实践中，中国银行业协会制定的《中国银行业保理业务规范》第3条也明确规定：“银行在办理业务时必须遵循以下原则……（二）遵守国际惯例，如《国际保理通则》……”在司法实践中，若当事人约定适用《国际保理通则》，只要该通则不与我国法律规

---

① 〔意〕F. 卡尔卡诺：《商法史》，贾婉婷译，商务印书馆2017年版，第241页。

② 陈金钊、吴冬兴：《〈民法典〉阐释的“体系”依据及其限度》，载《上海师范大学学报（哲学社会科学版）》2021年第2期。

③ 刘贵祥：《涉外民事关系法律适用法在审判实践中的几个问题》，载《人民司法》2011年第11期。

定相抵触，人民法院即可适用《国际保理通则》进行裁判。比如，《深圳前海法院保理合同案件裁判指引》第 40 条规定：“有涉外因素的保理合同纠纷，当事人约定适用国际条例、国际惯例或域外法的，按照《中华人民共和国民法通则》《中华人民共和国涉外民事关系法律适用法》的相关规定进行处理。”在下文的案例中，法院判决就适用《国际保理通则》作为裁判依据。

案例 20　出口商与出口保理人之间的国际保理合同纠纷可参照适用国际惯例①

基本案情

1994 年 1 月 3 日，甲公司向国内 A 银行申请叙作保理业务。1 月 7 日，美国某银行致电 A 银行，同意为进口商美国乙公司提供 10 万美元的循环额度，有效期为 1 月 7 日至 4 月 7 日。同年 2 月 25 日，甲公司与 A 银行签订“出口保理业务协议”，对保理范围、额度的申请和通知、服务费、保理融资、双方的责任等内容作了约定，其中第七部分“保理融资”规定：“1. 当出口商发运货物后至进口商付款到期之前，出口商可向出口保理商申请融通资金，出口保理商视出口商的资金状况和出口销售款额，提供信用额度内发票金额的 50%~80%的融资，其融资利率为伦敦同业拆放利率加适当利差，按外币计息；2. 在出口商信守合同，确保货物质量，严格执行本协议的情况下，出口保理商无权追索出口商得到的信用额度内的融资，若进口商提出质量争议或因出口商责任引起的拒付及拖延付款，出口保理商将有权追索融资款项。”为确保该条款的执行，双方还于同日签订一份“补充协议”，约定“出口商同意在收到出口保理商发出的追索通知之时起十日内按要求主动退款。若出口商不能按规定的时间退款，出口商同意出口保理商授权 B 银行直接从出口商账户中主动扣款，以冲回相应的融资款项和支付银行利息和费用等”。甲公司于当日向 A 银行提交了融资 81177. 60 美元的申请及授权 B 银行在由于质量争议原因进口商提出拒付时直接扣款的授权书。

---

①　一审：昆明市中级人民法院（1996）昆法经初字第 75 号民事判决书；二审：云南省高级人民法院（1997）云高经终字第 39 号民事判决书。转引自金赛波：《中国信用证法律和重要案例点评（2002 年度）》，对外经济贸易大学出版社 2003 年版，第 393~405 页。

1994年2月14日、4月5日，甲公司分别将发票号为INV94YCR001-2、94YCR005的货物发运；同年2月21日、4月8日，甲公司分别将上述两单货物的发票及出口单据提交A银行。A银行在收到甲公司提交的单据后，分别于3月26日、4月18日按发票金额的80%合计提供了81177.6美元的融资。8月5日，美国某银行将争议通知传真至A银行，内容为："我们已与上述进口商（美国乙公司）联系，他们通知我方将拒付赊销（O/A）发票项下货款，进口商称其已对1994年初购买的托收（D/A）项下109把酒吧巾进行过付款，酒吧巾含棉量应为45%，但实际到货的含棉量却高达84%，该货物已被美国海关扣留，等待新的配额许可证。进口商指出，他已联系甲公司，但该公司在此总是不提供任何帮助。我方（美国某银行）也将把此信及进口商从美国海关得到的证明书传真给甲公司；进口商声明将拒付甲公司这些发票货款直到酒吧巾问题解决。请通知你方出口商这些发票之货款已被视为存在争议，同时，请其正视现存问题的事实。"8月18日，A银行将"扣款委托书"传真至B银行，称："根据中国A银行与甲公司1994年2月25日共同签署的《出口保理业务协议》第7条、第9条及《补充协议》，以及甲公司出具的《扣款授权书》之规定，现因进口保理商提出质量争议及贸易纠纷，特委托贵行将我们融资给甲公司之款项、利息及银行费用从该公司在贵行的账户中代扣冲回，归还我们。"8月11日，B银行从甲公司在该行账户上扣划83337.90美元给A银行。

1996年3月25日，甲公司以A银行、B银行为被告，向昆明市中级人民法院提起诉讼，请求判令由两被告赔偿因违反合同扣款造成的损失折合人民币717847.67元及利息，并支付余下货款。

裁判结果

一审法院判决：A银行返还甲公司83337.90美元及利息，并支付甲公司余下的20%货款20294.40美元。

A银行不服一审判决，提起上诉。二审法院参照《国际保理业务惯例规则》[1] 判决：撤销一审民事判决，驳回甲公司的诉讼请求。

裁判理由

一审判决认为，保理协议及补充协议系双方当事人自愿订立，不违反国家法律、法规规定，应为有效；本案纠纷的原因系A银行根据美方发来的客户争议通知，将已支付给甲公司的融资扣回；甲公司在保理业务项下发往美国的货物并未发生质量争议，进口商是以保理协议签订以前的另一笔货物被扣而拒付货款，而在保理协议签订以前发生的业务不应受保理协议约束；美方提出反索，拒付原告保理业务项下的货款时，作为出口保理商的A银行应根据国际保理业务惯例及保理业务协议的规定，与美方进行交涉，但A银行未进行交涉便直接从原告账户扣回融资款项不妥；保理业务项下的货物未出现质量争议，也无充分证据证实确因原告的责任引起拒付及拖延付款，A银行单方扣回融资款，违反了协议规定，是对原告的一种侵权行为，应依法承担相应的法律责任，并应按协议规定支付原告余下的20%的货款；B银行实施的扣款行为是受A银行的委托办理，由此而产生的一切法律后果应由A银行承担。

二审判决认为，本案纠纷的正确处理取决于以下几个问题的解决：

1. 关于适用法律的问题

本案为发生于出口商与出口保理商之间的保理业务纠纷。而对于保理业务及保理业务各方当事人的权利义务，我国法律、行政法规尚无规定。1993年2月，中国银行以中国第一家保理商的身份加入了国际保理商联合会，成为中国在该组织的唯一会员。该联合会于1990年6月制订了《国际保理业务惯例规则》，该规则是各成员从事保理业务活动的规范性文件。根据最高人民法院《全国经济审判工作座谈会纪要》的规定，“我国法律、法规和我国参加的国际条约未作规定的，可以适用国际惯例”，故本案在无国内法可适用的情况下，可以参照适用《国际保理业务惯例规则》。中国银行作为国际保理商联合会会员，其从事出口保理业务除与进口保理商有特殊约定外，应从属于该

---

① 《国际保理业务惯例规则》为《国际保理通则》的前身。该规则历经修订后于2002年7月正式更名为《国际保理通则》。

《国际保理业务惯例规则》。甲公司接受A银行为其出口保理商，其有义务协助该行依据《国际保理业务惯例规则》履行义务。

2. 关于信用额度的问题

保理业务中核定信用额度的目的是明确保理对因债务人清偿能力不足而形成呆账、坏账所承担的风险责任。信用额度一经核定，对于额度以内的债务，只要债务人不提出抗辩、反索或抵销，则进口保理商须在额度内进行担保付款。《国际保理业务惯例规则》第7条规定，“进口保理商对转让给他的应收账款的信用风险承担取决于他对该应收账款的核准”，也即进口保理商核准信用额度后，其在核准额度内承担风险。具体到本案即是甲公司向A银行提出申请后，A银行将申请转寄进口保理商美国某银行；美国某银行审查同意核准10万美元信用额度后，再由A银行将进口保理商核准的信用额度告知甲公司。因此，保理业务中的信用额度系由进口保理商而非出口保理商审查核准，原审法院认定为出口保理商A银行批准不当。

3. 关于保理业务范围的问题

本案中涉及四批货物，具体情况为：（1）1994年2月12日发运，价值52416美元的货物，发票号为94YCR001-2；（2）2月14日发运，价值14899.50美元的货物，发票号为94YCR001；（3）3月12日发运，价值13007.70美元的货物，发票号为94YCR006；（4）4月3日发运，价值49056美元的货物，发票号为94YCR005。四批货物均是履行甲公司与美国乙公司于1993年10月所签订的合同。（1）（4）两批货物发运后，甲公司即向A银行提交了发票等相关单据，并获得了发票金额80%的融资；（2）（3）两批货物发运后，甲公司未向A银行提交单据，乙公司已直接向甲公司支付此两批货物的货款，但货物遭美国海关扣留，乙公司即以此为由拒付（1）（4）两批货款。

原审法院审理后认为，（1）（4）两批货物甲公司已向A银行提交了发票等单据，故此两批货物属于保理协议范围，应受保理协议约束；而进口商已付款，但遭美国海关扣留的（2）（3）两批货物，“是在原告与被告建立保理业务关系之前发生的业务，不应受原、被告双方所签保理业务协议的约束”。本院认为，原审法院对此所作认定不当。因为，第一，如前所述，进口商已付款但遭海关扣留的货物有两批，一批是2月14日发运，在保理协议签订的2月25日前；一批是3月12日发运，则在协议签订后；第二，一审认为属于保理业务范围的（1）（4）两批货物，有一批也是在保理协议签订前的2月12日发运的；第三，根据《国际保理业务惯例规则》第7条第3款B项的规定，“除非另有约定，该核准将适用于（在核准限额内）债务人所欠的下列应收账款……（B）于核准申请日或以后由发货所产生的应收账款”，也即保理业务中，保理业务范围自进口保理商核准信用额度之日起。具体到本案中，进口保理商美国某银行1月7日核准信用额度，则该日后甲公司向美国乙公司出口的货物均属于保理业务范围之内。因此，本案涉及的四批货物发运于核准之后，均属保理业务范围，应受保理业务协议约束，原审法院对此认定不当，应予纠正。

4. 关于应收账款转让的问题

根据《国际保理业务惯例规则》第14条、第15条的规定，保理业务的核心内容是出售债权以获取融资。出口商将债权凭证的发票转让给保理商，出口保理商提供融资，进口保理商在信用额度内担保付款，但出口商必须保证他所出售给保理商的所有应收账款都是合法有效的债务求偿权，债务人将不会对此提出抗辩和反索，也即该应收账款必须是正当的、毫无争议的债务求偿权。如果由于债务人的抗辩和反索，保理商未能按期收回购入的债权，保理商可以向出口商行使追索权。本案中进口商拒绝承担对94YCR001-2、94YCR005两单货物的付款义务，并提出抗辩主张，这表明甲公司对此两笔应收账款的转让是不合格的。对于不合格的应收账款，进口保理商不承担担保付款的责任，出口保理商可以行使追索权，将提供的此两张发票的融资收回。

同时，根据双方当事人所签《保理业务协议》第7条第2款的规定，“在出口商信守合同，确保货物质量，严格执行本协议的情况下，出口保理商无权追索出口商得到的信用额度内的融资，若进口商提供质量争议或因出口商责任引起的拒付及拖延付款，出口保理商将有权追索融资款项”，本案中甲公司所发运货物的含棉量超出合同规定，导致被美国海关扣留，进口商支付货款后未能收到货，即以此为由拒付94YCR001-2、94YCR005两单货款。在由于甲公司责任引起的拒付情况发生后，出口保理商A银行有权依协议追索融资。因此，原审法院认定A银行扣回融资是对甲公司侵权无事实和法律依据。

5. 关于剩余货款的问题

原告甲公司在诉讼中提出由A银行承担支付剩余的20%货款的义务，本院认为此诉讼请求不能成立，因为（1）无论依据《国际保理业务惯例规则》还是《保理业务协议》，出口保理商均无支付剩余货款的义务；（2）无论在何种关系中，支付货款的义务均应由买受货物的一方当事人承担；（3）剩余货款属基础合同交易的范畴，当保理业务失败后，出口商甲公司并不丧失依据基础合同向进口商请求支付货款的权利。

6. 关于代理扣款的问题

1994年2月25日，A银行与甲公司签订了补充协议和扣款授权书，授权B银行在需要冲回融资时由其代A银行直接从甲公司账户扣划。8月10日，A银行将扣款委托书传真给B银行，B银行据此扣划83337.90美元给A银行，此扣款行为系代理行为，代理人B银行不承担责任。一审对此认定恰当，处理正确，原告要求由B银行承担赔偿责任无任何依据。

综上所述，本案除应依据双方当事人签订的《保理业务协议》，还应依据《国际保理业务惯例规则》来确定保理关系中各方当事人的权利义务。在进口保理商核准信用额度后，出口保理商A银行与甲公司签订《保理协议》。甲公司于1994年初发往美国乙公司、并遭美国海关扣留的货物仍属保理业务范围之内，甲公司未将符合业务范围的应收账款转让给保理商，是违约和违反《国际保理通则》的行为。在美方拒付货款、甲公司转让的应收账款不合格的情况下，A银行委托B银行扣款，符合《保理协议》和《扣款授权书》的规定，甲公司以出口保理商应向进口保理商交涉的抗辩理由不能成立。A银行无支付剩余货款的义务，B银行代理扣款也无须承担赔偿责任。故上诉人A银行的上诉成立，应予支持，甲公司的诉讼请求无事实和法律依据，不能成立，应予驳回。

案例评析

关于本案是否属于涉外民事案件的问题，尽管原、被告双方所争议的是国际保理业务，但仅就主体而言，甲公司与A银行均为中华人民共和国民事主体，无涉外因素。但是，双方民事关系的标的物，即美国进口商所欠甲公司的应收账款在境外。《最高人民法院关于贯彻执行〈中华人民共和国民法通则〉若干问题的意见（试行）》第178条规定："凡民事关系的一方或者双方当事人是外国人、无国籍人、外国法人的；民事关系的标的物在外国领域内的；产生、变更或者消灭民事权利义务关系的法律事实发生在外国的，均为涉外民事关系。人民法院在审理涉外民事关系的案件时，应当按照民法通则第八章的规定来确定应适用的实体法。”因此，由于法律关系标的具有涉外因素，故属于涉外民事案件，可适用《民法通则》及相关司法解释关于涉外民事案件的有关规定，在国内法律无明确规定时，可适用相关国际惯例。

根据上述理由，本案似乎可以适用《国际保理业务惯例规则》。但是，该规则规定的是进出口保理商之间处理国际保理业务的相关内容，并未直接规范出口商及进口商，涉及出口商（供应商）的内容时，也表述为由出口保理商代表出口商作出相关承诺和保证的方式。如涉及本案的反索的情形下，规则也仅规定进口保理商可拒绝承担担保付款责任和在已作担保付款后有权向出口保理商索回的权利，而未涉及出口商（供应商）的内容。从这个角度来看，《国际保理业务惯例规则》似乎又不能作为解决本案纠纷的依据。但本案的特殊之处在于，进口保理商之所以拒绝担保付款是由于进口商与出口商另一笔应收账款的争议导致的，即属反索情形。如果《国际保理业务惯例规则》不足为依据，则可能导致的是昆明中院的一审判决结果：一方面，进口保理商拒绝承担担保付款；另一方面，出口保理商不仅不能索回融资，而且还需将受让应收账款未付部分支付给出口商。经二审法院向最高人民法院请示，最高人民法院采纳了人民银行条法司的意见，认定《国际保理业务惯例规则》可作为本案纠纷解决的依据，使得A银行在二审中反败为胜。

本案值得注意的一个问题是，由于国际双保理业务存在两次债权让与（由出口商至出口保理商为第一次转让，出口保理商至进口保理商为第二次转让）过程，应该尤其注意两次转让间的法律关系衔接，以免产生纠纷和损失。由此看来，正确适用保理国际惯例对于国际保理非常重要。出口保理商应注意在与出口商签订的《出口保理业务协议》中明确约定，出口商也应遵循国际保理商联合会制定的《国际保理通则》，并在协议中规定与该通则相衔接的追索和反转让条款，以便出口保理商与出口商之间的《出口保理业务协议》同出口保理商与进口保理商之间的《相互保理协议》有机衔接，避免诸如本案的纠纷。①

① 黄斌：《国际保理：金融创新及法律实务》，法律出版社2006年版，第158~160页。

（二）尊重当事人的意思自治

在国际私法上，当事人意思自治原则是指合同当事人可以通过协商一致的意思表示自由选择支配合同准据法的一项法律选择原则，是目前确定合同法律适用最基本的一项原则。[①] 准据法是指某一涉外民事关系应当适用的某一特定国家的规范当事人之间权利义务关系的实体法。在国际保理业务中，存在着几种合同关系：出口商和进口商之间的货物服务买卖合同关系；出口商与出口保理商之间的保理合同关系；出口保理商与进口保理商之间的保理合同关系。他们之间的权利义务关系受他们之间签订的合同约束，因此，如果他们之间发生纠纷，原则上就应适用他们在合同中选择的法律。[②]

《涉外民事关系法律适用法》规定了一系列法律选择规范，既有总则性质的一般规定，又有对如何确定民事主体、婚姻家庭、继承、物权、债权、知识产权等涉外民事关系准据法的具体规定。值得注意的是，《涉外民事关系法律适用法》本身并不直接规定实体法的内容，它只规定选择准据法的原则。例如，该法第 41 条对于合同准据法的一般规定是："当事人可以协议选择合同适用的法律。当事人没有选择的，适用履行义务最能体现该合同特征的一方当事人经常居所地法律或者其他与该合同有最密切联系的法律。"该条确定准据法的原则是当事人意思自治和最密切联系原则。比如，深圳前海合作区人民法院审理的某银行与被告甲公司、乙公司等保理合同纠纷一案[③]中，法院判决认为，本案为保理合同纠纷，因被告甲公司、乙公司为香港注册登记的企业，故本案为涉港保理合同纠纷。涉案保理合同及保证函中均明确约定适用中国内地法律，参照《涉外民事关系法律适用法》第四十一条的规定，本院依法适用中国内地法律作为本案的准据法。

在国际保理合同中，若当事人对实体法作出了选择，法院应予充分尊重。《天津高院保理纪要（一）》第 6 条第 3 款规定："当事人在保理合同中约定参照《国际保理公约》等国际公约确定各方权利义务的，尊重当事人之间的约定。"《深圳前海法院保理合同案件裁判指引》第 40 条规定："有涉外因素

---

① 杜涛：《国际经济贸易中的国际私法问题》，武汉大学出版社 2005 版，第 163 页。
② 肖永平、杜涛：《国际保理法律问题初探》，载《国际经济贸易》1998 年第 3 期。
③ 参见深圳前海合作区人民法院（2021）粤 0391 民初 1006 号民事判决书。

的保理合同纠纷，当事人约定适用国际条约、国际惯例或域外法的，按照《民法通则》《涉外民事关系法律适用法》的相关规定进行处理。”

案例 21　国际保理中当事人选择适用国内法作为准据法，可适用国内法[①]

基本案情

在甲公司与某银行债权转让纠纷上诉案中，一审原告、二审被上诉人某银行与甲公司分属不同法域。一审被告、二审上诉人甲公司是在东莞市登记成立的外商独资企业。一审第三人乙公司与甲公司分属不同法域。一审第三人丙公司是案外人丁公司在东莞市登记成立的外商独资企业，在登记成立丙公司时，丁公司法定代表人黄某某出具《证明书》，证明丁公司是乙公司属下的一家子公司，凡丁公司的一切债权债务都由乙公司负责；后丙公司于 2008 年 8 月 13 日经一审法院裁定进行破产重整。

本案中，某银行先与乙公司就承购应收账款债权事宜进行协商，此后，乙公司于 2006 年 6 月 15 日出具《介绍函》，并由某银行于 2006 年 6 月 22 日通过 FEDEX 快递方式代为邮寄该《介绍函》给债务人甲公司，《介绍函》的内容为：乙公司已与保理商某银行签订协议书，某银行将有权处理基于乙公司客户产生的应收账款及信用事务；自 2006 年 1 月 1 日起，所有乙公司签发的发票均记载了转让条款，指示甲公司付款至乙公司在某银行开立的账户（账号略）；除上述新的付款程序外，甲公司与乙公司之间的业务关系均维持不变。2006 年 6 月 28 日，某银行与乙公司签订《应收账款债权承购契约书》，双方约定：乙公司向某银行申请办理应收账款债权买卖业务，各笔应收账款债权买卖应于某银行确定承购内容并出具承购同意书后始成立，乙公司应将所有经某银行同意买受的应收账款债权（含现在已存在及将来发生）让与某银行；乙公司向债务人开立商业发票应注明付款条件、到期日及“某银行为唯一受让债权人”的内容；买卖价金为各笔应收账款债权金额（含税）于扣除乙公司与债务人双方依交易条件认可的销货折让或销货退回金额及其他相

---

① 参见广东省高级人民法院（2010）粤高法民四终字第 97 号民事判决书。本案例及评析引自王锐：《国际保理合同的认定与裁判方法——基于一起典型案例的分析》，载《法律适用》2019 年第 2 期。

关费用后的金额，乙公司得请求某银行提前支付部分价金，利息于各笔承购同意书内约定；乙公司保证所让与之应收账款债权确实存在，并无不得让与之约定或法定限制；乙公司同意经某银行买受的应收账款债权，乙公司与债务人的买卖契约或其他债权契约内容（如付款期限、付款方式等）等，非经某银行同意，不得变更之；双方还约定了其他合同条款内容。同日，双方签订了合同的附件《同意书》，约定乙公司在某银行开设“应收账款备偿专户”（账号略），乙公司保证付款厂商将全部已到期的应付账款直接汇入该账号，并同意所有权归属某银行所有，某银行得自行支配及运用该账户内全部金额。根据上述合同约定，某银行与乙公司先后签订多份《应收账款债权承购同意书》，以确定具体承购额度及对价，具体承购额度随着双方的约定和债权数额变化不断变更。其中双方于2006年12月25日签订的最后一份《应收账款债权承购同意书》，约定应收账款的债务人为甲公司，承购额度为1350万美元，额度到期日为2007年6月30日。签订合同后，自2006年8月8日至2007年4月23日期间，甲公司分十次共计付款20101137.83美元至某银行前述指定账号内，尚余8507443.05美元未付（依据乙公司另行计算尚余7072573.73美元未付）。此后某银行数次发函要求甲公司履行付款义务，未果，遂引发诉讼。

裁判结果

一审法院判决：甲公司应当向某银行清偿债务。

甲公司不服一审判决，提起上诉。二审法院判决：驳回上诉，维持原判。

裁判理由

一审判决认为，某银行买受乙公司的应收账款债权具有国际保理合同的特征，国际保理合同兼具借款合同以及债权转让合同的双重性质，此案的保理商是某银行，出口商是乙公司，进口商是甲公司。根据国际保理业务惯例，出口商和进口商对于保理商而言，通常是一种互为担保的关系，出口商和进口商对保理商承担连带清偿责任。根据《合同法》第七十九条的规定，债权人可以将合同的权利全部或者部分转让给第三人。案涉债权转让合同对甲公司发生法律效力，甲公司应当向某银行清偿债务。

二审判决认为，乙公司作为甲公司的债权人，将本案所涉债权转让给某银行，并通知了甲公司，债权转让对甲公司发生法律效力，甲公司应向某银行偿付本案所涉债权。

案例评析

就本案而言，由于乙公司与甲公司位属不同法域，故参照国际私法原则与规则，在乙公司与甲公司之间因贸易往来而发生的应收账款属国际应收账款，符合《国际保理公约》中“应收账款产生于营业地位于不同国家（地区）的供应商和债务人订立的货物销售合同”这一规定，故本案属于国际保理合同纠纷，其法律适用不同于国内保理合同。尽管最后法院判决依据的是《合同法》的相关规定，而非引用国际贸易惯例，其主要原因在于：在该案诉讼过程中，某银行、甲公司、第三人丙公司均表示可以适用中华人民共和国的法律处理该国际保理合同争议；第三人乙公司经合法传唤，未出庭应诉，亦未提出相关异议。而依据《涉外民事关系法律适用法》第四十一条规定，当事人可以协议选择合同适用的法律。基于此，管辖法院依据《最高人民法院关于审理涉外民事或商事合同纠纷案件法律适用若干问题的规定》[①] 第四条之规定，对当事人协商选择适用我国法律作为准据法的行为及效果予以尊重与认可。

若保理商选择以国际惯例为实体法，人民法院需要谨慎对待，对于规则设置的背景、规则适用的必要性与可行性，需做具体论证。例如 FCI 普遍选择的《国际保理通则》为保理商联合组织制定，其部分条款具有一定的倾向性，更偏向进口保理商，也助推了债务人滥用争议提出权，[②] 容易引发争议，故我国法院在司法适用时应权衡利弊，不宜全部照搬适用。[③]

还需注意的是，《最高人民法院关于适用〈中华人民共和国涉外民事关系法律适用法〉若干问题的解释（一）》第 7 条规定：“当事人在合同中援引

---

① 根据最高人民法院 2013 年 2 月 26 日发布的《最高人民法院关于废止 1997 年 7 月 1 日至 2011 年 12 月 31 日期间发布的部分司法解释和司法解释性质文件（第十批）的决定》，该司法解释已于 2013 年 4 月 8 日废止。

② 如依据《国际保理通则》第 27 条规定，一旦进口保理商收到债务人提出争议的通知，已核准的应收账款就被暂时视为未受核准，可暂时终止担保付款责任（并非绝对免除）。

③ 王锐：《国际保理合同的认定与裁判方法——基于一起典型案例的分析》，载《法律适用》2019 年第 2 期。

尚未对中华人民共和国生效的国际条约的，人民法院可以根据该国际条约的内容确定当事人之间的权利义务，但违反中华人民共和国社会公共利益或中华人民共和国法律、行政法规强制性规定的除外。”上述司法解释为人民法院适用我国尚未缔结的国际条约提供了法律依据。但适用必须满足一个前提条件，即当事人选择。如果当事人选择《国际贸易中应收款转让公约》作为可适用的法律且与《民法典》无悖的情况下，人民法院可以依据公约确定当事人的权利义务关系；但如果当事人没有选择的，人民法院不得主动援引该公约。

（三）最密切联系原则的适用

最密切联系原则，是指就某一法律关系在当事人没有选择应适用的法律或者选择无效的情况下，由法院根据与合同有关的一切情况来确定哪一个国家的法律与合同有最为密切的联系，从而就适用该国法律。[①]《涉外民事关系法律适用法》第6条规定：“涉外民事关系适用外国法律，该国不同区域实施不同法律的，适用与该涉外民事关系有最密切联系区域的法律。”因此，如果国际保理业务中各方当事人未在合同中选择适用的法律或者选择无效，则应当依照国际私法中的最密切联系原则来分别确定不同当事人之间的合同所应适用的准据法。

1. 出口保理商与出口商之间关系的法律适用

保理合同与出口商和进口商之间的基础贸易合同关系是彼此独立的。通常保理合同的准据法是保理商营业所在地的法律。如果是双保理，出口商与出口保理商一般是同一国家法人，具有相同属人法，因此他们之间的保理协议可以适用其共同属人法。另外，由于国际保理业务的专业性，保理协议不同于一般合同，因此出口保理商与出口商之间的法律关系也要考虑有关国际保理惯例的规定。《国际保理通则》虽然主要是规范进口保理商与出口保理商之间的关系，但其第3条同时规定“出口保理商同意尽最大努力以保证出口商就其业务方面协助履行本惯例规则”。因此，如果出口保理商加入了国际保理商联合会，则其与出口商之间的法律关系也要尽量保证适用该惯例规则的

① 肖永平：《肖永平论冲突法》，武汉大学出版社2002版，第199~200页。

规定。

2. 出口保理商与进口保理商之间的法律适用

出口保理商与进口保理商之间是保理合同关系。根据该合同，出口保理商负有代为传递信用额度申请表、转让应收账款等义务，进口保理商则承担着资信调查评估、坏账风险、转交货款等义务。如果双方都是国际保理商联合会的成员，则除了他们之间有双边协议之外，还应当遵守章程。而根据章程，成员之间应当遵守《国际保理通则》和《仲裁规则》，因此，作为成员的出口保理商与进口保理商之间的纠纷自动适用该惯例规则，并且应当提交仲裁解决。

同时，无论双方是否为 FCI 的成员，根据各国的立法和实践以及国际惯例，不论是由当事人自己选择，还是由法院根据国际私法规则作出决定，进口保理商通常被视为“特征性履行”方，并且一般适用进口保理商所在国法律。这样，在出口保理商与进口保理商的法律适用问题上，就对出口保理商提出了挑战。

此外，除以上两种关系外，还存在着进口商和出口商之间的买卖合同关系，对于此种类型的争议一般按双方事先或者事后确定的准据法直接适用。一般情况下，由于进口保理商与进口商之间没有直接的合同关系，依据多数学者的观点，进口保理商与进口商之间的关系一般不会产生法律适用问题。①

二、国内法与国际条约、惯例不一致的处理

国际条约在国内的适用，一般有三种方式：一为转化，即条约的规定经过国内立法机关的立法行为转变为国内法后才能在国内适用。二为并入，即由国内宪法或部门法作出原则性规定或通过立法机关的行为，从整体上承认国际条约是国内法的组成部分并可在国内直接适用。多元论者提出了国内法“承认”国际法的理论，即国际法经国内法承认后才对该国有效。② 在国家间生效的条约，还必须被接受为缔约国的国内法律，从而使其规定在国内得到

---

① 代宾：《国际保理法律制度研究——甲公司诉乙银行北京分行、乙银行云南省分行国际保理合同纠纷案》，西南政法大学 2008 年硕士学位论文。

② 沈宗灵：《现代西方法理学》，北京大学出版社 1992 年版，第 136 页。

遵守和适用。[1] 三为混合模式，即一国根据条约的不同性质和内容，同时采用转化和并入两种方式适用条约。[2] 主权国家缔结或参加的国际条约、所认可的国际惯例的空间效力范围及于该条约的缔结国和参加国。当国内法的有关规定与这些国际条约或惯例发生冲突时，后者具有优先适用的效力。[3]

我国在适用国际条约时，对国际私法条约主要采用并入方式。比如，《民事诉讼法》（2023 修正）第 271 条规定："中华人民共和国缔结或者参加的国际条约同本法有不同规定的，适用该国际条约的规定，但中华人民共和国声明保留的条款除外。"《中华人民共和国海商法》第 268 条第 1 款、《中华人民共和国票据法》第 95 条第 1 款、《中华人民共和国民用航空法》第 184 条第 1 款均规定：中华人民共和国缔结或者参加的国际条约同本法有不同规定的，适用国际条约的规定；但是，中华人民共和国声明保留的条款除外。据此，我国缔结或参加的国际私法条约在我国具有法律效力，且在涉外法律关系中，国际私法条约的法律效力高于国内法。

例如，我国《民法典》第 761 条将保理合同严格限定在应收账款转让这一基础之上，《商业银行保理业务管理暂行办法》与《中国银行业保理业务规范》均明确规定"以应收账款为质押的贷款，不属于保理业务范围"。然而，《国际保理公约》对转让（assignments）并没有作出特别的定义。《国际保理通则》第 12 条"转让"规定："（1）应收账款的转让意味着该应收账款所涉的以任何形式存在的全部权益的让渡。据此，对该应收账款的担保也视为同时转让。"据此规则，以账款提供担保也应被视作账款的转让。《联合国国际贸易中应收款转让公约》也明确肯定应收账款质押能够构成保理，该公约第 2 条规定"'转让'系指一人（转让人）以协议方式向另一人（受让人）转移该转让人应从第三人（债务人）获得一笔款额（应收款）的全部或部分合同权利或其中的未分割权益。作为对债务或其他义务的担保而产生的应收款权利应视为转移"。由此可见，在现行国际保理规则体系中，应收账款转让的内涵要广于国内保理，既包括转让，也包括质押。在考量应收账款质押可否构成保理法律关系以及是否可运用保理相关规则时，应注意区分保理的国内或

---

① 王铁崖编：《国际法》，法律出版社 2005 年版，第 426 页。
② 李晓丽：《条约的国内适用方式研究》，人民法院出版社 2020 年版，第 18~24 页。
③ 陈金钊编：《法理学》，北京大学出版社 2010 年版，第 146 页。

国际属性。如果在国际保理合同中否认应收账款质押可构成保理，就会导致针对国际保理适用的裁判规则与国际惯例不符。因此，对于国际保理业务中的应收账款转让的认定，宜以国际公约及惯例的规定为准。[①]

① 王锐：《国际保理合同的认定与裁判方法——基于一起典型案例的分析》，载《法律适用》2019年第2期。

第六章　我国保理法律规范体系的效益、启示及完善

法律规范的体系化不是法律规范的简单组合或叠加，而是各种法律规范按照一定的逻辑凝聚在一起形成有机的统一体。从法律实效的角度看，法律规范体系化带来的效益远非某一部或两部单行法律所能及。通过体系化，法律规范可以产生出“1+1>2”的法律效果。如前所述，我国保理法律规范体系已基本形成，体系化效益开始逐步显现。保理法律规范体系的成功之处对我国法制建设具有重要启示。然而，我国保理法律规范体系并非尽善尽美，仍需要进一步完善。

第一节　我国保理法律规范体系的效益

苏永钦教授主张从立法、找法、储法和传法四个角度来衡量法典的体系效益。[①] 这实际上对应着我国立法、司法、执法和守法四个法治环节。保理法律规范体系是中国特色社会主义法律体系的一个组成部分。在我国全面推进依法治国的进程中，保理法律规范的体系效益体现在上述四个环节之中，并产生积极影响。

一、保理立法的体系效益

如果笼统划分，我国保理法律规范可分为《民法典》、监管法规（包括行

① 苏永钦：《大民法典的理念与蓝图》，载《中外法学》2021 年第 1 期。

政法规、部门规章、地方性法规)、司法解释与非正式法律渊源（包括行政规范性文件、行业自治文件以及司法政策）四大块。由于它们的制定目的、规范内容、规范对象、法律效力各不相同，使得它们能够各居其位，取长补短，相得益彰，提升了立法的完备性和科学化水平。

（一）体系化在精简立法的同时还扩展了法律规范的适用空间

《民法典》采取“总—分”的体系结构，使得立法得以精简化。对于保理合同与一般债权转让规则的重叠之处，没有必要再在保理合同章中重复规定。① 在保理合同章的内部亦是如此。由于《民法典》第 761 条是对保理合同的共性定义，《民法典》第 766 条、第 767 条在规定有追索权保理与无追索权保理时就没必要再对上述两种保理合同分别进行定义，而只需将二者的核心特征（当事人的权利义务关系）区分开来即可。于此，保理合同章的立法条文数量得以精简，避免了文字上的重复，提升了立法效率，符合立法经济原则。

通过保理合同章与总则编、物权编、合同编通则、其他典型合同的逻辑关系可以看出法典内部存在较强的协同效应。保理合同以债权转让为要素，债权转让系债法总则的制度而非某种有名合同，且与其他财产权转让具有内在共通性，属于财产法总则范畴。债权转让在各国民法典中通常被置于债法，多是出于立法技术上的便利，究其本质则与物权等其他财产权转让同构。因此，保理法天然地纵贯债法总则、横跨债物二法。此种体系上的多层次性、强关联性为其他有名合同所无。保理合同章立法的体系效应体现在体系外溢效应与体系联动效应。外溢效应体现为，《民法典》保理合同章的一些规则不仅具有债权转让一般规则的体系意义，还具有作为让与担保一般规则的体系意义。联动效应体现为，保理登记优先顺位规则具有债法总则品性，为应收账款转让与应收账款质押的统合、登记对抗主义的贯通、浮动担保制度的衔接提供了解释依据。② 对于同类问题或相似制度，法律宜采同一处理规则。在确定保理合同的裁判依据时，可以基于保理合同的目的、整体利益平衡以及

---

① 谢鸿飞、朱广新主编：《民法典评注·合同编·典型合同与准合同》(2)，中国法制出版社 2020 年版，第 568 页。

② 李宇：《保理法的再体系化》，载《法学研究》2022 年第 6 期。

当事人的真意，参照适用《民法典》或其他法律最相类似的规定。[①] 债权转让与保理合同章这种相互（参照）适用关系实现了立法上的协同，既有效避免规则的重复甚至矛盾，[②] 又减少了不必要的重复立法，提高了立法的实效，值得肯定。

一方面，保理与应收账款质押的体系关联为两种制度的规范互用预留了空间。《民法典》第 388 条的共性概括为各类担保权利的规范互用提供了契机，这是《民法典》体系化的应有之义。[③] 从整体上考察我国民法典保理交易规则体系不难发现，但凡涉及保理合同当事人之间具有相对效力的问题，我国民法典都将其置于合同编保理合同章中加以规定。基于《民法典》第 388 条第 1 款的规定，保理合同又被功能化为担保合同，由此带来的体系效应就是，在保理交易中涉及与担保功能相关的纠纷，即应适用或者类推适用我国民法典“担保物权”分编的相关规则。[④] 在该条的统领下，虽然各种担保权利在形式上各有不同，但在核心处又归于统一。如此就极大减少了法条上的重复，提升了法律适用的集约化水平，弥补了可能出现的法律漏洞。该条将非典型担保纳入担保范畴，从而形成更加全面系统的担保制度，为有追索权保理的相关规则类推适用于典型担保提供了法律基础。[⑤] 有追索权保理看似属于内设于保理合同法的专有规范，实则与债法余部及物权法紧密勾连。《民法典》第 766 条关于有追索权保理之规定体现了债权让与担保的法律构造，兼具一般规范的意义。《民法典》第 768 条应收账款转让登记在财产法上的体系联动效应则更为显著。财产处分之公示及对抗第三人效力，实具财产法总则性，系债法与物法共通之制度。《民法典》第 768 条既然为应收账款转让设置了公示方法并赋予其对抗效力，此项制度已不限于合同法分则之一隅，而

---

① 茆荣华编：《〈民法典〉适用与司法实务》，法律出版社 2020 年版，第 551 页。

② 王利明：《担保制度的现代化：对〈民法典〉第 388 条第 1 款的评析》，载《法学家》2021 年第 1 期。

③ 王利明：《担保制度的现代化：对〈民法典〉第 388 条第 1 款的评析》，载《法学家》2021 年第 1 期。高圣平：《动产担保交易的功能主义与形式主义——中国〈民法典〉的处理模式及其影响》，载《国外社会科学》2020 年第 4 期。

④ 高圣平：《论民法典上保理交易的担保功能》，载《法商研究》2023 年第 2 期。

⑤ 吴光荣：《〈民法典〉对担保制度的新发展及其实践影响——兼论〈民法典担保制度司法解释〉的适用范围》，载《法治研究》2021 年第 4 期。

具有财产法总则的全局性意义。[①] 由此，在填补有追索权保理或应收账款质押的法律漏洞时，基于保持权利担保规则整体协调性的考虑，可以通过参照适用的方式为二者搭起规则互用的通道。《民法典担保制度解释》第 66 条统合了保理与应收账款质押的优先顺位规则即体现了最高人民法院在促进二者规范统一上的努力。

另一方面，保理与债权转让的体系关联扩充了二者的法律适用空间，大大提高了立法效率。在商业实践中，保理交易的纷繁复杂程度令人咋舌，仅保理的种类划分就有十六种之多。[②] 《民法典》保理合同章只有区区九条规定。如果仅试图依靠保理合同章这有限的九条规定处理保理合同纠纷案件将力有不逮，难以应对复杂多变的商业实践。为此，《民法典》第 769 条“保理合同章没有规定时可适用债权转让有关规定”之规定作为引致规范链接债权让与制度，这就为扩大保理合同章法律适用范围提供了依据。“以债权转让的规则和理论为基础，解释和发展保理合同规则，乃保障民法典外部体系周延、内部体系融贯的必要。”[③] 需要注意的是，立法用语是“适用”而非“参照适用”。根据全国人大常委会法工委制定的《立法技术规范（试行）（一）》第 18 条第 3 项之规定，“参照”一语通常用于不能直接纳入该条法律的调整范围但又属于其调整范围逻辑内涵自然延伸的事项。保理合同并不是债权转让规则逻辑内涵的自然延伸，而是债权转让规则的直接调整范围。因此，保理合同中涉及债权转让的问题可直接适用债权转让规则。

反过来，非因保理的债权让与，也可适用（而非类推适用或参照适用）

---

① 李宇：《保理法的再体系化》，载《法学研究》2022 年第 6 期。

② “十六分法”具体为：(1) 依基础交易当事人及基础交易行为是否跨境可分为国内保理和国际保理；(2) 依保理人行业管理不同可分为银行保理和商业保理；(3) 依保理人是否提供贸易融资分为融资保理和非融资保理；(4) 依是否将应收账款转让的事实通知债务人分为公开型保理和隐蔽型保理；(5) 依保理人是否承担债务人的信用风险分为有追索权保理和无追索权保理；(6) 依保理人是否预先付款分为预付保理和到期保理；(7) 依受让时应收账款是否产生分为现有债权保理和未来债权保理；(8) 依债务人付款对象不同分为直接保理和间接保理；(9) 依保理人是否逐笔叙做业务分为逐笔保理和批量保理；(10) 依保理人是否循环叙做业务分为循环保理和非循环保理；(11) 依保理人是否接受委托叙做业务分为定向保理和非定向保理；(12) 依应收账款转让是否有折扣分为折扣保理和非折扣保理；(13) 依债务人回款次数不同分为单笔回款保理和分笔回款保理；(14) 依保理人服务范围不同分为完全保理和部分保理；(15) 依保理人数量不同分为单保理人保理和多保理人保理；(16) 依发起保理业务的主体不同分为正向保理和反向保理。

③ 詹诗渊：《保理合同客体适格的判断及效力展开》，载《环球法律评论》2021 年第 5 期。

保理合同章中的债权让与一般规则。法律规则的体系位置不同于法律条文的体例位置。决定适用抑或类推适用者，是体系位置而非体例位置。综观民法典保理合同章，保理交易特别规则少于债权让与一般规则。有学者指出，除第761条保理合同定义、第762条保理合同内容与形式、第766条有追索权保理、第767条无追索权保理四条系为保理交易而设外，第763条虚构债权、第764条受让人让与通知、第765条基础交易合同变动、第768条重复让与，皆为债权让与规则。因抽象程度各异，第763条、第764条适用于各种债权让与。第765条仅适用于合同债权让与。第766条与第767条的债权让与担保与债权买卖效果，可适用于各种债权的让与。第768条前3分句仅适用于应收账款让与：他种债权的让与，现行法未确立以登记或通知确定优先顺序的规则，而公示要件事关第三人利益，原则上取决于特别规定。该条第4分句悖于权利让与法理，且无法适用于因无偿合同让与债权（不存在融资款与服务报酬），故不具有一般规则的品性，不适用于非因保理的债权让与。①

（二）下位法为《民法典》提供支撑，体系解释有章可循

通过体系解释方法解释法律是体系效益的直接体现。司法者可通过法条之间的紧密脉络关联正确地解释法律内涵。基于抽象立法原则，《民法典》保理合同章中的一些法律概念、术语并不明确，需要进行解释。保理法律规范体系是一个有机的生命体，《民法典》与其他单行法相互依存，不可或缺。对《民法典》的解释尤其要重视体系解释方法的运用，即不能仅仅局限于法典本身，还要置于规范体系网络之中，借助其他单行法的规定进行理解。法律规范层次越多，法官运用体系解释中部分和整体之间的"解释学循环"时出现正确解释结论的可能性就越高，体系效益更能得到彰显。②

比如，关于保理中应收账款"转让"的文义是否包括"质押"就存在一定争议。有观点认为，根据相关国际公约，应收账款转让可作扩大解释，应收账款质押应为应收账款转让的特别形式，应收账款质押同样可构成保理合

① 李宇：《保理法的再体系化》，载《法学研究》2022年第6期。

② 谢鸿飞：《民法典的外部体系效益及其扩张》，载《环球法律评论》2018年第2期。

同。[①] 司法实践中，也有法院判决对此类保理合同的效力予以认可。[②] 然而，2014 年制定出台的《商业银行保理业务管理暂行办法》对应收账款质押明确予以否认，第 6 条第 2 款规定："以应收账款为质押的贷款，不属于保理业务范围。"由此，依体系解释原理，在国内保理中，应收账款质押不应在应收账款转让的文义射程范围内。该部门规章对法律理解产生了重要影响。此点要与国际保理作出区分。随后就有法院判决以该暂行办法为依据，明确应收账款质押不构成保理合同法律关系。[③] 另如，《民法典》第 761 条保理合同定义中的"资金融通、应收账款管理或者催收、应收账款债务人付款担保"等概念以及有追索权保理、无追索权保理之定义，可通过《商业银行保理业务管理暂行办法》的成文规定进行解释；《民法典》中"应收账款"的内涵可通过《动产和权利担保统一登记办法》第 3 条进行解释。

（三）司法解释与《民法典》形成配套，确保法律统一正确实施

确保法官正确理解、适用法律是司法解释最重要的使命。这就决定了司法解释与其所解释的法律之间具有高度的协同性。为了确保《民法典》贯彻实施，最高人民法院制定的保理相关司法解释就成为立法强有力的补充。司法解释对法律适用往往能起到一锤定音的效果，对促进《民法典》正确、统一实施发挥了重要作用。试举三例说明。

一如，《民间借贷司法解释批复》对民间借贷司法解释适用范围的说明，澄清了保理合同不得适用民间借贷司法解释这一争议问题。由于立法未对保理合同的利率作出限制性规定，司法实践中对于保理合同纠纷是否应参照适用民间借贷司法解释规定的利率标准处理存在分歧。一种观点认为，基于保理的融资特性，与融资法律关系相关的司法解释应可适用于保理合同纠纷。

① 宋天骐：《论保理合同的担保功能》，载《金融发展研究》2021 年第 12 期。王锐：《国际保理合同的认定与裁判方法——基于一起典型案例的分析》，载《法律适用》2019 年第 2 期。

② 参见广东省韶关市中级人民法院（2015）韶中法民二初字第 2 号民事判决书；广东省佛山市禅城区人民法院（2013）佛城法民三初字第 1612 号民事判决书；江苏省苏州市中级人民法院（2013）苏中商终字第 0574 号民事判决书。广东省韶关市中级人民法院（2015）韶中法民二初字第 2 号民事判决书陈述其理由在于"转让与质押均为涉案应收账款权利变化的方式，而这种做法也取得了作为保理商的银行的认可"。

③ 参见湖北省鄂州市中级人民法院（2014）鄂鄂州中民二初字第 00008 号民事判决书。

《民间借贷规定》第25条第1款规定："出借人请求借款人按照合同约定利率支付利息的，人民法院应予支持，但是双方约定的利率超过合同成立时一年期贷款市场报价利率四倍的除外。"参照该条规定，法院不应支持保理人所主张的超过"一年期贷款市场报价利率四倍"部分。另一种观点则认为，保理合同与民间借贷属于两种不同性质的合同，故不能参照民间借贷的利率标准限定保理合同的利率。针对此争论，《民间借贷司法解释批复》明确支持了第二种观点。该司法解释规定："由地方金融监管部门监管的小额贷款公司、融资担保公司、区域性股权市场、典当行、融资租赁公司、商业保理公司、地方资产管理公司等七类地方金融组织，属于经金融监管部门批准设立的金融机构，其因从事相关金融业务引发的纠纷，不适用新民间借贷司法解释。"据此，保理合同纠纷不适用民间借贷司法解释成为定论，法律适用分歧得以消弭。

二如，《民法典时间效力规定》对《民法典》合同编保理合同章的溯及力问题进行解释，明确了《民法典》可适用于其施行前订立的保理合同产生的纠纷。

案例22　《民法典时间效力规定》为《民法典》溯及适用的法律依据[①]

基本案情

2019年3月8日，甲公司与谢某某签订《项目服务定购书》一份，约定：1. 谢某某根据自身需求，按照甲公司及其分支机构具备合法经营资质的部分或全部服务项目提出服务要求，双方最终确定谢某某的消费项目；2. 双方约定消费总金额70000元，谢某某选择按月等额分期方式进行付款，共分24期，并按期支付剩余应款总额0.3%作为服务费，付款日为每月本协议签订日；3. 谢某某未按约定按时足额支付任意一期付款的，甲公司有权要求其提前一次性清偿剩余应付款，并按剩余应付款总额年化24%收取资金占用费直至结清为止。4. 谢某某剩余应付款属于甲公司应收款。甲公司可根据自主经营方式与保理商合作，保理商有权选择任何合法管理该应收账款的方式。谢

① 参见四川省成都高新技术产业开发区人民法院（2021）川0191民初7330号民事判决书。

某某签收《应收账款转让通知书》之日起即视为谢某某已经知晓并认同保理商有权直接向其主张还款，谢某某无异议；5. 甲公司将对谢某某享有的所有应收账款70000元全部转让给某保理公司，该保理公司有权根据谢某某的还款情况直接向谢某某主张权利，权利实现即回款后保理公司再与甲公司协商具体事宜。谢某某认可甲公司无须另行签订转让合同，谢某某签署本协议及签收转让通知书即可。

同日，某保理公司及甲公司共同向谢某某发出《应收账款转让通知书》，通知谢某某将其欠付甲公司的70000元分期账款债权全部转让给某保理公司，由谢某某按照合同约定向某保理公司分期付款。谢某某在该《应收账款转让通知书》上签字确认。

同日，谢某某与乙公司签订《医美分期服务协议》，主要内容为：1. 谢某某同意，乙公司有权就为本协议医美分期项目所提供的前期调查、审核、咨询及后期还款提醒、账户管理等系列相关服务向其收取居间服务费。居间服务费按月收取，每月收取金额=分期总金额×1.2%，具体支付时间与每月的还款时间相同。服务费最低收取不低于3%+200元（时间不足三个月的按三个月计算）。谢某某应通过乙公司提供的应用程序支付或其指定银行账户直接支付。2. 谢某某应按期足额向乙公司支付居间服务费，如发生逾期，应支付逾期服务费，逾期服务费=分期总金额×0.3%×逾期天数（不足200元的按200元收取）。

另，某保理公司、甲公司与乙公司签订《医美整形分期机构合作协议》一份，主要内容：1. 消费者经乙公司调查审核通过并成功接受甲公司医疗服务后所形成的应收账款，在取得消费者同意后由某保理公司就该应收账款为华人整形关系提供保理融资服务；2. 甲公司将应收账款债权及相关权利转让给某保理公司，某保理公司审查确认后，按照本合同项下所对应的应收账款发票对应的保理融资金额之和固定40%给甲公司提供保理融资，单笔订单封顶24000元。客户收款后，从第一期开始按客户还款本金的40%比例回收融资款，剩余60%的本金支付给甲公司，每月还款本金按此分配直至某保理公司全额回收首次支付的40%融资款后，客户后续还款的本金金额全额支付给甲公司。3. 某保理公司按约定收到消费者分期还款后，应与应收账款对应融资逐笔核算确认，确认无误的，在该笔应收账款对应的融资中购销。如有保理余额的，某保理公司应在7个工作日内将保理余款支付给甲公司。

2019年3月9日，甲公司为谢某某实施美容手术，谢某某在《手术知情同意书》上签字确认。

某保理公司陈述，谢某某在签订前述合同及接受美容手术后，支付了11期款项，其中包括保理本金32083.26元、保理服务费2100元、居间服务费8400元、违约金4623.36元等。对谢某某已支付的居间服务费8400元、违约金4623.36元，某保理公司自愿在主张的尚欠保理消费金额中予以抵扣，并将抵扣后的消费金额作为违约金的计算基数。

某保理公司向法院提出诉讼，请求判令：谢某某偿还尚欠消费金额22420.04元及资金占用费（以尚欠消费金额22420.04元为基数，按四倍LPR计算，从2020年3月9日起计算至谢某某付清之日止）；谢某某承担为实现债权产生的一切费用。

裁判结果

法院判决如下：1. 谢某某于本判决生效之日起十日内向某保理公司支付消费欠款本金22420.04元及资金占用费（以消费欠款本金22420.04元为基数，按年利率15.4%的标准，从2020年3月9日起计算至该款项实际付清之日止）；2. 驳回某保理公司的其他诉讼请求。

裁判理由

法院判决认为，案涉的《项目服务定购书》系合同各方当事人的真实意思表示，且不违反法律、行政法规的强制性规定，应属合法、有效，各方当事人均应恪守履行。根据《民法典时间效力规定》第十二条的规定："民法典施行前订立的保理合同发生争议的，适用民法典第三编第十六章的规定。"本案为保理合同纠纷，应适用《民法典》的相关规定。根据《民法典》第七百六十一条"保理合同是应收账款债权人将现有的或者将有的应收账款转让给保理人，保理人提供资金融通、应收账款管理或者催收、应收账款债务人付款担保等服务的合同"之规定，案外人甲公司出具的《手术知情同意书》和手术记录等证据，可以合理认定其已向被告谢某某提供医疗美容服务，从而对其享有应收账款债权。甲公司将该应收账款债权及相关从权利转让给某保理公司，由某保理公司提供资金融通、应收账款管理或催收等保理服务，双方已构成保理合同关系，且约定为有追索权的保理合同。同时，根据《民法典》第七百六十九条“本章没有规定的，适用本编第六章债权转让的有关规定”之规定，案涉债权不属于法律规定不得转让的债权，且案外人甲公司、某保理公司及谢某某均在《应收账款转让通知书》上签字确认，符合各方约定的应收账款转让生效条件，亦已将该债权转让事项通知被告谢某某，该债权转让对各方均发生法律效力。

根据案涉《项目服务定购书》的约定，如谢某某未按期足额向某保理公司支付任意一期分期款项，某保理公司有权要求谢某某提前一次性清偿剩余全部款项。故某保理公司要求谢某某支付的消费欠款 22420.04 元本院予以支持。另，根据《民法典》第七百六十六条“当事人约定有追索权保理的，保理人可以向应收账款债权人主张返还保理融资款本息或者回购应收账款债权，也可以向应收账款债务人主张应收账款债权。保理人向应收账款债务人主张应收账款债权，在扣除保理融资款本息和相关费用后有剩余的，剩余部分应当返还给应收账款债权人”之规定，本案中某保理公司选择了向债务人谢某某主张应收账款债权，系其权利行使之自由，但在扣除保理融资款本息和相关费用后有剩余的，其应诚信履行合同义务，将剩余部分返还给甲公司。

对于某保理公司主张的资金占用费，根据《项目服务订购书》“谢某某未按约定按时足额支付任意一期付款的，某保理公司有权要求其提前一次性清偿剩余应付款，并按剩余应付款总额年化24%收取资金占用费直至结清为止”的约定，某保理公司在本案中主张按照年化利率 15.4%的标准从逾期之日计算违约金，并未超出合同约定，故本院予以支持。

三如，《民法典》第 766 条虽规定在有追索权保理中保理人既可以向应收账款债权人追索保理融资款本息，也可以向应收账款债务人主张应收账款债权，但立法对保理人如何行使权利的问题语焉不详，过去司法实践中对此问题存在分歧。一种观点认为，保理人只能在应收账款债权人和债务人之间择一主张。例如，北京市高级人民法院在其审理的（2014）高民（商）终字第 4943 号案件中，法官在庭审中向保理人释明其应在债权人或债务人之间作出选择，但保理人坚持同时起诉债权人和债务人，法院遂判决驳回保理人的诉请。另一种观点则认为，保理人可同时主张，法院也可一并审理。例如，《湖北省高级人民法院当前商事审判疑难问题裁判指引（二）》规定："保理合同当事人之间存在保理合同和基础合同的双重法律关系，对于是否必须合并审理、根据保理合同还是基础合同法律关系确定管辖尚无法律规定。如果不存在管辖争议，保理合同和基础合同纠纷可以并案审理……保理商一并起诉债权人及债务人，主张债务人承担清偿责任、债权人在债务人不能清偿的范围内承担相应责任的，可以一并审理。"《深圳前海法院保理合同案件裁判指引》第 6 条亦认可保理人将债权人、债务人一并起诉，法院合并审理。江苏省高级人民法院民二庭认为，应收账款基础关系与保理融资法律关系可以合并审理。[①] 最高人民法院也有相关判决持此意见。[②] 针对上述分歧，《民法典担保制度解释》第 66 条对《民法典》第 766 条进行了回应，明确肯定保理人可采取分别起诉应收账款债权人或债务人的方式，也可采取一并起诉的方式。

案例 23　保理人可一并起诉应收账款债权人与债务人[③]

基本案情

2013 年 4 月 12 日，某银行和甲公司签订《授信额度协议》，主要约定：某银行向甲公司提供 8000 万元授信额度；使用期限自协议生效之日起至 2014 年 4 月 1 日止等。

2013 年 4 月 28 日，甲公司向某银行申请国内商业发票贴现业务，双方签订了《国内商业发票贴现协议》及相关文件，国内商业发票贴现业务作为《国内商业发票贴现协议》的附件一，明确载明：至发票到期日后 30 天仍无法收回的应收账款，被授权行应立即从卖方账户中扣收贴现款项。扣款时如卖方账户余额不足，被授权行可考虑使用该卖方其他交易的收入款来优先抵补该部分欠款等，某银行享有向卖方甲公司追索的权利。

---

① 江苏省高级人民法院民二庭课题组：《国内保理纠纷相关审判实务问题研究》，载《法律适用》2015 年第 10 期。

② 参见最高人民法院（2015）民二终字第 283 号民事裁定书；最高人民法院（2016）最高法民辖终 38 号民事裁定书。

③ 一审：郑州市中级人民法院（2014）郑民四初字第 147 号民事判决书；二审：河南省高级人民法院（2015）豫法民二终字第 215 号民事判决书；再审：最高人民法院（2018）最高法民再 192 号民事判决书。

当日，某银行向乙公司送达《应收账款债权转让通知书》，载明："根据贵司与甲公司签订的第 TH130105 号购销合同订单，卖方已于日前完成发货，并将第 00470303、00479150-00479167 号商业发票项下应收账款债权转让给我行，请确认。"乙公司当日向某银行出具《应收账款债权转让确认书》，该通知书载明："我司确认已收到甲公司为执行第 TH130105 号合同/订单下向我司发货而出具的第 00470303、00479150-00479167 号商业发票并收到货物，兹向贵行确认该商业发票上所载内容与第 TH130105 号合同/订单的要求一致，货物验收合格。我司知悉贵行为该发票项下应收账款债权的合法受让人，并承诺对本发票涉及的基础交易不提出异议，我司保证于 2013 年 10 月 20 日前将本发票项下款项人民币 22121600 元（大写金额贰仟贰佰壹拾贰万壹仟陆佰元整）付至贵行指定的账户（账户略）。我司承诺：无论何种原因，如果我司未将该发票项下款项支付上述账户，则贵行有权向我司追索卖方（甲公司）在本笔融资项下所欠融资本息（含罚息）、复利及律师费、催收费等一切费用。我司与卖方的商业纠纷或争议将不影响我司对贵行的付款义务，只有对贵行付款方能解除在上述发票项下我司的付款义务。"某银行于 2013 年 5 月 2 日为甲公司办理贴现融资，金额 17697280 元，该贴现款项于 2013 年 10 月 23 日到期。截至 2014 年 3 月 4 日，该笔款项利息（含罚息）为 960820.73 元。

2013 年 6 月 25 日、2013 年 7 月 10 日，丙公司分别向某银行出具《应收账款债权转让确认书》，确认已收到甲公司出具的第 00929084—00929103 号、00954040—00954055 号商业发票，并承诺分别于 2013 年 12 月 21 日前、2014 年 1 月 5 日前将应付甲公司的 23399520 元、16613200 元账款付至某银行指定的账户，无论何种原因，如未将上述款项付至某银行指定账户，某银行有权向丙公司追索甲公司在本笔融资项下所欠融资本息（含罚息）、复利及律师费、催收费等一切费用。某银行分别于 2013 年 7 月 5 日、2013 年 7 月 16 日为甲公司办理贴现融资，金额分别为 18719616 元、13290560 元。该两笔贴现款项分别于 2013 年 12 月 24 日、2014 年 1 月 8 日到期，截至 2014 年 3 月 4 日，该两笔款项利息（含罚息）为 1308061.07 元。

在甲公司向丙公司出具的第 00929084—00929103 号、00954040—00954055 号商业发票上，均加盖有"此发票项下应收账款已转让至某银行"字样。乙公司、丙公司未将应付甲公司的账款付至某银行指定账户。

某银行向法院起诉，请求判令：1. 甲公司偿还借款49707456元及利息2268881.80元（含罚息，暂计算至2014年3月4日，2014年3月5日至判决确定给付之日期间的利息另行结算），合计51976337.80元；2. 乙公司对甲公司应承担的融资本息18658100.73元承担连带清偿责任（2014年3月5日至判决确定给付之日期间的利息另行结算）；3. 丙公司对甲公司应承担的融资本息33318237.07元承担连带清偿责任（2014年3月5日至判决确定给付之日期间的利息另行结算）……

裁判结果

一审法院判决：1. 甲公司于判决生效之日起十日内偿还某银行借款本金49707456元及利息2268881.80元（自2014年3月5日起至本判决确定还款之日的利息，按照合同约定另行计付）；2. 乙公司对甲公司应承担的融资本息18658100.73元承担连带清偿责任（自2014年3月5日起至判决确定还款之日的利息，按照合同约定另行计算）；3. 丙公司对甲公司应承担的融资本息33318237.07元承担连带清偿责任（自2014年3月5日起至判决确定还款之日的利息，按照合同约定另行计算）。

丙公司不服一审判决，提起上诉。二审法院判决：甲公司于本判决生效之日起十日内偿还某银行借款本金49707456元及利息2268881.80元（自2014年3月5日起至本判决确定还款之日的利息，按照合同约定另行计付）；驳回某银行的其他诉讼请求。

某资产管理公司（注：某银行将债权转让给某资产管理公司）不服二审判决，申请再审。再审法院判决：1. 乙公司于本判决生效后十日内向某资产管理公司支付17697280元及利息（自2013年10月21日起计算至实际支付之日止，利率以《国内商业发票贴现协议》《国内商业发票贴现融资申请书》的约定为准）；2. 丙公司于本判决生效后十日内向某资产管理公司支付32010176元及利息（其中18719616元的利息自2013年12月22日起算，13290560元的利息自2014年1月6日起算，均计算至实际支付之日止，利率分别以《国内商业发票贴现协议》《国内商业发票贴现融资申请书》的约定为准）；3. 甲公司对前述两项债务未能清偿部分承担还款责任。

裁判理由

一审判决认为，某银行与甲公司、乙公司、丙公司分别签订的《授信额度协议》《国内商业发票贴现协议》《应收账款债权转让确认书》等，系各方当事人真实意思表示，且不违反法律、行政法规的强制性规定，合法有效。某银行已经履行了向甲公司办理贴现融资的义务，协议期满后，甲公司未按约定偿还借款本息，已构成违约，应当承担违约责任，某银行诉请甲公司偿还借款及利息，证据充分，应予支持。乙公司、丙公司未按《应收账款债权转让确认书》的承诺将应付甲公司的账款付至指定账户的情况下，某银行有权向乙公司、丙公司追索甲公司在对应融资项下所欠融资本息、复利等一切费用。在《应收账款债权转让确认书》中，丙公司确认已收到甲公司出具商业发票，而在每张发票上均加盖有“此发票项下应收账款已转让至某银行”字样，其诉称甲公司没有通知该发票项下应收账款已转让，存在重大误解的理由不足，丙公司的理由不成立，不予支持。

二审判决认为，某银行起诉要求甲公司还款依据的是《授信额度协议》和《国内商业发票贴现协议》，当事人之间是借款担保合同纠纷。某银行起诉乙公司、丙公司，依据的是乙公司、丙公司分别签章的《应收账款债权转让确认书》，当事人之间系合同债权转让纠纷，两者并非基于同一法律事实、同一法律关系，不应合并审理。丙公司关于程序问题的上诉理由成立，本院予以支持。乙公司虽然未上诉，但关于程序问题，应依法予以纠正。

再审判决认为，本案涉及多方当事人、多份合同、多种法律关系，其中甲公司、乙公司、丙公司签订有煤炭买卖合同，各方形成买卖合同关系；某银行、甲公司签订有《授信额度协议》《国内商业发票贴现协议》《最高额保证合同》，各方形成融资担保法律关系，某银行、乙公司、丙公司之间有《应收账款债权转让通知书》《应收账款债权转让确认书》，各方又形成债权转让法律关系。从上述合同及文件内容看，本案交易安排为，某银行为甲公司提供贸易融资，但前提是甲公司将对乙公司、丙公司因履行双方买卖合同产生的应收账款债权转让给某银行；乙公司、丙公司在应收账款债权转让后成为某银行的债务人，向某银行履行还款义务，以确保甲公司与某银行《国内商业发票贴现协议》项下融资款的偿付。上述交易系一整体安排。根据原中国银行业监督管理委员会颁布的《商业银行保理业务管理暂行办法》第六条关于“保理业务是以债权人转让其应收账款为前提，集应收账款催收、管理、坏账担保及融资于一体的综合性金融服务”的规定，本案业务即属于以应收账款合法、有效转让为前提的银行保理融资服务。

关于保理类型，甲公司与某银行签订的《国内商业发票贴现协议》第二十二条约定：“如已贴现融资的应收账款至发票到期日后30天仍无法收回，保理商有权立即收回融资本息，并有权从卖方账户主动扣款或采取其他办法主动收款，直至收回融资本息。”甲公司向某银行出具的《国内商业发票贴现融资申请书》第六条第三款约定：“……贵行保留一切必要措施向我司追索融资本息的权利……”据此应当认为，本案属于有追索权的保理。对于有追索权的保理，保理商在债权未获清偿的情况下，不仅有权请求基础合同的债务人向其清偿债务，同时有权向基础合同应收账款债权的让与人追索。本案中，某银行即是同时向甲公司主张了追索权，又向乙公司、丙公司主张了应收账款债权。虽然某银行基于不同的法律关系分别向多个债务人同时主张，但均在保理法律关系范围之内，目的只有一个，即追回向甲公司提供的保理融资款项。因此，本案应当合并审理，并根据各方法律关系认定各债务人的责任顺序和范围。二审法院在一审已经全案审理的情况下，以借款担保合同纠纷与债权转让纠纷并非基于同一法律事实、同一法律关系，不能合并审理为由，驳回某银行对于乙公司、丙公司的起诉，丙公司对某银行的反诉，该处理不符合保理法律关系特征，割裂了多种法律关系之间的内在联系，增加了当事人的诉累，不利于纠纷一体化解决，现本院予以纠正。

根据本案查明的事实，乙公司签收《应收账款债权转让确认书》后，甲公司对其享有的22121600元应收账款债权即转让至某银行。此后，某银行向甲公司发放对应商业发票项下的贴现融资款17697280元。在乙公司未按《应收账款债权转让确认书》指定日期将相应款项支付至指定账户、甲公司也未按期支付前述融资款及利息的情况下，乙公司应当按照其在《应收账款债权转让确认书》中所作“无论何种原因，如我司未将该发票项下款项支付至上述账号，则贵行有权向我司追索卖方在本笔融资项下所欠融资本息（含罚息）、复利及律师费、催收费等一切费用”的承诺，向某银行支付前述融资款及利息。同样，丙公司在签收两份《应收账款债权转让确认书》后，某银行先后向甲公司发放了两笔贴现融资款，金额分别为 18719616 元、13290560 元。在丙公司未按《应收账款债权转让确认书》指定日期将相应款项支付至指定账户、甲公司也未按期支付前述融资款及利息的情形下，丙公司亦应按照其在《应收账款债权转让确认书》中所作承诺向某银行支付前述贴现融资款及利息。

关于各债务人的责任顺序和范围，因乙公司、丙公司系应收账款的付款人，其应首先就转让部分应收账款向某银行承担偿付责任；如相关款项无法清偿，则甲公司应继续向某银行承担补充清偿责任。一审判决虽对本案各方当事人纠纷一并处理的总体思路正确，但对于各债务人责任顺序和范围的认定不当，本院予以纠正。某银行虽然在本案中提出除甲公司之外的其他债务人承担连带清偿责任的诉请不能成立，但考虑清偿顺序和范围属于法律适用问题，本院根据本案情况予以相应调整。

（四）《民法典》与监管法规合理分工，权责义的界限更加清晰

行政机关严格、规范、公正、文明执法是维护法律权威的有效手段。金融监管是行政执法的重要领域。保理作为供应链金融的重要组成部分，要严格依法监管。行政监管部门首先要依法监管，即在法律限定的权限范围内执法，不能越权执法。在过去立法尚付阙如的情况下，中央和地方行政监管部门出于监管需要出台了诸多行政管理性规定，并将这些规定作为监管和处罚的依据。随着保理法律规范体系的形成，过去行政监管部门出台的纷繁复杂的规章以及管理规定是否符合上位法精神，是否脱离法治轨道，均有据可循。这就要求行政监管部门要自我革新，进行一次全面的法律“体检”，真正实现依法执法、严格执法，提升金融监管能力和水平。

保理法律规范体系的形成首先是立法权与行政权合理分工的结果。构建严密的保理法律规范体系不是立法机关或行政机关哪一家能独立完成的，而是需要二者在各自的权限范围内通力配合，合理分工。根据《立法法》的分工安排，关于保理的基本制度及当事人权利义务关系的内容只能由法律加以规定，而关于保理行政管理、执法和处罚的问题可由行政法规、部门规章和地方性法规根据实际需要制定。为此，《民法典》对保理合同中当事人的权利义务关系进行了规定。然而，《民法典》的法律效力层级虽高，但其规范内容和调整范围却存在较大局限。这是由《民法典》作为权利法的定位所决定的。

正如马克思所言，“各种最自由的立法在处理私权方面，只限于把已有的权利固定起来并把它们提升为某种具有普遍意义的东西。而在没有这些权利的地方，它们也不去制定这些权利”①。《民法典》以调整保理合同中当事人的权利义务关系为使命，重点关注的是如何平衡好保理人、应收账款债权人以及应收账款债务人三方之间的权利义务关系，至于行政机关的职责权限则不在其关注范围之中。而且，基于“法无禁止即可为”的私法自治原则，除非违法或违背公序良俗，《民法典》对民事活动的范围不作干涉。保理人经营行为的边界同样也不在《民法典》视野之内。实际上，试图以《民法典》有限的立法篇幅来覆盖纷繁复杂的保理交易实践也不现实。

《民法典》未作规定的内容正好可以通过监管法规加以弥补。监管法规多以义务为本位，将保理人应尽的职责与义务作为规范重点。为了履行监管职能，近年来行政机关陆续制定了不少涉及保理的行政法规、部门规章等监管法规。监管法规多通过画“底线”“红线”的方式来规范监管对象的经营行为，防止逾越边界，做到令行禁止。《民法典》中一些不宜规定的内容在监管法规中可以找到出口。比如，《民法典》未对应收账款的范围加以限定，是否就意味着所有的应收账款均可开展保理业务？显然不是。《商业银行保理业务管理暂行办法》与《动产和权利担保统一登记办法》两部部门规章均对应收账款的范围进行了界定，既列举了适格应收账款的正面清单，又列明了应收账款的负面清单。保理人如违反上述监管规定，则会因触犯监管法规而受到行政处罚，同时也会承受民法上的不利后果。

此外，《民法典》的贯彻实施也离不开监管法规的配套支持。《民法典》中规定的一些宏观、抽象法律制度需要依赖监管法规得以落实。比如，《民法典》第 768 条确立了保理登记这一项重要的基本制度，但保理应在何处登记以及如何登记等技术性问题则不宜由《民法典》直接作出规定。对于登记操作层面的事项，《国务院关于实施动产和权利担保统一登记的决定》和中国人民银行《动产和权利担保统一登记办法》进行了明确：自 2021 年 1 月 1 日起，保理被纳入动产和权利担保统一登记范围。当事人可通过中国人民银行

---

① 中共中央马克思恩格斯列宁斯大林著作编译局编：《马克思恩格斯全集》（第 1 卷），人民出版社 2006 年版，第 144 页。

征信中心动产融资统一登记公示系统自主办理登记，并对登记内容的真实性、完整性和合法性负责。据此，《民法典》第768条所指的保理登记通过监管法规真正落到了实处。

综上，《民法典》与监管法规的侧重点不同，在功能上具有互补性。监管法规作为下位法可以弥补《民法典》未作规定之处。在确定当事人权利义务时，应以《民法典》作为依据；在判断保理公司经营行为是否违规以及如何处罚时，则应以监管法规为依据。它们相互配合，共同划定了行政机关与保理合同当事人权责义的界限，提升了保理领域的治理能力与治理水平。

（五）非正式法律渊源配合正式立法，提升了立法的协同效应

国家正式立法扮演着“引领者”角色，但仅仅依靠正式立法难以实现保理领域有效治理的目标，还需要“协助者”辅助立法。非正式法律渊源正好可以发挥填补和贯彻立法的功能，二者协同起来共同推动法律实施。美国法学家博登海默认为，正式法律渊源与非正式法律渊源处于不同地位，一般情况下应首先考虑正式法律渊源，但在以下三种“罕见和极端”的情况下，也可以诉诸非正式法律渊源：第一，适用某些正式法律渊源同正义的基本要求明显冲突时。第二，某一正式的法律文件在解释中可能产生模棱两可性或不确定性时。若一项正式法律文件在待决案件中存在两种以上解释时，单纯依据该正式的法律渊源已不能为案件的解决提供裁判规则，此时非正式法律渊源便顺理成章成为一项正当的裁判规则来源，以理性、公平、公正地裁判案件。① 第三，正式法律渊源不能为案件的解决提供审判规则时。当法律内部出现漏洞时，间接法律渊源就可以作为填补漏洞的依据。②

从历史上看，我国保理领域行政规范性文件、行业自治文件以及司法政策等非正式法律渊源确实对立法产生过重要影响。体现在三个阶段：一是在立法之前对立法空白的填充。例如，在保理合同成为《民法典》承认的有名合同之前，《深圳前海法院保理合同案件裁判指引》第3条规定就解决了案由争议，很具前瞻性，相当于在立法之前就为保理合同正名，填补了合同法的

---

① 〔美〕E. 博登海默：《法理学：法律哲学与法律方法》，邓郑来译，中国政法大学出版社2017年版，第427页。

② 严存生编：《西方法律思想史》，法律出版社2004年版，第456页。

一项空白。该条规定："保理合同纠纷案件属于新案件类型，涉及基础合同法律关系和保理法律关系，案由一般可以确定为保理合同纠纷。"二是在立法过程中对立法决策的影响。《民法典》保理合同章的立法内容深受行政规范性文件和司法政策的影响。比如，《民法典》第761条对保理合同的定义主要参考借鉴了《商务部关于商业保理试点有关工作的通知》《银监会关于加强银行保理融资业务管理的通知》《银保监会关于加强商业保理企业监督管理的通知》等行政规范性文件的规定。《民法典》第766条规定的"保理人向应收账款债务人主张应收账款债权，在扣除保理融资款本息和相关费用后有剩余的，剩余部分应当返还给应收账款债权人"与《天津高院保理纪要（二）》第8条"债务人依约支付全部应收账款的，保理商在扣除保理融资本息及相关费用后，应将保理回款的余款返还债权人"之规定如出一辙，足见后者对前者的影响。三是在立法过后对法律的贯彻实施上。《民法典》第768条虽规定了保理登记的优先效力，但没有明确保理的登记机关。国务院发布的《国务院关于实施动产和权利担保统一登记的决定》（国发〔2020〕18号）则明确了保理登记机关和登记规则，解决了《民法典》第768条的实施问题。

此外，非正式法律渊源一旦上升为习惯，则可具有相当于正式立法的法律效力。《民法典》第10条规定在处理民事纠纷时如果法律没有规定可以适用不违背公序良俗的习惯。从科学立法的角度来看，立法来源于实践，不可能脱离行业习惯而另辟蹊径。在判断某一行为是否属于当地交易习惯或保理行业交易习惯时，离不开对行政规范性文件、行业自治文件以及当地司法政策的整体考察。例如，《民法典》第761条在定义保理合同时列举了四项保理服务，由此产生的疑问是，保理人提供的保理服务是否仅限于立法列举的四项？服务数量是否必须兼而有之抑或择一即可？有观点就提出，保理人仅需提供任意一项服务即可。① 还有观点认为，若保理人只提供一项保理服务的话，则必须在"资金融通"和"应收账款债务人付款担保"二者之间择一行使，而不能在另外两项保理服务中进行选择。②

---

① 李宇：《保理合同立法论》，载《法学》2019年第12期；黄和新：《保理合同：混合合同的首个立法样本》，载《清华法学》2020年第3期；李珂丽：《国际保理法律机制研究》，知识产权出版社2014年版，第5页。

② 方新军：《〈民法典〉保理合同适用范围的解释论问题》，载《法制与社会发展》2020年第4期。

要解决此疑惑就离不开对交易习惯的考察。原银保监会办公厅《关于加强商业保理企业监督管理的通知》、商务部《关于商业保理试点有关工作的通知》、天津市地方金融监督管理局《天津市商业保理公司监督管理暂行办法》以及《天津高院保理纪要（一）》等文件均规定保理人还可提供“客户资信调查与评估服务”，部分规定保理人可提供“与商业保理相关咨询服务”。基于上述行政管理规定和司法政策的公开性，上述两项服务可视为行业交易习惯。因此，保理服务的内容具有一定的开放性。除立法中提及的四项服务外，保理人还可以提供资信调查与评估、咨询服务等行业通行的服务项目。[①] 关于保理服务数量，作为国际惯例的《国际保理通则》只要求保理人提供一项服务即可。我国《商业银行保理业务管理暂行办法》《商务部关于商业保理试点有关工作的通知》《中国银行业保理业务规范》《天津高院保理纪要（一）》《深圳前海法院保理合同案件裁判指引》等文件也都规定保理人仅需提供其中一项即可。可见，提供一项保理服务是保理业的通行做法。因此，《民法典》第 761 条列举的四项保理服务内容是选择性、提示性规定，[②] 保理人并非必须提供上述所有服务，而是提供至少一项保理服务即可。[③]

二、法院司法审判的实效

保理法律规范体系化有利于培养法官体系化思维方式。在《民法典》时代，体系化思维是法官必须要熟练掌握的基本素质。“一旦有人适用一部法典的条文，他就是在适用整个法典。”[④] 何谓体系化思维？有学者即指出，体系化思维要求法官在适用《民法典》时应放宽视野，从整体化、体系化角度来把握法律要义，避免枝节化、碎片化理解和适用。“不仅仅着眼于具体条文，要结合一般条款、进行体系化思考，即掌握总则分则的区分、共同规则的确

① 黄薇主编：《中华人民共和国民法典合同编释义》，法律出版社 2020 年版，第 603 页。

② 最高人民法院民法典贯彻实施工作领导小组编：《中华人民共和国民法典合同编理解与适用（三）》，人民法院出版社 2020 年版，第 1768 页。

③ 黄薇主编：《中华人民共和国民法典合同编释义》，法律出版社 2020 年版，第 603 页。

④ 〔德〕卡尔·恩吉施：《法律思维导论》，郑永流译，法律出版社 2004 年版，第 73 页。

立、一般规则的意义、具体规则、但书规则的意义。”[①] 掌握保理法律规范体系即是体系化思维在保理合同纠纷领域的具体体现。

体系化思维为法官找法指明了路径。我国是成文法国家，司法活动主要采取演绎推理方式，即遵循“大前提—小前提—结论”三段论推理规则。演绎推理的大前提是法律规则和法律原则。寻找大前提即是法官找法的过程。法官在面对具体案件时，在法治理念的指引下，需要在各种法律渊源中寻找、选择、确定可以用来裁判具体案件的法律规范。[②] 但是，“由于法律渊源数量庞大，且形成的时间不同，使得现行法律规范的总和即使对于法律工作者来说也显得不透明了。新的成文法像潮水一样不断涌现，法律处于不断变化之中，使得在解决具体法律问题时必须重新寻找法在何处”[③]。在面对逐年攀升的案件压力时，如何高效找到正确的法律是法官面对的一大挑战。

法官找法一般是遵循从上位法到下位法，从特别法到一般法，从新法到旧法的路径。[④] 通过精确的概念和规范间逻辑的排列组合，体系可内化规则间的矛盾，便于推论出规则适用的优先次序，大量降低找法过程中的搜寻、比较、权衡、记录成本。[⑤] 从司法的角度来说，法律的效力等级实际上是判断制定法对具体案件有无效力的问题，它涉及法律发现和法律渊源问题，具有方法论的意义。[⑥] “对于裁判来说，法官在寻找可适用的法律规范时，通常需要依据规范效力等级来确定妥当的大前提。”[⑦] 也就是说，法官找法要优先寻找上位法作为裁判依据，只有在上位法缺位的情况下，才会逐次检索下位法。此外，法官还要寻找与法律争议联系最密切的法律，特别法有规定时要优先适用特别法。

在金字塔式的法律规范体系中，《民法典》的法律位阶最高，应该成为法官优先适用的对象。就《民法典》适用而言，相较于总则编、合同编通则的

---

① 孙宪忠：《从人民法院司法的角度谈解读和实施〈民法典〉的几个问题》，载《法律适用》2020 年第 15 期。

② 张文显编：《法理学》，高等教育出版社、北京大学出版社 2018 年版，第 291 页。

③ 〔德〕魏德士：《法理学》，丁晓春、吴越译，法律出版社 2003 年版，第 121 页。

④ 陈金钊编：《法理学》，北京大学出版社 2010 年版，第 436 页。

⑤ 苏永钦：《大民法典的理念与蓝图》，载《中外法学》2021 年第 1 期。

⑥ 陈金钊编：《法理学》，北京大学出版社 2010 年版，第 145 页。

⑦ 王利明：《法学方法论》，中国人民大学出版社 2012 年版，第 160 页。

一般规定来看，保理合同章显然属于特别法，应优先适用。涉保理的司法解释由于是对保理合同章的法律解释，故也应与保理合同章一并适用。因此，在我国保理法律规范体系框架内，法官找法的路径应当是：先从合同编保理合同章寻找法律依据，如果能找到，自然将其作为裁判依据；如果保理合同章没有规定，就需要从合同编通则中寻找，如果合同编通则也没有规定，则要从总则编中寻找一般规则。此即“从特别法到一般法”的找法过程。如果某一法律问题在《民法典》中均未作规定，此时则需要法官从行政法规、部门规章、地方性法规等下位法中寻找法律依据。此即“从上位法到下位法”的找法过程。有了这样清晰的找法思路，法官找法的效率将大大提升，还可以避免找法时不知所措或者援引无效、失效或与上位法明显不符的下位法规范作为裁判依据或理由。

案例 24　裁判保理合同纠纷需遵循从特别法到一般法的找法过程①

基本案情

2019 年 10 月 15 日，甲公司作为保理商与作为应收账款转让方的乙公司、作为应收账款债务人的丙公司签订《有追索权保理合同》，约定乙公司将其与丙公司签署的基础合同所产生的应收账款转让给甲公司，由甲公司作为保理商向被告乙公司提供贸易/应收账款融资、客户资信调查与评估、应收账款管理与催收等部分或全部内容的综合性保理服务；涉案应收账款指被告丙公司在基础合同项下应向被告乙公司支付的部分款项共计 2970 万元；基础合同包括被告乙公司与被告丙公司签订的《资产收购协议 A 社区》《资产收购协议 B 社区》《资产收购协议 C 社区》《确认函》；应收账款受让款为 2970 万元，甲公司根据本合同约定抵扣相应保证金后实际支付 2700 万元，即完成甲公司在本合同项下的全部付款义务；回收款指被告丙公司作为债务人为清偿应收账款而应向甲公司支付的款项，被告丙公司应当按照附件《款项支付明细表》约定的时间支付回收款，根据约定，被告丙公司应于 2019 年 12 月 28 日之前支付甲公司回收款 20 万元，应于 2020 年 4 月 28 日之前支付甲公司回收款 60 万元，应于 2020 年 7 月 28 日之前支付甲公司回收款 100 万元；回购款指本合

① 参见上海市浦东新区人民法院（2020）沪 0115 民初 59865 号民事判决书。

同约定的“回购事件”发生后，被告乙公司根据甲公司要求无条件对被告丙公司未支付的应收账款进行一次性回购而需向甲公司支付的款项，回购款=回收款总额及其他被告乙公司和/或被告丙公司在本协议项下应付款项金额-甲公司已收到的回收款及其他被告乙公司和/或被告丙公司应付款项金额；被告乙公司、丙公司未按约足额向甲公司支付任一笔保证金或其他应付款项超过六十日的，即为发生“回购事件”，甲公司有权解除本合同，并要求被告乙公司和/或被告丙公司单独或连带赔偿甲公司所遭受的全部损失，即本合同项下甲公司有权收取的全部到期及未到期回收款及其他所有款项和费用；合同“违约责任”部分约定，如被告乙公司未按约按时、足额向甲公司支付任何款项，包括但不限于未按时、足额支付任一笔保证金、回购款等，被告乙公司应自该款项逾期之日起，按逾期金额每日万分之五向甲公司支付违约金；如被告丙公司未按约按时、足额向甲公司支付任何款项，包括但不限于未按时、足额支付任一笔保证金、回收款等，被告丙公司应自该款项逾期之日起，按逾期金额每日万分之五向甲公司支付违约金。

2019年10月15日，丁公司作为连带责任保证人，与甲公司签订了《保证合同》，约定鉴于前述《有追索权保理合同》项下被告丙公司需按时、足额向甲公司支付回收款及其他款项，丁公司愿意向甲公司提供不可撤销的连带责任保证，以担保被告丙公司在前述《有追索权保理合同》项下之全部和任何义务，保证担保的范围包括被告丙公司在前述《有追索权保理合同》项下应向甲公司支付的回收款、违约金、损害赔偿金及其他应付款项和甲公司为实现债权的费用；甲公司在《有追索权保理合同》项下“回购事件”发生或解除保理合同时，有权要求被告丁公司立即履行保证责任，包括向甲公司支付《有追索权保理合同》项下全部回收款、违约金、损害赔偿金及其他应付款项和甲公司实现债权的费用；保证期间为自《保证合同》签署之日始至保理合同项下主债务履行期限届满之日起满两年止；如果被告丙公司未能按照《有追索权保理合同》的约定支付被担保款项，甲公司无须事先向被告丙公司提起诉讼或申请仲裁，或采取任何其他措施以实现权利，即可直接要求被告丁公司立即履行其在本保证合同项下的保证责任，不论《有追索权保理合同》项下甲公司是否拥有其他任何形式的抵押、质权、保证、定金、保证金等。前述《保证合同》签订时，被告丁公司出具了《股东会决议》，决议内容包括同意被告丁公司为被告丙公司在《有追索权保理合同》项下履行相关义务提供连带责任保证，同意授权林某威代表被告丁公司签署前述《保证合同》，被告丁公司的六名股东均在《股东会决议》上进行了签字。

2019年10月15日，甲公司作为质权人与作为出质人的乙公司签订了《最高额股权质押合同》，约定为担保被告丙公司履行2019年8月20日至2019年12月31日期间甲公司与被告丙公司签署的包括保理合同在内的所有债权方式的融资合同（即主合同），被告乙公司愿意以其合法持有的被告丙公司的49%股权（对应的注册资本为1960万元）向甲公司提供质押担保；质押担保范围包括：（1）主合同项下被告丙公司应付的回收款、利息、违约金、损害赔偿金及其他应付款项，（2）在主合同不生效、无效、被撤销或者被解除的情况下被告丙公司应向甲公司承担的返还财产及赔偿损失的责任等；当被告丙公司未按主合同约定履行其债务时，甲公司无须事先向被告丙公司或其他任何第三人提出付款要求或对被告丙公司或其他任何第三人提起诉讼或申请仲裁，即可直接要求被告乙公司在其担保范围内以质押物承担担保责任，无论甲公司对主合同项下的债权是否拥有其他担保；最高债权额限度为4400万元，被告乙公司在该最高债权额限度内以质物向甲公司提供担保，当本合同质押权实现的情形发生时，甲公司有权在最高债权额限度内就质物优先受偿。前述《最高额股权质押合同》签订时，被告乙公司出具了《股东决议》，决议内容包括同意被告乙公司通过甲公司开展保理业务，同意被告乙公司以持有的被告丙公司的49%股权作为质押为被告丙公司在《有追索权保理合同》项下履行相关义务提供质押担保，被告乙公司的唯一股东上海某公司在《股东决议》上进行了签字。同日，甲公司向上海市徐汇区市场监督管理局办理了股权出质设立登记，登记编号为××××××××××，出质人为被告乙公司，质权人为甲公司，出质股权数额为1960万元，出质股权所在公司为被告丙公司。

2019年10月15日，丙公司作为委托方与作为受托方的甲公司签订了《服务协议》，约定鉴于被告丙公司拟委托甲公司提供本协议约定的服务，被告丙公司与甲公司、被告乙公司签署了前述《有追索权保理合同》，被告丙公司同意委托甲公司提供保理融资服务、宏观经济分析、行业运行状况分析、经营发展建议、金融市场分析等服务，被告丙公司同意甲公司以包括但不限于以下形式提供服务成果：（1）提供保理产品结构设计及融资服务，（2）对于以书面形式交付成果的，甲公司根据被告丙公司的要求以报告形式交付服务成果等；服务期间自2019年10月1日至2024年6月30日，服务费金额为835万元；合同具体约定了服务费的支付时间及金额，其中被告丙公司应于2019年12月28日前向甲公司支付50万元、应于2020年4月28日前向甲公司支付99万元、应于2020年7月28日前向甲公司支付73万元；被告丙公司未按约支付服务费的，除应立刻支付服务费之外，被告丙公司还应当支付逾期付款利息，利息按照实际违约的金额计算，利率为日千分之一。2019年10月25日，甲公司作为受托方向作为委托方的被告丙公司出具了《经营发展咨询报告》，对被告丙公司的经营发展提出了相应的服务建议。

2019年10月15日，甲公司与乙公司签订了《应收账款转让登记协议》，具体约定了前述《有追索权保理合同》项下应收账款2970万元的转让登记事宜。2019年10月24日，甲公司在中国人民银行征信中心办理了涉案应收账款转让登记。2019年10月28日，甲公司向被告乙公司实际支付2700万元。之后，被告丙公司仅于2019年12月30日向甲公司支付了第1期回收款20万元及第1期服务费50万元，未能支付其他任何款项。截至2020年9月11日，被告丙公司仍欠甲公司全部未付回收款的逾期付款违约金63300元（实际按每日万分之五的利率计算）。被告丙公司仍欠甲公司涉案《服务协议》项下截至2020年9月11日的未付服务费172万元、服务费违约金83740元（实际按每日万分之五的利率计算）。

另查明，涉案《有追索权保理合同》《保证合同》《最高额股权质押合同》均约定，一旦因本合同发生任何纠纷而诉诸法院，本合同中所列明的送达地址将作为各自的司法送达地址；该送达地址适用于包括一审、二审、再审、执行等各个诉讼阶段；受诉法院将诉讼文书邮寄或直接送达约定的送达地址即视为有效送达，以邮寄方式送达的，以邮件回执上注明的退回之日视为送达之日，以直接送达方式送达的，送达人当场在送达回执上记明情况之日视为送达之日。涉案《有追索权保理合同》《最高额股权质押合同》约定了被告乙公司“上海市虹口区×××路×××号”的地址为司法送达地址。涉案《保证合同》约定了被告丁公司“上海市虹口区×××路×××号”的地址为司法送达地址。本案立案后，本院向各被告约定的司法送达地址邮寄送达起诉状副本等诉讼材料，被告丙公司于2010年9月8日签收上述邮件；被告乙公司、丁公司未予签收上述邮件，送达回执上注明的邮件退回之日为2020年9月11日。

甲公司向法院提出诉讼，请求判令：1. 解除甲公司与被告乙公司、丙公司于2019年10月15日签署的《有追索权保理合同》；2. 被告乙公司、丙公司共同赔偿甲公司损失，包括未收回收款损失人民币2680万元、截至保理合同解除之日2020年9月11日的逾期付款违约金63300元以及自2020年9月12日起至实际清偿日止的逾期付款违约金（以2680万元为基数，按日万分之五计算）；3. 被告丙公司支付甲公司《服务协议》项下应付未付服务费172万元、截至2020年9月11日的逾期付款违约金83745元以及自2020年9月12日起至实际清偿日止的逾期付款违约金（以172万元为基数，按日万分之五计算）；4. 丁公司对被告乙公司、丙公司的上述第2、3项付款义务承担连带清偿责任；5. 如被告乙公司、丙公司未履行上述第2、3项任何一项付款义务，甲公司可以与被告乙公司协议，以被告乙公司合法享有的被告丙公司的49%的股权折价，或者申请以拍卖、变卖该股权所得价款在最高债权限额4400万元的范围内优先受偿；6. 各被告承担本案案件受理费、财产保全费。

裁判结果

法院判决：1. 确认甲公司与被告乙公司、丙公司签订的《有追索权保理合同》于2020年9月11日解除；2. 乙公司、丙公司于本判决生效之日起十日内连带赔偿甲公司经济损失，损失赔偿范围包括回收款损失2680万元、截至2020年9月11日的违约金63300元以及自2020年9月12日起至实际清偿之日止的违约金（以2680万元为基数，按每日万分之五的利率，以实际逾期天数计算）；3. 丙公司于本判决生效之日起十日内支付甲公司服务费172万元、截至2020年9月11日的违约金83745元以及自2020年9月12日起至实际清偿之日止的违约金（以172万元为基数，按每日万分之五的利率，以实际逾期天数计算）；4. 被告丁公司对丙公司上述第二项付款义务承担连带清偿责任，丁公司履行保证责任后，有权向丙公司追偿；5. 若丙公司未按期履行上述第二项中所确定的付款义务，甲公司可与被告乙公司协议，以乙公司持有的丙公司49%的股权折价，或者申请以拍卖、变卖该股权所得价款在最高债权限额4400万元的范围内优先受偿，上述股权折价或者拍卖、变卖后，其价款超过债权数额的部分归被告乙公司所有，不足部分由被告丙公司继续清偿；6. 驳回甲公司其余诉讼请求。

裁判理由

法院判决认为，本案系保理合同纠纷，根据《民法典时间效力规定》，应当适用《民法典》关于保理合同的规定。本案需要审查的是：第一，甲公司所主张的与本案相关的合同的性质和效力；第二，甲公司在要求解除涉案《有追索权保理合同》情形下如何主张相应的权利；第三，相关违约金的标准如何确定；第四，涉案保证担保、股权质押担保的效力和范围如何认定。

一、甲公司所主张的与本案相关的合同的性质和效力

根据《民法典》第七百六十一条规定，保理合同是应收账款债权人将现有的或者将有的应收账款转让给保理人，保理人提供资金融通、应收账款管理或者催收、应收账款债务人付款担保等服务的合同。对于甲公司作为融资租赁公司是否具有保理业务经营资质，本院认为，首先，从甲公司的经营范围来看，甲公司的经营范围中包括"兼营与主营业务相关的商业保理业务"，甲公司开展涉案保理业务并未超越其经营范围。其次，从甲公司展业的历史沿革来看，甲公司作为中国（上海）自由贸易试验区内的融资租赁公司，其开展相关的商业保理业务系监管机构允许的金融服务开放措施。最后，从保理合同的特点来看，目前并无法律和行政法规规定保理业务属于金融行业的特许经营范围，甲公司经营保理业务亦未违反法律和行政法规的禁止性规定。因此，甲公司作为融资租赁公司具有保理业务经营资质。

本案中，甲公司与被告乙公司、丙公司签订的《有追索权保理合同》，甲公司与被告乙公司签订的《应收账款转让登记协议》，均系各方当事人的真实意思表示，根据前述合同约定，甲公司系保理合同项下的保理人，被告乙公司系应收账款债权人，被告丙公司系应收账款债务人，被告乙公司向甲公司转让了其对被告丙公司所享有的应收账款，甲公司依约向被告乙公司支付保理融资款项、提供保理融资服务，各方当事人之间的合同依法成立有效，符合《民法典》第七百六十一条规定的保理合同特点，各方当事人理应恪守。

二、甲公司在要求解除涉案《有追索权保理合同》情形下如何主张相应

的权利

首先，当事人可以行使合同约定的解除权，根据《民法典》第五百六十二条第二款规定，当事人可以约定一方解除合同的事由；解除合同的事由发生时，解除权人可以解除合同。根据约定，涉案《有追索权保理合同》项下“回购事件”发生时，甲公司即有权要求解除合同。被告丙公司未按约支付回收款已构成《有追索权保理合同》约定的“回购事件”，故甲公司有权要求解除涉案《有追索权保理合同》。

当事人一方依法主张解除合同的，应当通知对方。本案中，甲公司虽然主张解除涉案《有追索权保理合同》，但起诉前并未通知被告乙公司、丙公司要求解除合同，而是直接以起诉的方式主张解除合同。因此，对于合同解除的时间，应当根据《民法典时间效力规定》第十条关于“民法典施行前，当事人一方未通知对方而直接以提起诉讼方式依法主张解除合同的，适用民法典第五百六十五条第二款”的规定以及《民法典》第五百六十五条第二款关于“当事人一方未通知对方，直接以提起诉讼或者申请仲裁的方式依法主张解除合同，人民法院或者仲裁机构确认该主张的，合同自起诉状副本或者仲裁申请书副本送达对方时解除”的规定予以确定。甲公司以提起诉讼的方式主张解除合同，保理合同自起诉状副本送达对方时解除。本院向被告乙公司、丙公司约定的司法送达地址邮寄送达起诉状副本等诉讼材料，被告丙公司于2020年9月8日签收上述邮件；被告乙公司未予签收上述邮件，送达回执上注明的邮件退回之日为2020年9月11日，故2020年9月11日即视为向被告乙公司的送达之日。因此，本院依法确认涉案《有追索权保理合同》于2020年9月11日解除。

其次，涉案《有追索权保理合同》解除后，甲公司可以依约主张相应的损害赔偿责任。关于合同解除的后果，甲公司在审理中明确，其要求解除涉案《有追索权保理合同》后，合同项下对应的应收账款所有权仍归被告乙公司所有，甲公司不再主张应收账款所有权，本院对此予以确认。根据《民法典》第一百七十八条第三款规定，连带责任，由法律规定或者当事人约定。涉案《有追索权保理合同》约定，在解除合同的情况下，甲公司有权要求被告乙公司、丙公司连带赔偿甲公司相应的损失。因此，从责任形态来看，甲公司要求被告乙公司、丙公司承担连带赔偿责任具有事实和法律依据，应予支持。对于合同解除后被告乙公司、丙公司的损失赔偿范围，涉案《有追索权保理合同》明确约定了损失赔偿范围包括回收款损失以及相应违约金。该约定符合保理合同正常履行情形下甲公司可以获得的利益，亦未超过被告乙公司、丙公司订立合同时应当预见到的因违约可能造成的损失，故本院对甲公司要求被告乙公司、丙公司赔偿回收款损失2680万元以及相应违约金予以支持。

另外，对于甲公司向被告丙公司主张的服务费，因甲公司与被告丙公司另行签订了《服务协议》，约定服务费系甲公司为被告丙公司提供包括宏观经济分析、行业运行状况分析、保理融资等服务在内的服务对价。《服务协议》签订的背景为甲公司与被告乙公司签订了涉案三方《有追索权保理合同》，故《服务协议》项下的服务与涉案保理业务具有关联性，但亦有相对独立性。一方面，根据《服务协议》的约定，甲公司提供了约定的保理产品结构设计及融资服务，并据此向被告丙公司出具了咨询服务报告，提供了约定的服务成果。另一方面，考虑到保理合同为双务有偿合同，虽然涉案《有追索权保理合同》没有约定保理服务报酬如何支付，但是甲公司作为保理人收取服务报酬具有合理性，故《服务协议》项下的服务费实质上包含了保理服务对价。因此，甲公司要求被告丙公司支付涉案《有追索权保理合同》解除日之前应付的服务费172万元及相应逾期付款违约金，具有合同依据，被告丙公司对此亦不持异议，本院依法予以确认。

三、相关违约金的标准如何确定

本案作为保理合同纠纷于2020年8月19日依法立案。对于回收款逾期付款违约金，甲公司主张应当按照合同约定的每日万分之五的利率计算；对于服务费逾期付款违约金，鉴于合同约定的违约金计算标准过高，甲公司自愿调整为按照每日万分之五的利率计算。对此，被告丙公司辩称应根据《民间借贷规定》第二十九条、第三十条之规定，按照一年期贷款市场报价利率的四倍即年利率15.4%计算。本院认为，《民间借贷规定》自2020年8月20日起施行，其适用范围为该规定施行后，人民法院新受理的一审民间借贷纠纷案件，故被告丙公司该项辩称缺乏法律依据，本院难以采信。甲公司主张的相关违约金计算标准具有合同依据，亦不违反法律、行政法规的禁止性规定，本院予以支持。

四、涉案保证担保、股权质押担保的效力和范围如何认定

在金融交易过程中，担保制度对于促进资金融通、保障债权实现，具有重大作用。但公司为他人提供担保，同时涉及公司自身资本充实以及股东利益保护。为此，我国公司法在肯定公司对外担保能力的同时，规定了公司对外担保均应由公司有权决议机关依法定程序作出决议。根据《公司法》第十六条第一款规定，公司向其他企业投资或者为他人提供担保，依照公司章程的规定，由董事会或者股东会、股东大会决议。由于公司对外担保涉及公司及股东的重大利益，并非法定代表人可以单独决定之事项，须以公司决议机关的决议作为法定代表人代表权的基础和来源。本案中，甲公司与被告丁公司签订《保证合同》时，甲公司审查了被告丁公司出具的《股东会决议》，被告丁公司的六名股东均在股东会决议上进行了签字，被告丁公司提供的保证担保经过了公司决议机关的决议。甲公司与被告丁公司签订的《保证合同》系双方当事人的真实意思表示，依法成立有效，双方当事人理应恪守。被告丁公司应当依约对涉案《有追索权保理合同》解除后，被告丙公司向甲公司承担的回收款损失及相应违约金承担连带保证责任。被告丁公司承担保证责任后，有权向被告丙公司追偿。但，合同约定的保证担保范围显然并不包括被告丙公司在《服务协议》项下应付的服务费及相应违约金，甲公司亦不能据此要求被告丁公司对被告乙公司的赔偿义务承担连带保证责任。

同理，甲公司与被告乙公司签订《最高额股权质押合同》时，甲公司审查了被告乙公司的唯一股东上海某公司出具的股东决议，被告乙公司提供的质押担保符合公司决议程序。甲公司与被告乙公司签订的《最高额股权质押合同》系双方的真实意思表示，依法成立有效。因此，被告乙公司作为出质人，应当依约对涉案《有追索权保理合同》解除后，被告丙公司向甲公司承担的回收款损失及相应违约金在合同约定的最高债权限额4400万元的范围内承担质押担保责任。但根据合同约定，质押担保范围也未包括被告丙公司在《服务协议》项下应付的服务费及相应违约金。

案例评析

本案清晰地展示了法官找法的过程。在该案中，法官找法的思路如下：第一，根据《民法典时间效力规定》第12条规定，法官确认《民法典》关于

保理合同的规定可以适用本案。第二，针对保理人提出解除保理合同的诉讼请求，由于保理合同章对合同解除没有规定，法官即找寻合同编通则部分中合同解除的一般规定进行裁判，确认保理合同解除。第三，针对保理人要求应收账款债务人丙公司连带赔偿合同解除后的损失问题，由于保理合同章和合同编通则对此均未规定，法官即在总则编寻找法律依据，最终依据《民法典》第178条规定判决应收账款债务人承担连带赔偿责任。第四，针对保证合同以及质押合同中的责任承担问题，保理合同章中亦无规定，需要诉诸物权编、合同编保证合同章以及《公司法》相关规定。上述法官找法的思路充分体现了在《民法典》的体系下从"特别法到一般法"的过程。

与此同时，保理法律规范体系化还有利于法官正确运用法律解释方法。立法大多是抽象规则，在对法律规范存有疑义的情况下，需要法官运用法律解释方法阐明法律要义。狭义上法律解释方法有文义解释、体系解释、目的解释和历史解释四种方法。其中，体系解释方法对于补充或验证文义解释、填补法律漏洞具有重要价值。体系解释就是根据所需解释的法律规范在该部法律和法律部门中的地位和作用，分析法律规范之间的联系以便系统全面地理解和阐明法律规范的内涵。由于体系解释需要以法律规范的整体为视角，故通过体系解释的方法有利于保证法律体系的内在统一性，更好地体现法律原则和法律精神。[①] 齐佩利乌斯指出，"法律解释必须要努力在语言和逻辑的可能框架之内找到对问题合乎正义的解决办法"[②]。卡尔·拉伦茨指出，"法律经常由不完全的法条（说明性的、限制性的或指示参照性的法条）所构成，它们与其他条文结合才构成一个完全的法条，或互相结合成一个整体。只有视其为整体的部分，方能获悉个别法条的意义"[③]。法官只有在对现行法律规范体系进行全面把握和理解的基础上，才能将最相类似的规则恰当地运用到待审案件中，进而获得一个公平公正的判决。[④] 保理法律规范体系化为法官运用体系解释方法填补法律漏洞、阐明法律要义以及裁判案件提供了强有力的支撑。

---

① 朱景文编：《法理学》，中国人民大学出版社2012年版，第305页。

② 〔德〕齐佩利乌斯：《法学方法论》，金振豹译，法律出版社2010年版，第十版前言。

③ 〔德〕卡尔·拉伦茨：《法学方法论》，陈爱娥译，商务印书馆2003年版，第204页。

④ 刘贵祥：《〈民法典〉实施的若干理论与实践问题》，载《法律适用》2020年第15期。

三、监管部门执法的实效

保理监管法规是保理业行政监管部门执法的直接依据。行政法规、部门规章、地方性法规以及行政规范性文件存在效力边界和适用对象上的差异。就效力范围而言，正在制定中的《地方金融监督管理条例》是全国统一的针对地方金融组织的行政法规。原银监会《商业银行保理业务暂行管理办法》和中国人民银行《动产和权利担保统一登记办法》在全国范围内通行有效。涉保理的地方金融监管条例则属于地方立法，其效力范围仅限于本省、自治区和直辖市行政区域范围内。就监管对象而言，《地方金融监督管理条例》针对的是包括商业保理公司在内的所有地方金融组织。《商业银行保理业务暂行管理办法》针对对象仅限于商业银行，商业保理公司不在其规制范围内。而各省的地方金融监管条例针对对象是商业保理公司，不包括商业银行。《动产和权利担保统一登记办法》则涵盖商业银行和商业保理公司。可见，我国监管法规已经实现了对商业银行和商业保理公司的全覆盖。监管法规分工明确，各司其职，共同推进保理业的有效监管。

为实现有效监管，行政法规与部门规章也发挥各自优势，实现优势互补。相较而言，部门规章的专业性和针对性比较突出，缺点在于可操作性不强，对于违反后的法律后果及处罚不够明确。行政法规的可操作性较强，处罚依据和结果较为明确，缺点在于对保理缺乏针对性。二者正好可以取长补短：部门规章可弥补行政法规专业性上的不足，行政法规可弥补部门规章行政处罚上的不足。二者密切配合，可以避免执法盲区，有利于提升行政监管机关的执法能力和执法水平。

值得一提的是，近年来，我国保理监管法规体系日臻完善。保理业迎来了“强监管”时代。中央和地方联动执法机制基本成型。在中央，除行政法规和部门规章之外，原银保监会作为保理的中央监管部门也先后发布了《关于加强银行保理融资业务管理的通知》《关于加强商业保理企业监督管理的通知》《关于印发商业保理企业名单制管理工作方案的函》等行政规范性文件。在地方，当前全国也已有 18 个省、自治区和直辖市制定了本地区地方金融监管条例。上海、天津、广州、北京、重庆、湖南等地的金融监管部门也都陆续制定了本地区商业保理公司的管理办法或监管细则，进一步扎紧扎牢了制度的笼子。

严格的监管法规开始逐渐产生实效。例如，原银保监会办公厅2019年下发的《关于加强商业保理企业监督管理的通知》就对各地商业保理监管提出分类处置、严格准入、压实责任、优化环境四个监管要求。为此，各地金融监管部门逐渐收紧商业保理公司的注册政策，新注册的商业保理公司数量有明显减少的趋势。与此同时，随着各地清理规范工作的深入推进，“空壳”“失联”企业加快退出，企业存量持续下降。据中国服务贸易协会商业保理专业委员会《中国商业保理行业发展报告（2020）》《中国商业保理行业发展报告（2021）》《中国商业保理行业发展报告（2022—2023）》显示，2020年注销、吊销的商业保理企业数量明显增多，很多企业也选择转行离场。2020年注销1600家，吊销54家，转行580家，较2019年的2186家增长了5.99%。2021年注销1051家，吊销67家。2022年注销、吊销或迁出企业1108家，转行企业197家。此外，根据监管要求，名单制管理全面推广。各地金融监管局初步分类结果确定后，要广泛征求市场监管、公安、人民银行、银保监局、税务等部门、行业协会及相关企业意见。相关方面提出异议的，要认真组织核查并答复。优先将股东背景、资金实力、业务经验、合规经营、经营业绩等方面表现突出的企业，初选为拟纳入监管名单企业，切实发挥对市场的示范引领作用。多地公布了商业保理企业监管名单。据中国服务贸易协会商业保理专业委员会《中国商业保理行业发展报告（2022—2023）》统计，截至2022年12月31日，全国各地公布的商业保理公司监管名单存续企业共计489家，覆盖19个省（直辖市、自治区），其中江苏78家，广东73家，天津67家，山东60家，福建40家，陕西36家，重庆31家，江西25家，新疆24家，北京14家，四川13家，湖北8家，河南7家，安徽7家，湖南2家，云南1家，河北1家，浙江1家，辽宁1家。

综上，随着保理法律规范体系的不断完善，保理业的监管法规体系和监管能力也有了长足进步。一张严格执法的制度密网正在逐步形成。保理领域依法治理能力和治理现代化水平必将进一步提升。

四、企业合规建设的实效

在守法环节，法律的体系效益还体现为法律实现了自治、自洽和自足，法律的安定性和拘束力得以巩固和强化。[①] 法律效力与法律实效之间往往存在一定的差距。社会成员的法律意识和法治观念能够决定法律效力在多大程度上转化为法律实效。如果公众守法意识强，转化率就高，法律规范“应然”和“实然”之间的差距就会大大缩小，甚至能够有机统一起来。[②] 随着保理法律规范体系的不断完善，严格执法、公正司法深入人心，保理企业合法合规经营的意识得到强化。依法合规经营、规范发展成为银行与商业保理公司的共识，法律效力与法律实效之间的差距在不断缩小。

保理法律规范体系的形成有利于促进保理从业者守法合规经营。保理是一种类金融活动，事关国家金融风险的防控。在金融监管趋严的背景下，保理交易中的当事人必须要严格在法律限定的范围内活动，不能逾越法律的红线。过去一些保理从业者故意钻法律的空子，对违法行为缺乏正确的认知，也有一些从业者行走在法律的模糊地带，对其经营行为的合法性缺乏评估。保理法律规范体系的形成将为从业者迅速判明各种法律规范的效力并进行经营决策提供便利。根据“法无禁止即可为”的私法原则，对于法无明令禁止的做法，自然可名正言顺地写进保理合同之中；对于法律明令禁止的，则要令行禁止。下位法、行政规范性文件、司法政策明显与上位法相抵触的，应遵守上位法的规定。

比如，为符合原银保监会办公厅《关于加强商业保理企业监督管理的通知》规定的商业保理公司受让同一债务人和关联企业作为债务人的应收账款不得超过风险资产总额的50%和40%这两条杠杆要求，一些商业保理公司开展保理资产互换合作的越来越多。与此同时，一些商业保理公司也在自觉纠正过去的不规范行为。据中国服务贸易协会商业保理专业委员会《中国商业保理行业发展报告（2020）》统计，截至2021年1月31日，全国共有1061

---

① 谢鸿飞：《民法典的外部体系效益及其扩张》，载《环球法律评论》2018年第2期。

② 信春鹰：《法律效力与法律的实效》，载《中国人大》1999年第1期。

家商业保理公司自动纠正了违规行为从而被移出经营异常名录。移出原因有1217条，包括“补报并公示年报”（占比48.32%），“通过登记经营场所可以重新取得联系或依法办理住所变更登记”（占比44.45%），“已更正企业隐瞒真实情况、弄虚作假的信息”（占比3.3%），“被列入严重违法企业名单”（占比3.9%）。整体上看，除少数企业因拒不纠正从而“被列入严重违法企业名单”外，绝大多数企业都能自觉纠正不合规行为，从而进入守法合规经营的轨道。

除单个企业守法经营意识不断提高外，整个保理行业的守法氛围也正在形成。行业组织发挥了巨大作用。中国银行业协会组织全体成员先后制订了《中国银行业保理业务规范》《中国银行业保理业务自律公约》等自律性文件，建立并完善了银行保理业务的行业自律机制。与此同时，中国服务贸易协会商业保理专业委员会也陆续制定《保理业务操作风险评估服务机构自律管理办法》《商业保理行业自律公约》等自律性文件。在2022年1月8日召开的全国商业保理行业协会联席会议第六次会议上，商业保理专业委员会与十省（直辖市、自治区）商业保理协会共同发出了《全国商业保理行业的联合倡议》，向全国商业保理企业以及从业人员发出“严守合规底线”和“恪守职业道德”的倡议：“……企业应自觉遵守国家法律、法规，坚决杜绝和抵制违法违规操作，严守监管底线，依法规范开展业务……自觉遵守法律法规、行业自律公约以及其他有关规定；自觉配合中国银保监会及地方金融监管局等部门落实防范、化解金融风险的各项措施；自觉遵守商业道德，诚实守信；自觉提高职业操守、自律意识，维护行业形象，提升企业和行业的整体服务水平……”① 可见，保理行业合法守规经营的自觉性在不断提高。

实践证明，守法合规经营有效降低了保理业的法律风险，促进了资源优化配置和行业持续健康发展。据中国服务贸易协会商业保理专业委员会《中国商业保理行业发展报告（2022—2023）》统计，2021年全国存续的商业保理法人企业及分公司共计7984家，企业数量较2019年的10724家减少了25.6%，但业务量不减反增。2021年我国商业保理业务量约为2.02万亿元人民币，较2019年的1.38万亿元增长了46.4%。2022年全国存续的商业保理

---

① 《全国商业保理行业的联合倡议》，载微信公众号“新金融大数据”2022年1月18日。

法人企业及分公司共计6716家，企业数量同比减少了15.9%，但业务量却同比增长了11.06%。另通过最高人民法院裁判文书网查询的商业保理企业成为被执行人的信息显示，截至2022年12月21日，在存续的6716家商业保理企业中，可查询到共有307家商业保理企业的1432个案件处于执行中。与商业保理行业庞大的体量相比，产生法律纠纷的风险只占了很小的比例。可见，保理行业整体进入了规范发展、提质增效的新阶段。

第二节　我国保理法律体系对法制建设的启示

保理立法作为民商事立法的一个小分支，其经验对其他类似领域的立法具有示范效应。通过对保理法律规范体系建设中正反两方面立法经验的总结，可以对我国法制建设产生一些有益的启示。

一、坚持民主立法

民主立法与科学立法相辅相成，相得益彰。民主立法是科学立法的重要途径，通过民主立法可以使法律更加符合经济社会发展的客观规律。[①] 2021年3月11日第十三届全国人民代表大会第四次会议通过的《全国人民代表大会关于修改〈中华人民共和国全国人民代表大会组织法〉的决定》、2022年6月24日第十三届全国人民代表大会常务委员会第三十五次会议通过的《关于修改〈中华人民共和国全国人民代表大会常务委员会议事规则〉的决定》将坚持全过程人民民主写入法律制度。

在保理合同入典前，学界和实务界就保理合同入典的必要性进行了讨论。

反对保理合同入典的声音如：有观点认为，凡是债法一般规则所能够适用的合同类型，没有必要为其另行制定特殊规则，纳入分则的有名合同类型。从合同法的内在体系来看，在“典型合同”分编中增设保理合同似乎面临正

① 信春鹰：《深入推进科学立法、民主立法》，载《中国人大》2014年第23期。

当性不足的问题。[①] 有观点认为，保理合同各组成部分通过债法的一般制度或参照其他典型合同的法律规定即可处理，将保理合同单独规定为一种典型合同的必要性并不显著。保理立法最紧要的工作不在于为保理合同制定特殊的法律规范，而在于完善债权转让的一般规则。与其在《民法典》中专设保理合同一章，不如着力于充实与完善债权转让的一般规范。[②] 有观点认为，另立保理合同一章，在相关通则条款能够调整的情况下，再运用并不具特殊性的规则进行调整，有进一步探讨的余地。保理合同是“债权转让+保理服务”的混合合同，其核心是债权转让，应收账款管理、催收等都是附带的服务，若强枝弱干，重视特殊问题的解决，减少通则内容，反而会削弱《民法典》的体系效益。就典型性与常见性而言，加入保理合同，事实判断上失察，并不具妥当性。[③] 有观点认为，由于保理合同具有很强的独立性，立法条件并不充分，如将其“入典”，会造成合同编体系违反，故建议制定专门的保理单行法。[④]

赞成保理合同入典的声音如：有观点认为，保理合同作为典型合同的必要性在于保理业务可为实体经济提供综合性金融服务。近年来，我国保理业务发展迅猛，体量庞大，纠纷多发，有必要对保理合同加以规范，实现其法治化健康发展。[⑤] 有观点认为，《合同法》《物权法》《担保法》及相关司法解释并不能满足保理业的发展要求与创新需求。虽然债权转让的基础规则在《合同法》中已进行了规定，但一般债权转让规则不能全部规范保理合同。《合同法》从第 79 条至第 83 条、第 87 条对债权转让中的一些基本问题作了粗略规定，但保理业的范围要比单纯的债权转让宽泛得多。保理合同以应收账款转让为基础，但并不能与债权转让画等号，二者有明显的区别。[⑥] 有观点认为，保理合同作为一种典型合同在实务中大量存在，与债权转让有别。合同编通则关于债权转让的一般规定与保理人的立法期待存在差距。司法实践

---

① 石佳友：《评民法典合同编二审稿（草案）：我们需要一部什么样的合同法?》，载微信公众号“中国法律评论”2019 年 1 月 3 日。

② 李宇：《保理合同立法论》，载《法学》2019 年第 12 期。

③ 陈克：《裁判者视角下民法典（合同编）编纂的三个面向》，载微信公众号“天同诉讼圈”2019 年 2 月 26 日。

④ 李晓安、张文斐：《耦合性视域下保理合同“入典”辨思》，载《山东社会科学》2020 年第 2 期。

⑤ 林文学：《〈民法典〉合同编新规定及其适用》，载《法律适用》2020 年第 19 期。

⑥ 丁俊峰、包晓丽：《乘民法典东风 迎保理业务春天》，载《中国银行业》2020 年第 6 期。

中的诸多法律争议问题亟待从立法层面解决，明确保理合同的典型合同地位很有必要。[①]

立法者在充分听取各方意见后，最终采纳了单设保理合同章的意见建议。全国人大常委会在 2018 年 12 月 17 日召开的第七次会议审议通过的《民法典合同编（草案）（二次审议稿）》专门增设了保理合同专章。[②]

保理合同章的立法完善也是民主协商的成果。对同一部法律，不同群体有不同的利益诉求十分正常。研究分析不同的利益诉求，寻找最佳的利益平衡点是立法机关的职责。为此，每一部法律在制定过程中都需要进行大量的调查研究，广泛听取不同群体对法律草案的意见、建议（包括召开座谈会、研讨会、听证会等形式）。[③] 保理合同章的立法过程就体现了这一点。在对《民法典合同编（草案）（二次审议稿）》征求意见过程中，中国服务贸易商协会保理专业委员会于 2019 年 11 月向全国人大法工委提交了《关于对民法典合同编保理合同章（二审修改稿）的行业修改意见》，并提出 9 条修改建议。有专家学者、企业和社会公众也建议对该章内容进一步修改完善。全国人大常委会宪法和法律委员会经研究建议后对该章草案作如下修改：一是增加规定保理合同的主要条款内容，规定：保理合同的内容一般包括业务类型、服务范围、服务期限、基础交易合同情况、应收账款信息、转让价款、服务报酬及其支付方式等条款。保理合同应当采用书面形式（《民法典（草案）》第 762 条）。二是规定了应收账款债务人接到应收账款转让通知后应收账款债权人和债务人无正当理由协商变更或者终止基础交易合同的法律效力（《民法典（草案）》第 765 条）。三是完善同一应收账款有多个保理人时的受偿规则：已登记的先于未登记的受偿；均已登记的，按照登记的先后顺序受偿；均未登记的，由最先到达应收账款债务人的转让通知中载明的保理人受偿；既未登记也未通知的，按照应收账款比例清偿（《民法典（草案）》第 768 条）。[④] 在全国人大常委会 2019 年 12 月公布的《民法典（草案）征求意见》

---

① 李志刚：《〈民法典〉保理合同章的三维视角：交易实践、规范要旨与审判实务》，载《法律适用》2020 年第 15 期。

② 参见《全国人民代表大会宪法和法律委员会关于〈民法典合同编（草案）〉修改情况的汇报》。

③ 信春鹰：《构建社会主义法律体系　推进依法治国进程》，载《中国人大》2007 年第 18 期。

④ 参见《全国人民代表大会宪法和法律委员会关于〈民法典各分编（草案）〉修改情况和〈中华人民共和国民法典（草案）〉编纂情况的汇报》。

中，《民法典》保理合同章的立法内容较之前相比已有很大改善。从2020年5月召开的第十三届全国人民代表大会第三次会议最终通过的《民法典》正式文本不难发现，保理合同章相较于《民法典（草案）》又作了三处重大修改：一是《民法典（草案）》第762条中的“转让价款”被修改为“保理融资款”；二是《民法典（草案）》第768条中的“均未登记的，由最先到达应收账款债务人的转让通知中载明的保理人受偿”被修改为“均未登记的，由最先到达应收账款债务人的转让通知中载明的保理人取得应收账款；三是《民法典（草案）》第768条中的“既未登记也未通知的，按照应收账款比例清偿”被修改为“既未登记也未通知的，按照保理融资款或者服务报酬的比例取得应收账款”。应该说，这三处修改更加符合保理的商业逻辑，值得肯定。[①]

综上可见，《民法典》中保理合同立法是民主立法的生动实践样本，充分反映了立法机关尊重民意，回应社会关切的务实态度。当然，民主立法并不排斥专业立法。处理好民主立法与专业立法的关系关键在于立法起草中不断增强民主化程度，最重要的是专家学者、法案涉及利害关系人和公众等的参与。[②] 正是基于广泛的参与性和专业性，《民法典》保理合同章的立法实现了立法效果和社会效果的统一。

二、坚持科学立法

除民主立法外，科学立法也是制定良法的根本途径。科学立法的核心在于尊重和体现客观规律。科学立法既要使立法符合社会发展规律，准确反映法律所调整的社会关系本质和内在规律，也要使立法符合法律自身发展的规律，处理好法律的稳定性和变动性，前瞻性和现实性，原则性和可操作性的关系。[③] 我国保理立法成果就充分体现了科学立法的几个重要方面。

---

① 谢鸿飞、朱广新编：《民法典评注·合同编·典型合同与准合同》（2），中国法制出版社2020年版，第567页。

② 信春鹰编：《全球化与多元法律文化》，社会科学文献出版社2007年版，第289页。

③ 信春鹰：《为形成和完善中国特色社会主义法律体系努力做好立法工作》，载《中国人大》2010年第19期。

（一）顺应时代要求，符合立法发展规律

"法与时转则治。"美国法学家博登海默认为，"在一个变幻不定的世界中，如果把法律仅仅视为一种永恒性的工具，那么它就不可能有效发挥其作用。我们必须在运动与静止、保守与变革、经久不变与变化无常这些互相矛盾的力量中谋求某种和谐。作为使松散的社会结构紧紧地结合在一起的黏合物，法律必须巧妙地将过去与现在联系起来，同时又不忽视未来的迫切要求"。① 我国保理立法体现了与时俱进、因时制宜的特点，具有鲜明的时代特色。顺应历史潮流是立法的基本趋势。② 我国保理立法成果充分体现了立法对时代需求的回应。首先，在我国深化供给侧结构性改革的历史进程中，如何发展供应链金融，为企业提供更多的融资渠道是国家金融政策考虑的方向。保理业的迅猛发展催生了立法需求。《民法典》为保理合同正名，显然有利于发挥其在供应链金融中的作用，符合整个保理行业的普遍期待，是"对经济社会生活中出现的新情况、新问题作出有针对性的新规定"③，符合时代发展要求。其次，近年来为了更好地促进金融服务实体经济发展和防范化解金融风险，金融监管日趋严格。保理因具有较强的金融属性而成为被监管对象。为此，国务院启动《地方金融监督管理条例》的制定工作，原银保监会和中国人民银行也都制定了部门规章和多份行政规范性文件，地方立法机关也陆续出台本地区的金融监管条例。最后，改善营商环境是我国当前面临的一项重要任务。动产与权利担保制度是保障债权实现的重要制度，因而成为世界银行评价各国营商环境的重要指标。④ 保理合同进入《民法典》也是"适应我国保理行业发展和优化营商环境的需要"⑤。而且，由于保理属于权利担保的一种类型，故在动产与权利担保框架下对保理法律规范进行设计也是迎合了世界银行营商环境评价标准。诚如有学者评价道，"《民法典》将保理合同

---

① 〔美〕E. 博登海默：《法理学——法哲学及其方法》，邓正来等译，华夏出版社 1987 年版，第 311 页。

② 信春鹰：《中国特色社会主义法律体系及其重大意义》，载《法学研究》2014 年第 6 期。

③ 参见《关于〈中华人民共和国民法典（草案）〉的说明》。

④ 吴光荣：《〈民法典〉对担保制度的新发展及其实践影响——兼论〈民法典担保制度司法解释〉的适用范围》，载《法治研究》2021 年第 4 期。

⑤ 参见《关于〈中华人民共和国民法典（草案）〉的说明》。

新增为典型合同体现了立法回应现代经济生活中新型融资模式的及时性与先进性……保理规范的确立为满足金融市场的交易需求，改善企业融资环境提供了法律保障”①。

立法还必须符合法律自身发展规律。根据马克思主义观点，人类认识世界有一个“实践—认识—再实践”的过程。保理本是从商业交易实践中逐步产生和发展起来的，实践色彩很浓厚。保理业的发展大致经过了萌芽起步、缓慢发展、快速发展等阶段。保理立法进程与行业发展历程大体一致。在保理引进我国之初，交易规则并不明晰，业内尚未达成共识，立法者对保理的认识十分有限，此种情况下显然没有必要匆匆立法，而是应待整个行业逐渐发展成熟后才宜由立法介入。因为商事立法最重要的是将商人在商业活动中自发形成的交易规则以立法的形式固定下来，而不是由立法者强行为商人定制一套交易规则。由此，保理在最初引入我国时，立法进程缓慢。在1999年制定《合同法》之时，由于我国保理业并不发达，立法实践中对应收账款这种商事债权转让的特殊性认识不足，保理长期被视作债权转让而适用《合同法》的相关规定。

在商务部2012年正式开展商业保理试点后，保理行业立法进入了快速发展期。商务部正式出台商业保理试点意见，激发了保理业的发展动力。保理业在快速发展过程中逐渐暴露出问题与风险，催生了立法需求。在从业者的推动下，2012年到2019年期间成为我国保理行业立法的活跃期。商务部、原银保监会（包括原银监会）以及保理行业协会组织先后制定部门规章、行政规范性文件及行业自治性文件，其共同目的即在于规范行业发展。一些地方司法机关也制定了司法政策以统一裁判标准。然而，一部分立法似乎存在冲突。比如，原银监会《关于加强银行保理融资业务管理的通知》第6条和《商业银行保理业务暂行办法》第13条均明确禁止商业银行以未来应收账款开展保理业务，但是《上海市商业保理试点暂行管理办法》第3条、《中国（福建）自由贸易试验区商业保理业务试点管理暂行办法》第2条、《北京市海淀区商业保理管理办法（试行）》第3条、《南京市商业保理（试点）管理办法》第8条却规定商业保理公司可以将来的应收账款开展保理业务。

---

① 王聪：《〈民法典〉保理合同的功能主义构造》，载《社会科学》2021年第8期。

而且，由于部门规章、行政规范性文件以及司法政策的法律层级较低，往往难以满足保理业的发展需要和监管要求。随着大量保理合同纠纷案件进入人民法院，司法者逐渐发现保理与债权转让的差异，适用《合同法》中债权转让相关规则处理保理合同纠纷显得捉襟见肘。旺盛的行业发展需要与司法实践需要进一步催生了保理合同的立法需求。《民法典》保理合同章的立法内容体现了对保理商业实践中形成的特殊交易规则或行业惯例的尊重。

例如，《民法典》第 768 条新增的保理登记制度即充分体现对实践的回应。办理保理登记有利于公示保理人的权利状态，避免应收账款债权人重复转让应收账款或将应收账款质押给他人。在《民法典》正式确立保理登记制度之前，办理应收账款转让登记在实践中就被广泛应用。据中国服务贸易协会商业保理专业委员会《中国商业保理行业发展报告（2021）》《中国商业保理行业发展报告（2022-2023）》数据显示，从 2013 年至 2022 年的十年时间里，商业保理公司应收账款转让登记数量逐年递增。《民法典》实施后，2021 年商业保理公司应收账款转让登记数量为 373270 笔，同比增长 93.68%。2022 年，商业保理公司应收账款转让登记数量为 425583 笔，同比增长 14.01%。由此足见保理人存在旺盛的登记与查询需求。为此，《民法典》以国家立法的形式将保理登记制度确立下来，以更好地引导市场主体规范开展登记和查询活动，优化营商环境。

综上可见，我国保理立法是商业实践与立法认知良性互动的生动样本，符合唯物主义认识论的基本规律。保理立法不是闭门造车的结果，而是来源于实践、根植于实践的产物，并伴随实践的发展不断优化升级。正是保理实践需要不断推动立法向前发展。反过来，立法又指导实践并规范行业发展。体量规模达万亿的保理业正式从一种商业模式成为立法承认的典型合同，也符合“经济基础决定上层建筑”的基本原理。

（二）循序渐进立法，由低级向高级演进

我国保理立法不是一蹴而就的，而是一个循序渐进、从低阶到高阶的发展过程。凯尔森认为，实在法是一个动态的规范体系，其特点在于，这一体系的规范之所以有效力，不是通过逻辑推理的智力活动从基本规范中推论出

来的，而是通过一种特殊的意志行为创立的。[①] 保理领域最初的立法活动是由行政监管部门出台行政规范性文件，然后发展到部门规章和地方性立法，最后才进入《民法典》之中。后者是在前者的基础上升级发展。比如，原银监会在 2013 年 7 月下发《关于加强银行保理融资业务管理的通知》后便在次年制定了《商业银行保理业务暂行管理办法》。前者的全部六条内容均被后者吸收并得以成为部门规章的内容。《民法典》立法同样也是建立在前期立法的基础之上。《民法典》进入社会新领域的前提条件是该领域长期存续且已经形成了稳固的、类似实践中的自然法规则。[②] 按照《民法典》选择法律素材的标准，有名合同编入法典至少要满足合同的普遍性和规则的稳定性两大条件。[③] 保理领域存在的部门规章和行政规范性文件基本固定了保理合同交易规则，使得保理合同符合上述两大条件从而被《民法典》选中。先前的立法成果为《民法典》保理合同章的立法进行了很好的铺垫。例如，正是因为有追索权保理与无追索权保理在部门规章中已有明确定义，故《民法典》第 766 条和第 767 条直接规定两种保理合同中当事人的权利义务关系才不显得那么突兀。可见，我国保理立法经历了从无到有、从少到多、从低级到高级的迭代升级过程，由量变引发了质变，终成体系，契合了“事物总是在曲折中前进发展，呈螺旋式上升”这一经典的马克思主义论断。

（三）注重立法逻辑，合理运用立法技术

注重立法逻辑，合理编排篇章结构在《民法典》立法中得到淋漓尽致的体现。“一部法律必须具有强大的、严格的逻辑结构，否则，就缺乏强大的感染力。”[④]《民法典》正是一部“讲法理、讲体系、讲逻辑”的良法。[⑤]《民法典》严格遵循“总—分”的结构逻辑，合理处理了债权转让的一般规定与保理合同章特别规定之间的关系，既保留了保理合同与债权转让之间的共性，又不失保理合同的个性。

---

① 沈宗灵：《现代西方法理学》，北京大学出版社 1992 年版，第 131～133 页。

② 谢鸿飞：《民法典与特别民法关系的建构》，载《中国社会科学》2013 年第 2 期。

③ 谢鸿飞：《民法典的外部体系效益及其扩张》，载《环球法律评论》2018 年第 2 期。

④ 杨立新：《民法典人格权编草案逻辑结果的特点与问题》，载《东方法学》2019 年第 2 期。

⑤ 孙宪忠：《从人民法院司法的角度谈解读和实施〈民法典〉的几个问题》，载《法律适用》2020 年第 15 期。

为了提高立法质量，还必须注重立法技术的运用，以确保立法的科学性。由于篇幅所限，立法显然不可能面面俱到，而只能抓住主要矛盾，忽视次要矛盾。基于抽象立法原则，立法的最大功能在于通过提取公因式的方式为交易实践提炼普遍规则，即寻求最大公约数，故只需从众多具体规则中抽象出普遍规则即可。因此，只需要对实践中最为典型的保理类型进行立法。《民法典》将保理区分为有追索权保理与无追索权保理两种类型就是抓住了主要矛盾的体现。在保理商业实践中，根据不同的功能和特征，保理有不同的分类方法，有“十六分法”之多。这种分类方法虽然细致，但显然过于庞杂，绝大多数分类并不涉及特殊规则，可以通过现有规则予以解决，故非《民法典》保理合同章的立法重点，保理合同章未予规定。[①] 实践中，保理合同最普遍、最典型的分类方式就是有追索权保理与无追索权保理之分，将其称为保理合同的最大公约数亦不为过。可以说，是否约定追索权是每一笔保理合同在签订之时都会面临的选择。这也是审判实践中几乎每起保理合同纠纷案件都会遇到的问题。基于此，《民法典》删繁就简，去粗取精，仅对有追索权保理与无追索权保理作出规定，符合科学立法、精简立法原则。至于保理的其他分类，并无在保理合同章中单独规定之必要，完全可结合民法基本规则加以解决。例如，《涉外民事关系法律适用法》的规定可解决国际保理的准据法问题；公开型保理可通过债权转让通知效力规则进行调整。

三、坚持体系化立法

体系化是立法的应有之义。耶林将法律元素与化学元素进行类比：各元素相互作用，缺乏任何一个都不足以成为整体。普赫塔指出，在形式上，体系知识包括了法律的各个部分，可以保障确定性。若法律仅仅是法律规则的集合体，我们就不可能把握整体的联系。法律是一个体系，只有我们认识到这一点，才能真正理解其本质。分析法学派认为，由立法机关制定的形式合理的法律规则体系足以解决各种社会问题，执法者或司法者只要遵循推理规

---

① 王轶等：《中国民法典释评·合同编·典型合同》（下卷），中国人民大学出版社 2020 年版，第 8 页。

则就可以很好地处理各种案件。[①]

我国学界对《民法典》立法体系化问题也进行了深入讨论。苏永钦教授曾作此形象比喻：对于完全相同内容的法规范，经过体系化编纂会带来什么好处，也许可用现代城市的规划管理来类比，同样需要建置住房、商办、学校、道路、公园、市场等，城市若能做到方位走向分明，功能配置合理，动线流畅无碍，资源充分开发，就可以让更多人有更多空间，以更低成本做更多事情。[②] 谢鸿飞教授从发挥立法体系效益的角度对我国应当编纂一部什么样的《民法典》进行了探讨，其认为民法典的体系效益高于民事单行法，体系效益源于民法调整范围的综合性、规范内容的层次性和法律意义的脉络性。方新军教授主张，通过特定的编纂技术将民法典中的外在体系与内在体系融贯为一个价值理念统一的整体，具有极端重要的意义。

过去我国法制建设的一条重要经验就是依据法律体系立法。所谓依据法律体系立法，就是要按照已有法律内部之间的效力关系，保持法律体系内部的和谐一致，使法律体系内部的立改废释有上位法根据，从而形成前后一致、上下融贯、整体和部分协调配合的法律体系。法典化即是体系化。《民法典》是我国民事立法体系化的集大成者，是体系化立法的成功范例。《民法典》最重要的立法贡献是将民事单行法整合成一部体系完备、逻辑自洽的法典。我国学界向来对《民法典》有着强烈的“体系情结”，《民法典》编纂的技术理据是体系化。[③] “民法典的制定乃基于法典化的理念，即将涉及民众生活的私法关系，在一定原则之下作通盘完整的规范。”[④] 《民法典》带来的体系效益对于消除立法弊端，填补立法漏洞具有重要价值，为全面推进依法治国提供了体系依据。[⑤]

如何进行体系化立法？从我国保理法律规范体系建设的经验来看，体系化立法需要处理好以下几方面问题。

第一，处理好法的稳定性与创新性之间的关系。《民法典》立法并不是对

---

① 严存生编：《西方法律思想史》，法律出版社 2004 年版，第 10 页。

② 苏永钦：《大民法典的理念与蓝图》，载《中外法学》2021 年第 1 期。

③ 谢鸿飞：《民法典的外部体系效益及其扩张》，载《环球法律评论》2018 年第 2 期。

④ 王泽鉴：《民法总则》，中国政法大学出版社 2001 年版，第 22 页。

⑤ 孙宪忠：《从人民法院司法的角度谈解读和实施〈民法典〉的几个问题》，载《法律适用》2020 年第 15 期。

过去民事立法的推倒重来，而是在相当程度上承继了民事单行法的规定并进行更新。民事立法的稳定性得到维护。合同编第六章“合同的变更和转让”对债权转让规则所作的一般规定基本延续了《合同法》之规定，体现了立法的传承性与稳定性。增设保理合同章则是立法创新性的重要体现。合同编第十六章“保理合同”是唯一新增的全新典型合同，该章九条规定全部为新增规定。要保证在不构成体系违反的前提下对保理合同章的新规定进行制度设计，即在不与债权转让一般规定相抵牾的前提下体现保理合同的创新特点。比如，允许保理人通知应收账款债务人（《民法典》第764条）和确立多重保理中优先权顺位规则（《民法典》第768条）即是对普通债权转让规则的重大突破。

第二，处理好上位法与下位法之间的关系。《民法典》立法不可能脱离既有立法基础。《民法典》既要体现对现有立法成果的尊重，也不能完全照搬照抄，而是要从整个法律体系的契合度上有选择性地吸收。从《民法典》保理合同章的规范内容来看，立法者在对保理合同定义以及有追索权保理和无追索权保理的权利义务设计上基本延续了过去部门规章及行政规范性文件的规定。但为了与《民法典》内部动产与权利担保体系相契合，立法者又对有追索权保理中的权利义务作出与部门规章不同的安排。比如，《商业银行保理业务管理暂行办法》未对保理人从应收账款债务人处收回应收账款的利益分配进行规定。为了体现应收账款转让的担保功能，《民法典》第766条明确了“多退少补”规则。这就与《民法典》中抵押、质押、融资租赁、所有权保留买卖等担保交易的清算规则保持了体系的一致性。

第三，处理好不同性质法律规范之间的关系。从现有立法看，试图依靠《民法典》保理合同章一劳永逸地解决所有问题不切实际。从法律实施角度出发，《民法典》只是法律体系中的一个重要组成部分，要确保《民法典》贯彻实施，就需要正确处理《民法典》与其他法律之间的关系。[①]《民法典》保理合同章的贯彻实施离不开行政法规、部门规章、地方性法规以及司法解释等的配套支持。立法必须规范明确，具有针对性、系统性和可行性。法律规

① 刘贵祥：《〈民法典〉实施的若干理论与实践问题》，载《法律适用》2020年第15期。

范之间的衔接、协调以及法律功能的可操作性等问题都必须要充分考虑。[1] 因此，立法者不仅要考虑某一部法律内部的统一性和协调性，还要注意与其他法律之间的联系，树立“一盘棋”的思想，不能顾此失彼。

第四，注重规范的层次性和侧重点。规范的层次性是发挥体系效益的前提条件之一。[2] 法律具有天然的滞后性和刚性，难以根据情势发展变化及时作出调整。法典化存在滞后于社会现实、编排难度大、变动成本高等局限性。与之相比，部门规章、地方性法规以及行政规范性文件、司法政策等则更具灵活性。理想的立法也应该是“大块头”与“小快灵”相结合，体系性与灵活性相辅相成，实现优势互补。在已有《民法典》的情况下，部门规章和地方性法规应该朝着“小快灵”“小切口”方向发展，提高立法的针对性，以问题为导向，需要几条就立几条，关键是要管用，能切实解决实际问题。

四、保持中国立法特色

（一）保理立法沿革

保理作为舶来品，本身就是国际贸易的产物，国外现有的成熟立法经验无疑对我国保理立法具有重要的参考借鉴价值。我国保理领域的立法参考主要体现在以下几个方面：

第一，充分尊重国际惯例。比如，《商业银行保理业务管理暂行办法》第8条规定：“本办法所称应收账款，是指企业因提供商品、服务或者出租资产而形成的金钱债权及其产生的收益，但不包括因票据或其他有价证券而产生的付款请求权。”《国际保理通则》第3条规定，“应收账款，本通则所指应收账款仅限于已签署出口保理合同的供应商和其所在国有进口保理商提供保理服务的债务人因赊销商品和（或）劳务而形成的应收账款，不包括信用证（备用信用证除外）销售、见票即付或其他形式的现款销售所形成的应收账款”。我国的《商业银行保理业务管理暂行办法》第8条规定的应收账款概念

---

① 信春鹰：《中国特色社会主义法律体系及其重大意义》，载《法学研究》2014年第6期。

② 谢鸿飞：《民法典的外部体系效益及其扩张》，载《环球法律评论》2018年第2期。

就充分体现了对《国际保理通则》第 3 条的尊重。

第二，吸收国际公约和国外立法的成熟规定，将其转化为国内法。例如，关于将有应收账款可否转让的问题，许多国家和地区的法律、国际性公约或者文件都明确肯定了将有债权的可转让性，如《国际保理公约》第 5 条第 2 款、《联合国国际贸易中应收款转让公约》第 8 条第 1 款、《美国统一商法典》第 9-204 条（a）、《法国民法典》第 1323 条第 3 款、《日本民法典》第 446 条之六、《国际商事合同通则》第 9.1.5 条、《欧洲合同法原则》第 11：101 条等。上述立法例被我国《民法典》借鉴吸收。《民法典》第 761 条明确规定将有的应收账款可以转让。另如，关于应收账款禁止转让特约的效力，过去我国《合同法》未作规定。由于应收账款为金钱债权，债务履行与当事人身份关联性不大，国际公约普遍认为金钱债权禁止转让特约不得对抗受让人。如《国际保理公约》第 6 条规定，“尽管供应商和债务人之间订有禁止转让应收账款的任何协议，供应商向保理商进行的应收账款转让仍然有效”；《联合国国际贸易中应收款转让公约》第 9 条规定，“尽管初始转让人或任何后继转让人与债务人或任何后继受让人之间的任何协议以任何方式限制转让人转让其应收款的权利，应收款的转让具有效力”。在借鉴吸收上述公约规定后，《民法典》第 545 条第 2 款规定，“当事人约定金钱债权不得转让的，不得对抗第三人”。新近制定的《动产和权利担保统一登记办法》将应收账款限定为“其他以合同为基础的具有金钱给付内容的债权”也体现了对《俄罗斯联邦民法典》第 824 条的借鉴。①

（二）在借鉴域外立法经验的同时保持中国特色

改革开放以来，我国始终坚持从国情出发，从实际出发，重视本土法律文化资源开发，并将人类法治文明成果与中国特色社会主义法治经验有机结合起来，加快法治现代化步伐。从比较法角度看，只有俄罗斯联邦、匈牙利等国家的《民法典》对保理进行了规定，其他大陆法系国家并未将保理合同作为典型合同对待。即便在保理合同发源地及保理业务特别活跃的美国、英国等，也未将其成文法化。为回应我国保理行业快速发展与司法实践需要，

① 《俄罗斯联邦民法典》，黄道秀译，北京大学出版社 2007 年版，第 289 页。

《民法典》将保理合同纳入合同编典型合同中，具有开创性意义。

我国《民法典》在借鉴传统大陆法系立法经验的基础上进行了一定程度的制度创新。在体系架构上，《民法典》对以《德国民法典》为代表的债法体系进行了改革，主要体现在合同编对债法体系的改造上。《民法典》保留了大陆法系传统物债二分模式，只不过是将债权编一分为二，即合同之债和侵权责任之债各自独立成编。由于缺少债法总则，立法者试图通过立法技术加以弥补，一方面扩充合同编通则的内容，赋予其债法总则的地位与功能。最为典型的表现莫过于《民法典》第468条规定："非因合同产生的债权债务关系，适用有关该债权债务关系的法律规定；没有规定的，适用本编通则的有关规定，但是根据其性质不能适用的除外。"该条规定了非合同之债的法律适用规则，进一步明确了合同编通则统领债法的功能。① 此外，为了扩大合同编通则的适用范围，立法者在合同编通则中还增加了大量债法规范，比如多数人之债规则、债的消灭规则等，尽量覆盖债法全部内容。在条款设计上，立法者尽量避免将合同编中能够通用于所有债的类型的共同规则、条文使用"合同""合同权利""合同义务"等表述，而是采用"债""债权""债务"之表述，以扩大条文的适用范围。②

我国保理立法的中国特色也体现在不照搬照抄域外立法上。比如，《联合国国际贸易中应收款转让公约》第5条规定，"未来应收账款"系指转让合同订立后产生的应收款。但我国《商业银行保理业务管理暂行办法》第13条第2款规定，"未来应收账款是指合同项下卖方义务未履行完毕的预期应收账款"。前者的定义比较宽泛，合同订立后产生的应收账款范围很广，有必要予以限制；后者则将应收账款限定为卖方义务未履行完毕的预期应收账款，大大缩小了应收账款的范围，更为精准合理。

我国保理立法的中国特色还体现在对动产担保制度的改革上。"进一步优化营商环境，增强我国在吸引投资方面的优势"是《民法典》编纂的重要目标之一。③ 实现此一目标的重要手段是借鉴功能主义担保立法理念对我国过去

---

① 林文学：《〈民法典〉合同编新规定及其适用》，载《法律适用》2020年第19期。

② 黄薇主编：《中华人民共和国民法典合同编释义》，法律出版社2020年版，第2页。

③ 黄薇：《〈民法典物权编草案〉（二审稿）对若干重点问题的回应》，载《中州学刊》2019年第7期。

的动产担保法律体系进行改造。在比较法上，一国法律制度存在法系杂糅，进而形成“混合法系”的例子并不多见，如《魁北克民法典》。《民法典》将所有权保留买卖、融资租赁和保理视为“具有担保功能的合同”，从而将其纳入担保法律体系中，迎合了国际动产担保制度改革的总体趋势，实现了形式担保观和实质担保观的交融。有学者评价，我国《民法典》物权编担保物权分编最大的亮点和特色是在坚持形式担保观的同时引入了实质担保观的内容。[①]《民法典》第388条将具有担保功能的合同纳入担保合同，进而通过构建统一的动产与权利担保制度，在大陆法系形式主义的框架下，吸收了英美法系功能主义的担保理念，实现了两大法系担保法制的有机统一。[②]

即便是在动产与权利担保的框架下，《民法典》还维持了应收账款质押与有追索权保理两种制度并存的立法体例。有追索权保理尽管具有担保功能，但立法者并未将其置于物权编，而是由合同编专章加以规定，可谓在传统民法典和《美国统一商法典》之外创设了第三种立法模式。理论界和实务界对这一创新立法模式给予积极评价，认为它“体现了两大法系的融合、典型担保和非典型担保的融合、体系主义和功能主义的融合”[③]，甚至为“其他大陆法系国家提供了可参照的样本”[④]。《民法典》为应收账款质押与有追索权保理设计了不同的规则，同时又为二者预留了规则互鉴的通道，实现了两种制度的和谐共存，殊值肯定。

第三节　我国保理法律规范体系的完善建议

体系上的问题还需通过体系化立法解决。由于《民法典》是我国保理法律规范体系的根基，寻求整个体系上的完善必须围绕《民法典》进行。推动

---

① 谢鸿飞：《〈民法典〉实质担保观的规则适用与冲突化解》，载《法学》2020年第9期。

② 最高人民法院民事审判第二庭：《最高人民法院民法典担保制度司法解释理解与适用》，人民法院出版社2021年版，第85页。

③ 最高人民法院民法典贯彻实施工作领导小组编：《中华人民共和国民法典物权编理解与适用》（下），人民法院出版社2020年版，第995页。

④ 高圣平：《动产担保交易的功能主义与形式主义——中国〈民法典〉的处理模式及其影响》，载《国外社会科学》2020年第4期。

《民法典》配套法律法规制度建设对克服体系缺陷、构建科学合理的保理法律规范体系意义重大。

一、《民法典》完善建议

美国法学家博登海默认为，立法的完善仅靠司法的途径是不行的，还必须通过立法。他认为，试图通过司法行为从法律制度内部完全克服法律的呆板僵化、惰性力量、抗变性质等缺点并非易事。克服的方法往往来自外界，要么通过立法来行使政治权力以完善法律，要么建立一个衡平法律制度来作为对法律制度的补充或修正。[①] 有观点提出，在同一部法典中规定功能相似的两项法律制度的前提是其能和谐共存，不存在体系上违拗，至少能够通过解释消除制度间的矛盾之处。[②] 有学者专门针对《民法典》中的债权转让规则进行了体系化研究，认为《民法典》中债权转让规则分布在合同编通则和保理合同章，导致债权转让规则整体体系不够明晰；《民法典》的体系化不够彻底，还需要更为细致、深入的法学研究以挖掘立法中的隐藏体系进而实现真正的体系化。[③] 有学者在阐述《民法典》对过去《物权法》和《合同法》相关条文进行重大修改的立法缘由后认为《民法典》中已初步形成了一个形散而神聚的"动产与权利担保体系"。[④] 有学者则对我国的债权转让和应收账款质押两种制度进行了比较，揭示了"双轨制"的弊端，主张采取功能主义方法统合债权让与和债权质押规则，包括统一标的范围，统一对外效力和对内效力规则等。体系上的不协调显然不利于规则的整合、统一。考虑到应收账款质押与有追索权保理的相通性，故有必要最大限度地促进二者规则的统一。[⑤]

一是统一应收账款质押与应收账款转让生效规则。由于应收账款质押

---

① 〔美〕E. 博登海默：《法理学——法哲学及其方法》，邓正来等译，华夏出版社 1987 年版，第 314 页。

② 谢鸿飞：《动产担保物权的规则变革与法律适用》，载《国家检察官学院学报》2020 年第 4 期。

③ 朱虎：《债权转让中的受让人地位保障：民法典规则的体系整合》，载《法学家》2020 年第 4 期。

④ 龙俊：《民法典中的动产和权利担保体系》，载《法学研究》2020 年第 6 期。

⑤ 李宇：《民法典中债权让与和债权质押规范的统合》，载《法学研究》2019 年第 1 期。

（登记生效主义）与保理中应收账款转让（登记对抗主义）采取不同的生效主义，与“类似问题类似处理”的公平原则相悖，未来可考虑将应收账款质押的登记生效主义修改为登记对抗主义（书面合意设立+未经登记不得对抗善意第三人）。[①]

二是统一应收账款质押与应收账款转让中对抗第三人效力规则。有学者主张改变应收账款质押与转让的双轨制，对两种制度予以统合，即统一对第三人的效力规则，统一对内效力与对债务人效力规则。[②] 笔者表示赞同。在比较法中，第一种方式是在立法上真正实现两者的统合，例如《美国统一商法典》和《担保交易示范法》；第二种方式是在立法上区分，但明确规定准用规则，如《德国民法典》第 1274 条第 1 款、《瑞士民法典》第 900 条第 3 款。上述两种立法例对我国立法亦具参考价值。

三是统一应收账款再转让规则。为保持体系上的协调性，禁止应收账款出质后再行转让既不合理也无必要，故有必要对应收账款质押规则做出相应的调整。

四是弥合保理与债权转让中对抗第三人规则的体系裂隙。可以考虑将保理合同章第 768 条关于多重保理的规定上升至合同编通则，使其成为所有债权转让的通行规则，而非仅仅居于保理合同章之一隅。[③] 如此，可最大化地发挥该条规定的制度效益。

保理合同具有一定的综合性，由此导致法律适用上的困难。司法实践中解决混合合同法律适用问题，主要有三种思路：（1）吸收说，即适用主要部分的典型合同的法律规定，非主要部分则由主要部分吸收。（2）类推适用说，其类推适用各相关典型合同的规定，而如何类推适用则交给法官。（3）先分解后统一的结合说。按照该学说，第一步先分解混合合同的构成要素，分别适用各部分的典型合同规定；第二步再依据合同整体解释、合同目的解释，

① 纪海龙：《世行营商环境调查背景下的中国动产担保交易法》，载《法学杂志》2020 年第 2 期。

② 高圣平：《应收账款质权登记的法理——以〈应收账款质押登记办法〉的修改为中心》，载《当代法学》2015 年第 6 期；王乐兵：《“物权编”与“合同编”体系化视角下的应收账款质押制度重构》，载《法学家》2019 年第 3 期；李宇：《民法典中债权让与和债权质押规范的统合》，载《法学研究》2019 年第 1 期。

③ 李宇：《保理合同立法论》，载《法学》2019 年第 12 期；蔡睿：《保理合同中债权让与的公示对抗问题》，载《政治与法律》2021 年第 10 期。

推知当事人的真实意思表示；第三步基于真意，探究缔约目的、整体利益状态，以此调和合同各要素之间的冲突、矛盾或歧义，并考虑交易习惯，作出统一的、合理的法律适用。[①]

在立法未改进之前，可通过类推适用的方式促进法律规则的统一。在法律解释上，类推分为个别类推和总体类推。个别类推，又称法律类推，是指就某个别法律规定而为类推适用，即被类推的是个别规定。个别类推事实上是把法律规范用于它本来就曾试图调整的案件类型之中。[②] 总体类推，又称法的类推，它包括了广义与狭义的含义。从狭义上理解，它是指就多数同类法律规定抽象出一般法律原则而类推适用。[③] 总体类推是通过众多类似的规范进行总结，抽象出一般的原则，并将这一原则运用于案件裁判之中。[④] 基于有追索权保理与应收账款质押之间的高度相似性以及无追索权保理与债权转让、买卖合同之间的高度相似性，在规则上可类推适用。

二、加强法律解释工作

针对《民法典》中保理合同相关规定存在的争议，由于《民法典》颁布时间较短，短期内修改《民法典》或对保理合同专门立法的可能性很小，较为可行的方案是由全国人大常委会通过立法解释或由最高人民法院通过司法解释的方式对保理合同章中重点法律概念的内涵以及重要法律规范的具体法律适用问题进行阐释，以消除误解或分歧。有学者即指出，现行立法规定仍有完善空间，还需要借助司法解释和司法判决对有关规则进行补正或具体化，以确保债权让与的一般规范、保理合同章规定与保理部门规章、行业监管规范有机衔接，实现对保理所涉交易者利益的平等保护。[⑤]

制定法律解释既是立法机关或司法机关的权限，同时也是其职责。在《民法典》实施阶段，有必要推动立法机关或司法机关的法律解释工作，以更好地促进法律实施。根据《立法法》第 48 条规定，法律的规定需要进一步明

① 廖盛林：《混合合同法律适用问题的类型化研究》，载《福建法学》2012 年第 1 期。
② 〔德〕迪特尔·施瓦布：《民法导论》，郑冲译，法律出版社 2006 年版，第 107 页。
③ 王泽鉴：《法律思维与民法实例》，中国政法大学出版社 2001 年版，第 261 页。
④ 〔德〕卡尔·拉伦茨：《法学方法论》，陈爱娥译，商务印书馆 2003 年版，第 260 页。
⑤ 黄和新：《保理合同：混合合同的首个立法样本》，载《清华法学》2020 年第 3 期。

确具体含义的，由全国人民代表大会常务委员会解释。全国人民代表大会常务委员会发布的《关于加强法律解释工作的决议》第 1 条即对制定立法解释的情形进行了规定。该条规定："凡关于法律、法令条文本身需要进一步明确界限或作补充规定的，由全国人民代表大会常务委员会进行解释或用法令加以规定。"全国人大常委会有权依照法定职权对全国人大制定的《民法典》中需要进一步明确界定或需要作出补充规定的法律条文进行解释。与此同时，司法解释也大有用武之地。立法文本如不与司法实践结合起来，将很难发现其不周延性。《最高人民法院关于司法解释工作的规定》第 2 条规定，在审判工作中具体应用法律的问题可由最高人民法院作出司法解释。

有学者提出，不是法律文本需要解释，而是司法实践呼唤法律解释。[①] 最高人民法院针对典型合同制定司法解释已有不少成功范例，如关于买卖合同、借款合同、融资租赁合同、建设工程合同、物业服务合同、租赁合同等典型合同的司法解释切实解决了审判实践中的争议问题，取得了很好的法律效果和社会效果。其中，很多司法解释的规定都被《民法典》吸收，上升为国家法律。近年来人民法院受理的保理合同纠纷案件数量逐年攀升。中国裁判文书网检索结果显示，2018 年至 2022 年涉保理纠纷案件数量一直保持增长态势，2022 年有所回落。全国法院审理的涉保理纠纷案件数分别为 4957 件、5167 件、5362 件、11170 件和 7465 件。诉讼案件数量的持续攀升对法律解释提出了更为具体的需求。

通过对审判实践中争议问题的梳理，以下十一个方面的问题需要重点关注并解决：（1）保理法律关系构成要件（《民法典》第 761 条）。（2）应收账款的范围以及"将有的应收账款"的判断标准（《民法典》第 761 条）。（3）虚构应收账款以及保理人明知虚构的具体情形（《民法典》第 763 条）。依文义解释，该条仅有保理人明知一种例外情况，然而有学者指出，该条中的"保理人明知"应作扩大解释，包括"明知"与"应知"两种情形。[②]（4）应收账款债务人虚假确认应收账款或作出付款承诺的法律后果（《民法典》第 763 条）。（5）保理人通知债务人时所"附有必要凭证"具体是指哪些凭证？

① 信春鹰、李林编：《依法治国与司法改革》，中国法制出版社 1999 年版，第 555 页。

② 何颖来：《保理中虚假基础交易风险的法律规制——基于〈民法典〉第 763 条之思辨》，载《浙江社会科学》2021 年第 7 期。

（《民法典》第764条）。（6）应收账款债权人与债务人无正当理由协商变更或终止基础交易合同中的“正当理由”系“不确定法律概念”，具体包括哪些情形需要进一步明确（《民法典》第765条）。（7）保理人同时向应收账款债权人和债务人主张权利时，二者的责任性质、顺序和范围（《民法典》第766条）。（8）是否允许当事人约定无追索权保理向有追索权保理转化？（《民法典》第767条）。有学者提出，《民法典》第767条规定的“保理人应当向应收账款债务人主张应收账款债权”不设前提，过于绝对，容易被误解为保理人在任何情况下均无追索权，与商业惯例不符，故建议将该条修改为“当事人约定无追索权保理的，保理人应当向应收账款债务人主张应收账款债权，保理人取得超过保理融资款本息和相关费用的部分，无须向应收账款债权人返还；除当事人另有约定外，保理人无权向应收账款债权人主张返还保理融资款本息或者回购应收账款债权”。此所谓另有约定，是指当事人特别约定可行使追索权的特殊情形，唯此情形不包括债务人信用风险。① （9）保理合同章与债权转让一般规定相互（参照）适用的边界（《民法典》第768条）。（10）保理合同章与应收账款质押规则类推适用的边界（《民法典》第768条）。（11）诉讼程序方面的问题，比如管辖权确定原则，当事人诉讼地位以及刑民交叉问题的处理等。针对上述保理合同章法律适用难题，最高人民法院有必要加强保理合同纠纷的调研，及时制定一部保理合同纠纷的专门司法解释。

三、推动行政法规立法

（一）适时制定《动产与权利担保登记暂行条例》

包括保理登记在内的动产与权利担保登记制度是一项重要的基本制度。从长远角度看，国务院有必要推动动产和权利担保统一登记制度立法。一方面，这是贯彻实施《民法典》的需要。《关于〈中华人民共和国民法典（草案）〉的说明——2020年5月22日在第十三届全国人民代表大会第三次会议

① 李宇：《保理合同立法论》，载《法学》2019年第12期。

上》中提出："（民法典）删除有关担保物权具体登记机构的规定，为建立统一的动产抵押和权利质押登记制度留下空间。"这充分说明国家立法机关在编纂《民法典》时已有意为建立统一的动产与权利担保制度进行了铺垫。为了执行《民法典》，国务院有权依照宪法规定的权限和法定程序制定相应的行政法规。另一方面，也是实施《优化营商环境条例》的需要。建立统一的动产与权利担保制度是优化营商环境的现实需要。《优化营商环境条例》仅指明了方向，具体如何落地需要另行规定。《国务院关于实施动产和权利担保统一登记的决定》与《动产和权利担保统一登记办法》已经明确了统一登记的范围，下一步有必要将该决定和办法中的内容上升至行政法规层面，以法律的形式固定下来，方可成为登记制度的根基。

在立法思路上，不动产登记立法的成功经验可资借鉴。我国不动产登记制度是由"《民法典》+《不动产登记暂行条例》+《不动产登记暂行条例实施细则》"三部法律法规和部门规章组成。《民法典》第 210 条第 2 款规定："国家对不动产实行统一登记制度。统一登记的范围、登记机构和登记办法，由法律、行政法规规定。"《不动产登记暂行条例》则对不动产登记的范围、登记机构、不动产登记簿、登记程序、登记信息共享与保护、法律责任等问题进行了规定。《不动产登记暂行条例实施细则》对国务院暂行条例作进一步细化规定，使其更具可操作性。由于中国人民银行已先期完成了《动产和权利担保统一登记办法》这一立法，剩余立法工作就是填补行政法规这一法律断层。笔者建议，借鉴不动产登记立法的成功经验，国务院有必要抓紧制定一部《动产与权利担保登记暂行条例》，以将动产与权利担保登记范围、登记机构、动产登记簿、登记程序、登记信息共享与保护、法律责任等基础性问题以行政法规的形式固定下来。

（二）统一全国保理业监管行政法规

《民法典》的贯彻实施离不开下位法的配套、支撑。监管法规作为保理法律规范体系的重要组成部分，是提高保理领域的治理能力和治理水平的关键所在。为改变过去监管政策不统一的局面，有必要统一保理监管法规。这就要求处理好银行保理与商业保理、部门规定与地方规定之间的关系。

一方面，银行保理与商业保理的监管规定亟待合二为一。根据商务部

2018 年 5 月 8 日下发的《商务部办公厅关于融资租赁公司、商业保理公司和典当行管理职责调整有关事宜的通知》，商务部将制定融资租赁公司、商业保理公司、典当行业经营和监管规则职责划给原银保监会。在 2023 年国务院机构改革后，原银保监会的监管职能由国家金融监督管理总局承继。自此以后，无论是银行保理还是商业保理均归国家金融监督管理总局统一监管。然而，现实情况是只有监管机构实现了统一，监管规则尚待进一步统一。原银保监会（包括原银监会）就分别下发了《关于加强银行保理融资业务管理的通知》和《关于加强商业保理企业监督管理的通知》两份规范性文件。笔者认为，上述差别对待的理据似不充分，不符合法的平等性要求。尽管保理在业内有银行保理和商业保理之分，但商业银行和商业保理公司签订的保理合同在交易结构上并无不同，在本质上应属同一事物。审判实践中也发现二者签订的保理合同文本与当事人权利义务设置并不存在明显差异。从事同样的保理业务却适用不同的监管规则，不利于营造公平的市场竞争环境。尤其是《民法典》出台之后，因为《民法典》将保理合同作为一种典型合同加以规定，并未作主体上的区分。也就是说，无论是商业银行签订的保理合同，还是商业保理公司签订的保理合同均统一适用于《民法典》的相关规定。监管法规将银行保理与商业保理人为割裂开来，恐与《民法典》中的公平原则相悖。因而，笔者建议将《关于加强商业保理企业监督管理的通知》《关于加强银行保理融资业务管理的通知》两份通知内容合二为一，废止《商业银行保理业务管理暂行办法》，制定一部可同时适用于银行保理与商业保理的《保理业务管理暂行办法》。

另一方面，部门规定与地方规定亟待统一。当前，无论是从切实防范和化解地方金融风险，健全防范化解金融风险长效机制的角度考虑，还是从节约立法资源、统一立法口径的角度出发，都有必要制定一部全国统一的《地方金融监督管理条例》，以明确地方金融监管规则和上位法依据，统一监管标准，构建权责清晰、执法有力的地方金融监管框架，确保中央加强地方金融监管的各项决策部署得到落实。

四、加强立法部门联动

（一）加强立法部门联动，避免规定不一致

国家金融监督管理局与中国人民银行作为保理业的中央监管部门，应加强立法联动。两部门在履行各自监管职权，尤其是在出台关乎整个行业发展的部门规章或行政规范性文件时应当保持密切沟通，达成共识。而且，由于商务部已于2018年将商业保理的监管职权移交原银保监会，故商务部有必要清理过去制定出台的行政规范性文件，避免旧规定与新规定不一致的情况发生。

（二）用好地方立法权，完善地方金融立法

在国家治理体系和治理能力现代化建设中，地方立法能够作出更大的贡献。《中共中央　国务院关于新时代加快完善社会主义市场经济体制的意见》提出，依法依规界定中央和地方金融监管权责分工，强化地方政府属地金融监管职责和风险处置责任。就当前我国保理地方立法实践来看，需要重点解决以下三方面问题：

一是消除重复立法。法律适用没有行政层级对应关系，国家法律一经公布施行，任何组织和个人均直接适用，无须“层层转换”。《立法法》第82条第4款也明确规定：“制定地方性法规，对上位法已经明确规定的内容，一般不作重复性规定。”因而，待国务院制定的《地方金融监督管理条例》正式出台后，尚未制定地方金融监管条例的省、自治区、直辖市就没有必要再开展此类立法活动。已制定的地方金融监管条例也就失去了其存在的必要性。

二是立足本地区实际需要，体现地方特色。《立法法》第80条规定：“省、自治区、直辖市的人民代表大会及其常务委员会根据本行政区域的具体情况和实际需要，在不同宪法、法律、行政法规相抵触的前提下，可以制定地方性法规。”第82条第1款规定，地方性法规可以就下列事项作出规定：（1）为执行法律、行政法规的规定，需要根据本行政区域的实际情况作具体规定的事项；（2）属于地方性事务需要制定地方性法规的事项。据此，地方

性法规要根据本地区的实际需要制定，而不是盲目跟风，互相抄袭。对于地方金融组织并不发达的地区而言，制定地方金融监管条例的时机并不成熟，也脱离实际，并无必要。对于地方金融组织比较发达的地区而言，在制定地方性法规时则需要体现本地区保理业的发展特点，重在差异化立法，没有必要与其他省市地方立法“千篇一律”。

三是立法应有所侧重。一般而言，需要通过地方立法来解决的事项都和当地行业发展和公民切身利益息息相关，往往涉及多方面的利益调整。地方立法要根据实际情况，合理设定监管机构的权力和责任、公民的权利和义务，坚持平等和平衡的原则，保障政府行使国家权力，也要充分保护公民的合法权益，在地方形成和谐的法律秩序。[①] 对于《民法典》、行政法规和部门规章规定不明确或未予规定的问题，应是地方性法规的立法重点，以作为上位法的补充。而且，地方立法要坚持问题导向，重在解决实际问题，宜追求“小快灵”式的立法，而不必追求大而全的“大块头”式立法。

（三）根据上位法及时修改下位法

在应然意义上，保理立法应是对过去我国保理业长期以来形成的商业习惯的总结、吸收和固定。但实际上，《民法典》中保理合同章的立法并没有完全遵循过去既有的商业惯例。受国际上动产交易担保立法趋势的影响，《民法典》遵循功能主义思路将保理朝着权利担保的路径上转进。这就与过去从业者与司法者将保理定位于债权转让的普遍认识存在差距。《民法典》相当于是向既有保理法律规范体系中注入了一股强力清新剂，其作为新法和上位法，势必会对既有规范体系造成相当程度的冲击。由此导致的结果是过去出台的部门规章、行政规范性文件以及司法政策与《民法典》产生了理念上的冲突和规范内容上的罅隙。一些旧的法律规定是否符合《民法典》及其精神需要重新加以审视。根据下位法不得与上位法相抵触的法治原则，部门规章、行政规范性文件、司法政策等下位法均应向《民法典》看齐并作出相应调整。因而，在《民法典》制定出台后，有必要进一步改进我国的保理法律规范体

① 信春鹰：《地方立法权与国家治理体系和治理能力建设》，载《地方立法研究》2016年第1期。

系，以更好地发挥其体系效益，消弭体系缺陷。

法律规范成为体系的底线是要遵循形式逻辑法则，如同一律、排他律、充分律等，确保法律规范之间的逻辑一致。① 由于我国保理监管法规制定在前，《民法典》出台在后，监管法规并非依据《民法典》制定，故难免与《民法典》存在龃龉之处。这就要求相关立法部门要及时启动监管法规的修改、清理和废止工作。比如，《商业银行保理业务管理暂行办法》第 13 条禁止以未来应收账款开展保理业务，这就明显与《民法典》第 761 条中“将有的应收账款”可以开展保理业务的规定相抵触，故《商业银行保理业务管理暂行办法》第 13 条亟待修改。另如，《中国银行业保理业务规范》第 5 条规定笼统地将保理融资的第一还款来源锁定为债务人对应收账款的支付，规定：“保理业务具备以下特点：1. 银行通过受让债权，取得对债务人的直接请求权；2. 保理融资的第一还款来源为债务人对应收账款的支付；3. 银行通过对债务人的还款行为、还款记录持续性地跟踪、评估和检查等，及时发现风险，采取措施，达到风险缓释的作用；4. 银行对债务人的坏账担保属于有条件的付款责任。”该条规定未考虑到有追索权保理与无追索权保理之间的差异，也与《民法典》第 766 条规定的精神不符。有学者提出，“第一还款来源”之类的表述表明监管机关和行业协会警示保理人在叙做保理业务时关注应收账款本身的真实性和确定性，并不能当然得出保理人负有先行收取应收账款义务的解释结论。即使将“第一还款来源”之类的表述解释为保理人负有先行收取应收账款的义务，也因这些规定在《民法典》实施之后即无上位法的支撑，故应予以修正。②

除上述违反上位法的情形外，一些下位法在规范表述上也与《民法典》存在出入。以保理合同的定义为例，虽然下位法与《民法典》的表述方式大体上保持了一致，但在保理服务的种类及数量上仍存在较多不一致。表述不一致容易让人对保理的定义产生疑问。下面选取几个具有代表性的下位法与《民法典》进行比较，可以窥见保理定义上的差别。

---

① 谢鸿飞：《民法典的外部体系效益及其扩张》，载《环球法律评论》2018 年第 2 期。

② 高圣平：《论民法典上保理交易的担保功能》，载《法商研究》2023 年第 2 期。

表 6-1　部分下位法与《民法典》保理合同定义的差别

法律规范名称	是否明确将来应收账款	保理融资	应收账款管理	应收账款催收	坏账担保	信用风险控制	资信调查与评估	服务项目数量
《民法典》	是	是	是	是	是，但表述为应收账款债务人付款担保	否	否	否
《关于出口保付代理业务项下收汇核销管理有关问题的通知》（已失效）	否	是	是	是	是	是	否	至少两项
《关于商业保理试点有关工作的通知》	否	是	是，但表述为销售分户账管理	是	是，但表述为信用风险担保	否	是	否
《商业银行保理业务暂行管理办法》	否	是	是	是	是	否	否	否
《关于加强商业保理企业监督管理的通知》	否	是	是，但表述为销售分户账管理	是	是，但表述为非商业性坏账担保	否	否	否
《上海市商业保理试点暂行管理办法》	是	是	是	是	是	否	否	否
《天津市商业保理公司监督管理暂行办法》	否	是	是，但表述为销售分户（分类）账管理	是	是，但表述为非商业性坏账担保	否	否	否

根据下位法服从上位法之法理，下位法有必要对照《民法典》进行修改或调整。对于《民法典》中已有明确规定的，下位法没有重复规定之必要，应予删除，如保理合同的定义；对于与《民法典》规定或精神不一致的地方，下位法应作出相应修改，以保证立法的统一。

五、完善非正式法律渊源

非正式法律渊源是制定法的补充，对促进法律的贯彻落实具有重要价值。非正式法律渊源具有及时性与灵活性两大特点，正好可以弥补制定法的滞后性和固定性弊端。由于保理领域的非正式法律渊源基本都出台在《民法典》之前，故存在与《民法典》的规定重合、不一致甚至抵触的问题，有必要进行修改、清理或补充。笔者现提出如下建议：

一是抓紧制定监管实施细则。针对《关于加强商业保理企业监督管理的通知》中存在的“真实交易的应收账款”判断标准，“风险资产”总额确定，“同一债务人”定义，“商业保理信息系统”操作要求，融资渠道限制，集中度监管时点，风险准备金如何计提等有待进一步明确的问题，制定机构有必要及时出台监管配套指引，并配以具体监管措施的解释，引导企业合规操作。

二是加快行业自律、自治性文件的修订。为加强行业自治管理，保理行业协会组织有必要根据《民法典》《地方金融监督管理条例》等上位法规定修订行业自治性文件。为统一行业操作标准，保理行业协会组织也有必要继续推动其他行业标准的制定工作，不断丰富行业标准的种类。

三是抓紧清理地方司法政策。《民法典》实施后，地方司法政策的清理任务尤其艰巨。最高人民法院于 2020 年 6 月下发《最高人民法院关于认真学习贯彻〈中华人民共和国民法典〉的通知》（法〔2020〕158 号），对各高级人民法院完成本辖区内的办案指导文件、会议纪要、参阅案例等清理工作提出了具体要求。根据上述精神，天津、深圳等地方法院应对照《民法典》的规定，抓紧司法政策的清理工作。司法政策的清理可以采取“留”“删”“改”“增”四种方式。

第一，保留符合《民法典》规定或精神且对《民法典》进一步细化的规定。比如，针对《民法典》第 764 条中保理人可向应收账款债务人发出应收账款转让通知之规定，地方司法政策可对通知的方式进行探索。《深圳前海法院保理合同案件裁判指引》第 21 条就作出了细化规定。该条规定：“基础合同或保理合同未对应收账款转让通知的方式做出约定，但有下列情形之一的，可以视为履行了债权转让通知义务：（1）债权人在所转让应收账款的对应发票上对应收账款转让主体与内容等相关事项予以明确标记，且债务人收到该发票的；（2）保理商与债权人、债务人共同签订债权转让协议的；（3）将应收账款转让通知以邮寄形式向债务人法定注册地址或约定通讯地址寄送，且已实际送达的；（4）将应收账款转让通知书向基础合同中债务人指定的联系人邮寄，且已实际送达的；（5）将应收账款转让通知书向基础合同中债务人指定的电子邮箱发送，且债务人回复确认的；（6）其他可以视为已履行通知义务的情形。”该指引中列举的六种具体通知情形是对法律的细化，更具有可操作性，有利于执行法律，故可继续保留。

第二，删除与《民法典》重复规定或与之相抵触的规定。对于《民法典》中已有明确规定的，司法政策不必进行重复规定，可予删除。比如，由于《民法典》已对保理合同的定义与效力进行了规定，故《天津高院保理纪要（一）》关于保理合同的定义、保理合同的效力、案由、法律适用等问题的规定都可删去。对于司法政策中与《民法典》规定明显抵触的内容，自无保留必要。比如，《深圳前海法院保理合同案件裁判指引》第 17 条规定：“债权人与债务人约定债权不得转让的，保理合同又约定债权人将应收账款全部或者部分转让给保理商的，对债务人不产生应收账款转让的效力，但保理商善意取得应收账款债权的除外。”由于《民法典》第 545 条规定，“当事人约定金钱债权不得转让的，不得对抗第三人”，并不区分第三人是否善意，该指引第 17 条因与《民法典》相抵触，故可删去。《深圳前海法院保理合同案件裁判指引》第 38 条规定：“债权人对同一应收账款重复转让，导致多个保理商主张权利的，按照如下原则确定权利人：（1）应收账款转让有登记的，优先保护。在登记之前，债务人已收到其他债权转让通知，且已实际支付部分或全部应收款项的，办理登记的保理商可向原债权人主张权利；（2）应收账款转让均未办理登记手续的，以债务人收到应收账款转让通知的先后顺序确定。但债务人与他人恶意串通的除外；（3）债权转让既未办理登记手续也未向债务人发出转让通知书的，按照发放保理融资款的先后顺序确定。”该条规定与《民法典》第 768 条规定也存在抵牾之处，应予删除。

第三，修改与《民法典》规定或精神相符但表述欠妥的规定。比如，《天津高院保理纪要（二）》第 6 条第 1 款规定：“债务人收到债权转让通知后，其因基础合同而享有的抗辩权、抵销权可以向保理商主张。”但《民法典》第 549 条规定：“有下列情形之一的，债务人可以向受让人主张抵销：（1）债务人接到债权转让通知时，债务人对让与人享有债权，且债务人的债权先于转让的债权到期或者同时到期；（2）债务人的债权与转让的债权是基于同一合同产生。”该条并未限定债务人抵销权的来源，即抵销权并不必然来源于基础合同，天津纪要对债务人抵销权设定的限定条件容易让人误解为债务人的抵销权只能来源于基础合同，故纪要的该条规定应根据《民法典》第 549 条作出相应的修改。

第四，增加新的规定，填补法律空白。对于立法没有规定的问题，可以在遵循上位法精神和总结司法实践经验的基础上进行有益探索，以弥补立法的空白。比如，对于上文列举的亟待司法解释解决的重要问题，在司法解释制定之前，不妨由司法政策先行先试，为司法解释积累实践经验。

图书在版编目（CIP）数据

保理合同实务精要：规范基础与适用指引/李阿侠著.—北京：中国法制出版社，2024.1
（实务精要系列）
ISBN 978-7-5216-4087-8

Ⅰ.①保… Ⅱ.①李… Ⅲ.①合同法-案例-中国 Ⅳ.①D923.05

中国国家版本馆 CIP 数据核字（2023）第 239171 号

责任编辑：韩璐玮（hanluwei666@163.com）　　封面设计：杨泽江

保理合同实务精要：规范基础与适用指引
BAOLI HETONG SHIWU JINGYAO：GUIFAN JICHU YU SHIYONG ZHIYIN

著者/李阿侠
经销/新华书店
印刷/保定市中画美凯印刷有限公司
开本/710 毫米×1000 毫米　16 开　　印张/21.5　字数/303 千
版次/2024 年 1 月第 1 版　　2024 年 1 月第 1 次印刷

中国法制出版社出版
书号 ISBN 978-7-5216-4087-8　　定价：79.00 元

北京市西城区西便门西里甲 16 号西便门办公区
邮政编码：100053　　传真：010-63141852
网址：http：//www.zgfzs.com　　**编辑部电话：010-63141791**
市场营销部电话：010-63141612　　**印务部电话：010-63141606**

（如有印装质量问题，请与本社印务部联系。）